上質に暮らす おもてなし住宅のつくり方

―リオタデザイン
関本竜太

上質に暮らす おもてなし住宅のつくり方

はじめに

本書は建築実務者向けの専門雑誌『建築知識』に連載していた記事に大幅に加筆修正し、再編集したものです。記事は「リオタのディテール流儀」というタイトルで2015年10月号から2017年3月号まで全18回にわたり連載されました。

記事に登場する私の似顔絵イラストが当時よく着ていた水玉シャツだったことから、読者には〝水玉シャツ〟で記憶してくださっていた方も多く、私も会合やセミナーなどに出るときはトレードマークのように水玉シャツを着るようになりました。今では水玉シャツを着ていないと私だと認識してもらえないこともあり、少し困ったことになっています。

実務者だけが手に取る〝ムズカシイ本〟ではなく、家づくりを考えている一般の方々にも届けたく、第1章にはイメージしやすくなるイラストや、プランニングのヒントとなる写真など、住宅のビジュアル紹介ページを大幅に加えさせていただきました。

ただ実際には、実務者向けと思っていた第2章のディテール連載記事も、建て主さんの中には興味をもって読んでくださっていた方もおり、設計事務所に頼むような研究熱心な方の中にはディテールにまで興味をもたれる方がいるのだと驚かされたものです（設計事務所にはプレッシャーですが！）。ということで本書は実務者から建て主さん、はたまた学生さんに至るまで幅広く手に取っていただけるような構成としました。

連載の「リオタのディテール流儀」というタイトルには当初は気恥ずかしく思っていましたが、連載を進めるうち次第にしっくりくるようになりました。建築ディテールの考え方は設計者の数だけバリエーションがあります。ここで紹介したものも絶対的な正解ではなく、私流の設計手法の一部を開示したものに過ぎません。だから〝流儀〟なのだと。ですから、「自分ならもっと上手く納める！」といったご批評も含め、あくまで参考事例として読んでいただけたらと思います。

たまに、こうした技術的ノウハウを惜しげもなくオープンにすることについて抵抗はないのかといったことを聞かれますが、私はそのように思ったことはありません。なぜなら建築は、一部のディテールをコピーしただけでつくれるほど甘いものではないからです。われわれが公開しているディテールもノウハウのごく一部に過ぎず、それを現実的に成立させるためには、現場とのやりとりや建て主さんのご理解などいくつものハードルがあり、その洗礼を受けることではじめて建築は実現します。そして、設計者の想像力とそれを実現するための技術力がなければ、建て主さんを心から満足させる「おもてなし」はできないのです。

私もこれまで多くの諸先輩方が公開されてきた設計作法を参考にし、その都度、自らの設計を見直してきました。本書も実務者がご自身の仕事を見直すきっかけになってくれたら大変光栄なことです。また、イメージがあってもそれを形にすることのできない一般の建て主さんにとっても、さまざまな問題解決の方法があるのだということを知っていただき、設計事務所とつくる家づくりのきっかけづくりになってくれたら嬉しく思います。

chapter

1

プランニングから住まいを考える

plan 01

周囲の環境に左右されないプライベート空間をつくる

日本人は自らの世界観をミニマルな空間に凝縮させることを好むようだ。中庭もその一つで、これから家を建てようという相談のなかでも、かなりの確率で中庭が欲しいといった要望がある。中庭をつくるメリットとしては、言うまでもなく周辺の環境に左右されないプライベート空間がつくれる点にある。しかし、中庭の魅力はそれだけではない。中庭を通して光や風を採り入れ、四季を感じ、部屋に広がりをもたらす。加えて、中庭を通じて家族の気配を感じたり、家の中にいながらにして自分の家が見えるという空間体験も、中庭プランならではのものだ。そんな中庭プランの魅力を存分に引き出した住宅の実例について紹介する。

Pattern
1
DONUT

平屋できれいな中庭プランをつくるのは意外と難しい。通常ならば「玄関から始まり寝室で終わる」といった動線を、「玄関から始まり玄関で終わる」よう、回遊性のある動線にしなくてはならない。ところが、これがひとたびはまれば、ミステリアスな外観とは裏腹に、家中どこにいても中庭が見え、開放的で魅力的な住空間となる。

Pattern
2
FP

DONUTで試みた平屋の口の字形中庭プランを、2階建てにアレンジした住宅である。各フロアをスキップフロアで構成することで、中庭を中心とした立体的な回遊動線を実現した。高低差によってさまざまな視点から中庭を楽しむことができる。また、中庭を通じてほかのフロアが見えるため、家族の居場所も把握しやすい。

Pattern
1
DONUT

デッキテラスに設けた手摺は布団干しバーと兼ね、軒下には物干しバーを設けている*

ロの字形プランの魅力は、玄関を入ってすぐに中庭の開けた景色が、来訪者や家族を招いてくれるところにある*

→51ページ参照

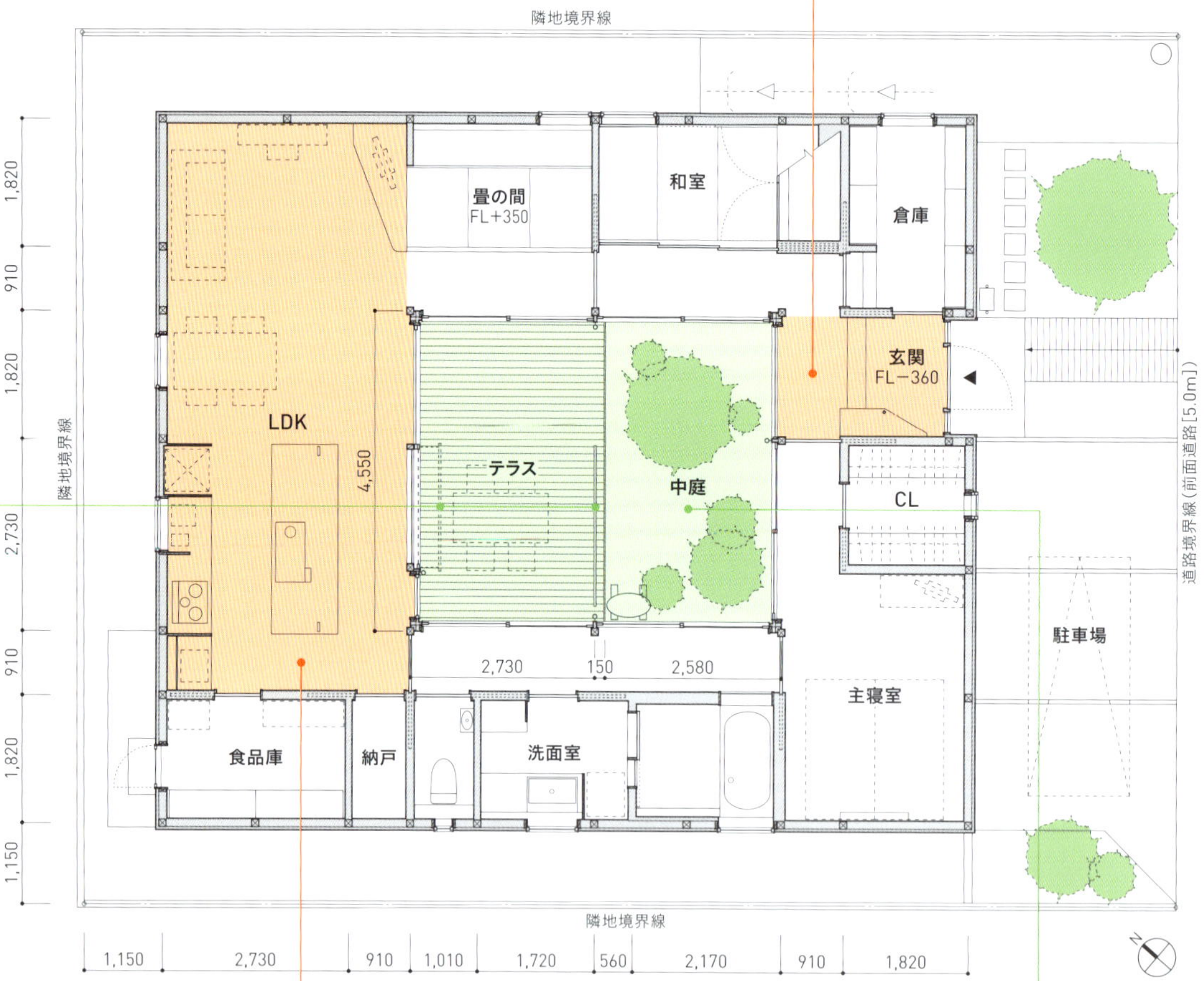

隣地境界線
畳の間
FL+350
和室
倉庫
玄関
FL−360
LDK
4,550
テラス
中庭
CL
駐車場
道路境界線(前面道路[5.0m])
隣地境界線
2,730
150
2,580
主寝室
食品庫
納戸
洗面室
隣地境界線
1,820
910
1,820
2,730
910
1,820
1,150
1,150
2,730
910
1,010
1,720
560
2,170
910
1,820

平面図[S=1:120]

屋外でありながら、もうひとつの部屋として室内と中庭が視覚的にも一体化するよう窓廻りの納まりにも配慮したい*

→79ページ参照

中庭に面した四方の壁が落とす影によって採光条件が悪くなるため、中庭側に向かって屋根勾配を傾けている*

→127ページ参照

Pattern
2
FP

スキップフロアとすることで動線を最小限に抑え、部屋どうしを段差で緩やかに間仕切ることで空間を有効に活用している*

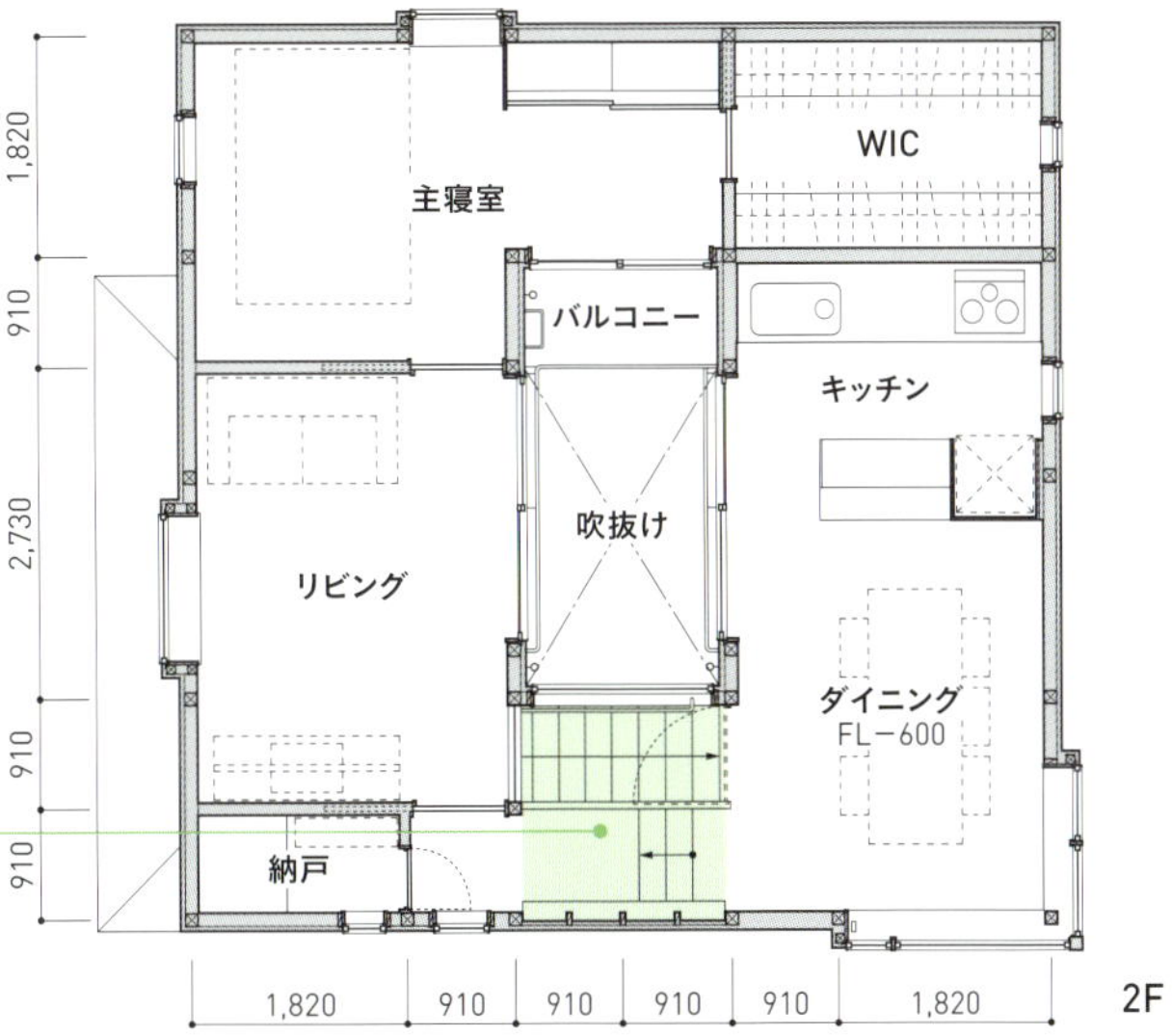
主寝室
WIC
バルコニー
キッチン
吹抜け
リビング
ダイニング
FL－600
納戸
1,820
910
2,730
910
910
1,820
910
910
910
910
1,820
2F

道路側の硬質なガルバリウムの外壁とは対照的に中庭は木を用いた仕上げとし、室内の仕上げと馴染ませている*

外周部の壁にも必要な窓を設け、中庭側から採り入れた風を外周部へと逃がすような通風計画を意識するとよい*

→109ページ参照

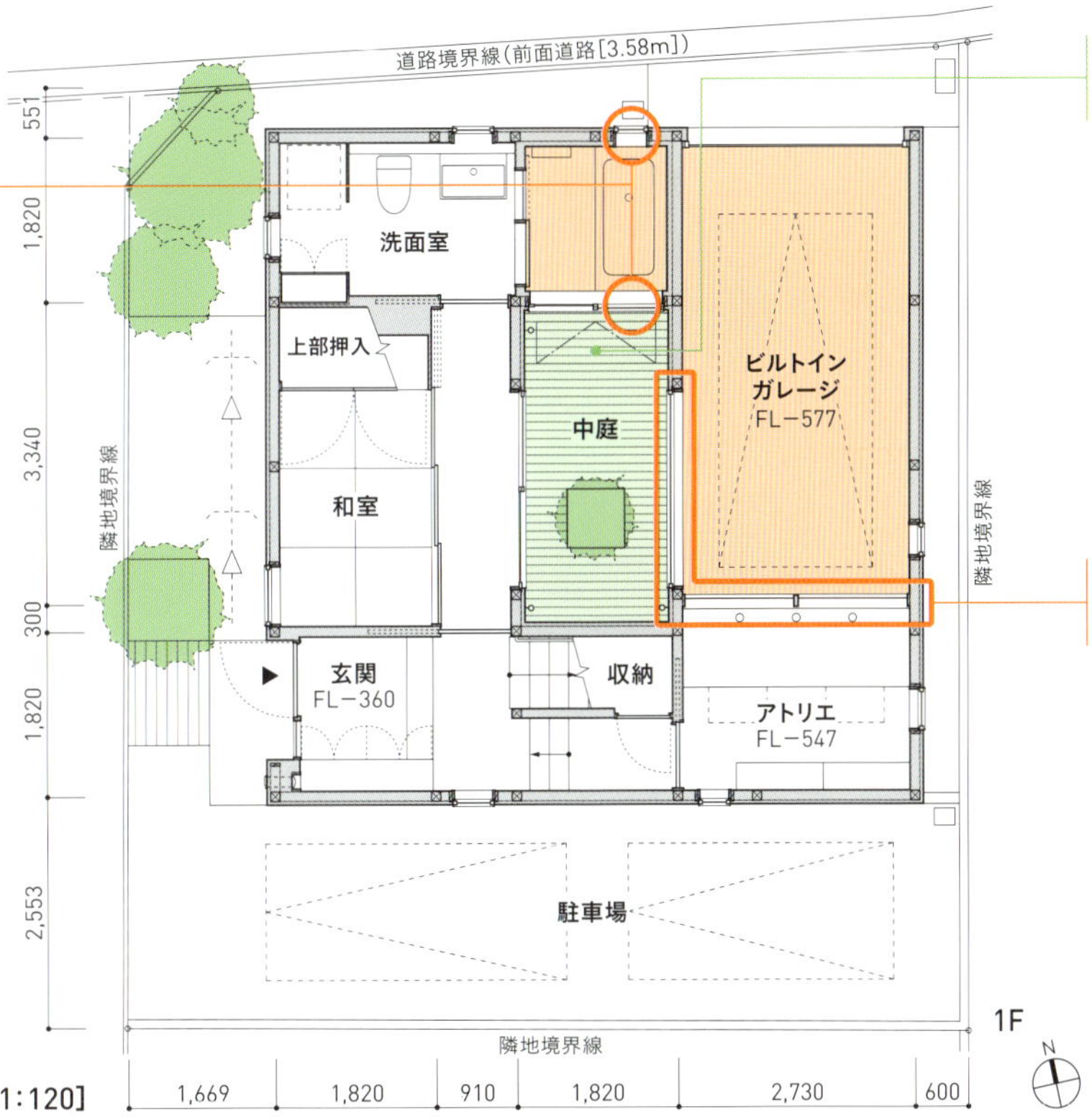
道路境界線(前面道路[3.58m])
洗面室
上部押入
中庭
ビルトイン
ガレージ
FL－577
和室
隣地境界線
隣地境界線
玄関
FL－360
収納
アトリエ
FL－547
駐車場
隣地境界線
551
1,820
3,340
300
1,820
2,553
1,669
1,820
910
1,820
2,730
600
1F
N

平面図[S=1:120]

ガレージにも中庭に面して開口部を設けることで、室内からも愛車が眺められる*

→142ページ参照

北側に大きく開くことで最高の眺望を手に入れる

プランは南側に開くべしと言ったのは誰であったか、この「南向き信仰」ともいうべき考え方にとらわれると思考停止に陥りやすい。住宅において南向きは絶対条件ではない。観劇に行けば必ず客席（南）から順光にスポットライトがステージ（北）に当てられるように、見せたい（見たい）景色にスポットライトが当たることで、その景色はより一層輝きを増すのだ。北側の眺望というのは、南側の眺望と比べ、実は条件が恵まれているのである。もちろん南側からの採光も活用しなくてはならないが、周辺敷地の環境を最大限に生かすというのが設計の基本である。住宅を魅力的にしてくれるヒントは周辺環境にこそあるのだ。

plan 02

Pattern

1

DIVE

崖地から広がる北側のダイナミックな眺望を生かすために、北側に大開口を設け、採光は南側のハイサイドライトより採り入れている。崖地に建つ住宅の基礎は最小限にとどめることで基礎工事の負担を減らし、傾斜地に向かって大きく床を跳ね出すことで、浮遊感のある開放的なリビングとし、迫力のある外観をつくり出している。

Pattern

2

隅切りの家

川沿いの桜並木という絶好のロケーションを生かした住宅である。北側の桜並木に大きな開口部を設け、さらにプランの隅を切り落としたことで、桜並木の立体的なパノラマビューが2階のリビング・ダイニングいっぱいに広がる。この景色を生かし切るために構造にも工夫を凝らし、2階は柱のない一室空間としている。

眺望側（北側）は崖より大きく跳ね出すことで、ダイナミックな景観を取り入れ外観をつくり出している

眺望側にバルコニーを設けると、バルコニーの手摺などによって眺望が遮られるため、南側にバルコニーを配置

Pattern 1

DIVE

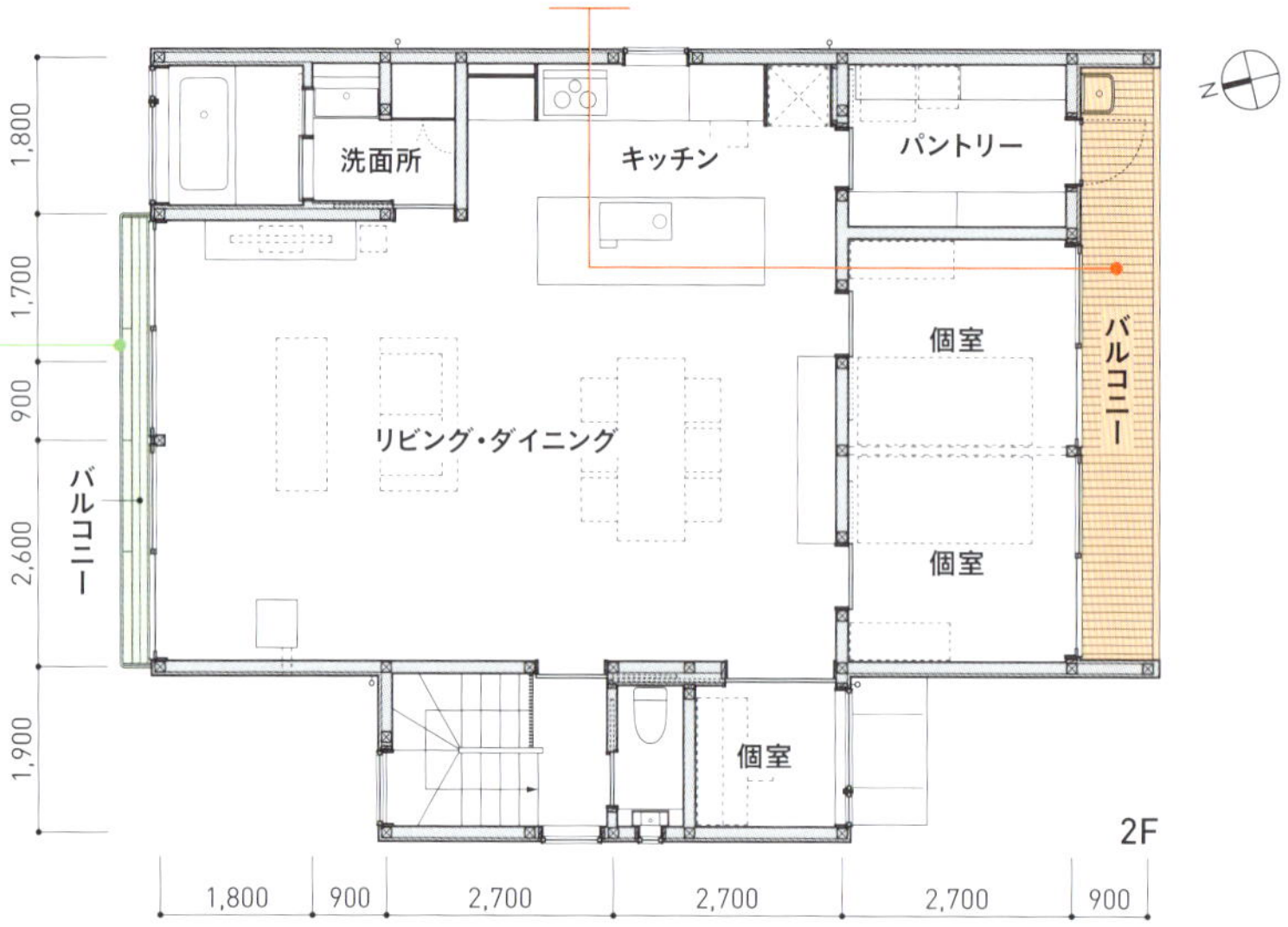

洗面所
キッチン
パントリー
バルコニー
個室
リビング・ダイニング
バルコニー
個室
個室
2F
1,800
1,700
900
2,600
1,900
1,800 900 2,700 2,700 2,700 900

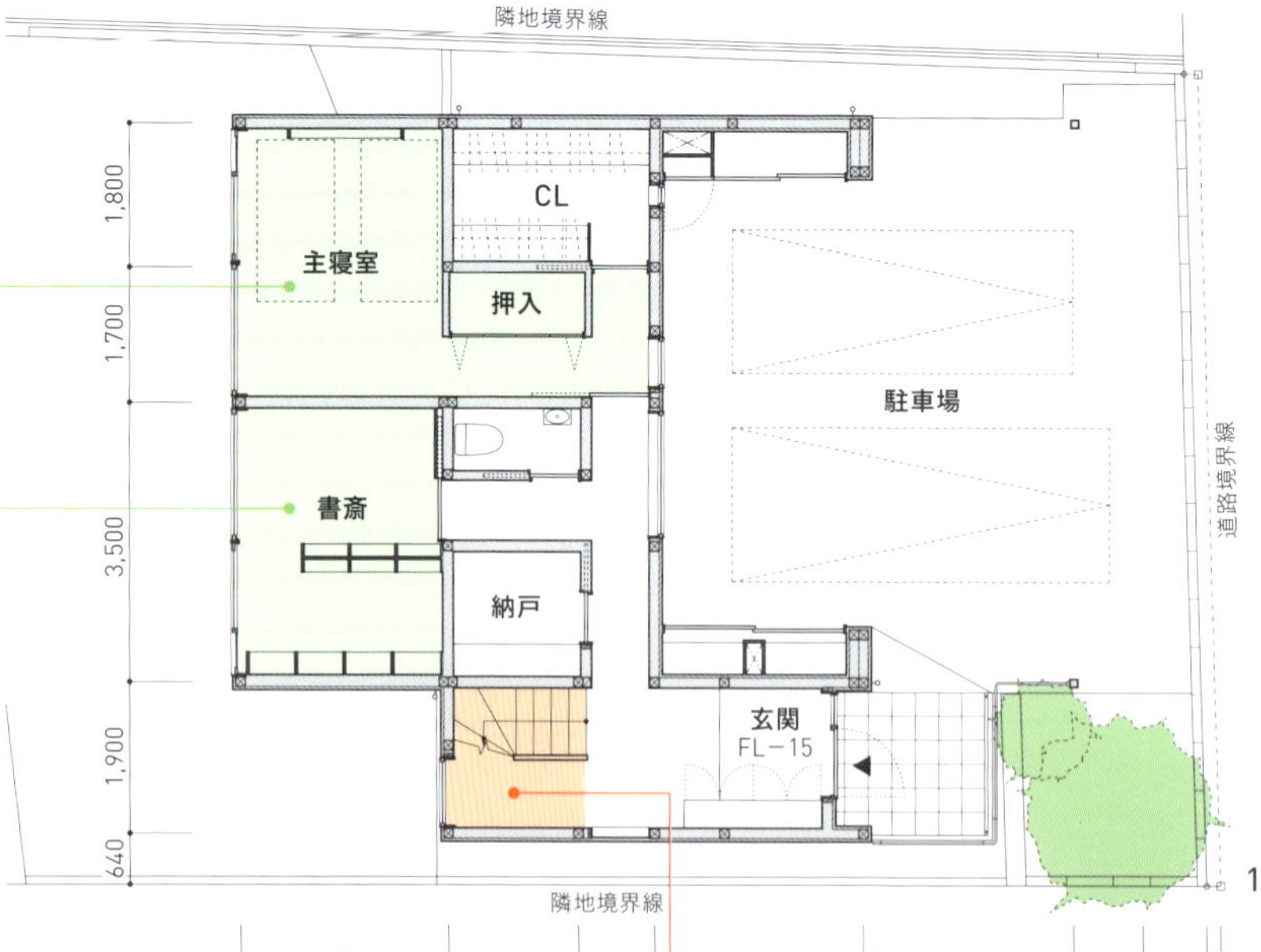

隣地境界線
CL
主寝室
押入
駐車場
書斎
道路境界線
納戸
玄関
FL−15
1F
隣地境界線
1,800
1,700
3,500
1,900
640
2,700 1,700 1,000 2,700 2,700 900 810 180

平面図[S=1:150]

崖のある北側には眺望が広く開けている。リビング・ダイニングは北側に見える街並みに向かって開いている

落ち着いた採光が確保できる1階の北側には、寝室や書斎といったプライベートな空間を配置*1

玄関正面の階段室吹抜けに大きく開口面をとり、蹴込み板のないストリップ階段とすることで、2階の開けた北側眺望への期待感を高めている*1

写真：繁田 諭［*1］、新澤一平［*2］

Pattern

2

隅切りの家

木造立体架構の屋根とすることで、2階は柱のない開放的な空間としている*2

この敷地のように桜並木が広がるよい眺望があるのなら、北側であっても積極的に開きたい

キッチンやダイニングを眺望側に面して配置することで、キッチンでの作業時や家族が顔を合わせる食事の際に景色を楽しめる*2

→67・69・70ページ参照

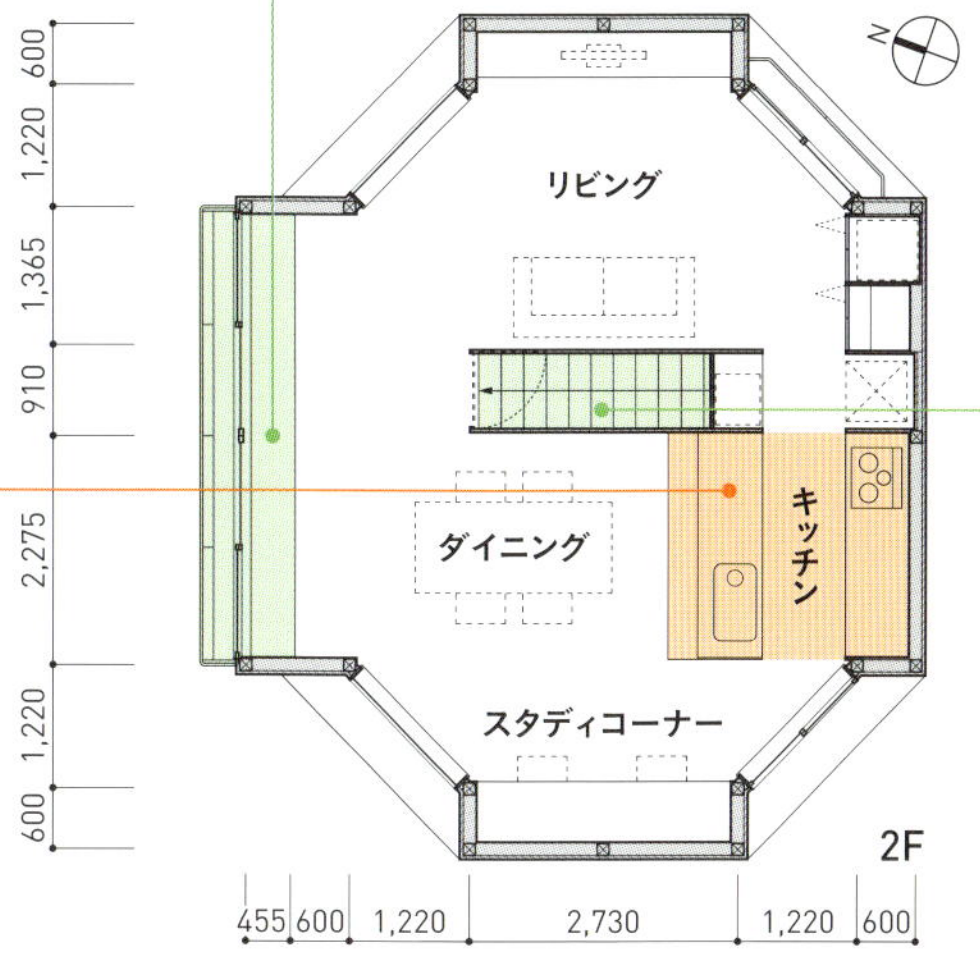

リビング
ダイニング
キッチン
スタディコーナー
2F
600
1,220
1,365
910
2,275
1,220
600
455
600
1,220
2,730
1,220
600

階段を上ると徐々に視界が広がり、桜並木のパノラマビューが楽しめる*2

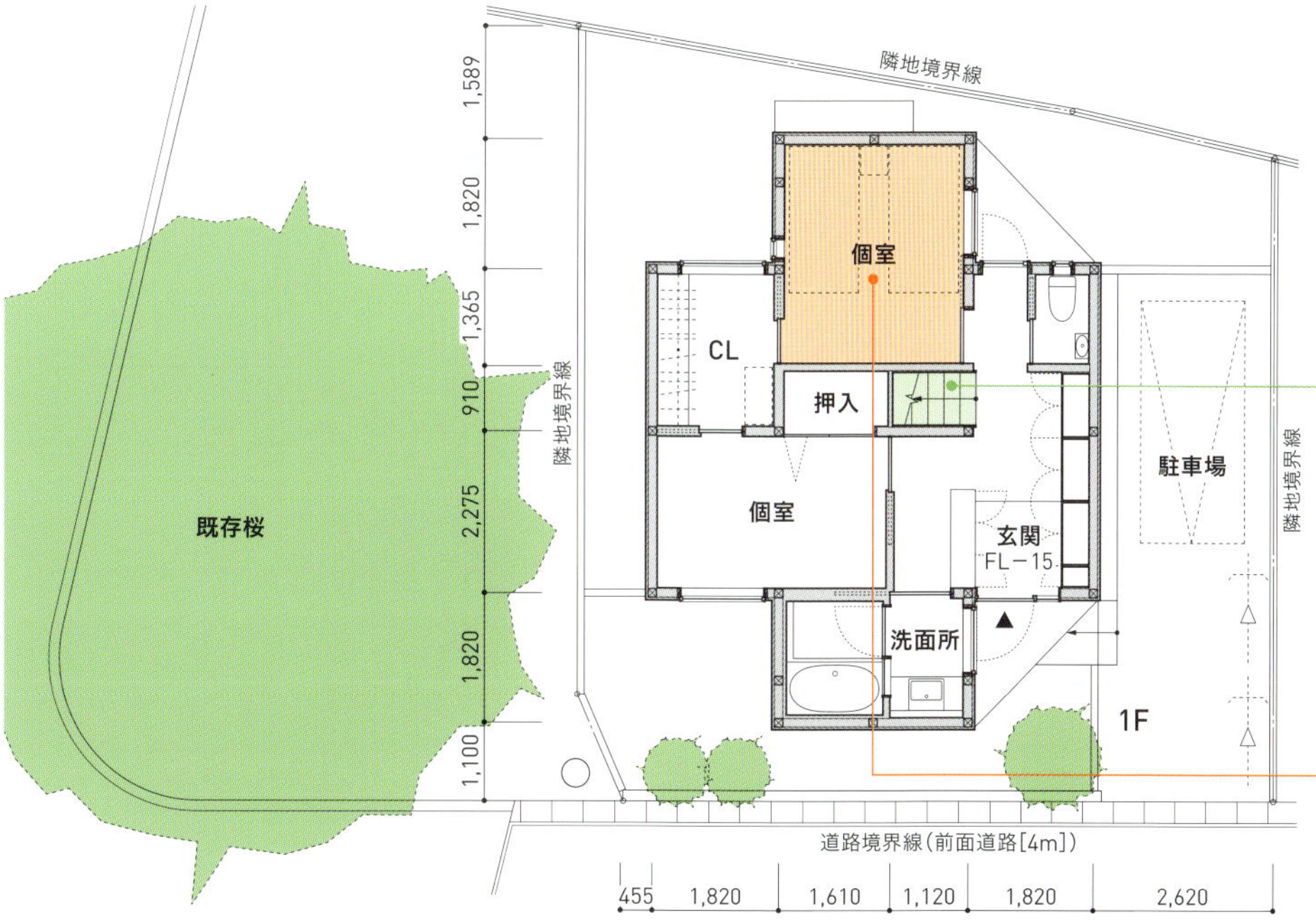

隣地境界線
個室
CL
押入
個室
玄関
FL−15
洗面所
駐車場
既存桜
隣地境界線
隣地境界線
1F
道路境界線（前面道路[4m]）
1,589
1,820
1,365
910
2,275
1,820
1,100
455
1,820
1,610
1,120
1,820
2,620

平面図[S=1:150]

2階とは対照的に、1階の個室（寝室）は北側への採光を最小限とし、落ち着いた空間としている*2

住宅の個性的な表情が街並みをつくる

住宅は生活のための器である。さらに、通りに面した住宅のファサード（表情）の集積が街並みをつくり出している。ファサードはもはや個（住宅）を離れ、公共（街）に属するものといってもよいだろう。とはいえ単に街並みに対し、ただ無個性に調和していればよいかといわれれば、私は必ずしもそうではないと思う。人それぞれ表情が異なるように、住宅は住まい手の美意識や好みを反映させた、個性的な表情をもつべきである。魅力的なファサードは、プランの整合性や機能性だけでは決してつくれるものではない。意識して設計者がまとわせるものであり、住宅の端正かつ個性的な表情の連なりが、生き生きとした街並みをつくり出す。

plan 03

Pattern

1

SPH

箱形のシンプルなボリュームに玄関を彫り込み、注意深く配置された開口部が住宅の佇まいを印象づけている住宅である。街並みに対してシンプルな構成を持ちながら、規格品ではなく現場製作によってつくられた大型のFIX窓や、左官仕上げとすることで、端正でありながら、どこか温かみのある表情としている。こうしたディテールの積み重ねが〝唯一無二〟の表情をつくり出すのだ。

Pattern

2

VALO

道路に面して全面ガラス張りのファサードとした場合、一見、街並みに対して開けているように感じられるが、つくり方によっては表情がクールになりすぎることがある。そこでこの住宅では、大工の手によってつくられた木製のカーテンウォールを用いることで、人を寄せ付けない佇まいではなく、随所に手づくり感を滲ませることで温かみのあるファサードとなるよう心がけている。

ファサードのプロポーションはとにかく「低く、低く」。重心は低ければ低いほど街並みとも馴染み、慎み深い佇まいとなる

準防火地域でも工夫次第では大開口はつくれる。シンプルな納まりでこの家の象徴的な顔（窓）をつくり出している

湿式外壁の場合はそのかたまり感や安定感などが、その外壁表現となる。質感を強調するために、仕上げ材には鏝押さえによる左官工法を採用

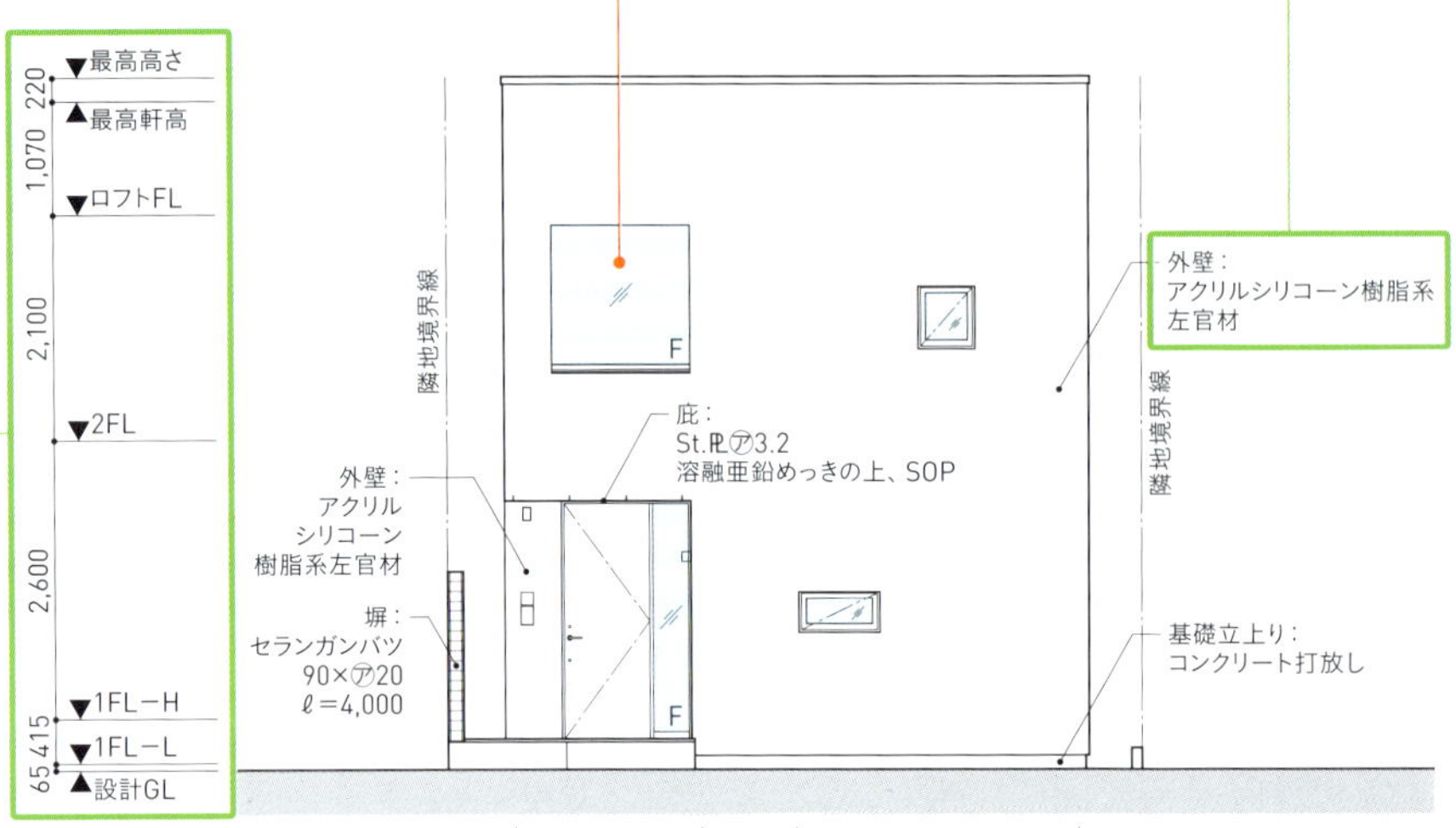
最高高さ
220
最高軒高
1,070
ロフトFL
2,100
2FL
2,600
1FL−H
65
1FL−L
415
設計GL
隣地境界線
外壁：
アクリルシリコーン樹脂系
左官材
庇：
St.PL㋐3.2
溶融亜鉛めっきの上、SOP
外壁：
アクリル
シリコーン
樹脂系左官材
塀：
セランガンバツ
90×㋐20
ℓ＝4,000
基礎立上り：
コンクリート打放し
F
1,820
910
2,730

南側立面図[S=1:120]

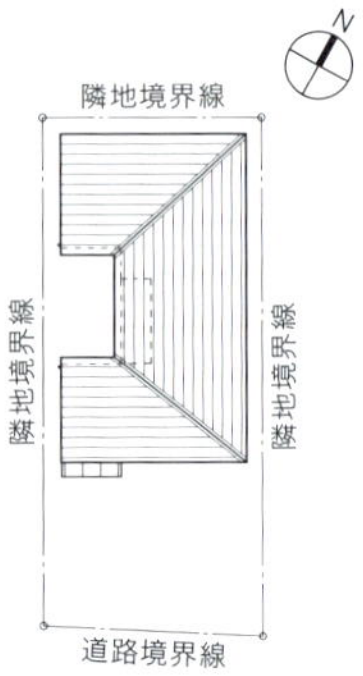
N
隣地境界線
隣地境界線
隣地境界線
道路境界線

キープラン

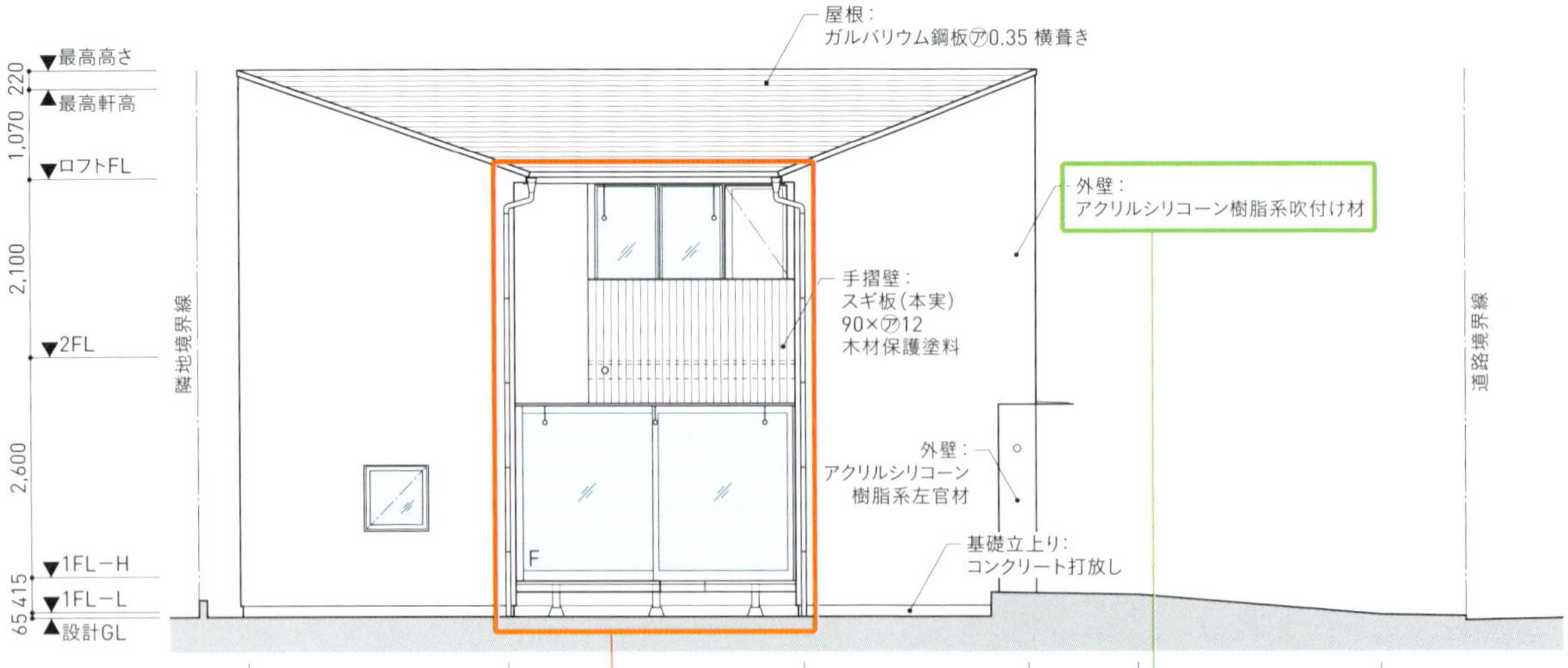
屋根：
ガルバリウム鋼板㋐0.35 横葺き
最高高さ
220
最高軒高
1,070
ロフトFL
2,100
2FL
2,600
1FL−H
65
1FL−L
415
設計GL
隣地境界線
道路境界線
外壁：
アクリルシリコーン樹脂系吹付け材
手摺壁：
スギ板（本実）
90×㋐12
木材保護塗料
外壁：
アクリルシリコーン
樹脂系左官材
基礎立上り：
コンクリート打放し
F
3,185
3,640
2,730
1,320
2,940

西側立面図[S=1:120]

外部には閉じた表情をもつが、内部には小さな中庭があり、家族のための守られた場所をつくり出している

左官工法は吹付けに比べるとやや割高となるため、隣家側には吹付け工法を採用し、合理的に使い分けている

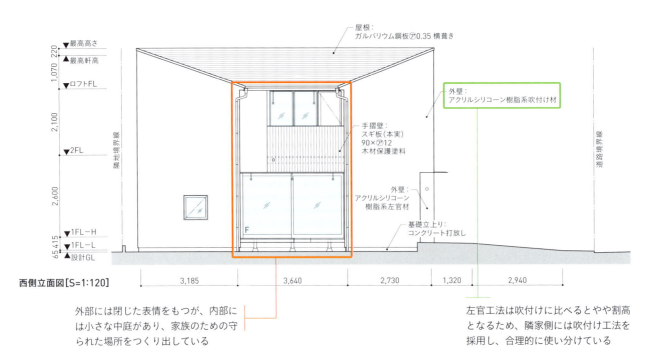

Pattern

2

VALO

アプローチなど手の届く範囲に木を用い、来訪者に柔らかな印象を与えている。外装材に木を使用する場合はメンテナンス性を考慮したい

屋根架構には張弦梁構造を採用。6mの大スパンをわずか120㎜成の梁が細いスチールバーとの組み合わせによって実現している

中庭側には隣家からの視線を避けるための木製パネルを設置。パネルには角度が付いており、視線は避けつつも風は通る

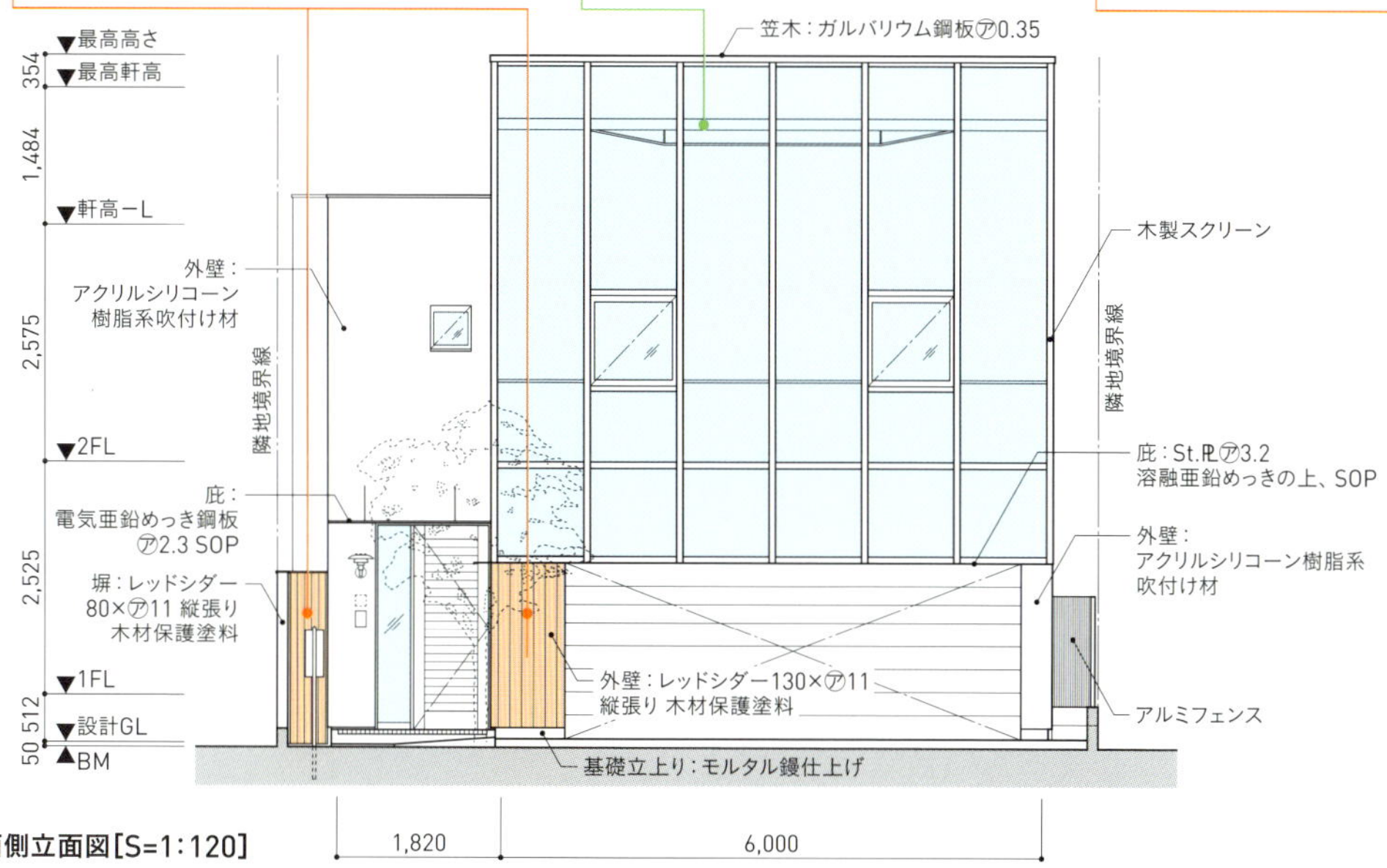

最高高さ
最高軒高
軒高−L
2FL
1FL
設計GL
BM
354
1,484
2,575
2,525
50 512
笠木：ガルバリウム鋼板㋐0.35
木製スクリーン
外壁：
アクリルシリコーン
樹脂系吹付け材
隣地境界線
隣地境界線
庇：St.PL㋐3.2
溶融亜鉛めっきの上、SOP
庇：
電気亜鉛めっき鋼板
㋐2.3 SOP
外壁：
アクリルシリコーン樹脂系
吹付け材
塀：レッドシダー
80×㋐11 縦張り
木材保護塗料
外壁：レッドシダー130×㋐11
縦張り 木材保護塗料
アルミフェンス
基礎立上り：モルタル鏝仕上げ
1,820
6,000

西側立面図[S=1:120]

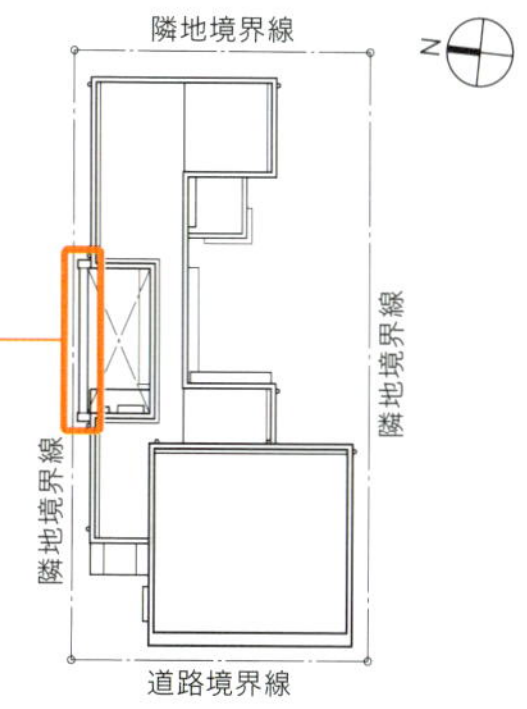

隣地境界線
隣地境界線
隣地境界線
道路境界線
N

キープラン

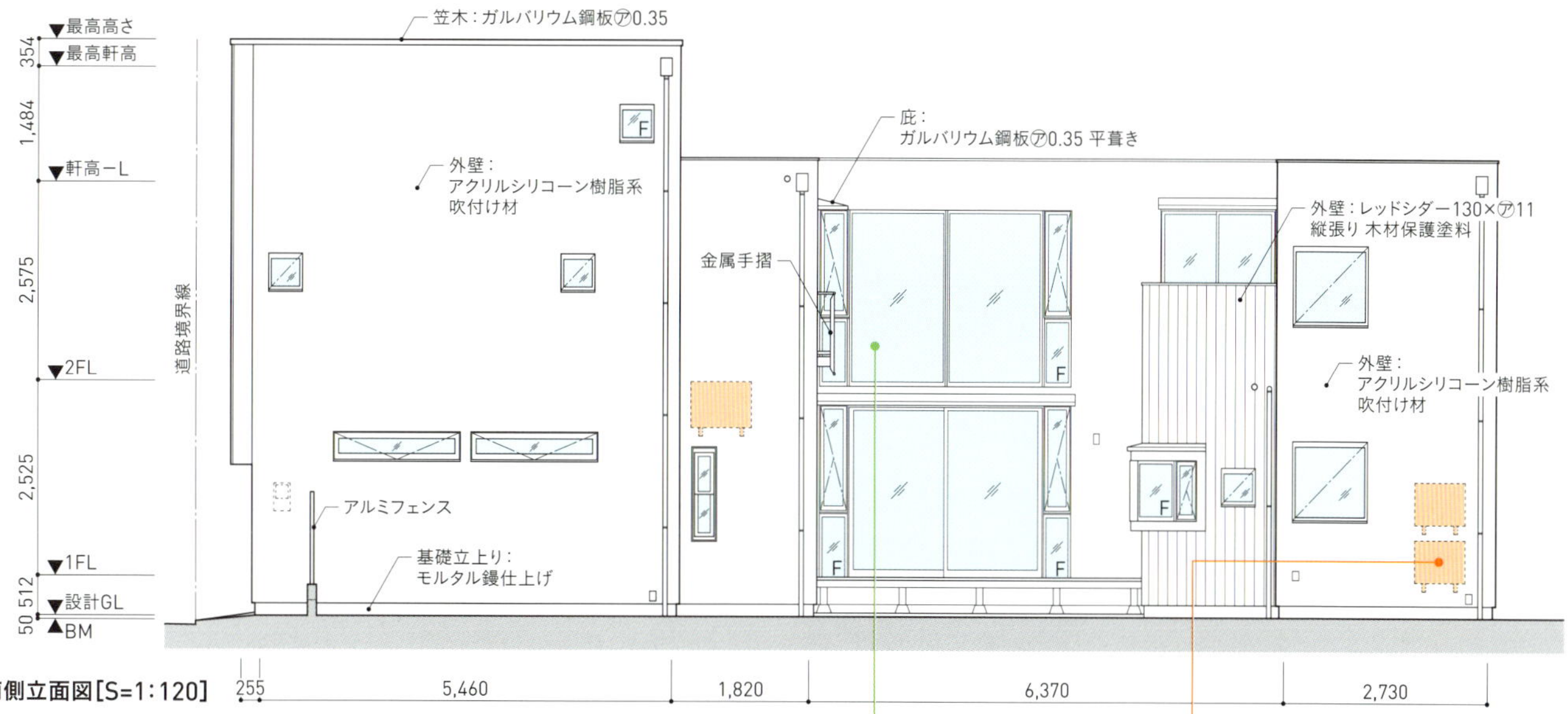

最高高さ
最高軒高
軒高−L
2FL
1FL
設計GL
BM
354
1,484
2,575
2,525
50 512
笠木：ガルバリウム鋼板㋐0.35
外壁：
アクリルシリコーン樹脂系
吹付け材
道路境界線
アルミフェンス
基礎立上り：
モルタル鏝仕上げ
庇：
ガルバリウム鋼板㋐0.35 平葺き
金属手摺
外壁：レッドシダー130×㋐11
縦張り 木材保護塗料
外壁：
アクリルシリコーン樹脂系
吹付け材
255
5,460
1,820
6,370
2,730

南側立面図[S=1:120]

昨今のアルミサッシは高性能でデザイン性も高くなっている。ここでは連窓や段窓部材を併用し、大開口とした

給湯器や空調室外機などの設備は、配管距離などに注意しつつ、極力目立たない場所に設置したい

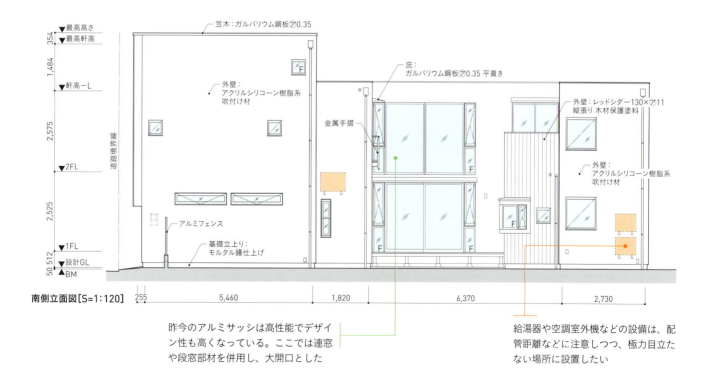

plan 04

どんな敷地でも快適環境はつくれる

住宅においてプライバシーの確保は重要課題の一つであろう。だからといって、すべての住宅を完全に壁で囲まれた中庭プランにすべきであるとは思わない。同じ敷地は2つとしてなく、それぞれの敷地に見合った解決を導くことこそが最良の住宅プランにつながる。住まい手と設計者が考えるプライバシーのレベルには常に温度差が生じるものである。しかし、古き良き日本の街並みがそうであったように、プライバシーの確保を考えながらも、風や光が通り抜けるような緩やかなつながりはどこかに残したい。さまざまな敷地条件に対応し、周辺環境を受け入れ、風通しよく暮らすためのセミオープンな中庭住宅の事例について紹介する。

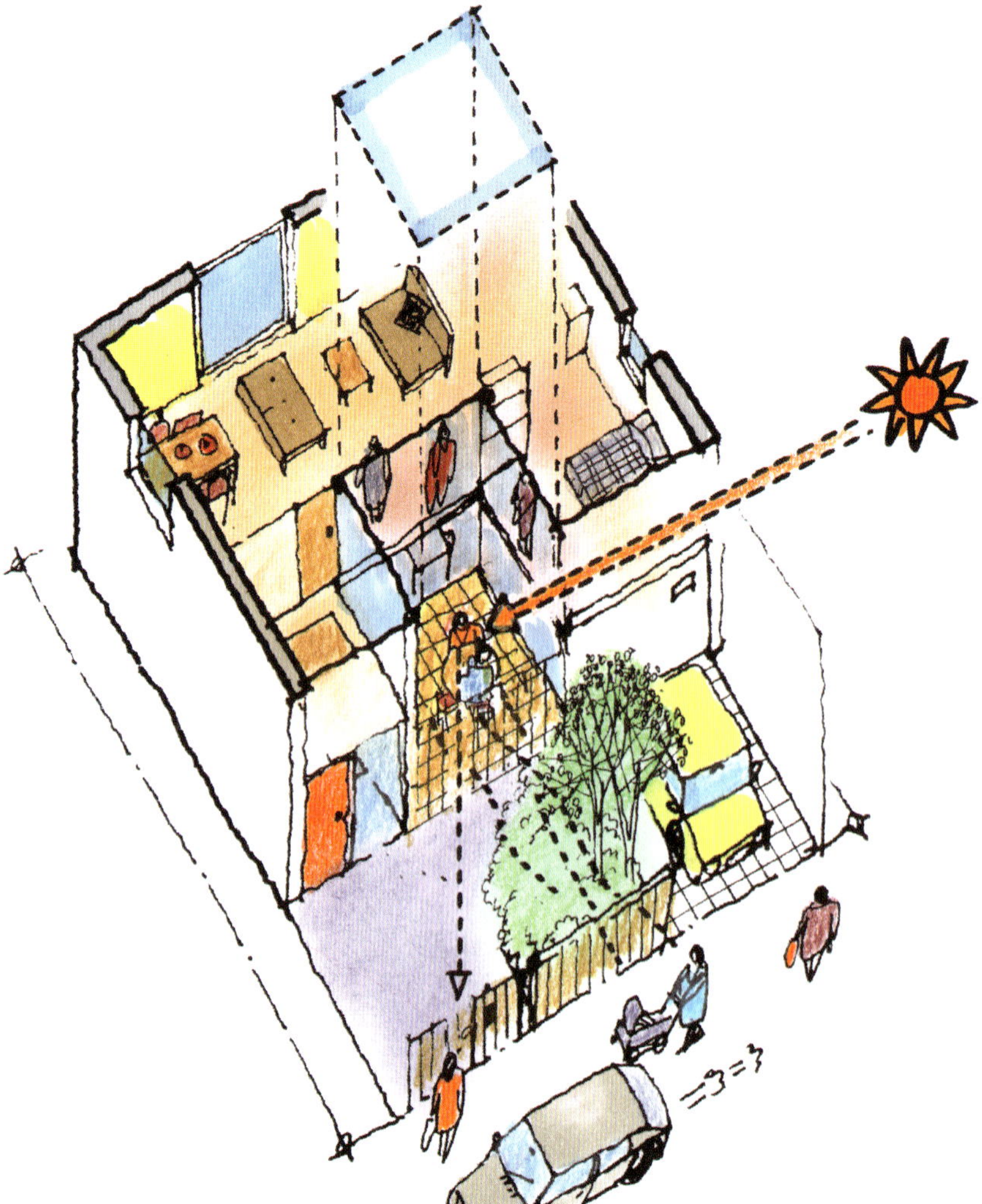

Pattern

1

かたつむりハウス

コの字形に配置した2階建てプランに、壁とルーバーを巡らせた住宅である。そびえ立つような外壁や外構は時に周囲にも圧迫感を与えるため、徹底的に建物は低く抑え、中庭の気配はこぼしつつも内部の様子は見えないよう外構にも配慮している。玄関を開けると室内は、日中はカーテンを閉じることなく開放的な空間が広がる。

Pattern

2

西荻の家

プライバシーの要求度が高い市街地に建ちながらも、木製の目隠しルーバーによって庭を囲い、風通しの確保と同時に、通りに対しても開けた表情をつくり出している。限られた敷地であっても、通りに面して植栽を施せば、住まい手はもちろんのこと、近隣の目も楽しませることができる。そんな住宅は街の資産になるに違いない。

Pattern

1

かたつむりハウス

1階にはリビングやダイニングを設け、テラスにつながる開放的な空間としている*1

→78ページ参照

洗面所・浴室に中庭に面して開口部を設けることで、明るく開放的な水廻り空間をつくり出している

→110ページ参照

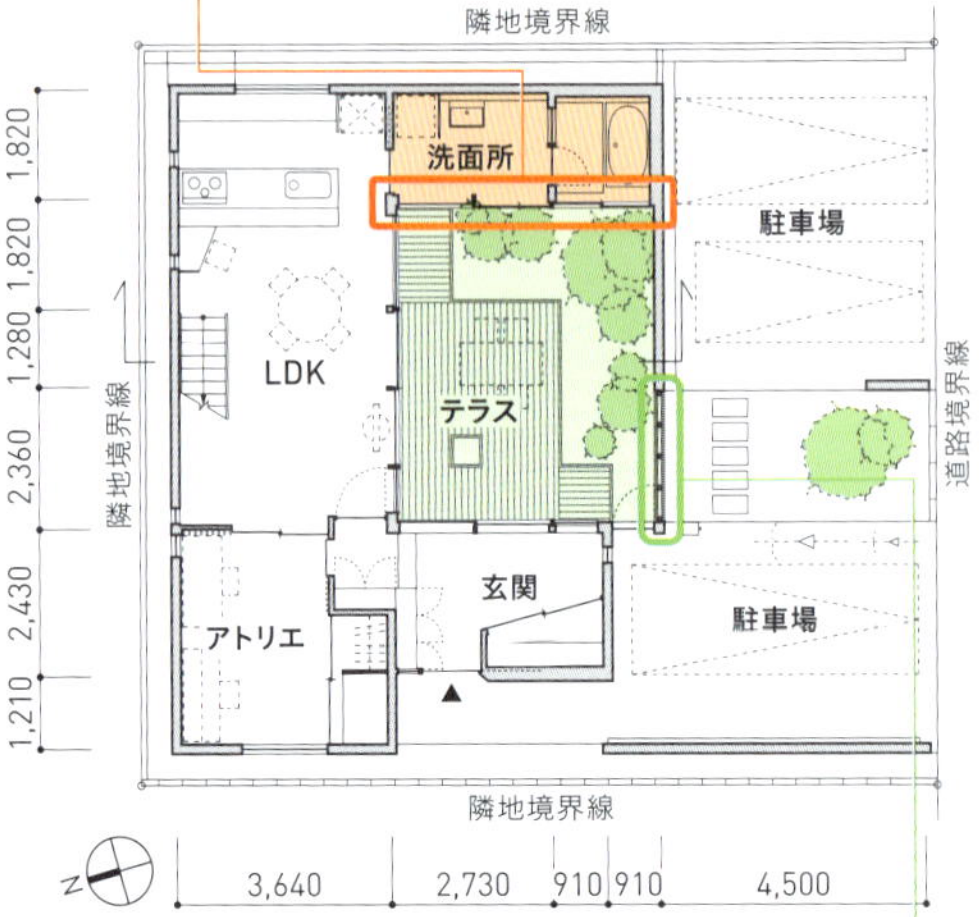

隣地境界線
洗面所
駐車場
LDK
テラス
隣地境界線
道路境界線
玄関
アトリエ
駐車場
隣地境界線
1,820
1,820
1,280
2,360
2,430
1,210
3,640
2,730
910
910
4,500

平面図[S=1:250]

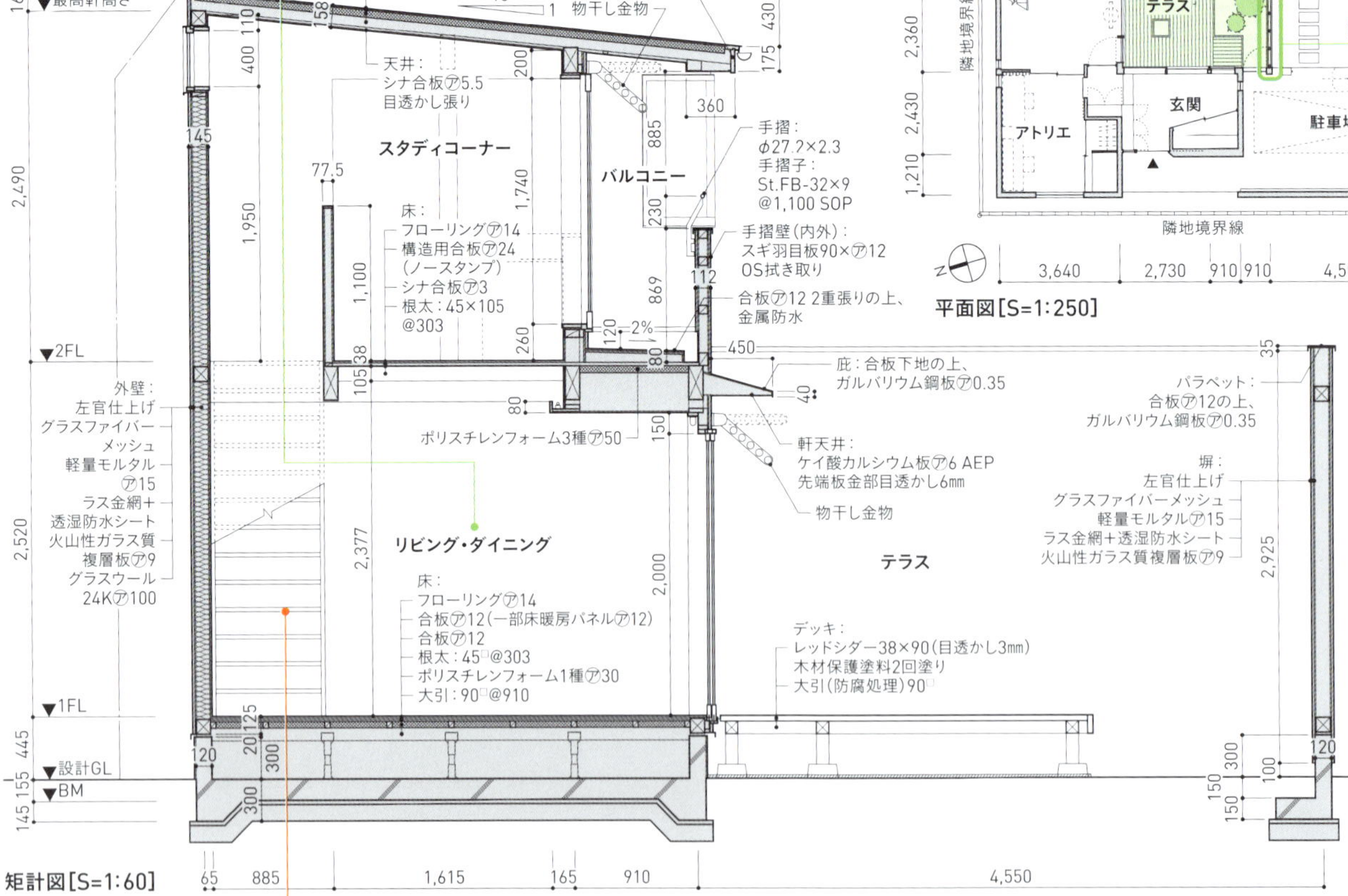

1
1.25
北側斜線
▼最高高さ
▼最高軒高さ
屋根：
ガルバリウム鋼板㋐0.35 立はぜ葺き
アスファルトルーフィング940
野地板㋐12
ポリスチレンフォーム3種㋐50
垂木：40×120@364
鼻隠し：
ベイマツ30×160
木材保護塗料
10
1
物干し金物
天井：
シナ合板㋐5.5
目透かし張り
スタディコーナー
バルコニー
手摺：
φ27.2×2.3
手摺子：
St.FB-32×9
@1,100 SOP
手摺壁(内外)：
スギ羽目板90×㋐12
OS拭き取り
合板㋐12 2重張りの上、
金属防水
床：
フローリング㋐14
構造用合板㋐24
(ノースタンプ)
シナ合板㋐3
根太：45×105
@303
▼2FL
庇：合板下地の上、
ガルバリウム鋼板㋐0.35
パラペット：
合板㋐12の上、
ガルバリウム鋼板㋐0.35
外壁：
左官仕上げ
グラスファイバーメッシュ
軽量モルタル㋐15
ラス金網+
透湿防水シート
火山性ガラス質
複層板㋐9
グラスウール
24K㋐100
ポリスチレンフォーム3種㋐50
軒天井：
ケイ酸カルシウム板㋐6 AEP
先端板金部目透かし6mm
物干し金物
塀：
左官仕上げ
グラスファイバーメッシュ
軽量モルタル㋐15
ラス金網+透湿防水シート
火山性ガラス質複層板㋐9
リビング・ダイニング
テラス
床：
フローリング㋐14
合板㋐12(一部床暖房パネル㋐12)
合板㋐12
根太：45□@303
ポリスチレンフォーム1種㋐30
大引：90□@910
デッキ：
レッドシダー38×90(目透かし3mm)
木材保護塗料2回塗り
大引(防腐処理)90□
▼1FL
▼設計GL
▼BM
165
2,490
2,520
445
155
145
65
885
1,615
165
910
4,550

矩計図[S=1:60]

リビングに接続する木製階段。キッチンに向かって下りていくので家族とコミュニケーションが生まれやすい*1

道路側に面した塀によって外部に圧迫感を与えないよう、建物高さをできるだけ抑え、塀の一部をルーバーとしている*1

→120ページ参照

写真：バウハウスネオ[＊1]、繁田 諭[＊2]

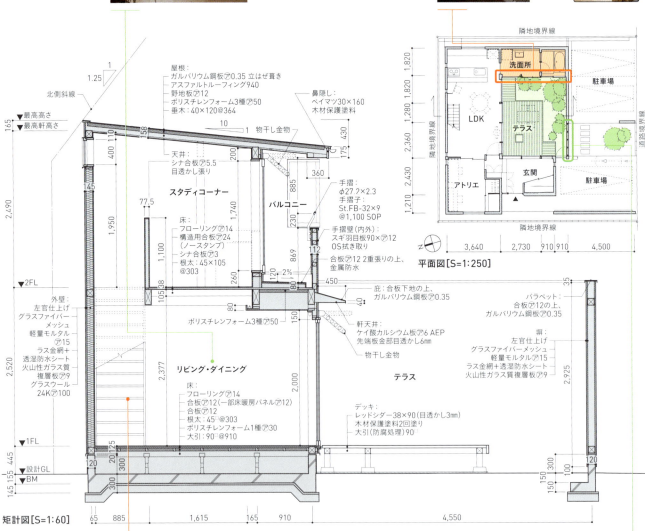

Pattern

2

西荻の家

廊下に本棚などの共用コーナーを設けることで諸室や機能をつなぐブリッジの役割を果たす*2

コの字配置によって設けた中庭によって空隙ができ、街並みに対して圧迫感を軽減し、内部の気配もこぼしている

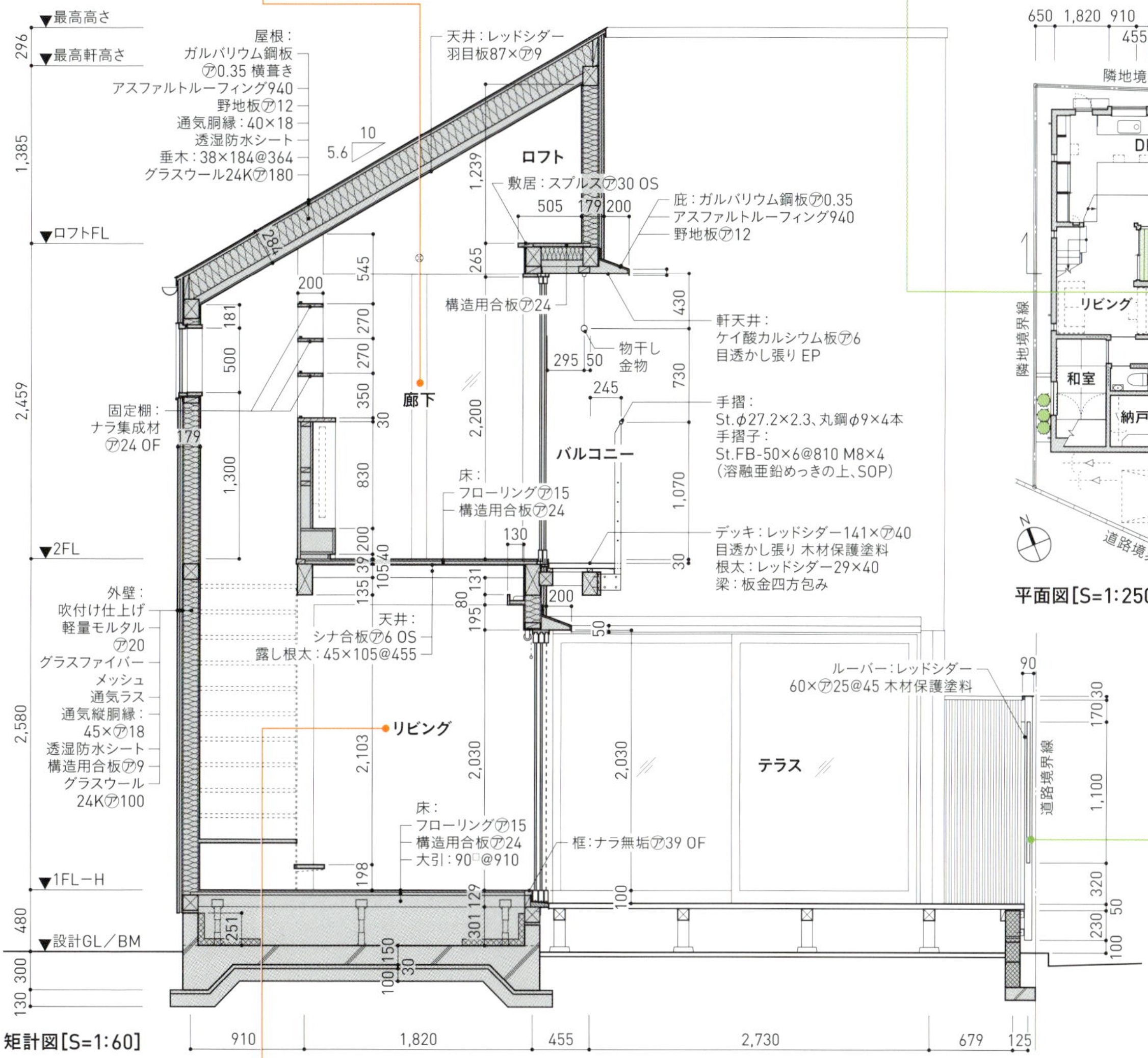

最高高さ
最高軒高さ
ロフトFL
2FL
1FL−H
設計GL/BM
296
1,385
2,459
2,580
480
300
130
屋根:
ガルバリウム鋼板
㋐0.35 横葺き
アスファルトルーフィング940
野地板㋐12
通気胴縁:40×18
透湿防水シート
垂木:38×184@364
グラスウール24K㋐180
天井:レッドシダー
羽目板87×㋐9
10
5.6
ロフト
敷居:スプルス㋐30 OS
505
179
200
庇:ガルバリウム鋼板㋐0.35
アスファルトルーフィング940
野地板㋐12
構造用合板㋐24
軒天井:
ケイ酸カルシウム板㋐6
目透かし張り EP
物干し
金物
295
50
245
手摺:
St.φ27.2×2.3、丸鋼φ9×4本
手摺子:
St.FB-50×6@810 M8×4
(溶融亜鉛めっきの上、SOP)
バルコニー
廊下
固定棚:
ナラ集成材
㋐24 OF
179
床:
フローリング㋐15
構造用合板㋐24
デッキ:レッドシダー141×㋐40
目透かし張り 木材保護塗料
根太:レッドシダー29×40
梁:板金四方包み
130
200
外壁:
吹付け仕上げ
軽量モルタル
㋐20
グラスファイバー
メッシュ
通気ラス
通気縦胴縁:
45×㋐18
透湿防水シート
構造用合板㋐9
グラスウール
24K㋐100
天井:
シナ合板㋐6 OS
露し根太:45×105@455
リビング
テラス
ルーバー:レッドシダー
60×㋐25@45 木材保護塗料
90
道路境界線
床:
フローリング㋐15
構造用合板㋐24
大引:90□@910
框:ナラ無垢㋐39 OF
2,103
2,030
2,030
170
30
1,100
320
50
230
100
910
1,820
455
2,730
679
125

矩計図[S=1:60]

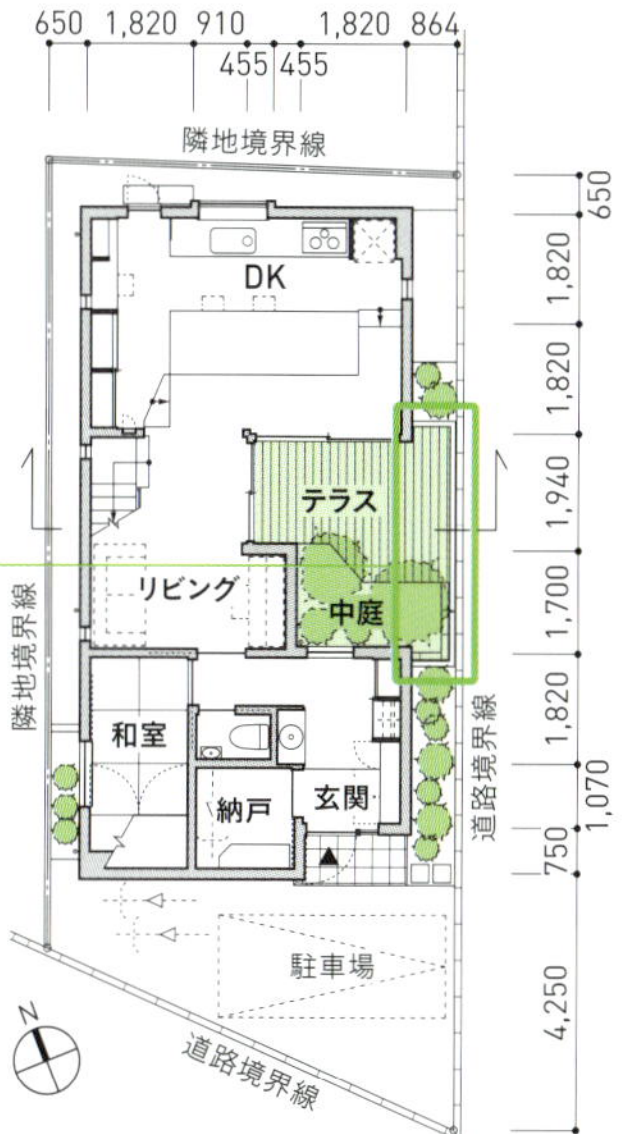

650
1,820
910
1,820
864
455
455
隣地境界線
DK
テラス
リビング
中庭
和室
納戸
玄関
駐車場
隣地境界線
道路境界線
道路境界線
650
1,820
1,820
1,940
1,700
1,820
1,070
750
4,250
N

平面図[S=1:250]

奥の土間キッチンとフロアレベルに差をつけることで各領域(キッチン・ダイニング・リビング)が緩やかにつながる*2

→55ページ参照

ルーバーには目線の高さで目隠しを入れ、風通しのよい設えとしながらもプライバシーを確保。敷地状況により目隠し塀の高さや設えは考慮したい*2

家族は同じ平面で緩やかにつながる

家族が集うリビング・ダイニングは、就寝や入浴以外の時間の多くをそこで過ごす空間であり、家中で最も快適な空間でありたい。食事を共にし、同じ価値を共有し合う時間は家族にとってかけがえのないものである。一方で、常に同じ空間に居続けることはお互いにとってストレスにもつながりやすい。リビング・ダイニングを居心地よい空間にするためには、場を共有しつつもお互いが過度に干渉されず、距離を保って各々の時間を過ごせるような棲み分けを考えることも重要である。決して広くはなくとも、視線の交錯や動線などを整理し、家族を平面的に緩やかにつなげたリビング・ダイニングの事例をここでは紹介する。

plan 05

Pattern

1

TREE HOUSE

2階の緑豊かなテラスに面してリビング・ダイニングと土間キッチンを設けた住宅である。造作による大きなダイニングテーブルで、家族が思い思いの時間を過ごせる。テラスを囲うようにソファスペースや子どもの勉強コーナー、浴室を配置し、就寝時以外は常に家族が同じ平面上でほどよい距離を保ち過ごすことができる。

Pattern

2

紫陽花の家

空間のアクセントにもなっているカラフルなパネルの造作棚をパーティションとして、ソファスペースとスタディコーナーとを緩やかに仕切る。キッチンから勉強する子どもの様子を把握しつつも、正面のダイニング側ともコミュニケーションを図れる。家族はそれぞれの時間を思い思いに過ごすことができる。

Pattern
1
TREE HOUSE

スタディコーナーはリビングとひとつながりでありながらも、400㎜床を上げて畳敷きとすることで領域を分けている*

リビングを2階に設けることで陽当たりの問題を解消し、さらにデッキテラスを設けることで2階にありながら地上階のような開放感を生み出している*

1階にある2つの個室は引戸を開け放つと廊下と一体化し風と視線が通る

玄関前に植えられた樹木（シマトネリコ）がデッキテラスを貫き、建物ファサードのアクセントとなっている*

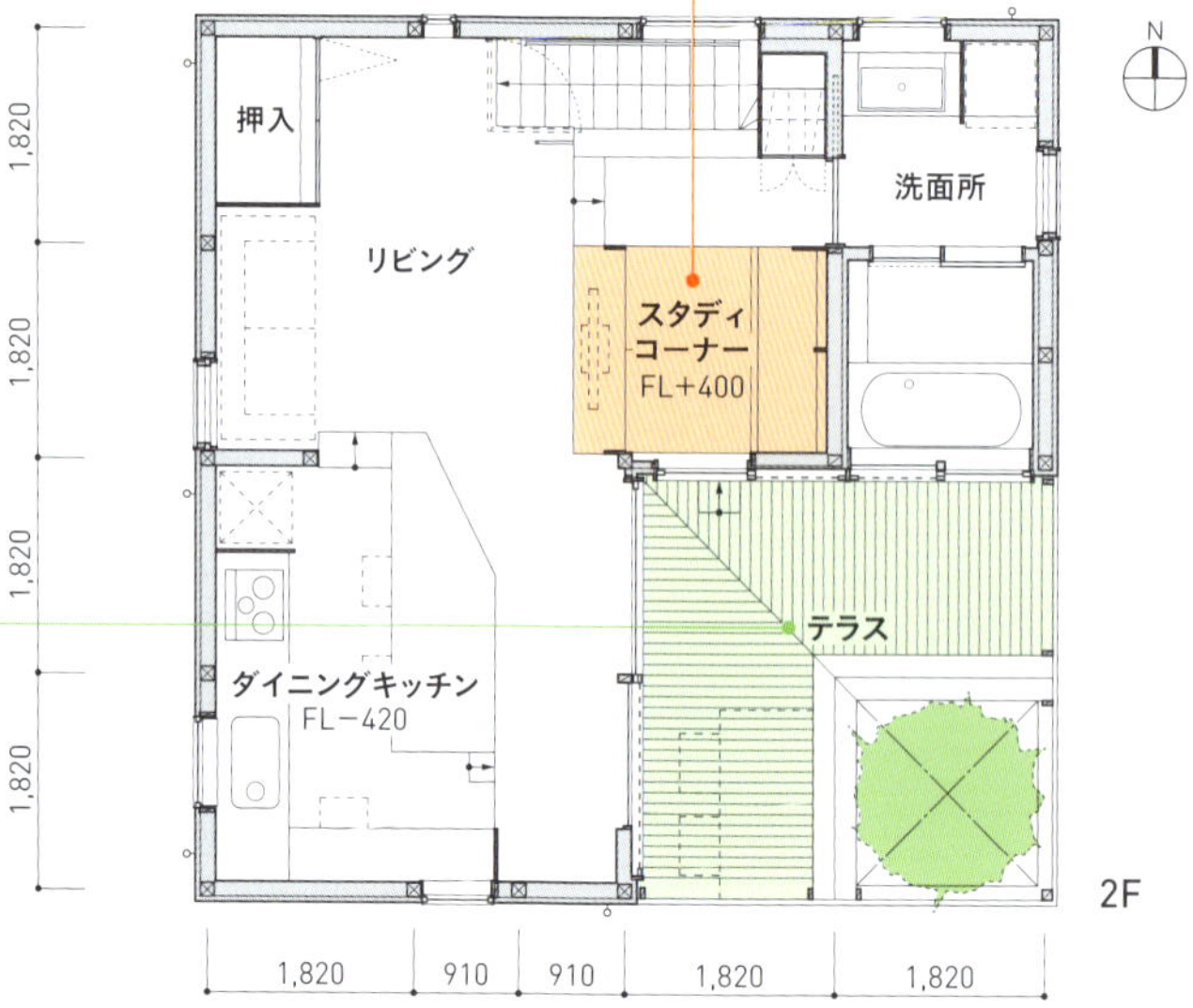

N
押入
洗面所
リビング
スタディ
コーナー
FL+400
テラス
ダイニングキッチン
FL−420
2F
1,820
1,820
1,820
1,820
1,820
910
910
1,820
1,820

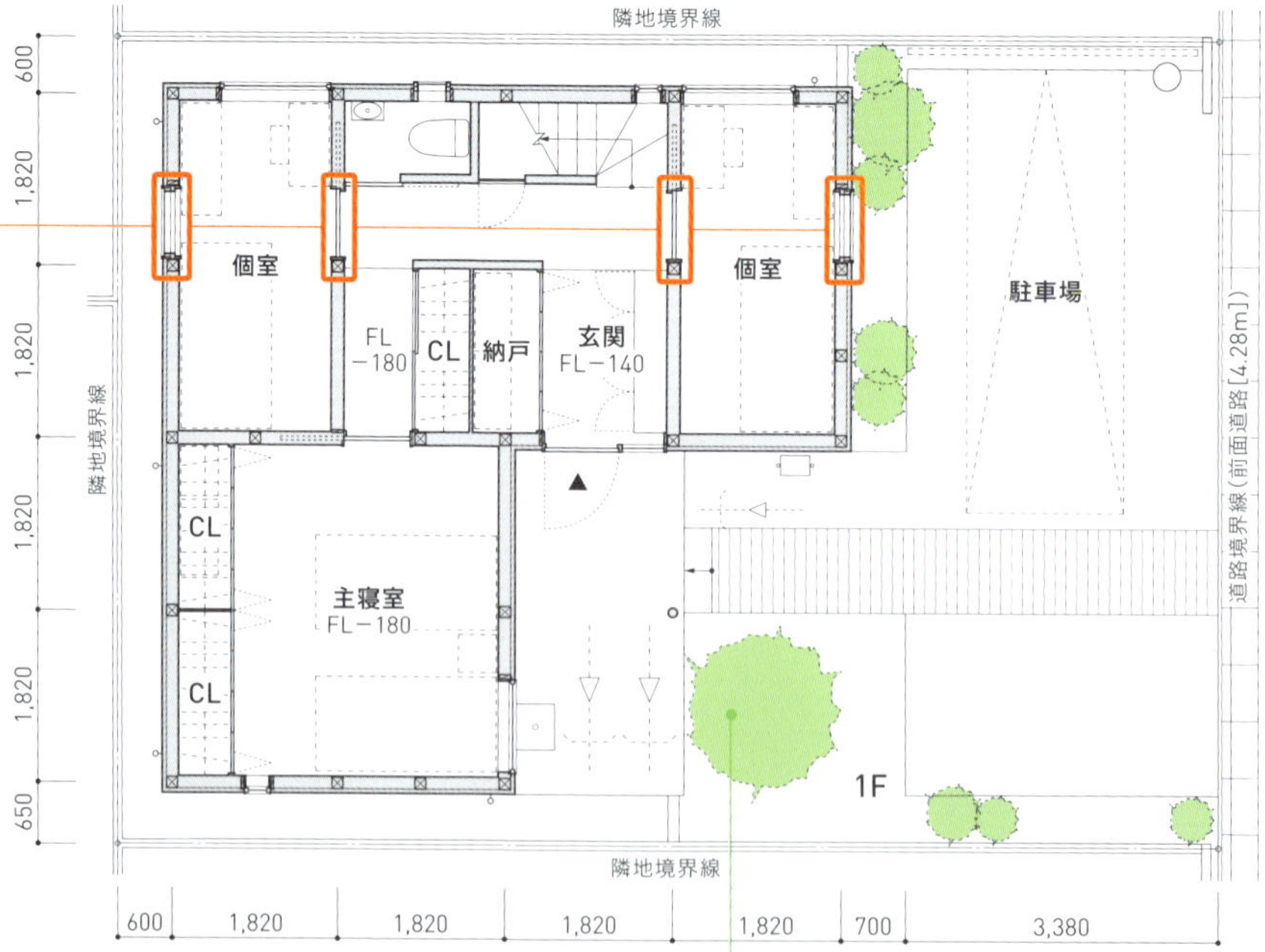

隣地境界線
個室
個室
FL
−180
CL
納戸
玄関
FL−140
駐車場
隣地境界線
CL
主寝室
FL−180
CL
1F
隣地境界線
道路境界線（前面道路［4.28m］）
600
1,820
1,820
1,820
1,820
650
600
1,820
1,820
1,820
1,820
700
3,380

平面図[S=1:120]

Pattern 2

紫陽花の家

キッチンから家族全員の位置や気配が感じられるような位置にダイニングやリビングを配置している*

→67ページ参照

スタディコーナーはある程度の集中力を要する空間である。ここでは、セミオープンな本棚によってリビングのソファ空間と緩やかに隔てている*

→56ページ参照

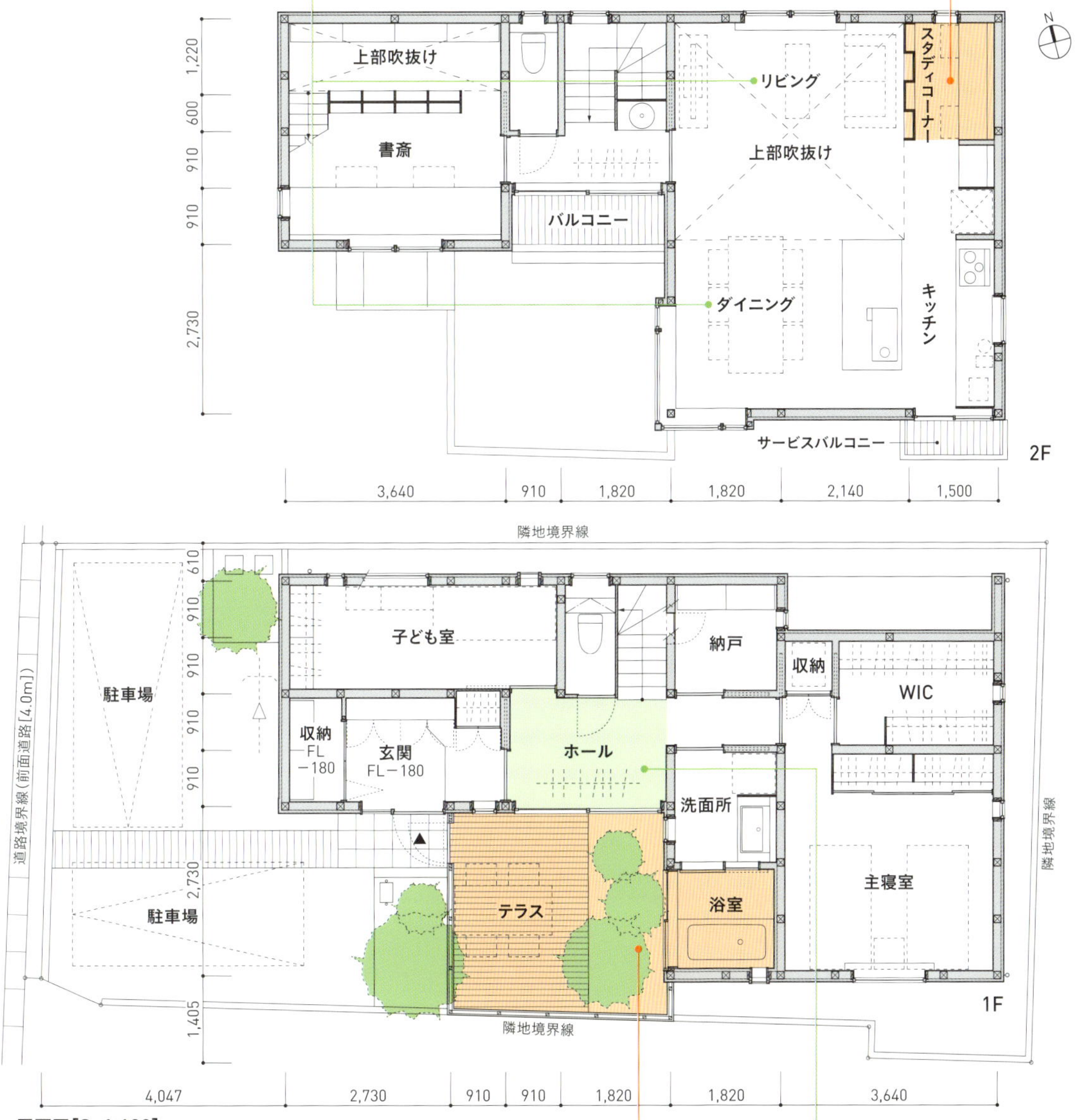

上部吹抜け
書斎
バルコニー
リビング
スタディコーナー
上部吹抜け
ダイニング
キッチン
サービスバルコニー
2F
1,220
600
910
910
2,730
3,640
910
1,820
1,820
2,140
1,500
N
隣地境界線
道路境界線(前面道路[4.0m])
駐車場
子ども室
納戸
収納
WIC
収納
FL
−180
玄関
FL−180
ホール
洗面所
主寝室
テラス
浴室
駐車場
隣地境界線
隣地境界線
1F
610
910
910
910
910
2,730
1,405
4,047
2,730
910
910
1,820
1,820
3,640

平面図[S=1:120]

中庭に面して浴室を設けることで、森の中のような非日常的な空間をつくり出している

単なる廊下ではなく、ホールとして広めにスペースを取ることで室内洗濯物干しスペースなどちょっとした作業スペースとしても使える*

家族は同じ空間に立体的につながる

リビングを最上階以外の階に配置する際、その上部を吹抜けとすることは採光条件を改善させるための常套手段である。吹抜けは温熱環境が制御しづらくなるというマイナスイメージもあるが、孤立しやすい上階に設けた個室を緩やかに縦につなぐという大きなメリットがある。立体的に付かず離れずの関係をつくることは、特に思春期を迎える子ども室のあり方の解決策の1つになるかもしれない。フロアを分けることで作業に没頭しやすい環境をつくったり、単調になりがちな空間に変化をつけ、家族の居場所に多様性を与えることができる。また、吹抜けをうまく使えば、住宅全体を立体的につながるワンルーム空間として使える。

plan 06

Pattern

1

しだれ桜の家

日照条件にやや難がある市街地に住宅を計画する場合、採光を考えるとリビング・ダイニングを2階以上に配置することが多い。しかし、この住宅では蓄熱床暖房を採用したため、1階にリビングやダイニングを設け、吹抜けを使い、ハイサイドライトから光を導いた。このことにより空間が縦方向にもつながり、2階のスタディコーナーや、ピアノコーナー、主寝室や子ども室までひとつながりの空間となった。

Pattern

2

白岡の家

キッチン・ダイニングと並びにある小上がりのリビングの上部を吹抜けとし、単調となりがちな空間に変化をつけた住宅である。吹抜けに面して設けたブリッジには、跳ね出しのローカウンターをつくり、その背面には本棚を設けてライブラリとし、家族のシェア空間としても使えるようにした。ローカウンターはベンチ代わりにもなり、吹抜けに足を投げ出せばワークスペースにすることもできる。

Pattern
1
しだれ桜の家

引戸を開け放つとLDと一体で使える和室。キッチンと同様に天井高さを抑えることで、落ち着き感を生み出している*

吹抜けの高所にハイサイドライトを設けると採光上も有利になる。その際、外付けブラインドやオーニングなどで夏の日射遮蔽対策を考えたい

→60ページ参照

集中して作業したいスタディコーナーはリビング上部の吹抜けに面して配置。フロアをリビングと分けることで独立性も高まる*

吹抜けを設けると、階の上下で温熱環境に差が生まれやすくなることがある。ここでは吹抜け上部にシーリングファンを付け、寝室には開け閉めのできる引戸を設けている*

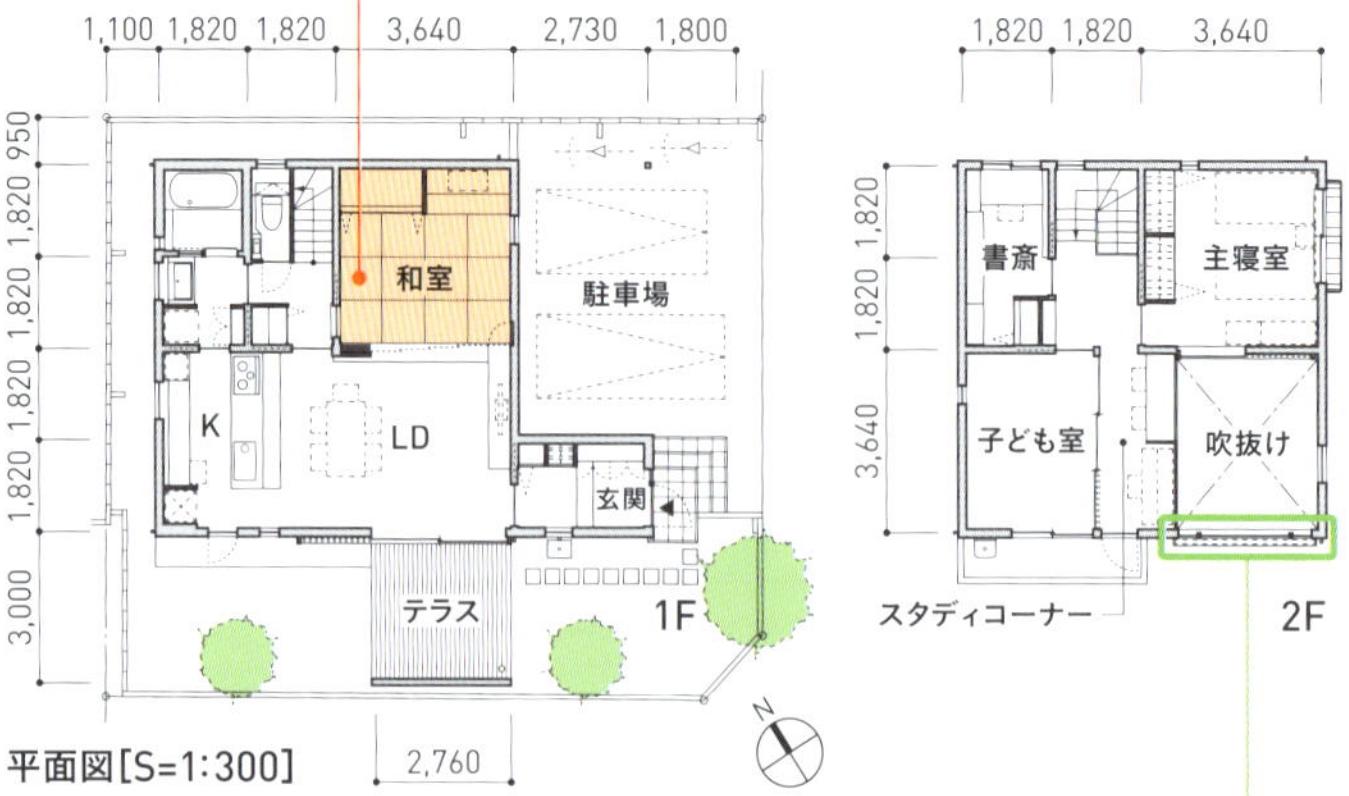

1,100 1,820 1,820 3,640 2,730 1,800
950 1,820 1,820 1,820 1,820 3,000
和室
駐車場
K
LD
玄関
テラス
1F
2,760
1,820 1,820 3,640
1,820 1,820 3,640
書斎
主寝室
子ども室
吹抜け
スタディコーナー
2F
N

平面図[S=1:300]

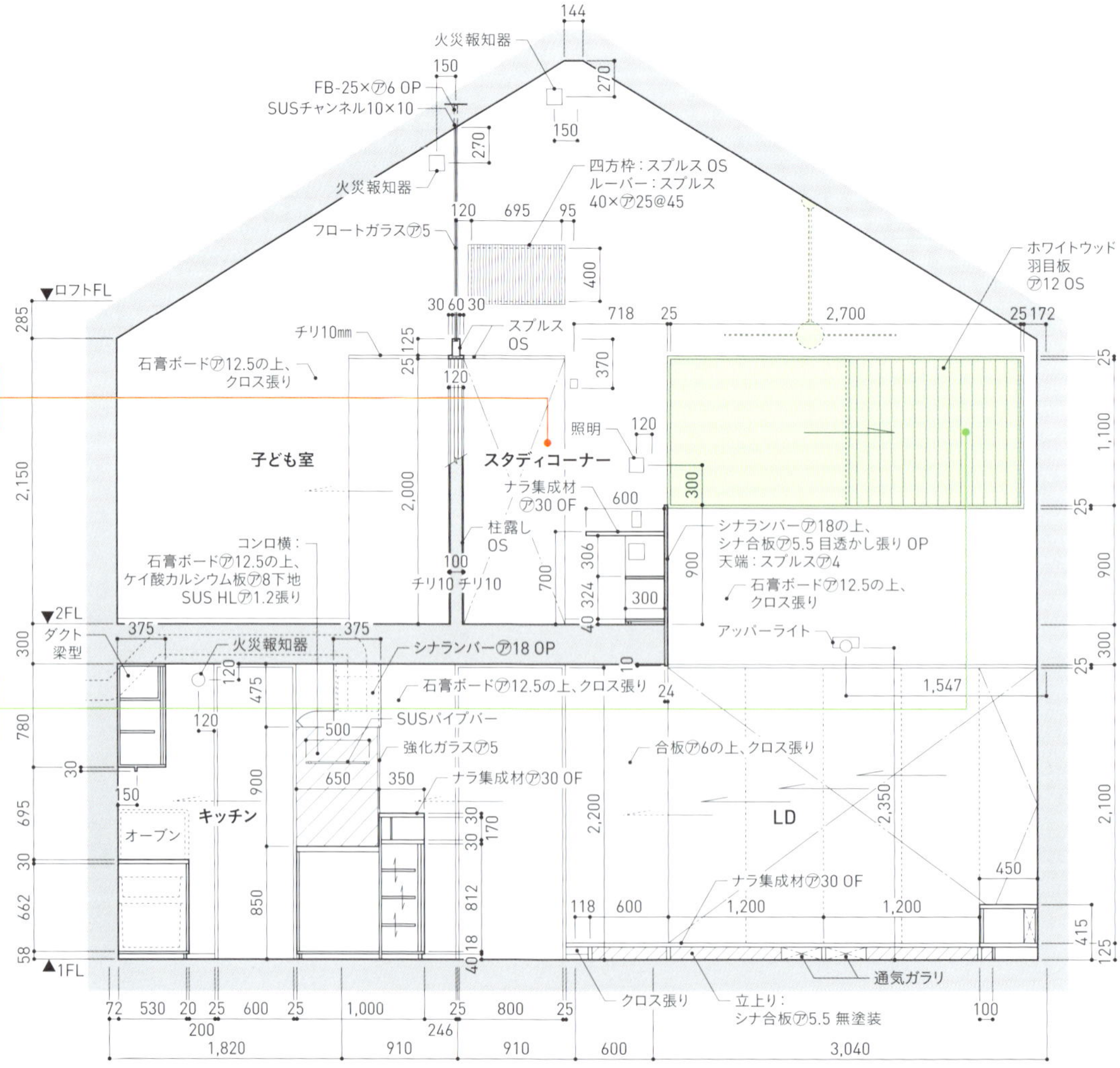

火災報知器
FB-25×⑦6 OP
SUSチャンネル10×10
四方枠：スプルス OS
ルーバー：スプルス
40×⑦25@45
フロートガラス⑦5
ホワイトウッド
羽目板
⑦12 OS
ロフトFL
チリ10mm
スプルス
OS
石膏ボード⑦12.5の上、
クロス張り
子ども室
スタディコーナー
照明
ナラ集成材
⑦30 OF
柱露し
OS
コンロ横：
石膏ボード⑦12.5の上、
ケイ酸カルシウム板⑦8下地
SUS HL⑦1.2張り
シナランバー⑦18の上、
シナ合板⑦5.5 目透かし張り OP
天端：スプルス⑦4
石膏ボード⑦12.5の上、
クロス張り
アッパーライト
2FL
ダクト
梁型
火災報知器
シナランバー⑦18 OP
石膏ボード⑦12.5の上、クロス張り
SUSパイプバー
強化ガラス⑦5
ナラ集成材⑦30 OF
合板⑦6の上、クロス張り
キッチン
オーブン
LD
ナラ集成材⑦30 OF
1FL
クロス張り
立上り：
シナ合板⑦5.5 無塗装
通気ガラリ
72 530 20 25 600 25 1,000 25 800 25 100
200 246
1,820 910 910 600 3,040

展開図[S=1:60]

Pattern

2

白岡の家

2階個室は家族のライフスタイルに合わせて間仕切って使えるよう、壁を設けず一室空間としている*

デッキテラスとつながるダイニングから400㎜床を上げた位置にくつろぎの間を設け、領域を分けている*

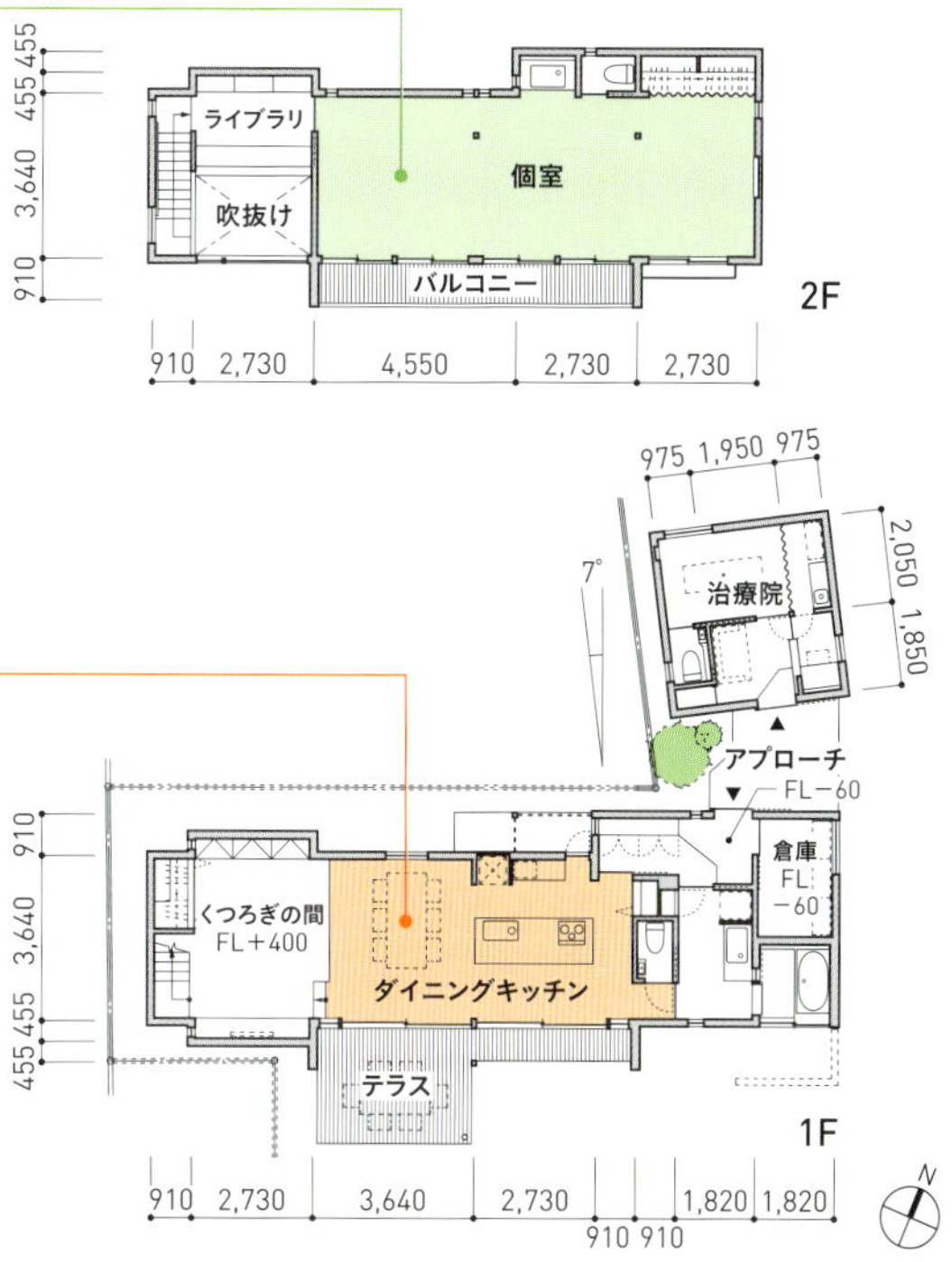

ライブラリ
吹抜け
個室
バルコニー
2F
910
2,730
4,550
2,730
2,730
455
455
3,640
910
975
1,950
975
7°
2,050
1,850
治療院
アプローチ
FL−60
倉庫
FL −60
くつろぎの間
FL+400
ダイニングキッチン
テラス
1F
910
2,730
3,640
2,730
1,820
1,820
910
910
910
3,640
455
455
N

平面図[S=1:300]

吹抜け上部の読書コーナーは子どもの格好の遊び場にもなる。一方では子供の思わぬ行動も考慮し、安全性には十分に注意したいところだ

くつろぎの間は隣地が近いため、吹抜け上部に開口部を設け、1階部分はテレビ置場として壁面を掘り込んでいる*

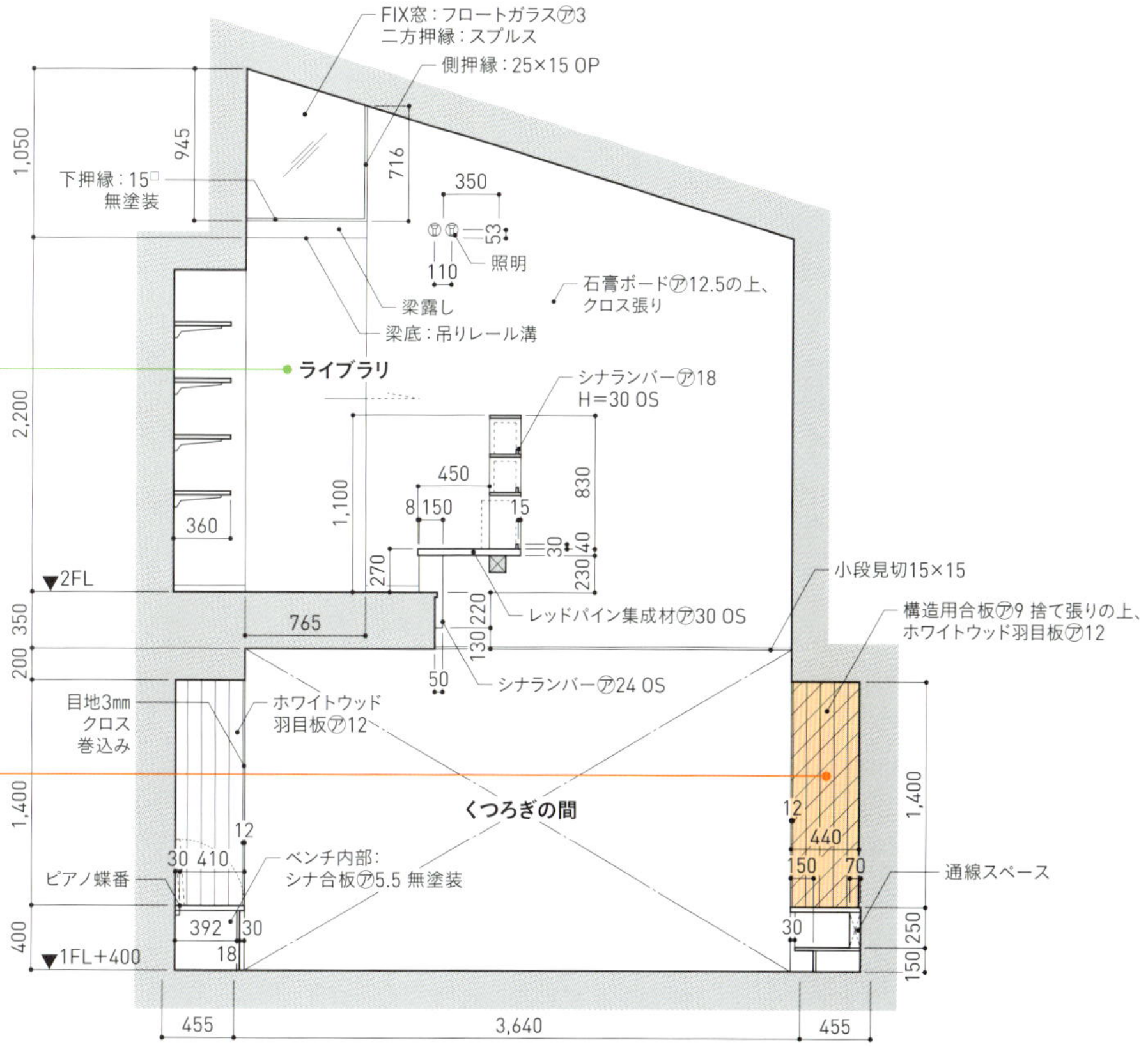

FIX窓：フロートガラス㋐3
二方押縁：スプルス
側押縁：25×15 OP
下押縁：15□
無塗装
1,050
945
716
350
53
照明
110
石膏ボード㋐12.5の上、
クロス張り
梁露し
梁底：吊りレール溝
ライブラリ
シナランバー㋐18
H=30 OS
2,200
1,100
450
8 150
15
830
360
30
40
230
270
▼2FL
765
220
130
レッドパイン集成材㋐30 OS
小段見切15×15
構造用合板㋐9 捨て張りの上、
ホワイトウッド羽目板㋐12
350
200
50
シナランバー㋐24 OS
目地3mm
クロス
巻込み
ホワイトウッド
羽目板㋐12
くつろぎの間
1,400
12
440
150
70
12
30 410
ピアノ蝶番
ベンチ内部：
シナ合板㋐5.5 無塗装
通線スペース
392
30
18
30
250
150
400
▼1FL+400
455
3,640
455

展開図[S=1:60]

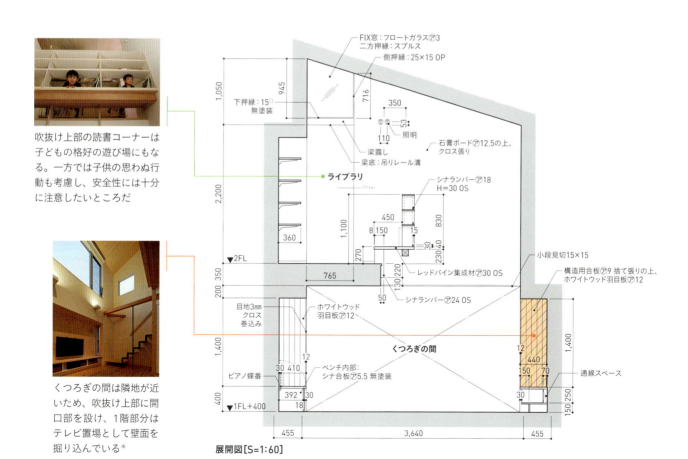

変形地の特性は住宅の個性になる

敷地は平坦な整形地であるほうが設計しやすいと思われるかもしれない。しかし、個性の際だった変形地のほうが選択肢が狭められ、設計が進めやすいということもある。通常は長方形プランにしたほうが合理的であることが多いが、変形地では敷地形状に合わせて配置したり、壁を斜めにすることで、かえって合理的なプランになることも多い。敷地から導かれたいびつな内部空間は、奥行き感や面積以上の広がりをつくり出し、窓からの眺めに変化を与え、特徴的な外観をつくる。もちろん、敷地は変形していればよいということではない。条件によってはまともなプランがつくれない敷地も多いので、敷地選びの際には十分な注意が必要である。

plan 07

Pattern
1
トンガリの家

ショートケーキのような鋭角三角形の敷地に建つ住宅。この敷地ならではの個性を引き出すために、トンガリ敷地の先にはソファとアートワークを配置し、眼下に眺望が広がる特等席とした。変形地に建物形状を合わせながらも家具の据わりや使い勝手を考慮し、随所に直角のコーナーをつくり出している。

Pattern
2
窓の家

わずか14坪強の扇を広げたような多角形状の敷地に建つ3階建て住宅。難条件であったが、角地や大きな通りに面するというメリットを最大に生かし、外壁面に大小さまざまな窓を設け、室内の閉塞感を和らげている。屈曲した外壁面と窓の配置は見る方向によってさまざまな表情をつくり出し、街のランドマークのような住宅となっている。

Pattern

1

トンガリの家

角度のついた壁や天井面が不思議な視覚的効果を室内にもたらす。さらにトップライトを設けることで採光確保だけでなく閉塞感を払拭している

→127ページ参照

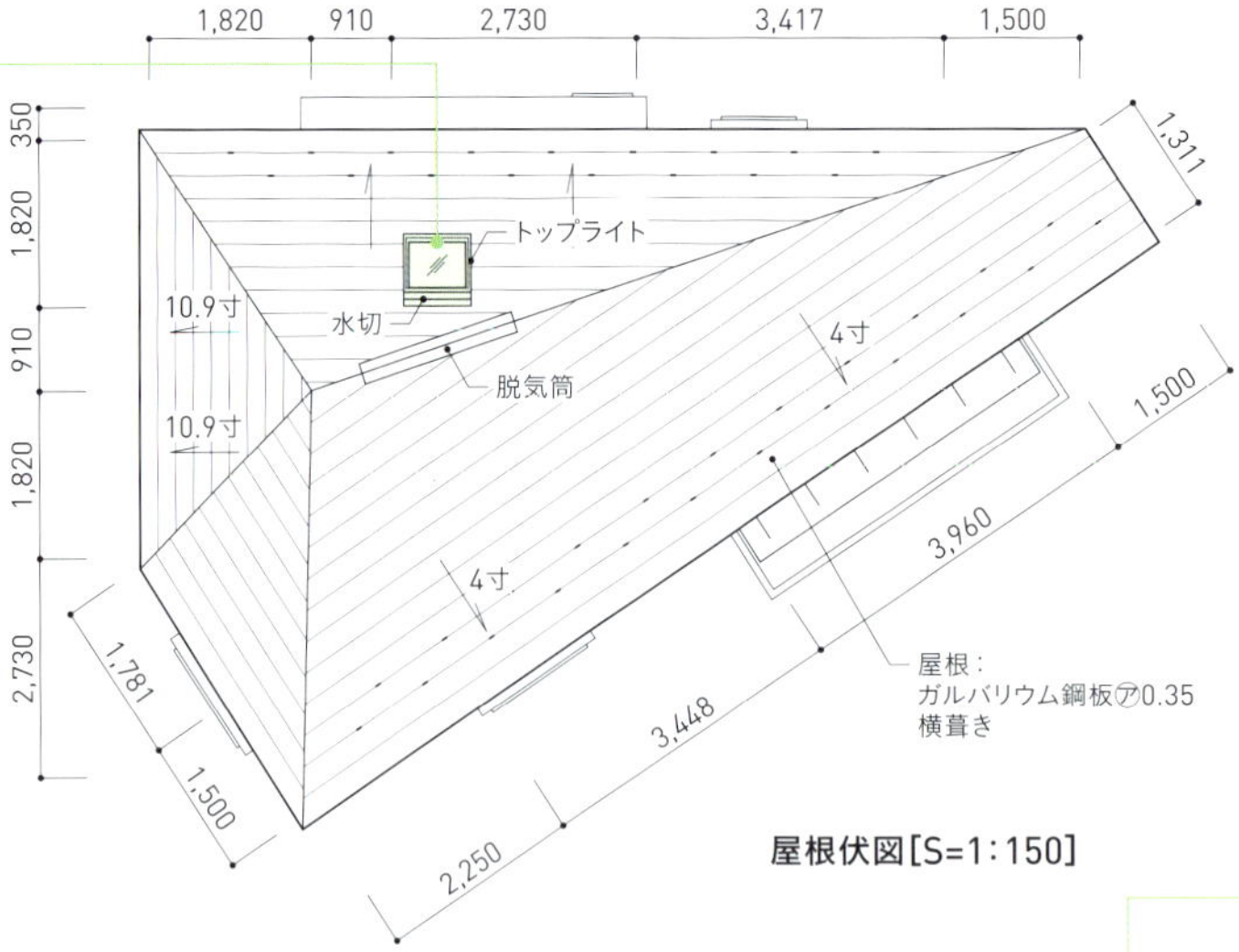

1,820
910
2,730
3,417
1,500
350
1,820
910
1,820
2,730
1,311
トップライト
10.9寸
水切
脱気筒
4寸
10.9寸
1,500
3,960
4寸
1,781
1,500
3,448
2,250
屋根：
ガルバリウム鋼板㋐0.35
横葺き

屋根伏図[S=1:150]

変形地であっても、キッチンとスタディコーナーは整形に確保したい。作業効率を上げ、家電製品や設備の納まりがよくなる＊1

→68ページ参照

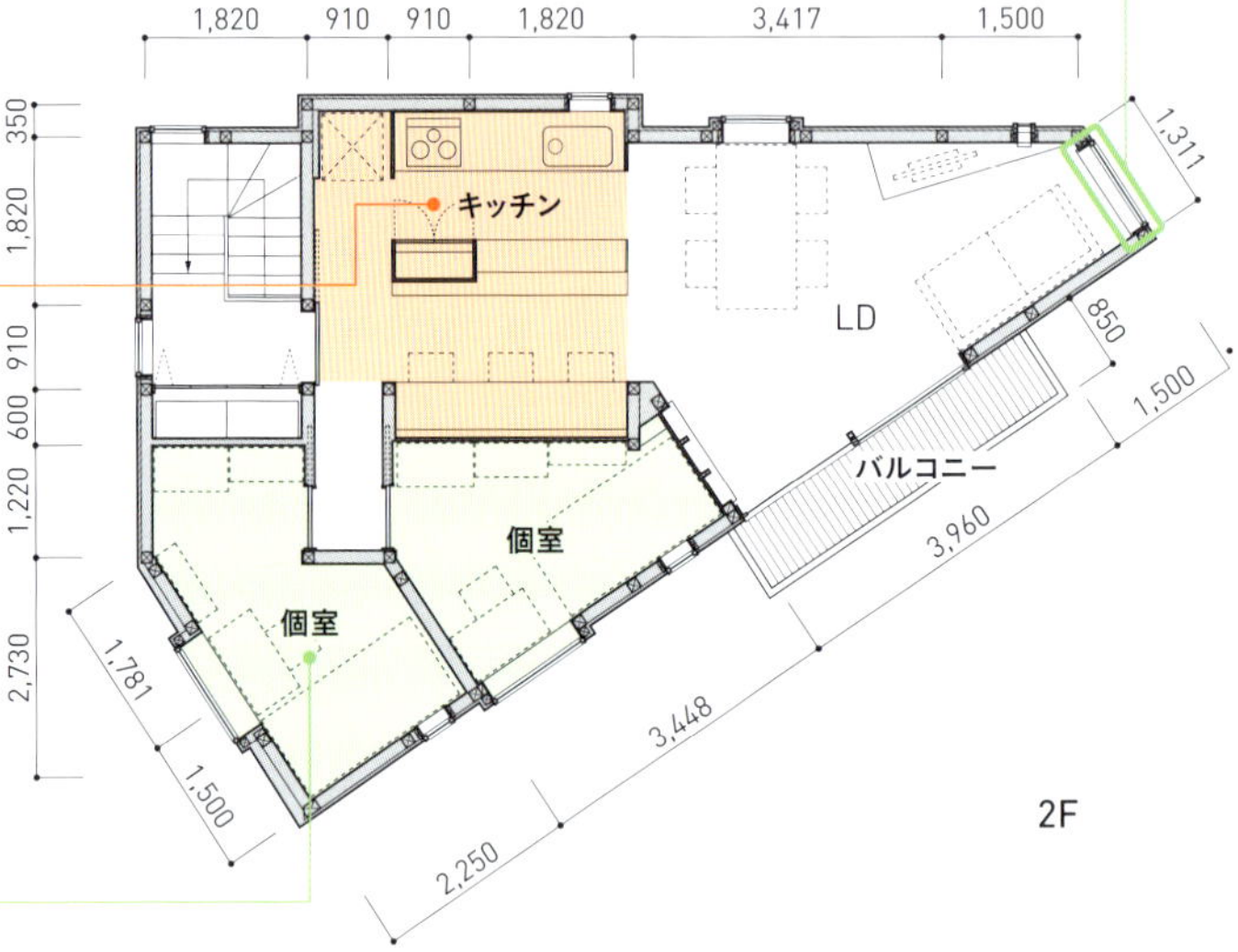

1,820
910
910
1,820
3,417
1,500
350
1,820
910
600
1,220
2,730
1,311
キッチン
LD
850
1,500
バルコニー
個室
3,960
個室
1,781
3,448
1,500
2,250
2F

変形地のプランで一番厄介になるのは鋭角部の処理である。ここでは窓を設けることで、遠景を見通せるビューポイントとしている＊1

建物のいびつな形状が表出した子供部屋のため、家具配置は事前に厳密に計画した。上部に設けたロフトは収納と遊び場を兼ねる＊1

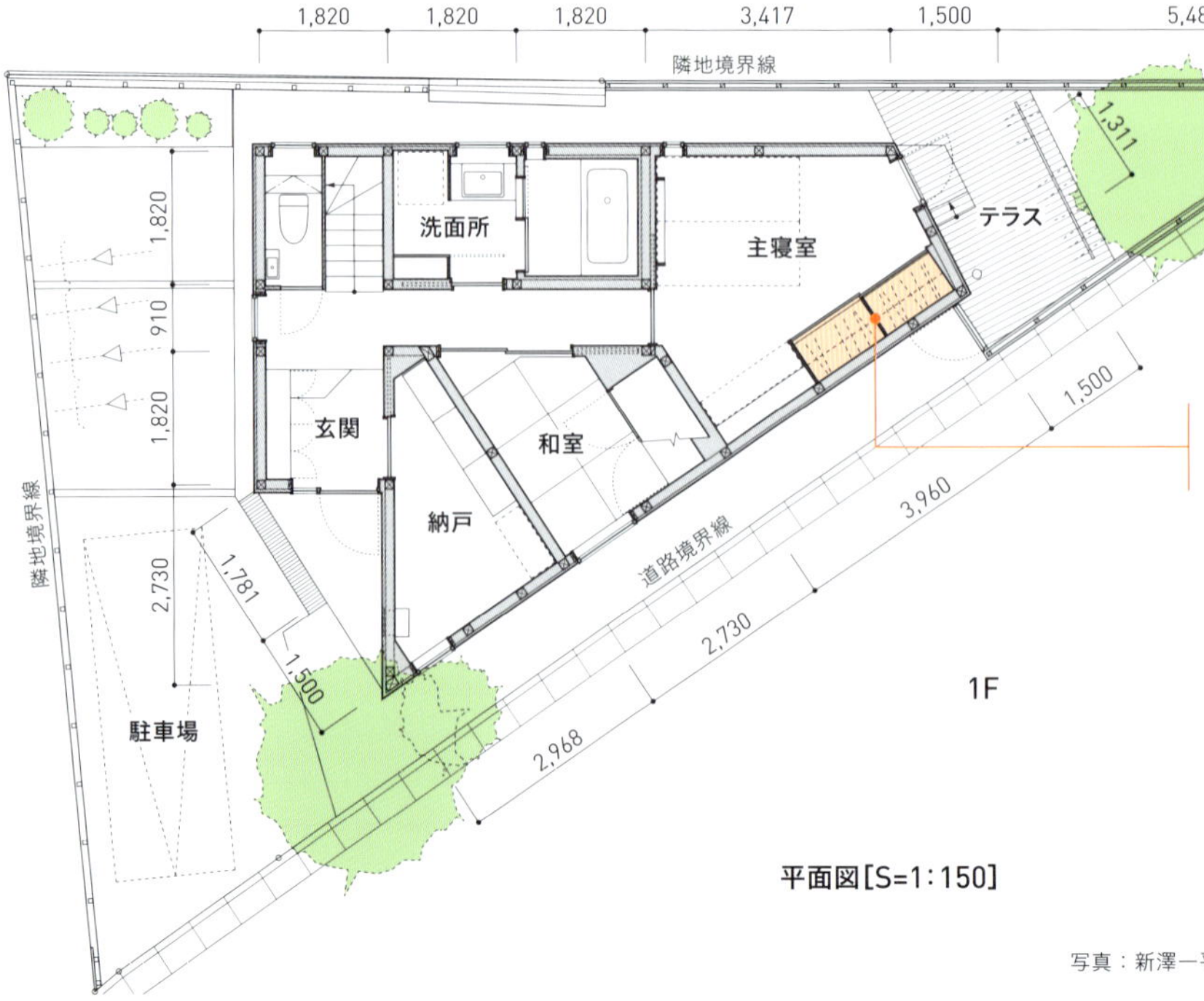

1,820
1,820
1,820
3,417
1,500
5,480
隣地境界線
1,311
1,820
洗面所
主寝室
テラス
910
1,820
玄関
和室
1,500
納戸
3,960
隣地境界線
2,730
1,781
道路境界線
2,730
1,500
1F
駐車場
2,968

平面図[S=1:150]

1階の鋭角部はテラスとすることで整形なクロゼットを確保

写真：新澤一平［＊1］、バウハウスネオ［＊2］

Pattern

2

窓の家

2階テラスから階段を上った先には屋上テラスを設け、幹線道路に向かって開けた眺望を楽しめる*2

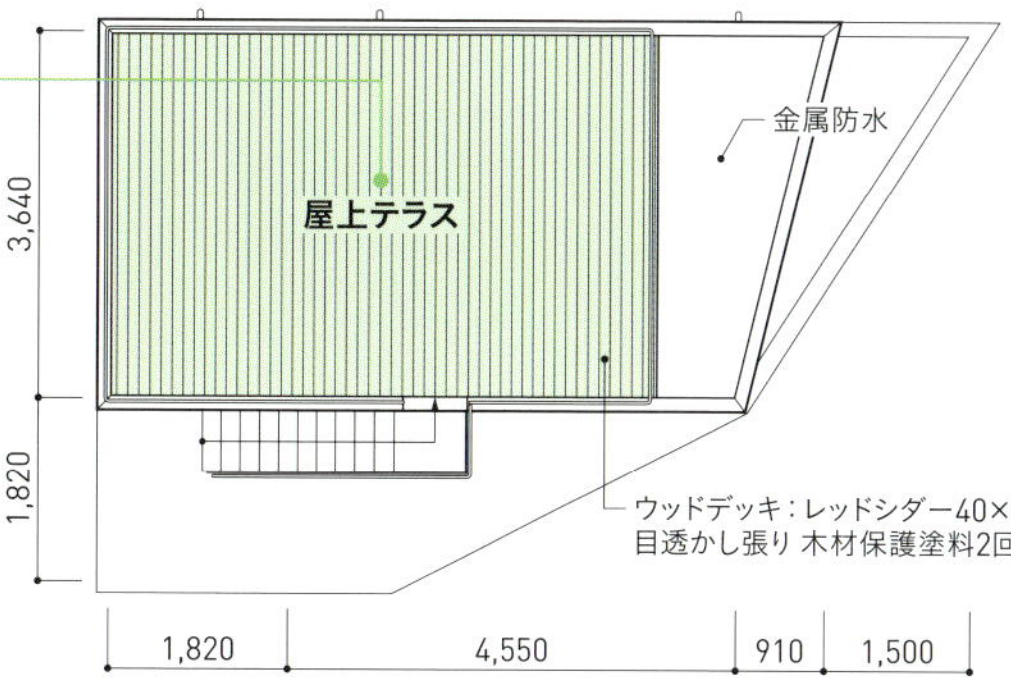

屋上テラス
金属防水
ウッドデッキ：レッドシダー40×90
目透かし張り 木材保護塗料2回塗り
3,640
1,820
1,820
4,550
910
1,500

屋根伏図[S=1：150]

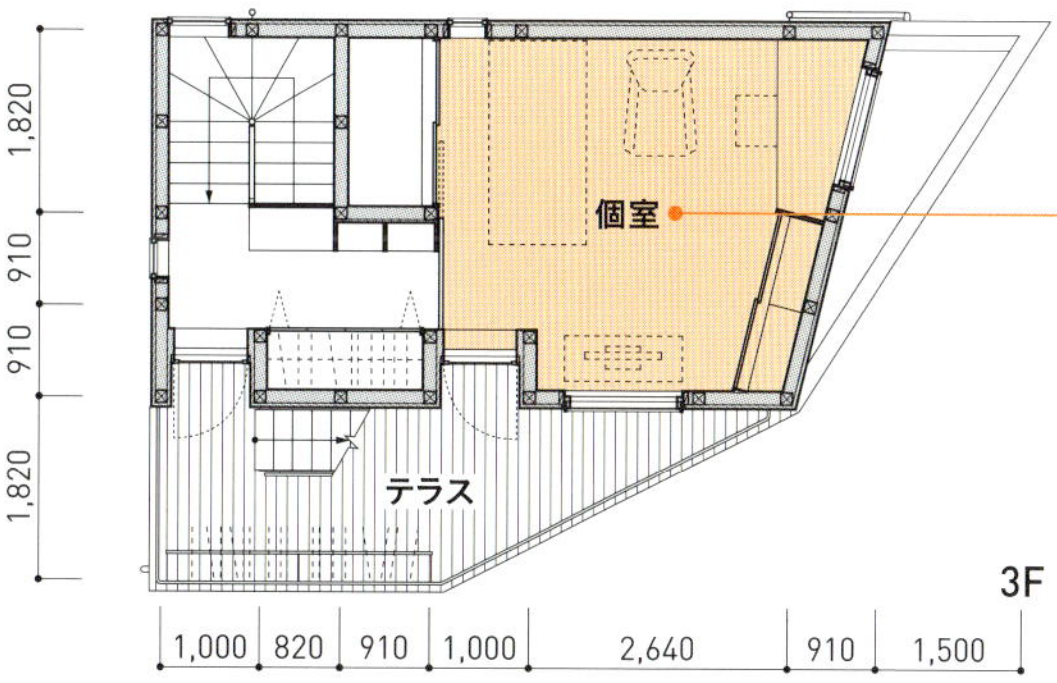

個室
テラス
3F
1,820
910
910
1,820
1,000
820
910
1,000
2,640
910
1,500

個室の壁はあえて角度をつけ、さらに窓を設けることで空間に奥行きが生まれ、閉塞感を軽減している*2

狭小キッチンの場合、冷蔵庫など搬入動線によってはうまく設置できないといった落とし穴もあるので注意が必要*2

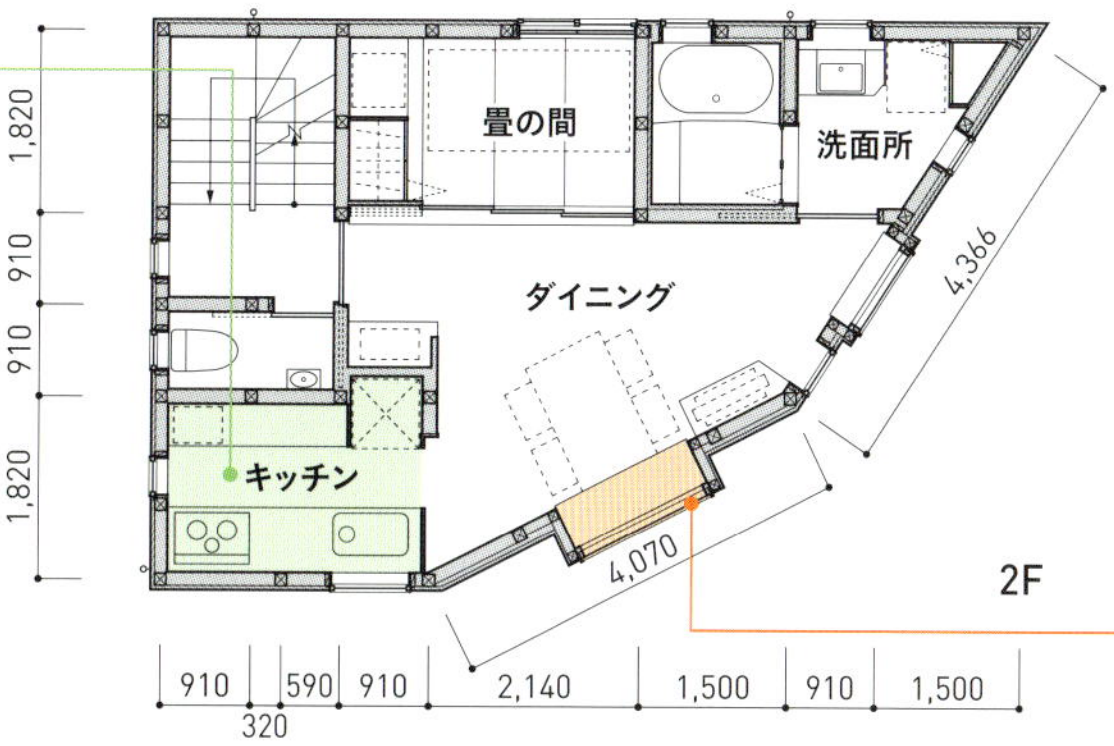

畳の間
洗面所
ダイニング
キッチン
4,366
4,070
2F
1,820
910
910
1,820
910
590
910
2,140
1,500
910
1,500
320

室内に採光と眺望そして空間の奥行きをつくり出す大きな出窓。大小さまざまな窓は街のランドマークにもなっている*2

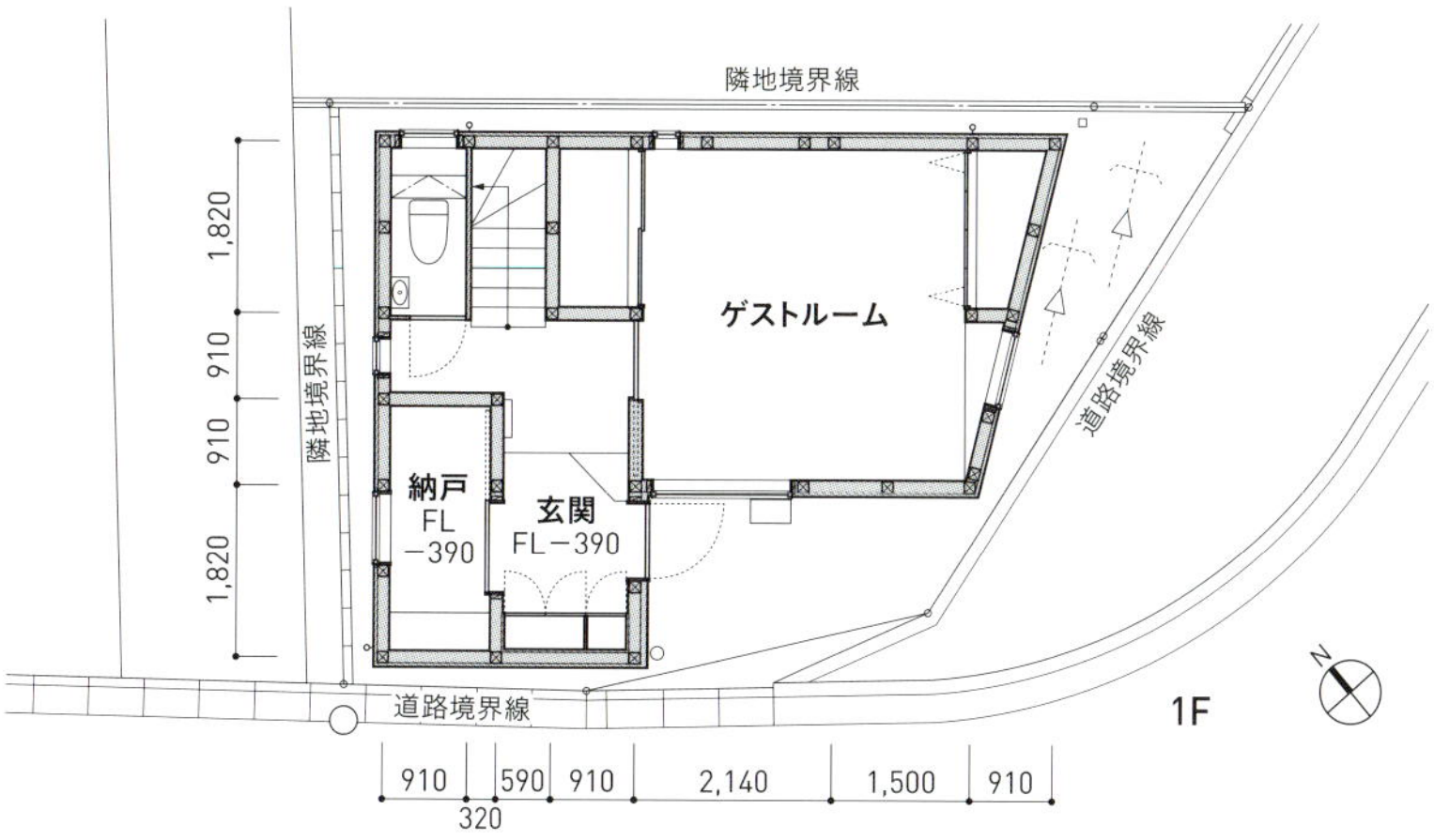

隣地境界線
隣地境界線
ゲストルーム
道路境界線
納戸
FL
−390
玄関
FL−390
道路境界線
N
1F
1,820
910
910
1,820
910
590
910
2,140
1,500
910
320

平面図[S=1：150]

外部と全力でつながる

設計では最初に敷地を丹念に読み解き、そこに難があれば設計によってどうやってカバーすべきかを考える。ところが、素材のよさが引き立つ好敷地の場合は、余計なことをする必要は何もない。活きのよい魚をさばくように、最小の手数でプランニングは完結させたい。もしそこに手に入れたい眺望があるならば、外部建具を引違い窓でなくＦＩＸ窓を用いて、眺望を遮るあらゆる要素を排除することを考える。さらに、プライバシー確保の要求度が低ければ、引込み窓にするなど、外部とは全力でつながりたい。敷地がもつ利点を生かし、その敷地ならではの環境とのつながりを考えることは、設計においてとても大切な心構えであろう。

plan 08

Pattern
1
緩斜面の家

なだらかな前傾斜の敷地に沿って床にレベル差を設け、水平の大屋根をリビング・ダイニングを覆うように架けることで、敷地のもつ起伏を住宅の中に取り込んでいる。大傾斜の先に広がる眺望を独り占めするよう、開口部は引込み窓とし、建具を開け放てば外部と一体化し、遠景までも空間の一部とすることができる。

Pattern
2
ひなた ハウス

母屋敷地の一角に建てられた住宅。母屋に面したダイニングの建具は、視線を気にせず思い切り開放できる全引込み窓とした。大開口が活用されるためには外部空間にも仕掛けが必要となる。ここではデッキテラスに、室内と一体となって使われるために母屋世帯とをつなぐ縁側の役割をもたせるなど、数々の設えを施している。

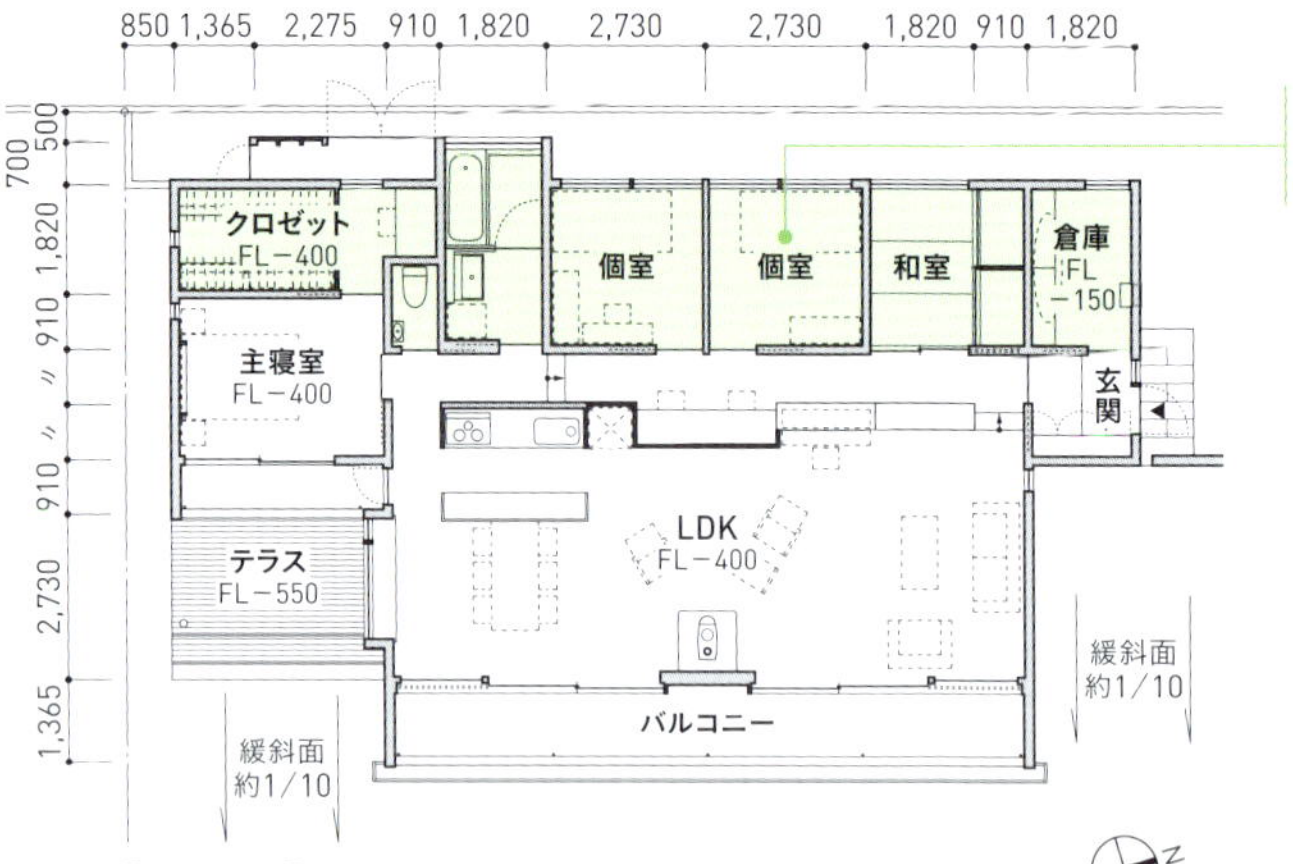
850 1,365 2,275 910 1,820 2,730 2,730 1,820 910 1,820
700 500 1,820 910 910 2,730 1,365
クロゼット
FL−400
個室
個室
和室
倉庫
FL
−150
主寝室
FL−400
玄関
LDK
FL−400
テラス
FL−550
バルコニー
緩斜面
約1/10
緩斜面
約1/10

平面図[S=1:250]

道路側には個室や収納スペースを配置し、壁面の開口部は最小限に抑えている

Pattern

1

緩斜面の家

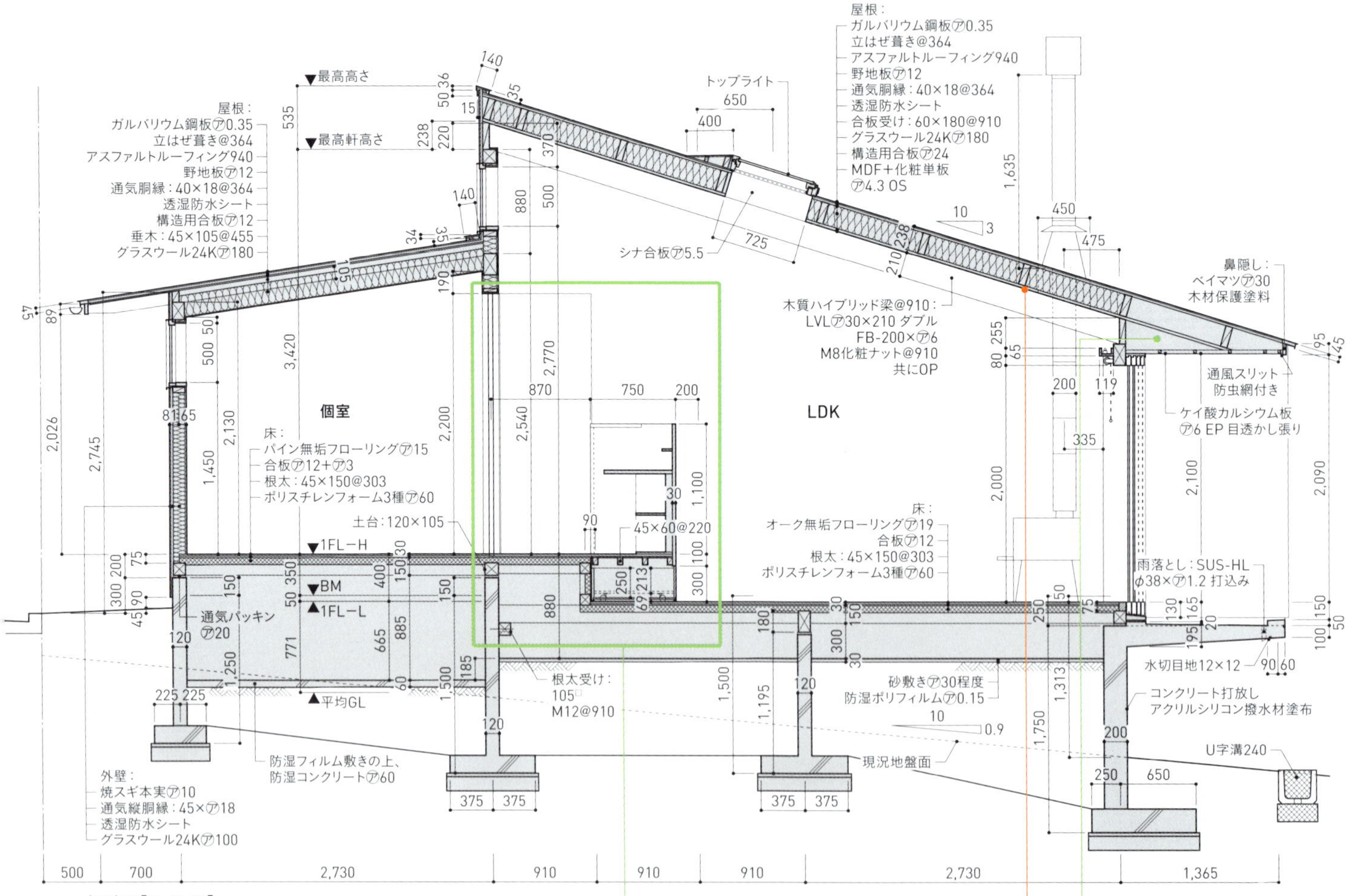
最高高さ
最高軒高さ
屋根：
ガルバリウム鋼板㋐0.35
立はぜ葺き@364
アスファルトルーフィング940
野地板㋐12
通気胴縁：40×18@364
透湿防水シート
構造用合板㋐12
垂木：45×105@455
グラスウール24K㋐180
トップライト
650
400
屋根：
ガルバリウム鋼板㋐0.35
立はぜ葺き@364
アスファルトルーフィング940
野地板㋐12
通気胴縁：40×18@364
透湿防水シート
合板受け：60×180@910
グラスウール24K㋐180
構造用合板㋐24
MDF+化粧単板
㋐4.3 OS
シナ合板㋐5.5
木質ハイブリッド梁@910：
LVL㋐30×210 ダブル
FB-200×㋐6
M8化粧ナット@910
共にOP
鼻隠し：
ベイマツ㋐30
木材保護塗料
通風スリット
防虫網付き
ケイ酸カルシウム板
㋐6 EP 目透かし張り
個室
LDK
床：
パイン無垢フローリング㋐15
合板㋐12+㋐3
根太：45×150@303
ポリスチレンフォーム3種㋐60
土台：120×105
45×60@220
1FL−H
BM
1FL−L
通気パッキン
㋐20
平均GL
根太受け：
105□
M12@910
床：
オーク無垢フローリング㋐19
合板㋐12
根太：45×150@303
ポリスチレンフォーム3種㋐60
雨落とし：SUS-HL
φ38×㋐1.2 打込み
水切目地12×12
砂敷き㋐30程度
防湿ポリフィルム㋐0.15
コンクリート打放し
アクリルシリコン撥水材塗布
現況地盤面
U字溝240
防湿フィルム敷きの上、
防湿コンクリート㋐60
外壁：
焼スギ本実㋐10
通気縦胴縁：45×㋐18
透湿防水シート
グラスウール24K㋐100
500 700 2,730 910 910 910 2,730 1,365

矩計図[S=1:60]

LDKの一部を家具で仕切り、レベル差のある廊下とした。廊下の一部にはLDKを見渡せるスタディコーナーを設けている

3寸勾配の大屋根はLVLとFBをサンドイッチさせた木質ハイブリッド梁によって3間（5.4m）ものスパンを軽やかに架け渡している

→127・129ページ参照

プランの自由度の高い木製建具は、傷みを避けるため軒は必ず設けたい。ここでは軒を深くすることで、日射コントロールも兼ねている

→91ページ参照

対面キッチンのため作業しながらダイニングテーブルの家族とも会話を楽しむことができる

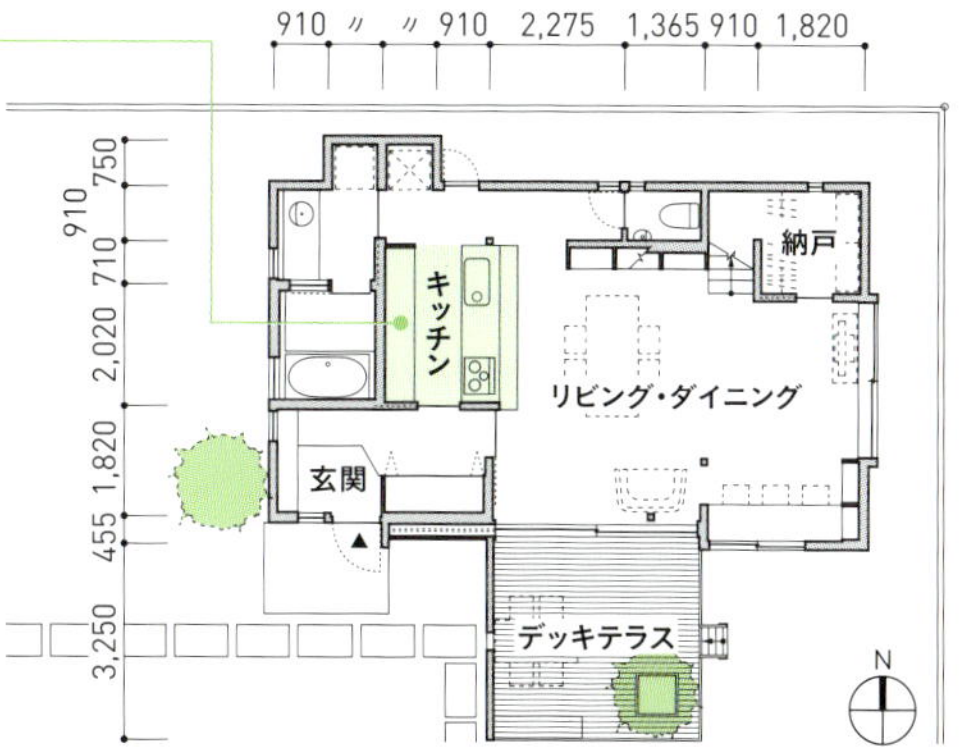

910 〃 〃 910 2,275 1,365 910 1,820
910 750
710
2,020
1,820
455
3,250
キッチン
納戸
リビング・ダイニング
玄関
デッキテラス
N

平面図[S=1:250]

Pattern 2

ひなたハウス

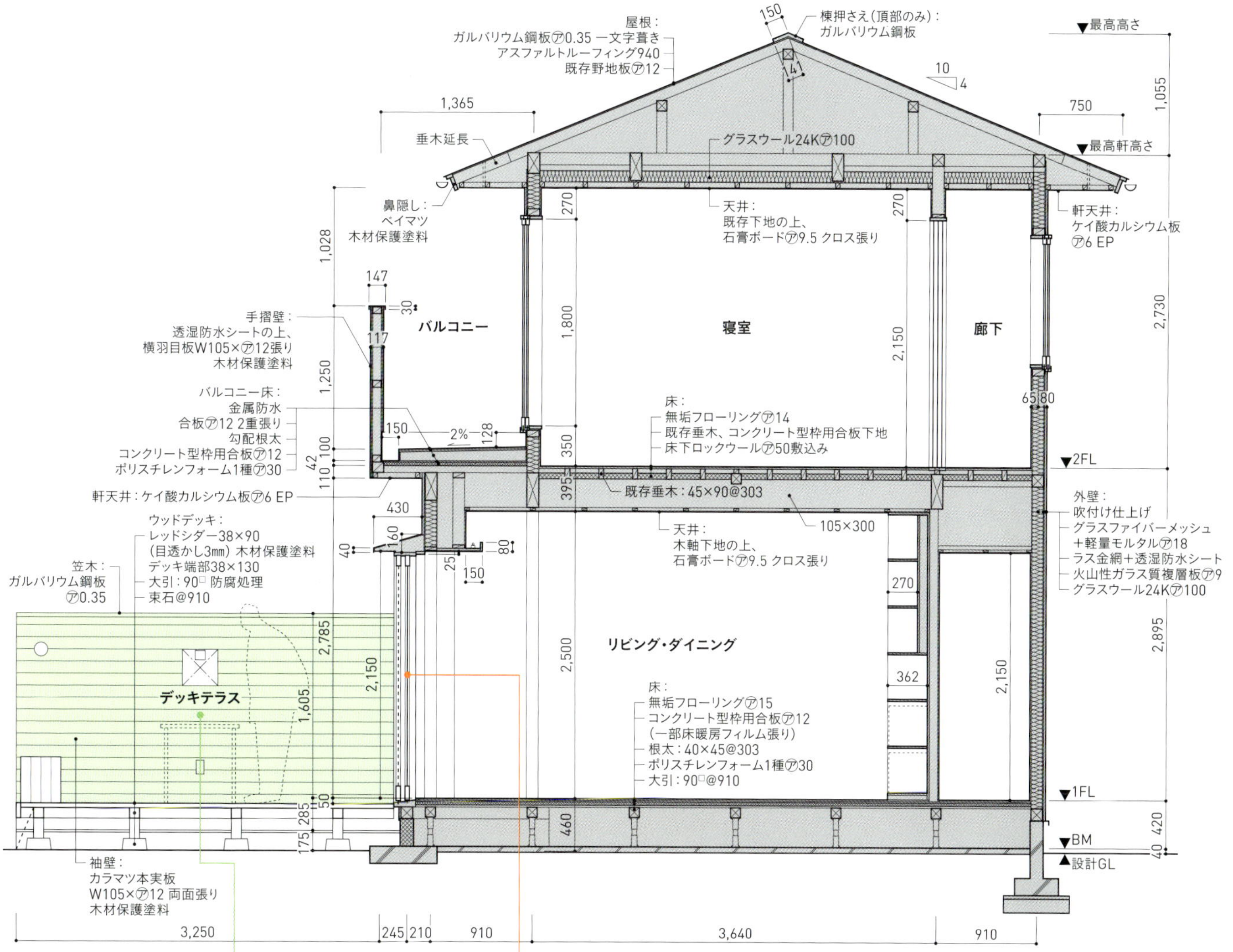

屋根：
ガルバリウム鋼板㋐0.35 一文字葺き
アスファルトルーフィング940
既存野地板㋐12
150
棟押さえ(頂部のみ)：
ガルバリウム鋼板
▼最高高さ
41
10
4
1,365
750
1,055
垂木延長
グラスウール24K㋐100
▼最高軒高さ
鼻隠し：
ベイマツ
木材保護塗料
270
天井：
既存下地の上、
石膏ボード㋐9.5 クロス張り
270
軒天井：
ケイ酸カルシウム板
㋐6 EP
1,028
147
30
手摺壁：
透湿防水シートの上、
横羽目板W105×㋐12張り
木材保護塗料
117
バルコニー
1,800
寝室
2,150
廊下
2,730
1,250
バルコニー床：
金属防水
合板㋐12 2重張り
勾配根太
コンクリート型枠用合板㋐12
ポリスチレンフォーム1種㋐30
150
2%
128
床：
無垢フローリング㋐14
既存垂木、コンクリート型枠用合板下地
床下ロックウール㋐50敷込み
65 80
350
▼2FL
100
42
110
軒天井：ケイ酸カルシウム板㋐6 EP
395
既存垂木：45×90@303
外壁：
吹付け仕上げ
グラスファイバーメッシュ
＋軽量モルタル㋐18
ラス金網＋透湿防水シート
火山性ガラス質複層板㋐9
グラスウール24K㋐100
430
ウッドデッキ：
レッドシダー38×90
(目透かし3mm) 木材保護塗料
デッキ端部38×130
大引：90□ 防腐処理
束石@910
160
40
25
150
80
天井：
木軸下地の上、
石膏ボード㋐9.5 クロス張り
105×300
270
笠木：
ガルバリウム鋼板
㋐0.35
2,785
2,500
リビング・ダイニング
2,895
デッキテラス
2,150
1,605
362
2,150
床：
無垢フローリング㋐15
コンクリート型枠用合板㋐12
(一部床暖房フィルム張り)
根太：40×45@303
ポリスチレンフォーム1種㋐30
大引：90□@910
50
▼1FL
285
175
460
420
▼BM
40
▲設計GL
袖壁：
カラマツ本実板
W105×㋐12 両面張り
木材保護塗料
3,250
245
210
910
3,640
910

矩計図[S=1:60]

デッキテラスや室内がアプローチから丸見えにならないよう、デッキテラスの玄関側には木塀を設けている

→136ページ参照

木製建具は全開放にできる引込み戸とし、戸を開け放つとリビング・ダイニングとデッキが一体化してつながり、住空間が広がる

キッチンは住宅の司令塔

キッチンのあり方は家づくりにおいて大きなウェイトを占め、住宅全体の構成をも左右しかねないほどの重要度をもつ。キッチンはいうまでもなく調理の場であり、作業空間であることには違いないが、キッチンの本質はむしろ〝住宅の司令塔〟としての役割が大きいからだ。また、主婦の中には一日の過半をキッチンで過ごすという人も珍しくない。そしてキッチンを起点として家事をこなしながら、家族にキラーパスを送るのだ。住宅はキッチンに立つ人の使い勝手を中心に考えておけば間違いない。最小限の動線で家事がこなせて、家族ともコミュニケーションを図れるような、機能的で楽しいキッチンをつくりたいところだ。

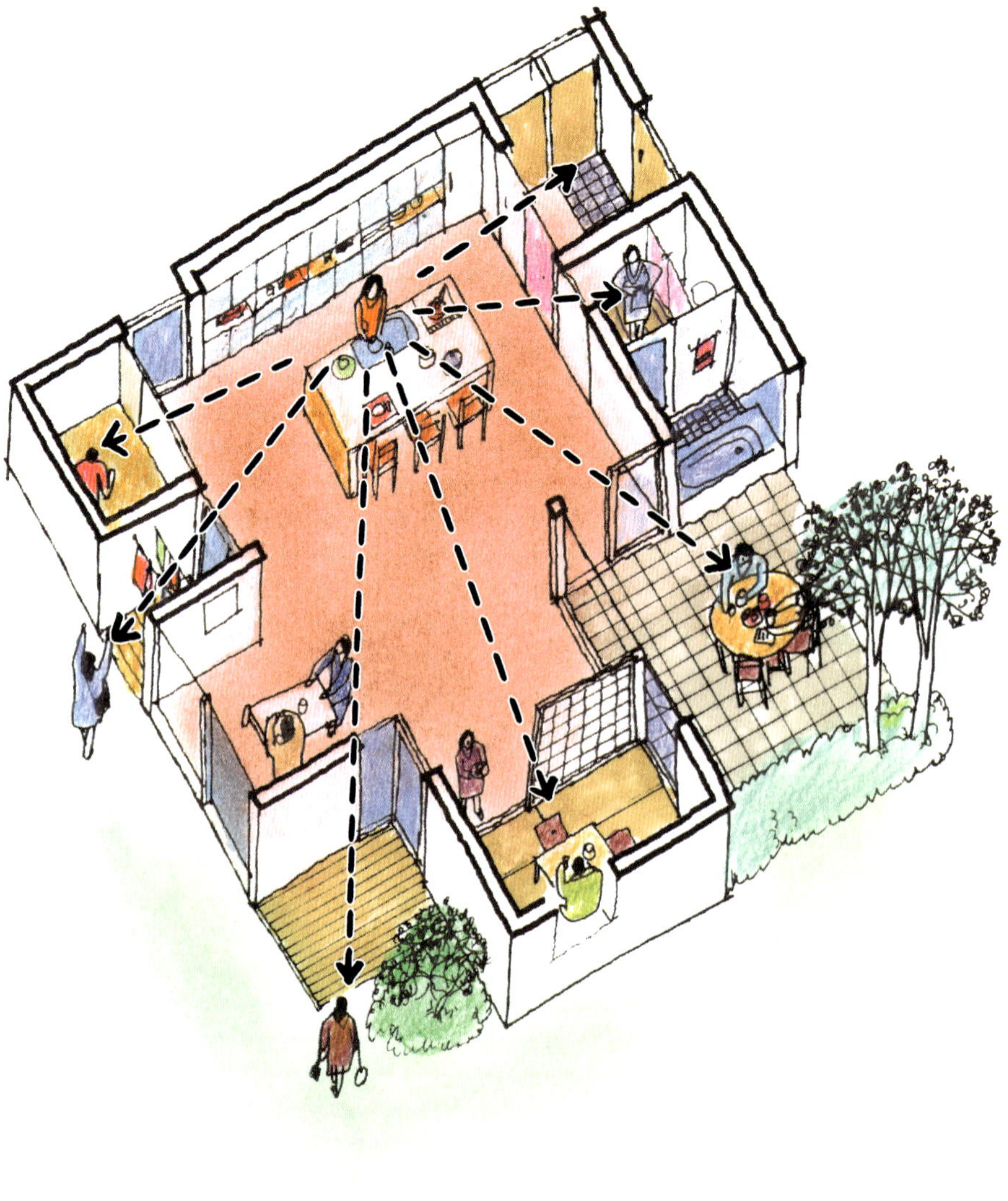

plan 09

Pattern

1

暁の家

アイランドキッチンの向かい側にはカウンターチェアが置かれ、家族との言葉のキャッチボールはここから始まる。キッチンに並んでダイニングが配置され、目の前にはリビングや、スタディコーナーや子ども室につながる吹抜けがある。キッチンに立つ人は孤立することなく常に家族の中心に据わることになる。

Pattern

2

川風の家

キッチンの上部は吹抜けとなっており、2つの子ども室とつながっている。吹抜けを通じて子どもたちに話しかけたり、リビングや通りを歩く近所の人にも声をかけられるような開放的なキッチンである。キッチンと一体化したダイニングのカウンターは、床段差を利用した居酒屋風カウンターで多くの来客をもてなすことができる。

Pattern 1

暁の家

吹抜けに面してつくられたスタディコーナー。キッチンにいても勉強している子どもの気配が感じられる*

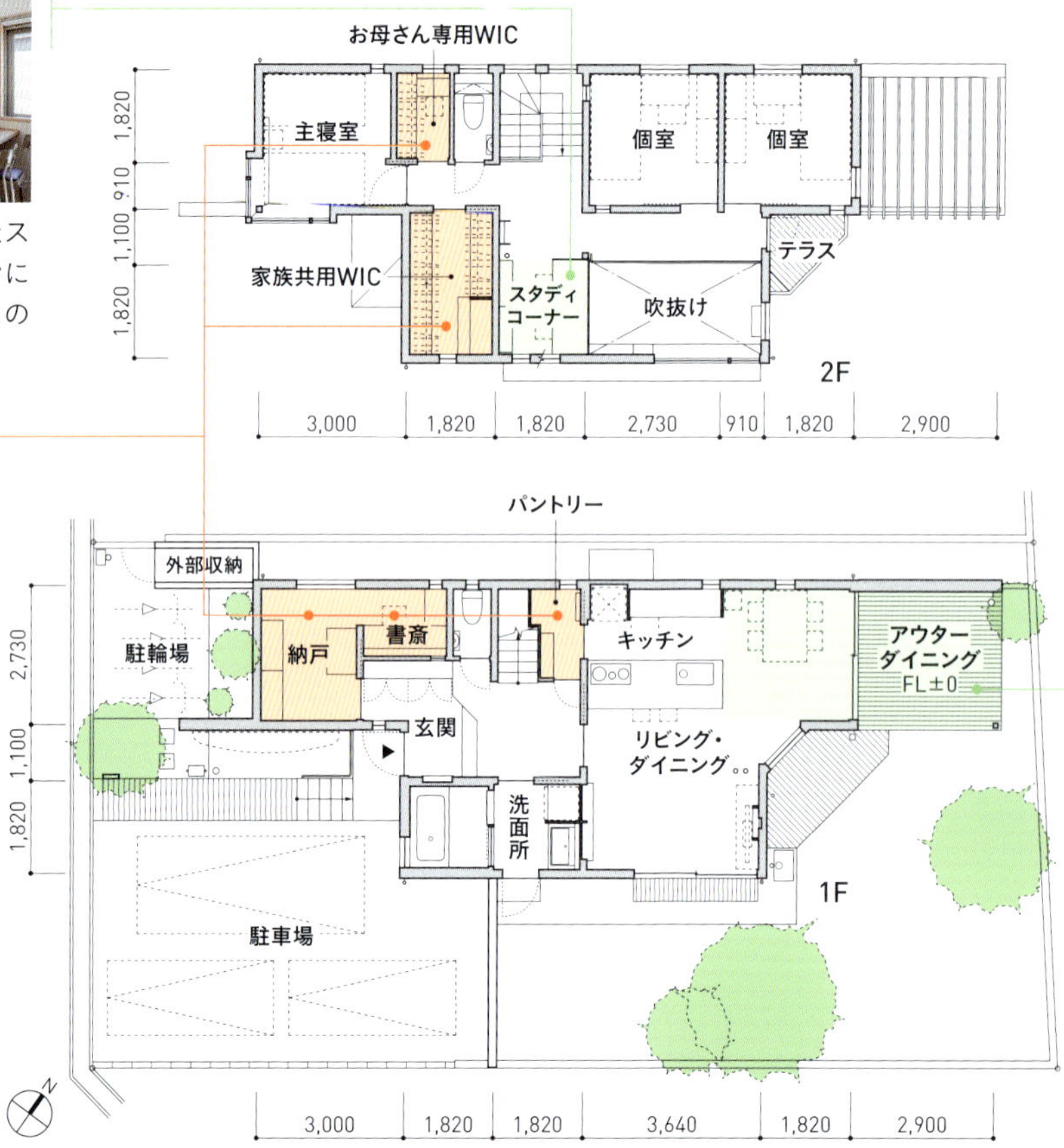

お母さん専用WIC
主寝室
個室
個室
家族共用WIC
スタディコーナー
吹抜け
テラス
2F
1,820
910
1,100
1,820
3,000
1,820
1,820
2,730
910
1,820
2,900
パントリー
外部収納
駐輪場
納戸
書斎
キッチン
アウターダイニング
FL±0
玄関
リビング・ダイニング
洗面所
駐車場
1F
2,730
1,100
1,820
3,000
1,820
1,820
3,640
1,820
2,900
N

平面図[S=1:200]

収納は各部屋に設けるのではなく、家族共有の収納スペースを設けている。また、玄関脇にある納戸の奥はお父さんの書斎(趣味部屋)になっている*

ダイニングの向こう(東側)にはアウターダイニング(デッキテラス)を配置。朝日を眺めながら朝食が楽しめる*

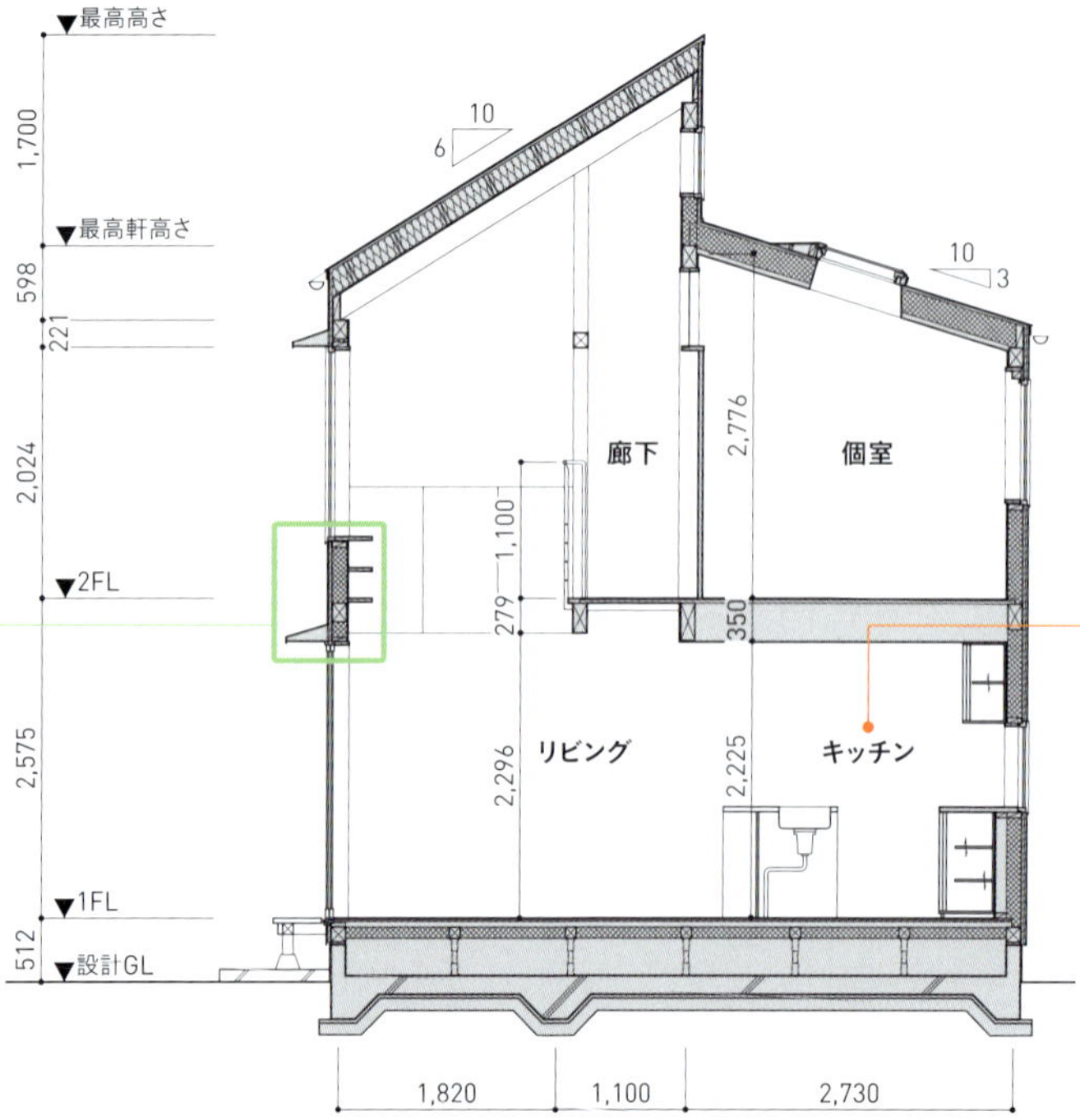

最高高さ
1,700
最高軒高さ
598
221
2,024
2FL
2,575
1FL
512
設計GL
10
6
10
3
廊下
個室
2,776
1,100
279
350
リビング
キッチン
2,296
2,225
1,820
1,100
2,730

断面図[S=1:100]

吹抜けにはキャットウォークがつくられ、ネコの移動空間になっている

リビングやダイニングを見渡せる対面キッチン。キッチンに立ったときに、同じ空間にいる家族の様子が一目で把握でき、コミュニケーションも取りやすい*

写真：新澤一平[*]

Pattern

2

川風の家

カウンターの一部は収納で間仕切ることでちょっとした作業のできるスタディコーナーとしている

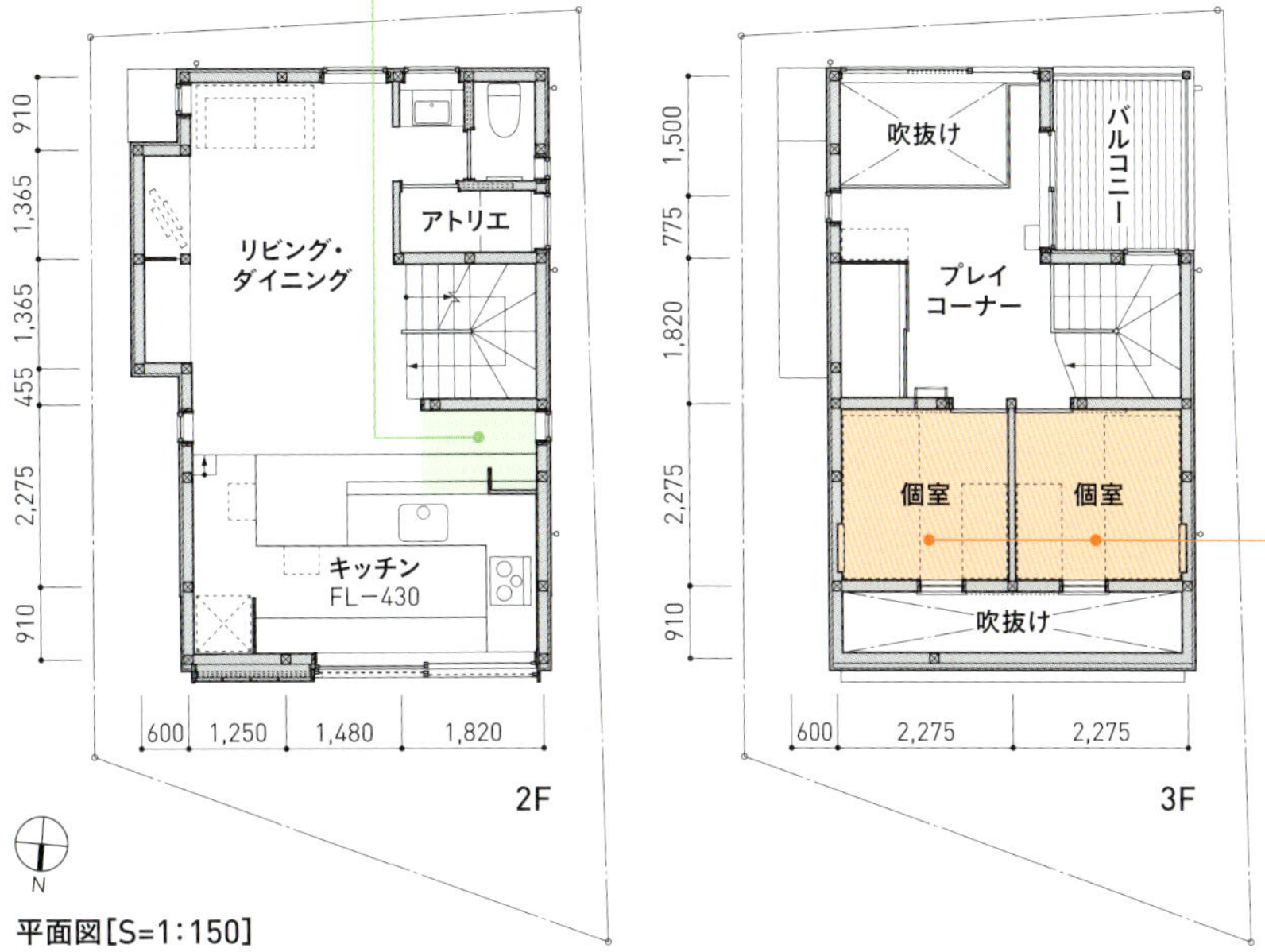
リビング・ダイニング
アトリエ
キッチン
FL−430
910
1,365
1,365
455
2,275
910
600
1,250
1,480
1,820
2F
吹抜け
バルコニー
プレイコーナー
個室
個室
吹抜け
1,500
775
1,820
2,275
910
600
2,275
2,275
3F
N

平面図[S=1:150]

子ども部屋は吹抜けを通じてキッチンにいるお母さんと会話ができる

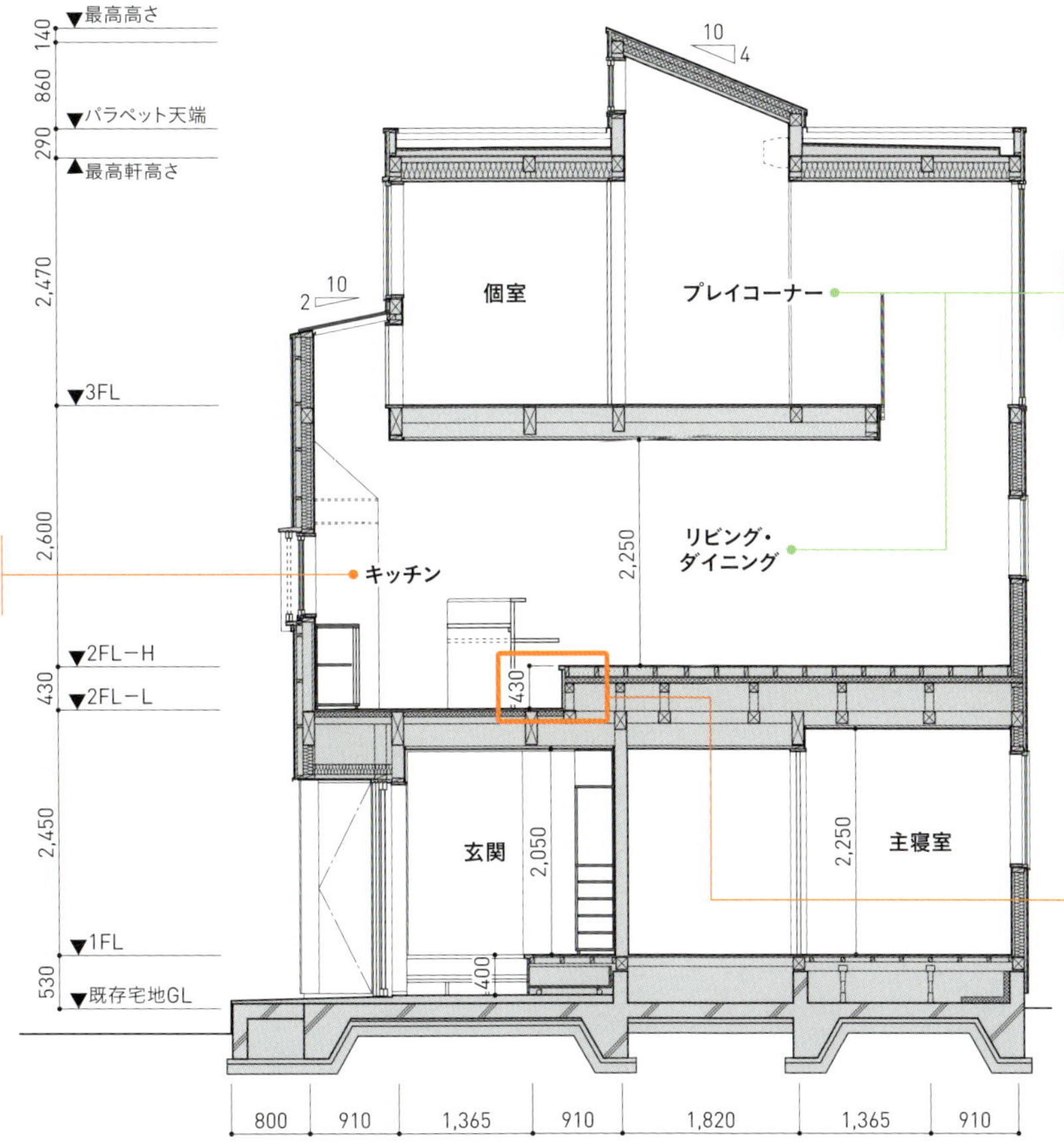
最高高さ
パラペット天端
最高軒高さ
3FL
2FL−H
2FL−L
1FL
既存宅地GL
140
860
290
2,470
2,600
430
2,450
530
10
4
2
10
個室
プレイコーナー
キッチン
リビング・ダイニング
2,250
430
玄関
2,050
2,250
主寝室
400
800
910
1,365
910
1,820
1,365
910

断面図[S=1:100]

キッチンは吹抜けを通じて階上の家族に声をかけたり、窓から家族の帰りを出迎えることもできる

→64ページ参照

2階のリビング・ダイニングは吹抜けで3階プレイコーナーとつながり、吹抜けを通じて子どもの気配が感じられる

土間キッチンの段差を利用して収納を設置

Column

no. 1

アトリエ設計事務所とは？

家づくりにはいろんな選択肢がありますが、大別すると、ハウスメーカー、地元工務店、そしてわれわれのようなアトリエ設計事務所に頼む場合とに分かれます。

最近のハウスメーカーがつくる住宅はとてもクオリティが高く、性能重視で企業の社会的信用も高いのが特徴です。地元工務店も以前は設計力がネックでしたが、最近では特に地方を中心に設計事務所を脅かすような高い設計力の工務店がいくつも出てきています。

さてそんな中、われわれのような小規模なアトリエ設計事務所に設計を頼むメリットは何でしょうか？　アトリエ設計事務所というと「格好よくてスタイリッシュな家が建てられる」というイメージがもたれがちです。しかし、間違いではありませんが、必ずしも正確とはいえません。

例えて言うと、はじめての家づくりは、はじめての海外旅行に似ていると思います。はじめての国に旅するときは、言葉や治安、交通手段や食事など不安要素がたくさんありますよね。そんなとき、皆さんはどうされますか？ツアー会社のパンフレットをもらってきて、手っ取り早くパックツアーに申し込むという方は、私は家づくりでも前者のハウスメーカーや地元工務店さんに行ったほうがうまくいくのではないかと思ったりします。彼らは無理のない旅程を組み、行く先々での食事も用意してくれます。わがままは言えませんが、お任せしておけば旅行者は面倒なことを一切考えなくて済むかもしれません。

ですが、目的地に行ければそれでよいのではなく、旅のプロセスそのものに楽しみを見いだす人たちもいます。

ガイドブックを買ってきて、行きたいところに丸を付け、そこにはどうやって行ったらよいのか、予約はいるのか、その日はどこに泊まればよいか、旅が始まるまで頭の中で何度もシュミレーションを繰り返します。それが何よりも楽しく、行く前からもう旅は始まっているようなものです。

われわれ設計事務所の仕事はそんな人たちの家づくりをお手伝いをするコンシェルジュみたいなものだと思っています。どこに・どんな目的で行きたいのかを尋ね、移動手段を調べたり、お薦めの現地料理を教えたり。旅先で危ない目に遭わないよう注意は与えますが、旅をするのはその旅行者自身です。旅先ではすべてその旅行者が自己責任で判断をしなくてはいけません。

また、われわれはコンシェルジュであると同時に、よきカウンセラーでありたいとも思っています。われわれとの家づくりを通して、普段は考えない家族のことや、自分たちのこれからの生き方についても見つめ直すきっかけになってくれたらとも思います。

ただそうはいってもハードルの高い設計事務所のこと、ウェブサイトなどに素敵な住宅が並んでいても、それだけで頼んでよいものかとても悩ましいところでしょう。しかし前述のとおり、設計事務所は最終目的地ではなく、あくまで目的地に辿り着くための道先案内人（コンシェルジュ）を選ぶようなものだと考えればどうでしょう。

その設計事務所の特定の住宅を気に入って頼むというよりは、その設計事務所の仕事全体を俯瞰して眺めてみてください。直接話を聞きに行くのもよいと思います。それが自分の価値観にぴったりとはまり、この設計者とは気が合いそうだと思えるようでしたら、きっとその設計事務所はあなたにとって最高の旅のパートナーになるに違いありません。

chapter

2

ディテールから住まいを考える

玄関はライフスタイルで決まる

detail 01

玄関は家の顔でもある。住まい手のライフスタイルを反映した個性的な玄関を提案したい。ここでは、社交的な住まい手を反映し、通りに対して全開放できるような土間玄関とした

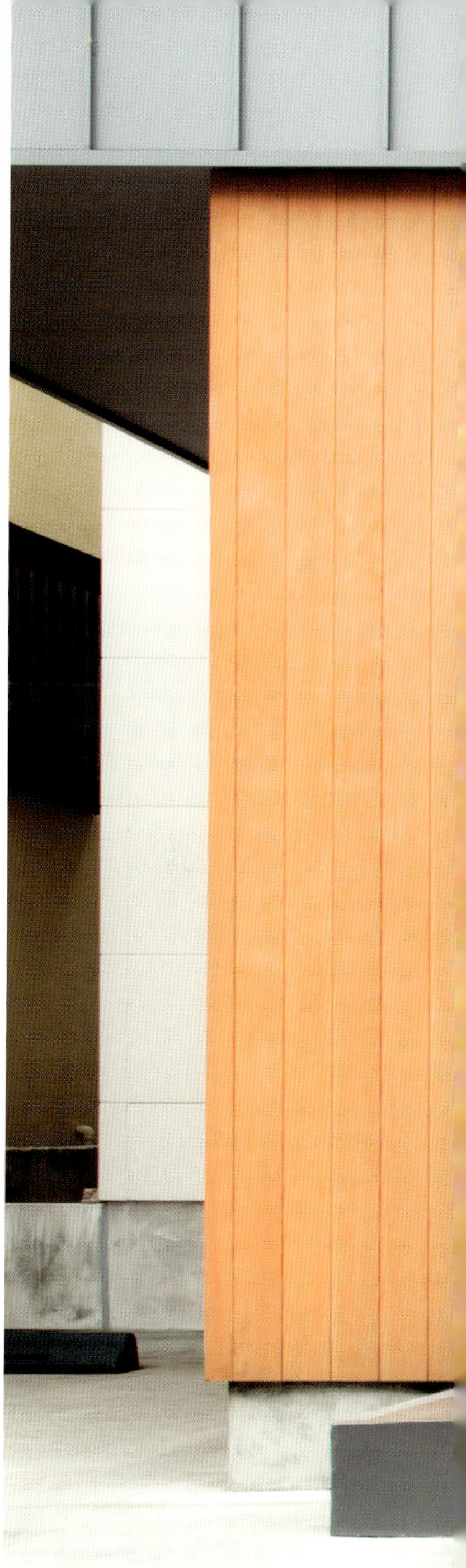

川風の家

玄関は住宅において不思議な位置付けの空間かもしれない。一日の過半は誰も居ない、通過するだけの空間であるにもかかわらず、ある種の格式が求められ、広ければよいという幻想も根強い。私は玄関を無意味に飾ることや広くすることには抵抗がある。玄関はライフスタイルとプランニングで決まると考えるからだ。コンパクトでも過不足ない収納や機能性と、玄関扉を開けた途端に思わず笑みがこぼれるような演出やデザインを考えたい。ここでは玄関に必要な要素を押さえつつ、建築主のライフスタイルに寄り添った玄関について考えてみたい。

Part 1

コンパクトな標準玄関

初期のプランニングでは、1坪程度の玄関サイズを想定することが多い。けして広くはなく、至れり尽くせりとはいかないが、注意深く寸法を詰めれば機能的にも満足のいく玄関になる。玄関をコンパクトに納められれば、余剰空間を家族の空間により広く割り当てることが可能になる。建築主の要望を注意深くくみ取り、玄関に必要なオプションを自由に拡げて考えたい。

ワンポイント！

限られた玄関スペースで収納が平面では解決できない場合、立体で解決する方法を考える。たとえば下足入れの幅が思うように取れない場合、下足入れの上部にも収納を設け、天井いっぱいまで使い込む。逆に下足入れの幅（玄関の奥行き）に余裕がある場合、下足入れの上部は開放して空間に広がりをもたせ、玄関の間口を詰めてしまうという選択肢もある。

図「ライフスタイル×プランニング」で決まる玄関

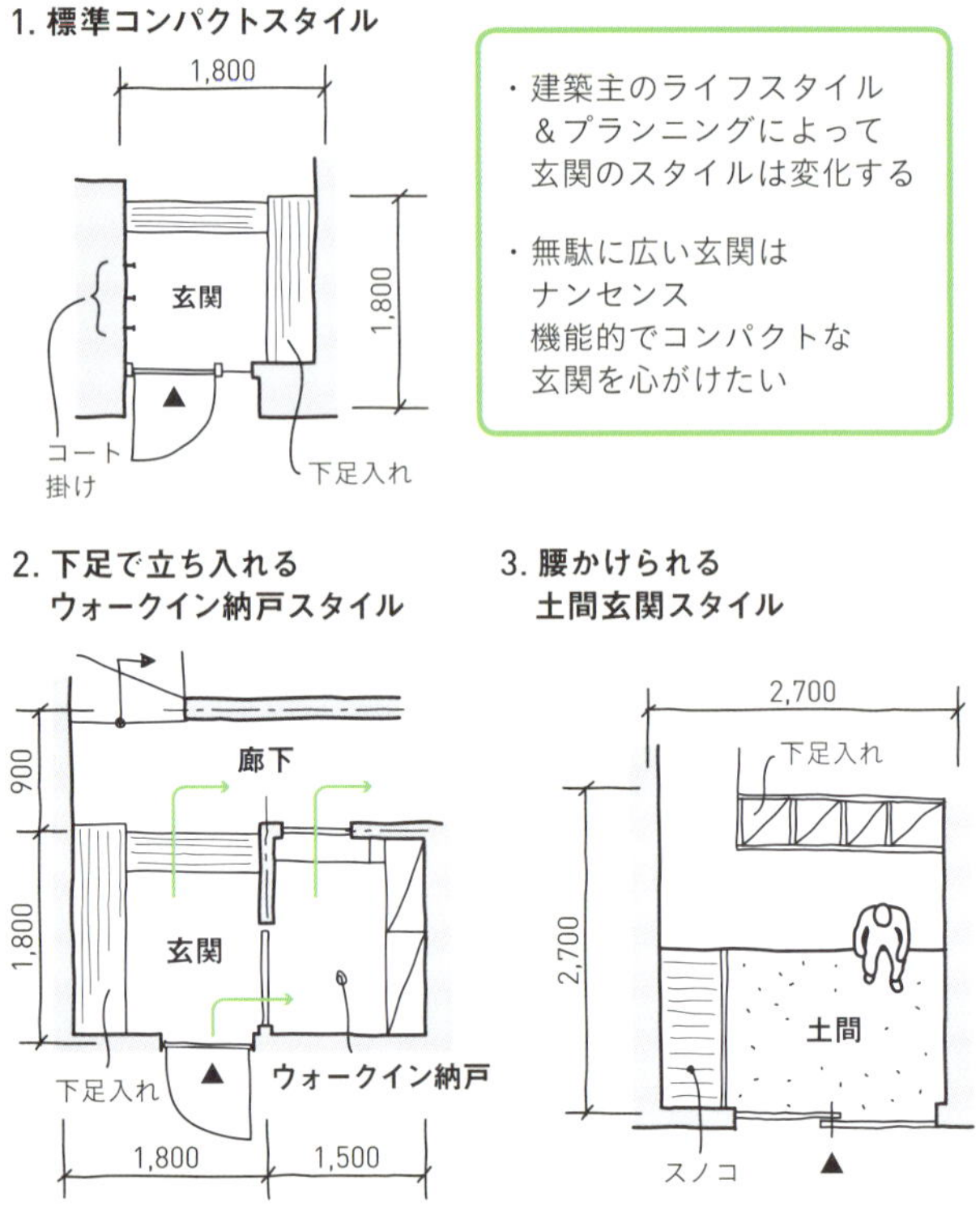

1. 標準コンパクトスタイル
1,800
1,800
玄関
コート掛け
下足入れ
・建築主のライフスタイル＆プランニングによって玄関のスタイルは変化する
・無駄に広い玄関はナンセンス
機能的でコンパクトな玄関を心がけたい
2. 下足で立ち入れるウォークイン納戸スタイル
900
1,800
廊下
玄関
下足入れ
ウォークイン納戸
1,800
1,500
3. 腰かけられる土間玄関スタイル
2,700
2,700
下足入れ
土間
スノコ

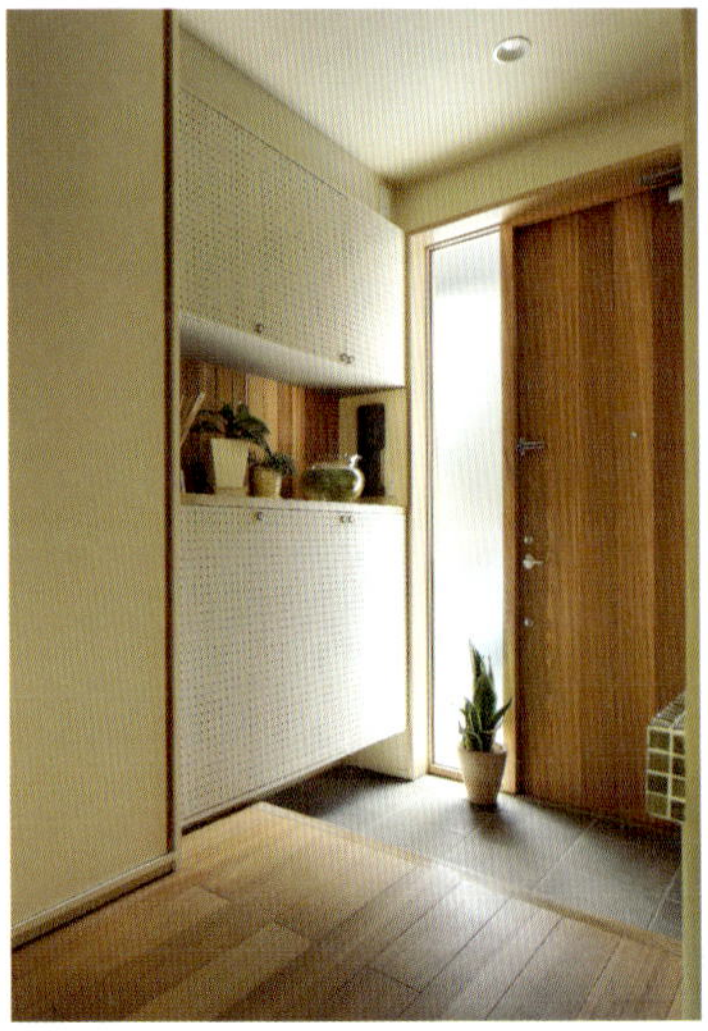

❷ 西荻の家

収納量が必要な場合は、下足入れを天井いっぱいまで設ける。その場合も圧迫感を減らすため、中段部は抜いて小物置き場などとする

（写真：繁田 諭）

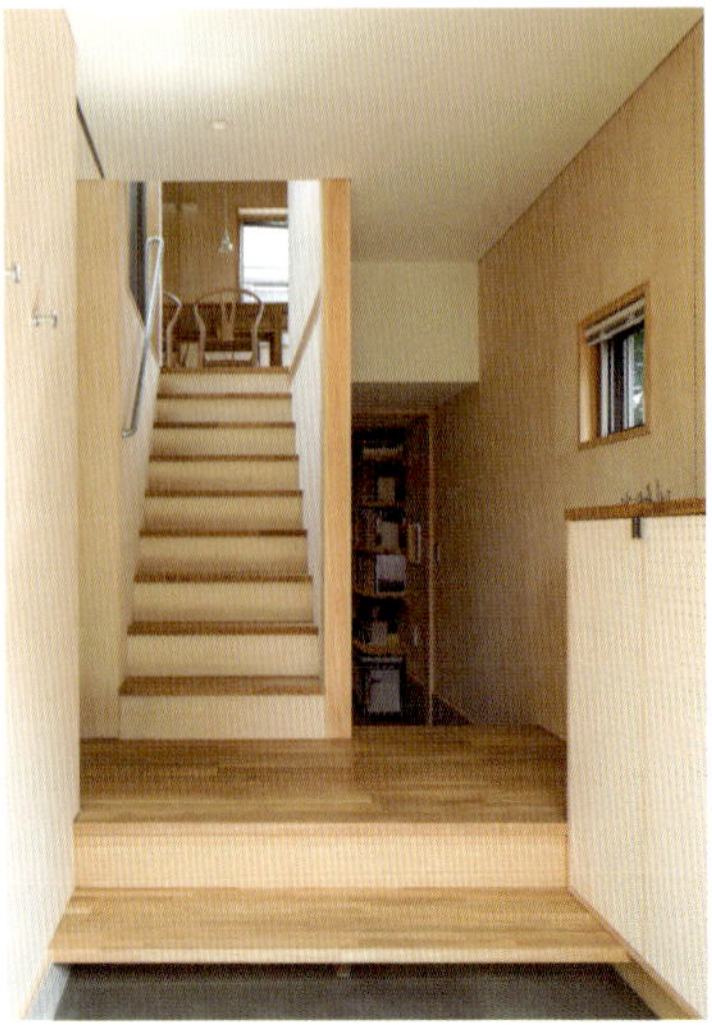

❶ FP

間口1,800㎜のコンパクトな標準玄関。玄関正面には階段など上部に視線が抜ける場所を設けるとで、玄関に広がりが生まれる［事例1参照］

（写真：新澤一平）

事例1 FP「標準コンパクトスタイル」

開口部は800㎜以上とする

玄関扉を木製建具でつくる場合、経年による傷みについては十分な配慮が必要となる。庇や軒を深めに出すことに加えて、玄関扉は外壁面よりもわずかでよいので引っ込めて抱きをつくるとよい。こうすることによって玄関前に空気膜（空気溜り）ができ、雨風が扉にかかりにくくなる

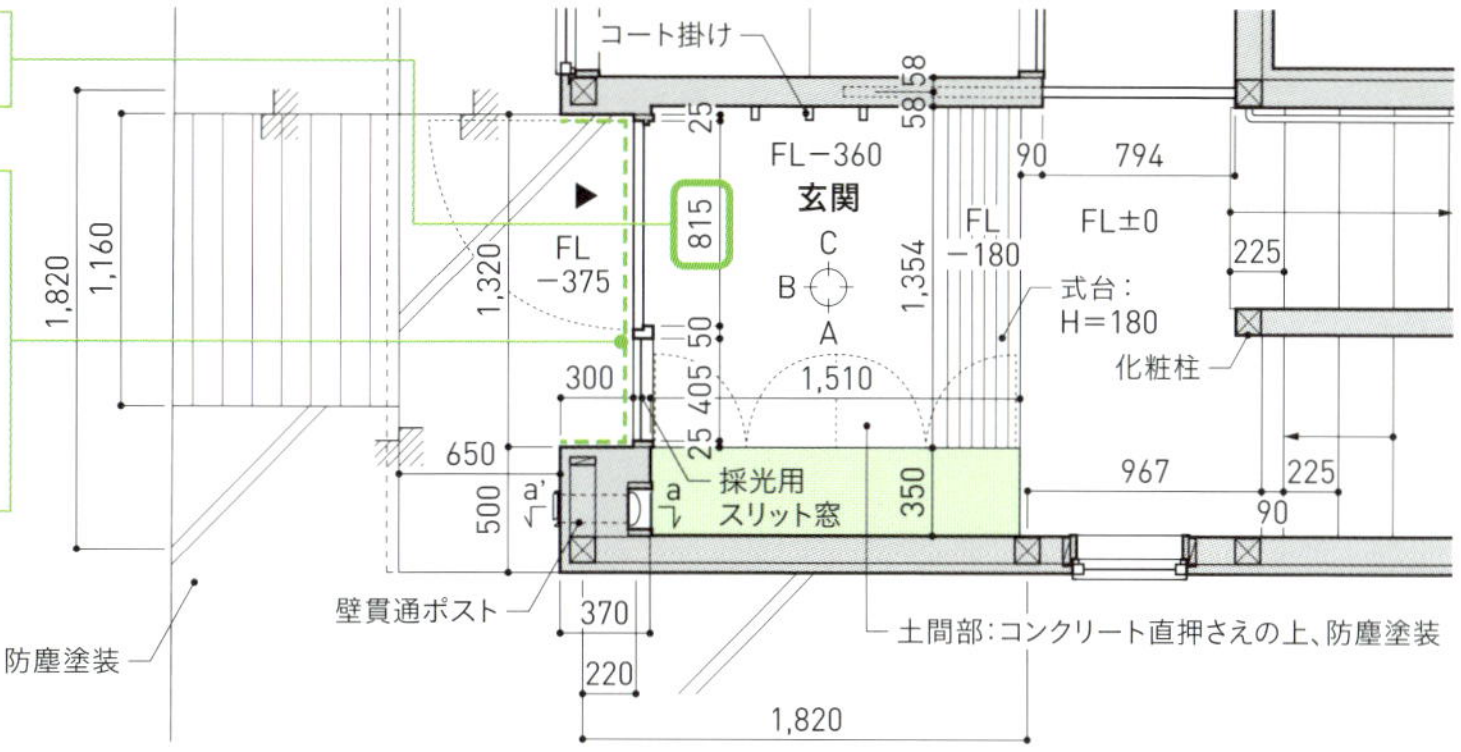
コート掛け
FL−360
玄関
FL −375
FL −180
FL±0
式台：H=180
化粧柱
採光用スリット窓
壁貫通ポスト
土間部：コンクリート直押さえの上、防塵塗装
コンクリート直押さえの上、防塵塗装

玄関平面図[S=1:60]

靴1足分の幅は225〜250㎜程度が基準となる。そのため下足入れの横幅は450㎜または250㎜の倍数で考えると納めやすい。1坪サイズの下足入れと相性のよい寸法としてW=1,500㎜に設定することが多い

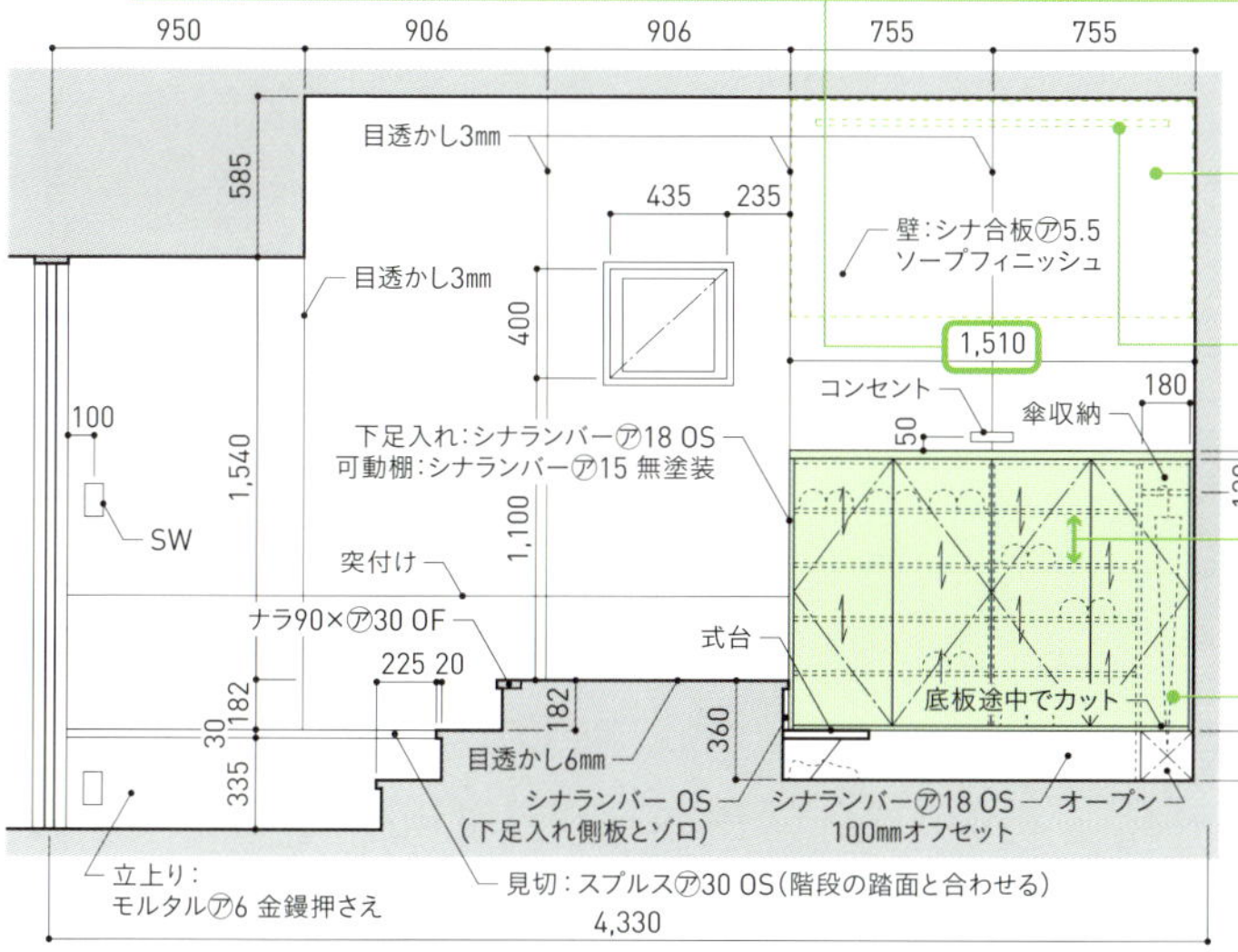
目透かし3㎜
壁：シナ合板⑦5.5 ソープフィニッシュ
コンセント
傘収納
下足入れ：シナランバー⑦18 OS
可動棚：シナランバー⑦15 無塗装
突付け
ナラ90×⑦30 OF
式台
底板途中でカット
目透かし6㎜
シナランバー OS（下足入れ側板とゾロ）
シナランバー⑦18 OS 100㎜オフセット
オープン
立上り：モルタル⑦6 金鏝押さえ
見切：スプルス⑦30 OS（階段の踏面と合わせる）
SW

下足入れの上部は絵を掛けるスペースや小物置き場とするが、収納量に難がある場合は上部に吊り戸棚を追加することもある

ピクチャーレールを設ける場合もある

棚ピッチは@150〜200㎜と細かく設定し、内部は白く塗らずシナ合板を素地で残すなど汚れが目立ちにくくする

オプションとして、下足入れの一角に傘を収納できる場所を設けることもある

展開図A[S=1:50]

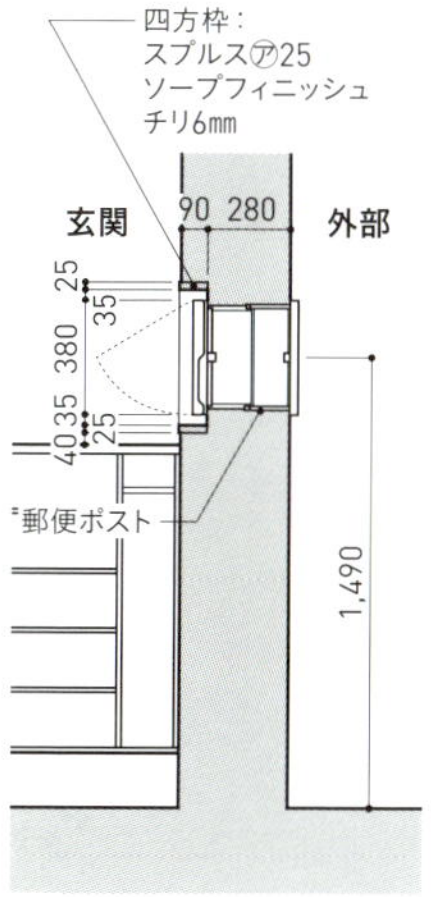
四方枠：スプルス⑦25 ソープフィニッシュ チリ6㎜
玄関
外部
*郵便ポスト

a–a'断面図[S=1:50]

ポストは外部に設けることもあるが、壁貫通型を使うと室内から新聞が取り出せるので便利だ[*]

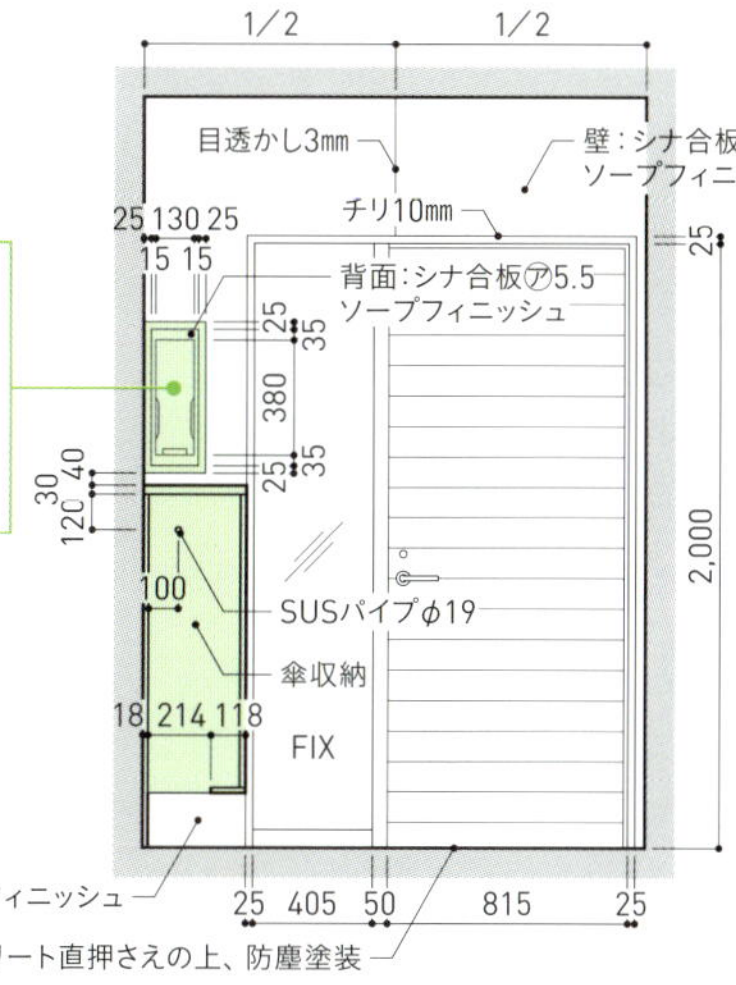
目透かし3㎜
壁：シナ合板⑦5.5 ソープフィニッシュ
チリ10㎜
背面：シナ合板⑦5.5 ソープフィニッシュ
SUSパイプφ19
傘収納
FIX
シナ合板⑦5.5 ソープフィニッシュ
土間部：コンクリート直押さえの上、防塵塗装

展開図B[S=1:50]

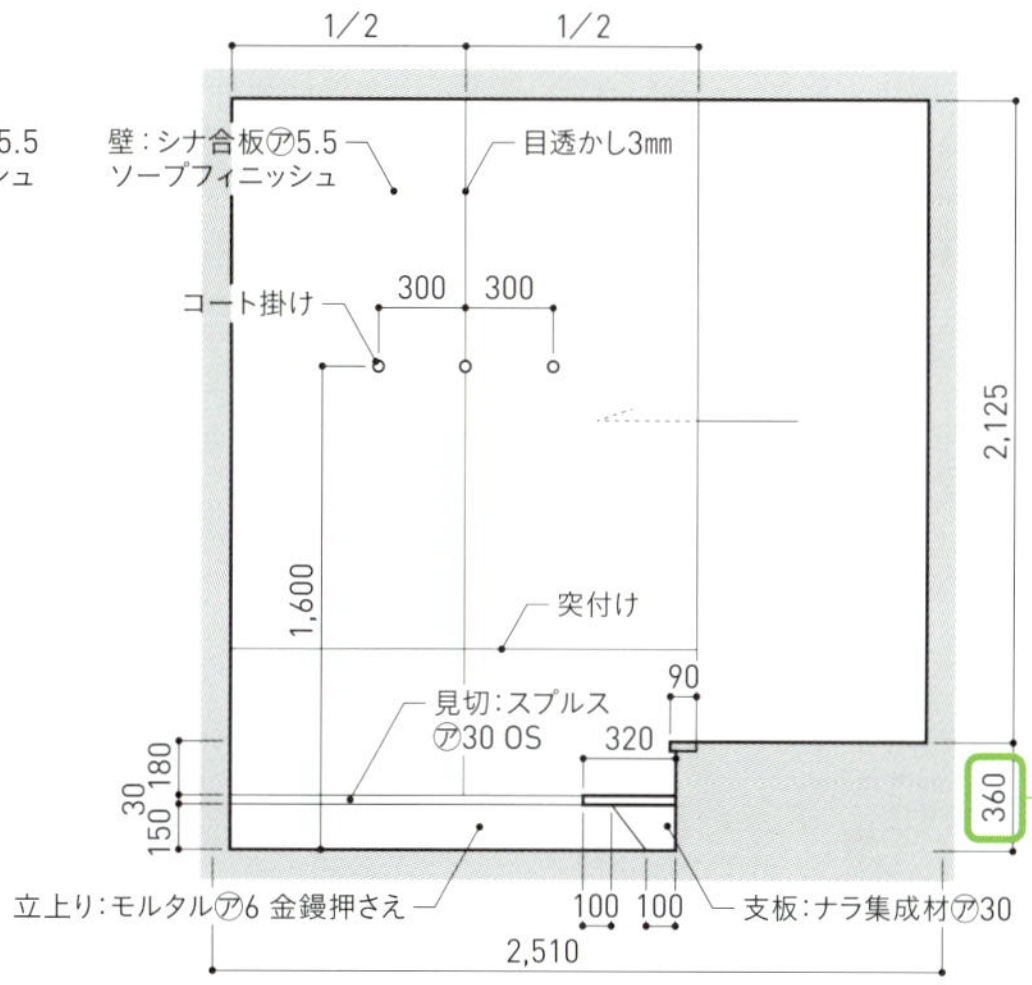
壁：シナ合板⑦5.5 ソープフィニッシュ
目透かし3㎜
コート掛け
突付け
見切：スプルス⑦30 OS
立上り：モルタル⑦6 金鏝押さえ
支板：ナラ集成材⑦30

玄関には一般的に室内床との間に段差が生じるが、これを360㎜ほどに設定し、中間高さに式台を設けている。靴の脱ぎ履き時に玄関框に腰かけやすくなることに加えて、散乱しがちな普段履きの靴やサンダルなどを式台下に隠すことができるという利点がある

展開図C[S=1:50]

＊本事例では「NPX-1」（田島メタルワーク）を使用しているが、その後廃番となったため、現在はもう少し小さい「NPX-2」を使用している

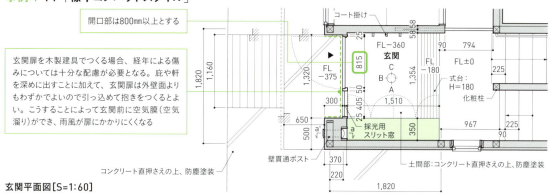

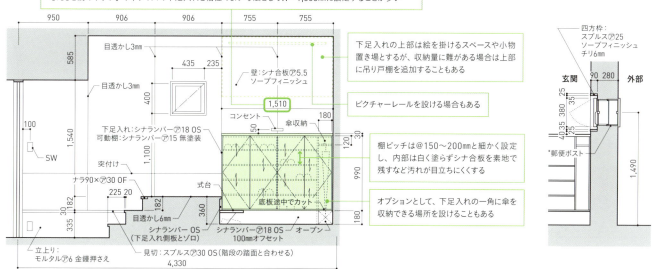

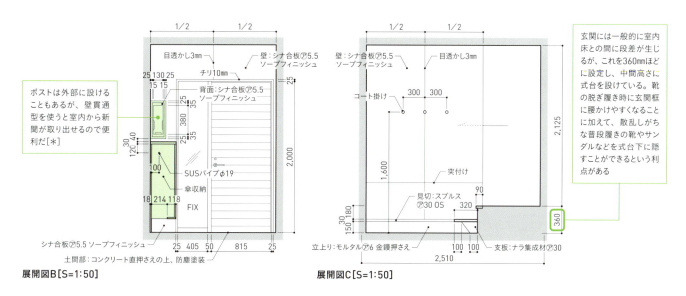

Part 2

ウォークイン納戸のある玄関

玄関から土足で入れる納戸（ウォークイン納戸）があると、スポーツ用品や子どもの三輪車、おもちゃなど家に上げたくないものを収納できる。さらにシューズクロゼットとしても活用することで、玄関から下足入れをなくすことができる。

事例2では下足入れをなくし、ベンチや靴の脱ぎ履きに便利な垂直手摺を設けた。来客は招かれると正面に中庭を拝む格好になり、空間への期待感も高まる。

また、収納は日常生活において「外部で使うもの」と「内部で使うもの」とに大別される。内部で使うものの収納においては、住まい手も設計者も意識的にスペースを確保するが、外部で使うものにはなかなか意識が回らないことが多い。プランニングや面積の制約で、ウォークイン納戸も毎回設けられるものではないが、その場合は外部にどのような収納を設けるかについても考えておきたい。

ウォークイン納戸の仕様

ウォークイン納戸には採光・換気用の窓（W740×H 500㎜）を設け、その下には分電盤を設置。壁・天井の仕上げは9㎜厚のパーティクルボード（無塗装）としている

奥行き300㎜の可動棚は400㎜ピッチでサポート（ℓ＝1,500㎜）を配置し、棚板には18㎜厚のパーティクルボード（無塗装）を使用

❷ 川風の家
ウォークイン納戸のかわりに、玄関脇の外壁の一部に収納を確保した事例。また、下足入れもユニークで各自ロッカー方式を採用している［事例3参照］

❶ DONUT
シューズクロークを別に設けることで、玄関から下足入れをなくすことができた事例。すっきりとした玄関の向こうには中庭が望める［事例2参照］　（写真：新澤一平）

事例2 DONUT「ウォークイン納戸スタイル」

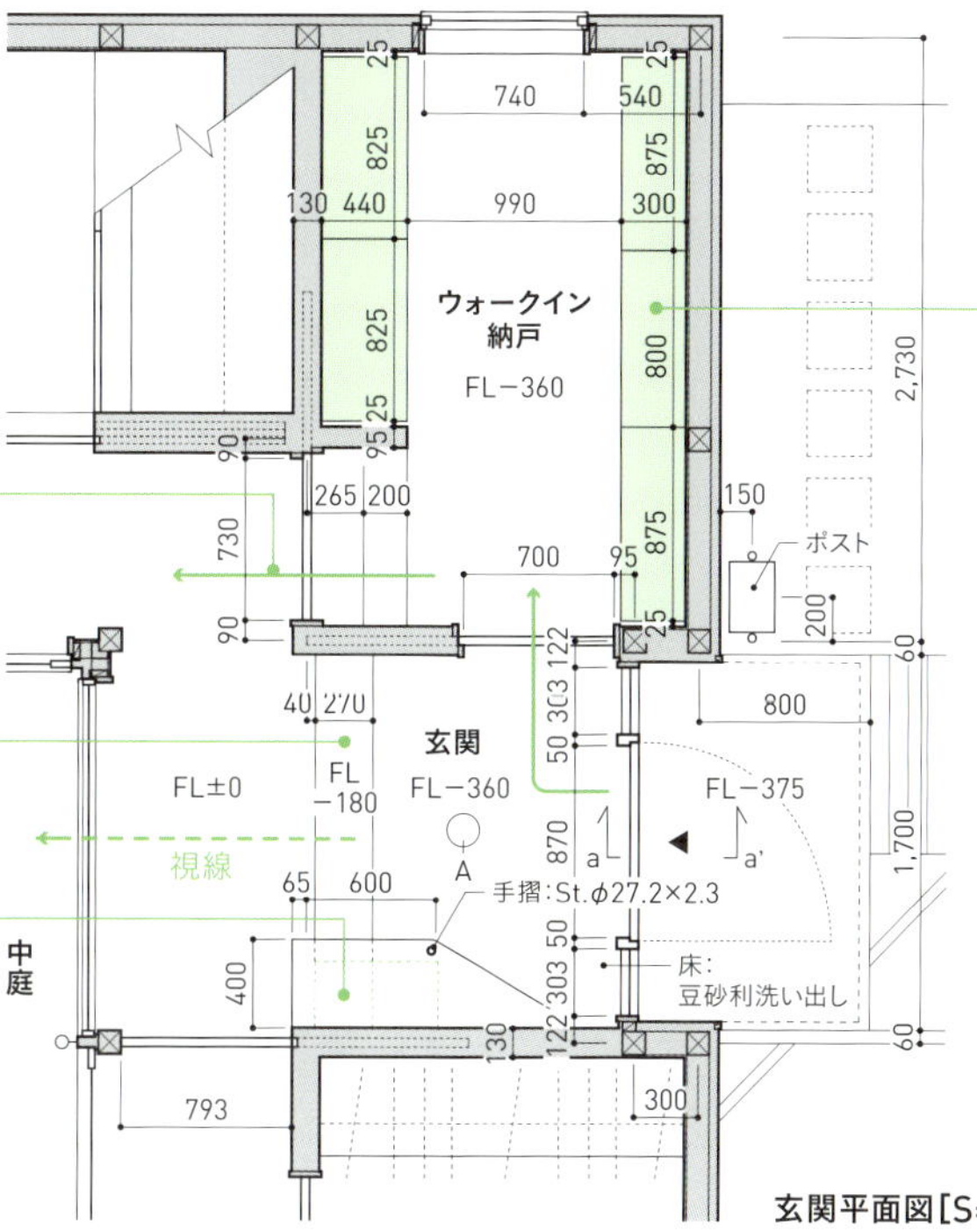

ウォークイン
納戸
FL−360
740
540
825
875
130 440
990
300
825
800
25
90
95
265 200
730
700
95
875
150
ポスト
200
90
40 270
玄関
FL±0
FL
−180
FL−360
FL−375
800
1,700
2,730
60
視線
A
65 600
手摺：St.φ27.2×2.3
400
床：
豆砂利洗い出し
中庭
793
300
130

玄関平面図[S=1:60]

ウォークイン納戸を設ける場合、内部の設えには扉を付ける必要がないため、ローコストで大容量の収納をつくることも可能。収納量を必要とする場合や家族の人数が多い場合などにも有効な方法である。アレンジとしてクロークを兼ねることもできる

ウォークイン納戸には廊下から直接入れる入口があるとなお便利

式台の下は普段使いの靴置場にする

ベンチの下はスリッパ収納として利用

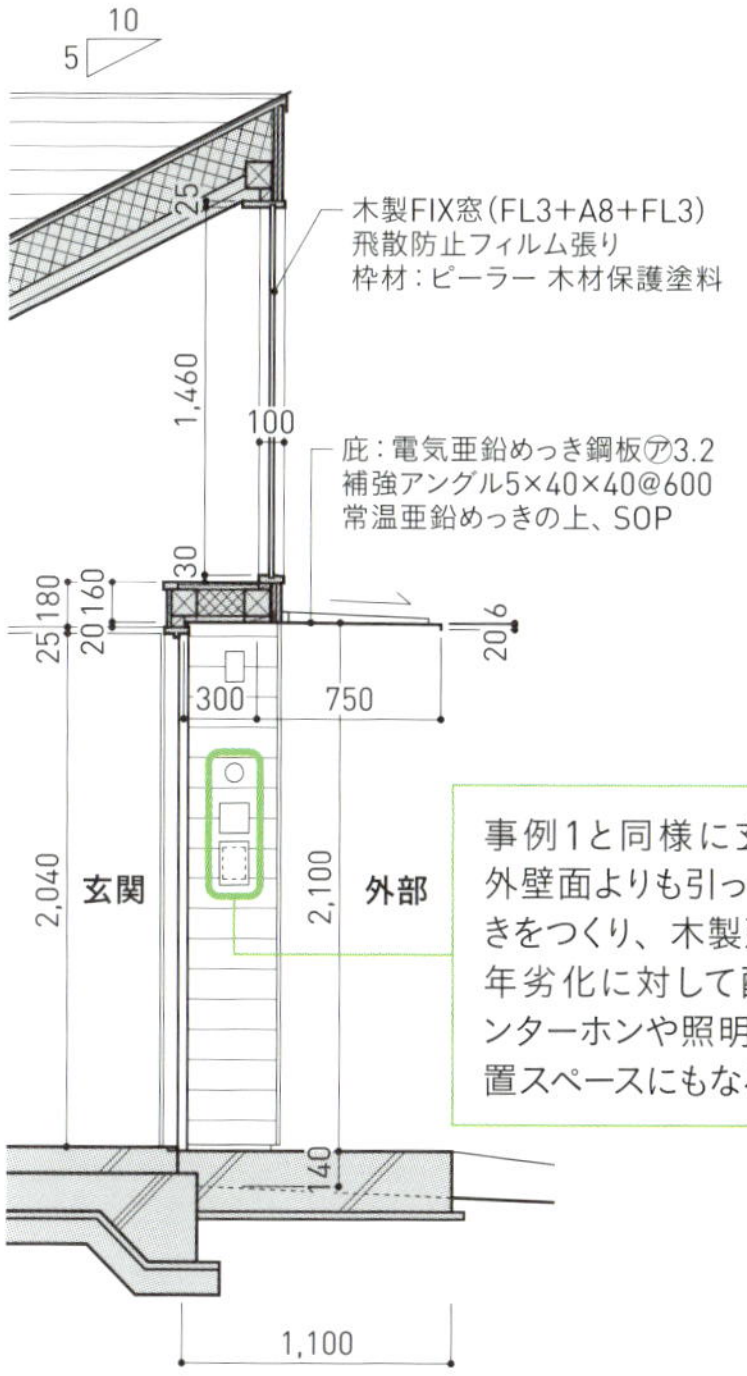

10
5
木製FIX窓（FL3+A8+FL3）
飛散防止フィルム張り
枠材：ピーラー 木材保護塗料
1,460
100
庇：電気亜鉛めっき鋼板⑦3.2
補強アングル5×40×40@600
常温亜鉛めっきの上、SOP
300
750
2,040
玄関
2,100
外部
140
1,100

a–a'断面図[S=1:60]

事例1と同様に玄関扉は外壁面よりも引っ込めて抱きをつくり、木製建具の経年劣化に対して配慮。インターホンや照明などの設置スペースにもなる

玄関は防犯やプライバシーもあり閉じた空間になりやすい。本事例では中庭プランや屋根形状を生かして、プライバシーを守りながらも開放的な玄関としている。ハイサイド窓は道路側にも明かりをこぼし、中庭住宅の閉鎖性を和らげている

玄関に手摺を設けることは多いが、優れたデザインの既製品はなかなか少ない。本事例では手摺を製作として、最初からデザインの一部に取り込んでいる。こうした設えは空間のデザインを引き締める効果もある

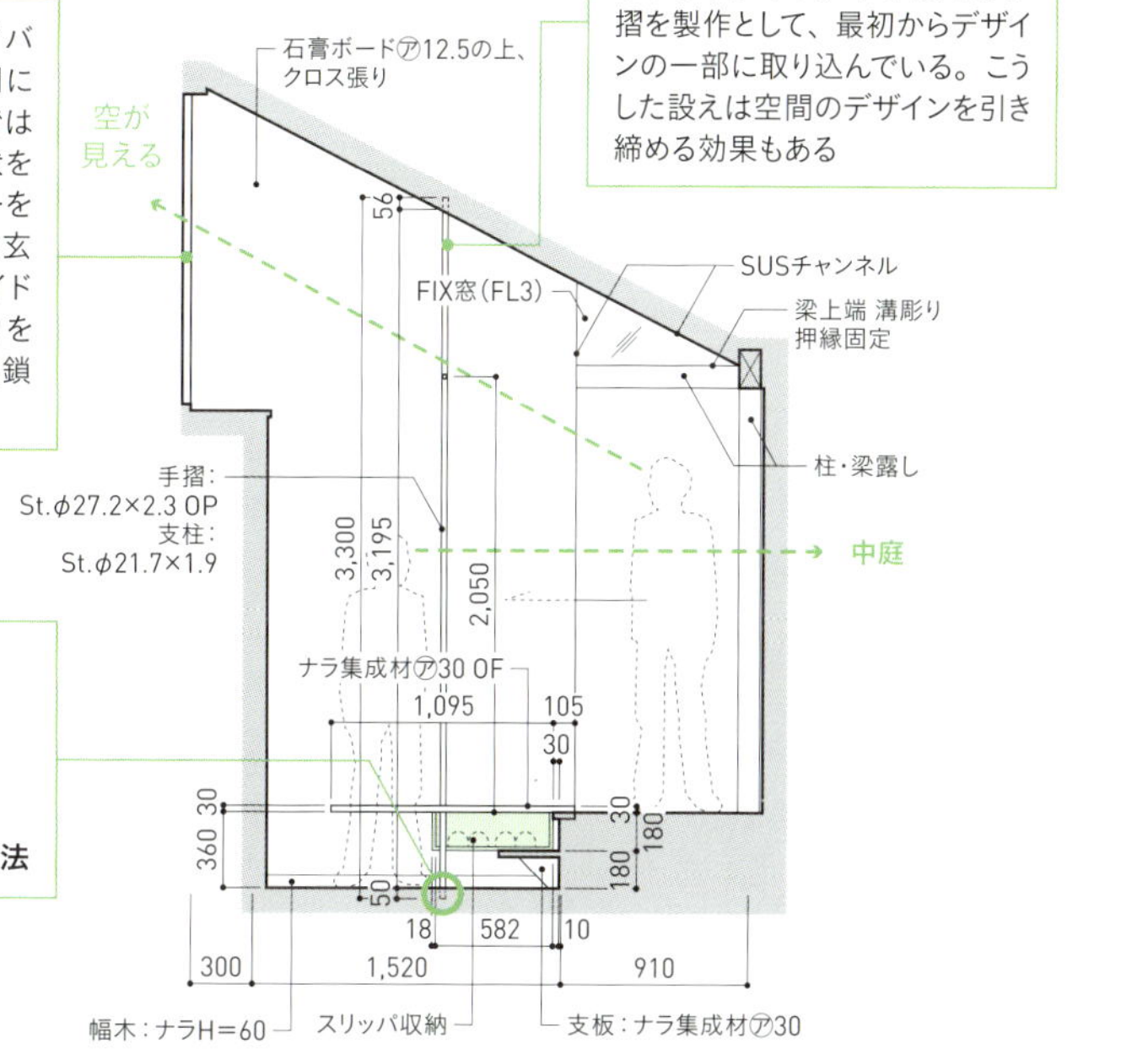

石膏ボード⑦12.5の上、
クロス張り
空が
見える
SUSチャンネル
FIX窓（FL3）
梁上端 溝彫り
押縁固定
柱・梁露し
手摺：
St.φ27.2×2.3 OP
支柱：
St.φ21.7×1.9
3,300
3,195
2,050
中庭
ナラ集成材⑦30 OF
1,095
105
30
360
180
300
1,520
910
18
582
10
幅木：ナラH=60
スリッパ収納
支板：ナラ集成材⑦30

展開図A[S=1:60]

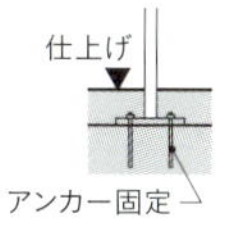

仕上げ
アンカー固定

手摺の固定方法

Part 3

土間のある玄関

日本の伝統的な玄関のスタイルに土間玄関がある。人を招き入れる広い土間をもちつつも、上がり框によって緩く領域が区切られる。シビアな防犯性が求められる市街地では難しいかもしれないが、近隣とのコミュニティが機能している地域であれば、開かれた玄関というのは閉鎖的な玄関よりも風通しがよく機能的なうえ、魅力的だ。このような土間玄関はコミュニケーションの場だけでなく、自転車やアウトドア用品など、趣味の領域としても活躍してくれる。

事例3 川風の家「土間玄関スタイル」

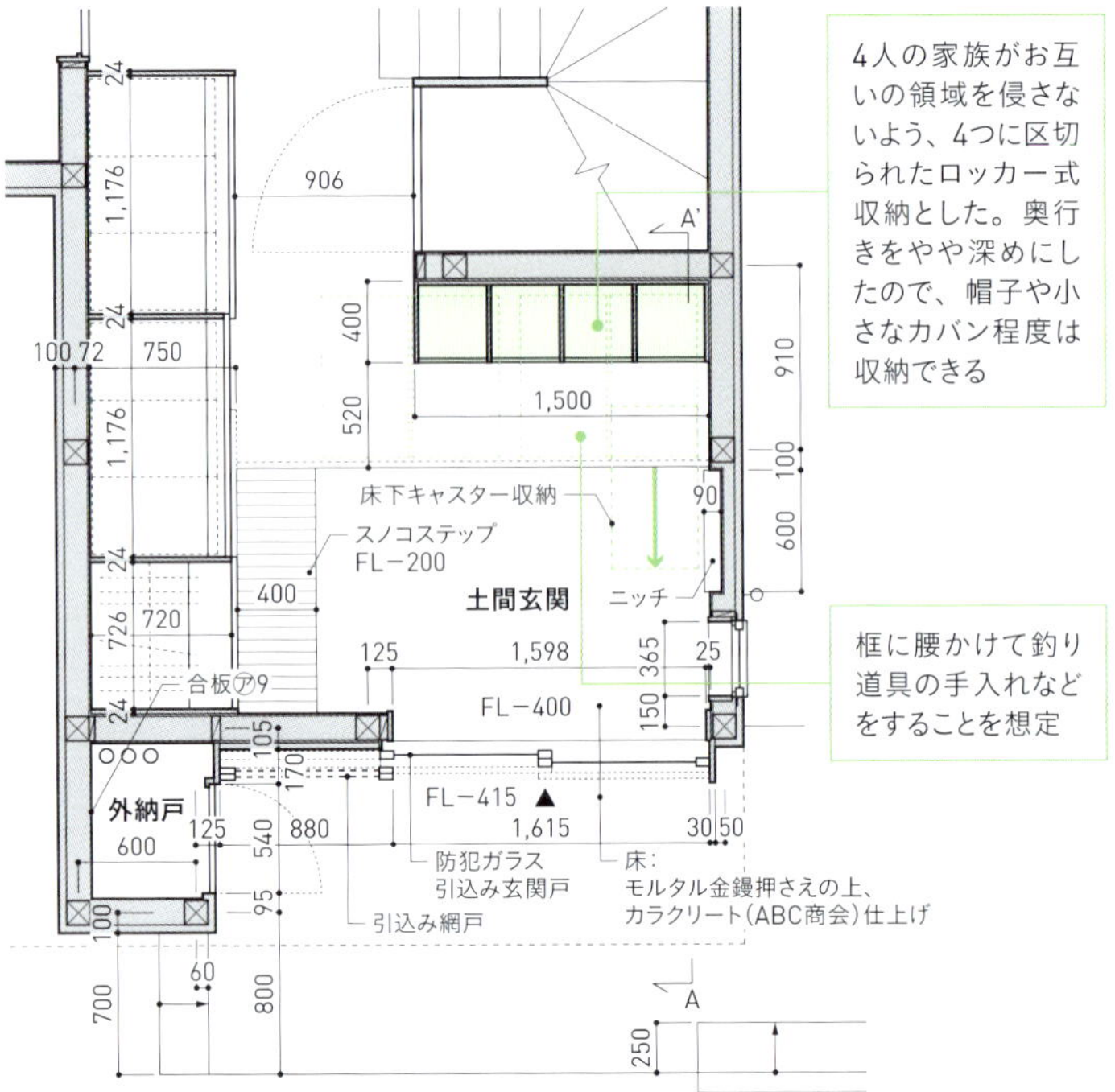

4人の家族がお互いの領域を侵さないよう、4つに区切られたロッカー式収納とした。奥行きをやや深めにしたので、帽子や小さなカバン程度は収納できる
框に腰かけて釣り道具の手入れなどをすることを想定
床下キャスター収納
スノコステップ FL−200
土間玄関
ニッチ
FL−400
合板㋐9
外納戸
FL−415
防犯ガラス引込み玄関戸
引込み網戸
床：モルタル金鏝押さえの上、カラクリート（ABC商会）仕上げ

土間玄関平面図[S=1:60]

床下キャスター収納。床下の空間を有効に活用できる

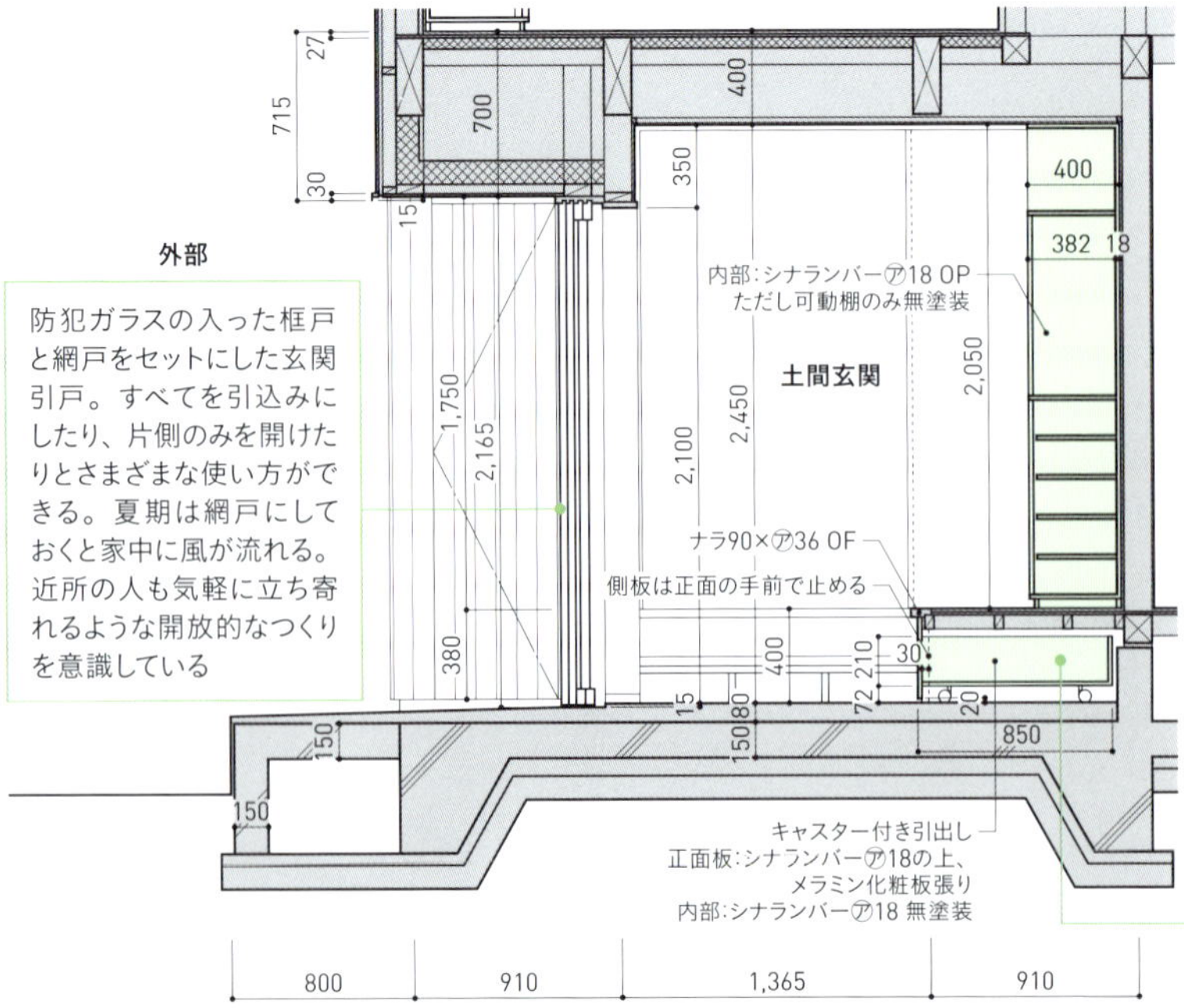

外部
防犯ガラスの入った框戸と網戸をセットにした玄関引戸。すべてを引込みにしたり、片側のみを開けたりとさまざまな使い方ができる。夏期は網戸にしておくと家中に風が流れる。近所の人も気軽に立ち寄れるような開放的なつくりを意識している
内部：シナランバー㋐18 OP ただし可動棚のみ無塗装
土間玄関
ナラ90×㋐36 OF
側板は正面の手前で止める
キャスター付き引出し 正面板：シナランバー㋐18の上、メラミン化粧板張り 内部：シナランバー㋐18 無塗装

A–A'断面図[S=1:50]

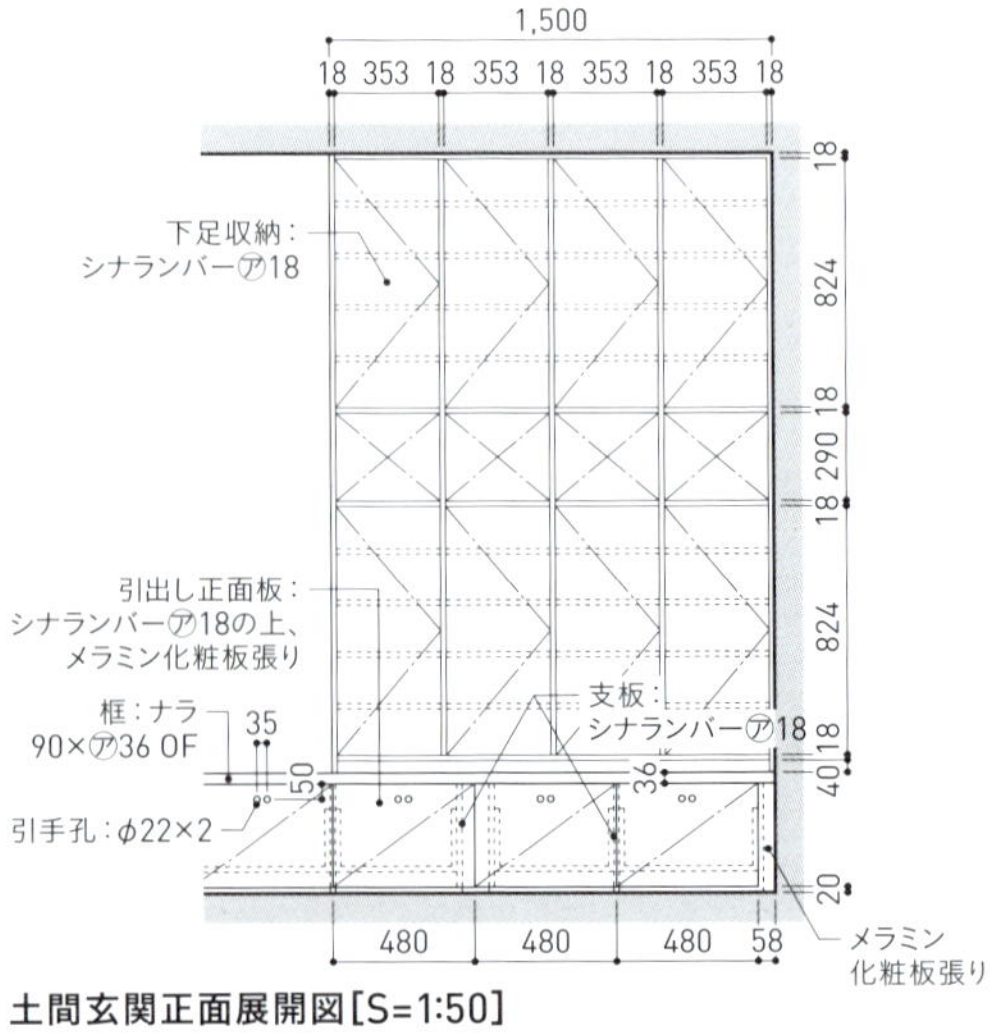

下足収納：シナランバー㋐18
引出し正面板：シナランバー㋐18の上、メラミン化粧板張り
框：ナラ 90×㋐36 OF
支板：シナランバー㋐18
引手孔：φ22×2
メラミン化粧板張り

土間玄関正面展開図[S=1:50]

大工造作で箱をつくり、キャスターを設けて床下収納にしている。奥行きを深く取れるので、思いのほか大容量の収納にでき、アウトドアのものや、予備の靴などを収納することを想定

西荻の家

家族の交流と子どもの空間を考える

detail 02

住宅設計において核になるスペースと言えば、リビングやダイニングだと考えがちであるが、実は「子どもの空間」が鍵となることが多い。夫婦の寝室とは異なり、子どもの空間は（出産で）増えたり、（独立で）減ったりする厄介な空間である。また、子どもの空間には「就寝・勉強・遊び」といった領域が必要で、これらを安易に1つにまとめてしまうと、床面積がかさむうえ、引きこもりといった問題を引き起こすこともある。家族間のコミュニケーションという観点から、子どもにとって最適な空間とは何か、ディテールを通して考えてみたい。

Part 1

大きなテーブルが勉強スペースに

子どもの勉強スペースは、コミュニケーション重視の観点から、個室型からダイニング型へと変化しつつある。そんな家族が向き合うダイニングは家族の象徴であってほしいと思っている。お互いが過度に干渉されず、ある程度自由な振る舞いが許されるためには空間にもゆとりが必要である。そんな、家族の〝おへそ〟を設計する意識で、ダイニングには大らかなテーブルをつくりたい。

事例1では長さ3・2mもの巨大なテーブルをダイニングの中心に設えた。キッチン側の床を400㎜ほど下げた土間キッチンとし、テーブルには椅子に掛けずに使用できる。ここまでテーブルの広さがあると、家族がそれぞれの趣味や作業を、お互いに干渉し合うことなく場を共有することができる。そして、家族はおのずと居心地のよい場所（ダイニング）に集うのである。

❶ 西荻の家
土間ダイニングのよさは、段差を利用して腰かけるので自分の好きな位置に座ることができることだろう。疲れたらそのままゴロリと横になれるという大らかさも魅力だ［事例1参照］　（写真：繁田 諭）

Part 2

LDKの中のスタディコーナー

子どもは小さいうちは個室よりも、親のそばに居たいと願うもの。そこで、LDKにスタディコーナーを設け、さらにキッチンの並びに配置すれば、親の目も届きやすい。

その際、問題となるのはスタディコーナーとテレビなどとの距離感である。ダイニングとリビング（もしくはキッチン）でテレビや会話などが盛り上がっていても勉強できるように、事例2ではリビング（テレビ）側にフレキシブルに開放できる造作本棚を設けている。造作本棚はリビングとスタディコーナーを緩やかに仕切るだけではない。スタディコーナーは親の目が届く場所に設けたとしても、子どもに常に整理整頓を強いるのは至難の業である。そこで、造作本棚を設けることで、収納スペースの確保を担い、来訪者から雑多なものを適度に隠すという役目を果たすのだ。

❷ 紫陽花の家
リビングと写真右奥のスタディコーナーとを間仕切るカラフルな背板は、自由に取り外しが可能で、色の組み合わせは子供と楽しみながら変えることができる［事例2参照］
（写真：新澤一平）

事例1 西荻の家「大きなダイニングテーブルが勉強スペースに」

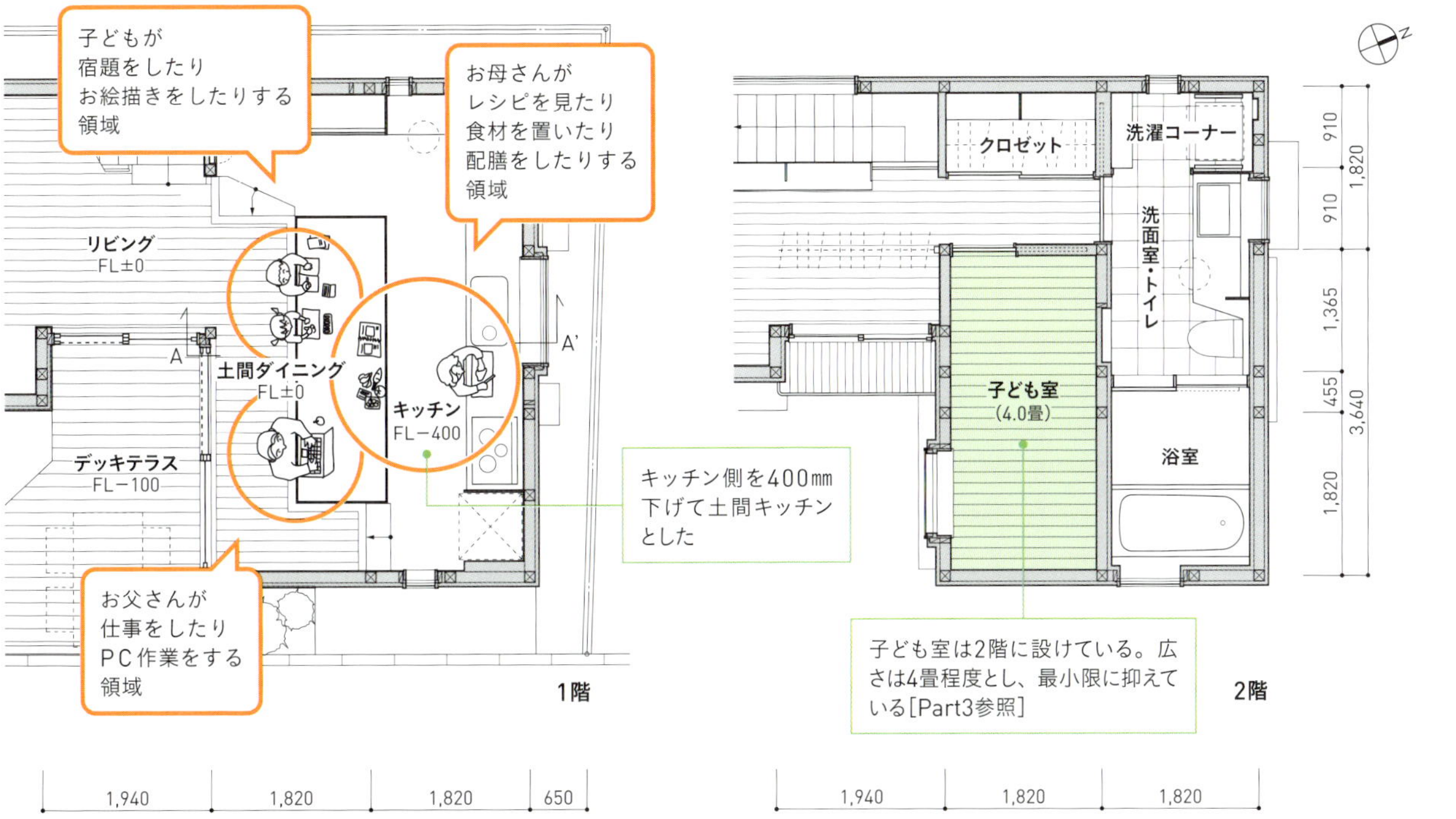
子どもが
宿題をしたり
お絵描きをしたりする
領域
お母さんが
レシピを見たり
食材を置いたり
配膳をしたりする
領域
リビング
FL±0
土間ダイニング
FL±0
キッチン
FL−400
デッキテラス
FL−100
A
A'
キッチン側を400㎜
下げて土間キッチン
とした
お父さんが
仕事をしたり
PC作業をする
領域
1階
1,940
1,820
1,820
650
クロゼット
洗濯コーナー
洗面室・トイレ
子ども室
(4.0畳)
浴室
910
910
1,820
1,365
455
3,640
1,820
子ども室は2階に設けている。広さは4畳程度とし、最小限に抑えている[Part3参照]
2階
1,940
1,820
1,820

平面図[S=1:100]

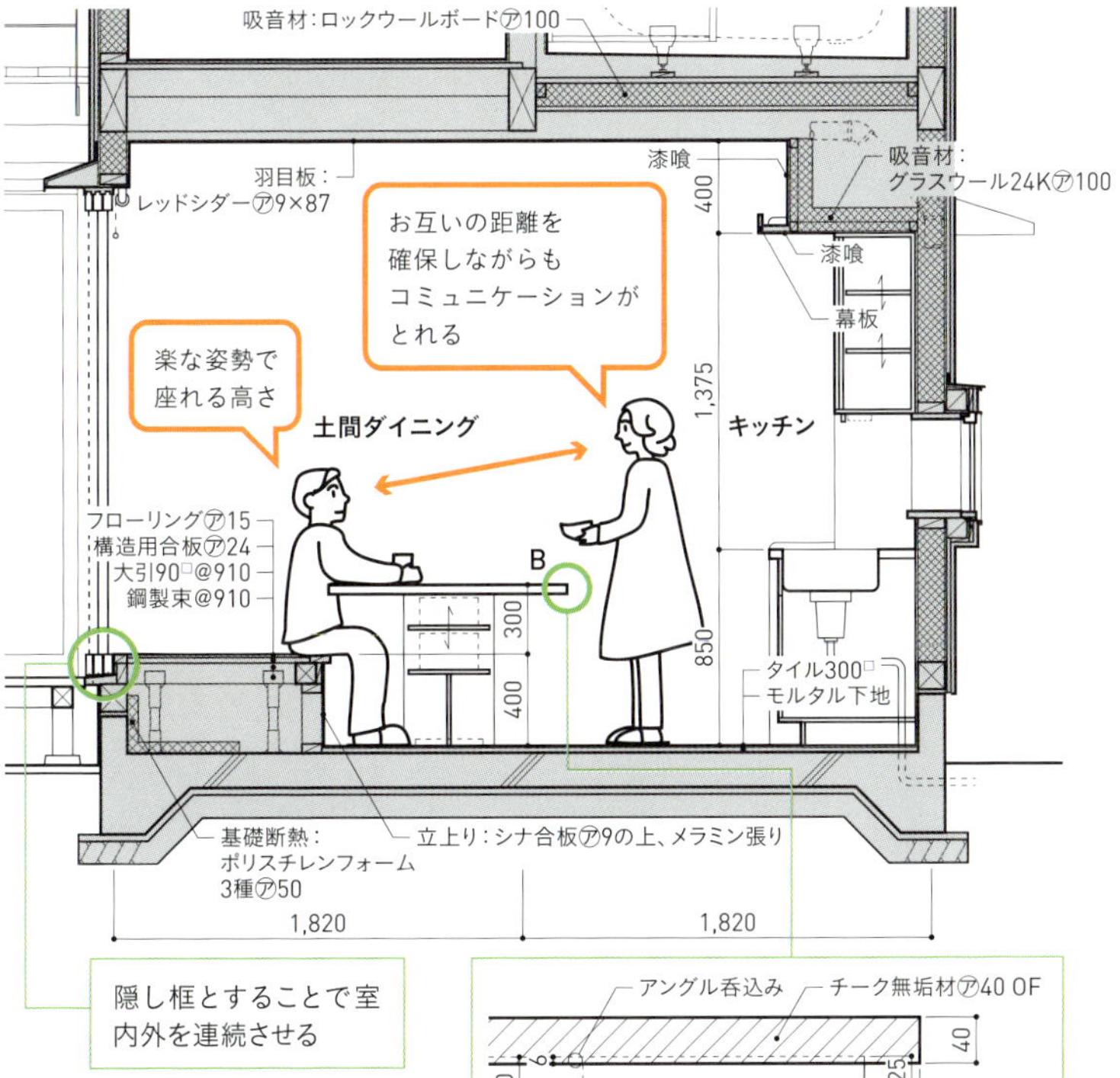
吸音材:ロックウールボード㋐100
羽目板:
レッドシダー㋐9×87
漆喰
吸音材:
グラスウール24K㋐100
漆喰
幕板
400
1,375
850
お互いの距離を
確保しながらも
コミュニケーションが
とれる
楽な姿勢で
座れる高さ
土間ダイニング
キッチン
フローリング㋐15
構造用合板㋐24
大引90□@910
鋼製束@910
B
300
400
タイル300□
モルタル下地
基礎断熱:
ポリスチレンフォーム
3種㋐50
立上り:シナ合板㋐9の上、メラミン張り
1,820
1,820
隠し框とすることで室内外を連続させる

A–A'断面図[S=1:50]

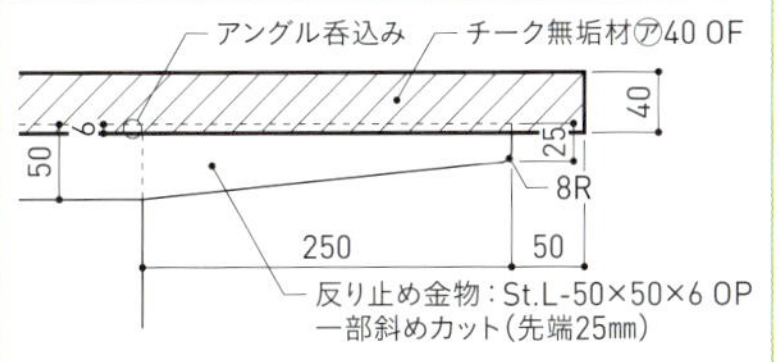
アングル呑込み
チーク無垢材㋐40 OF
40
50
25
8R
250
50
反り止め金物:St.L-50×50×6 OP
一部斜めカット(先端25㎜)

B部詳細図[S=1:10]

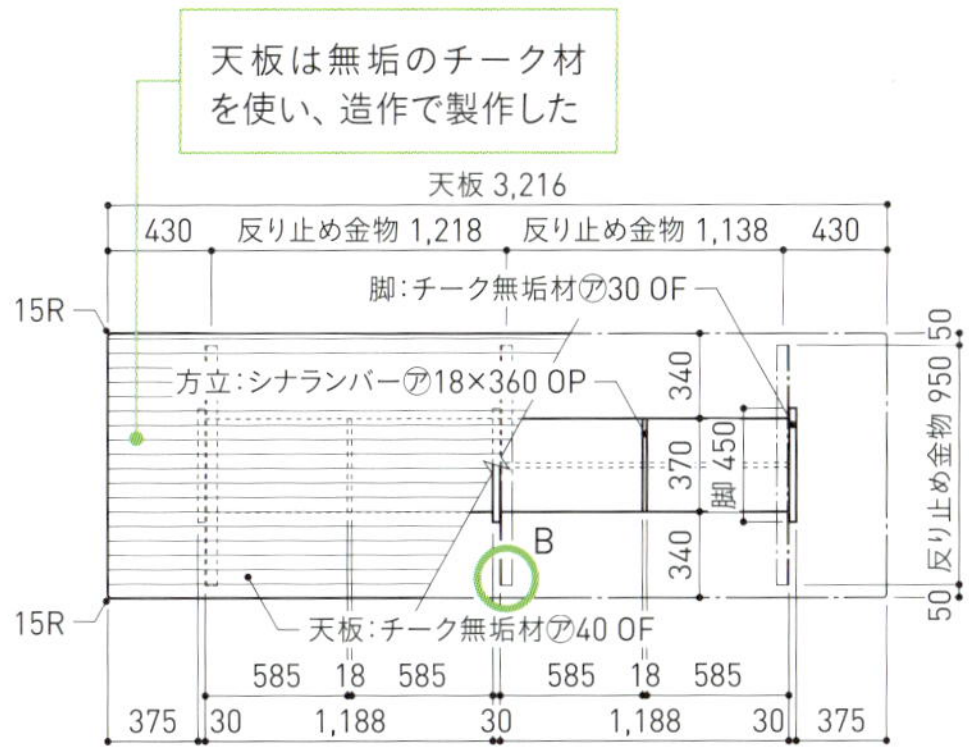
天板は無垢のチーク材を使い、造作で製作した
天板 3,216
430
反り止め金物 1,218
反り止め金物 1,138
430
脚:チーク無垢材㋐30 OF
15R
方立:シナランバー㋐18×360 OP
340
370
340
脚 450
反り止め金物 950
50
50
B
15R
天板:チーク無垢材㋐40 OF
585
18
585
585
18
585
375
30
1,188
30
1,188
30
375

ダイニングテーブル平面図[S=1:60]

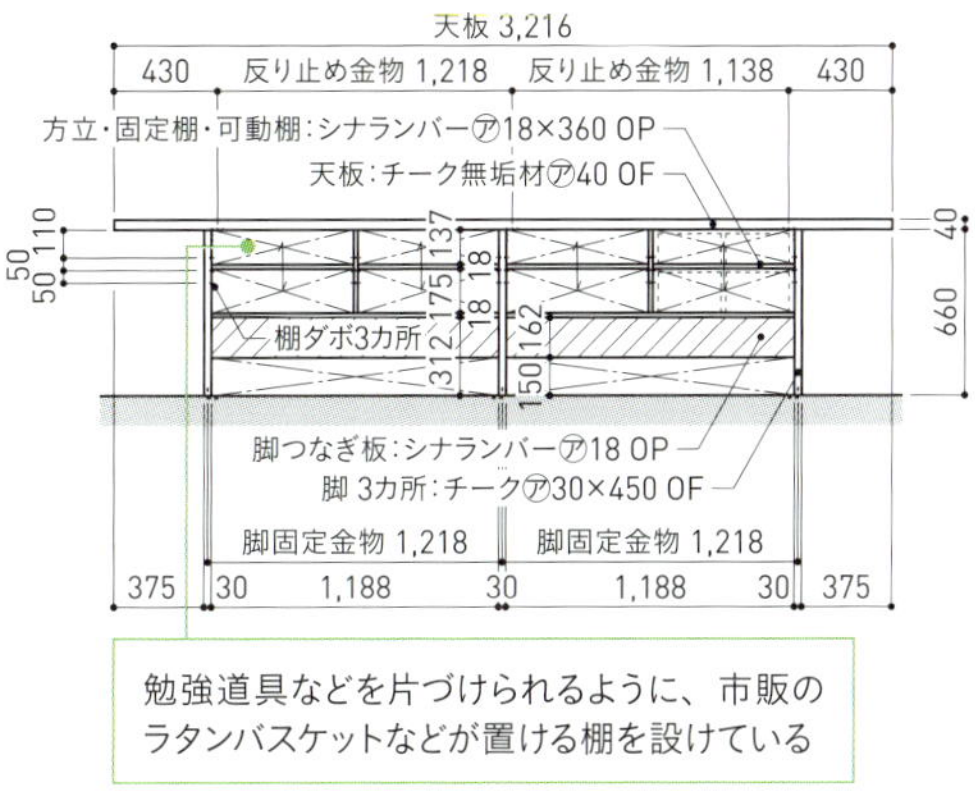
天板 3,216
430
反り止め金物 1,218
反り止め金物 1,138
430
方立・固定棚・可動棚:シナランバー㋐18×360 OP
天板:チーク無垢材㋐40 OF
棚ダボ3カ所
40
660
脚つなぎ板:シナランバー㋐18 OP
脚 3カ所:チーク㋐30×450 OF
脚固定金物 1,218
脚固定金物 1,218
375
30
1,188
30
1,188
30
375
勉強道具などを片づけられるように、市販のラタンバスケットなどが置ける棚を設けている

ダイニングテーブル断面図[S=1:60]

事例2 紫陽花の家「リビング・ダイニングの中のスタディコーナー」

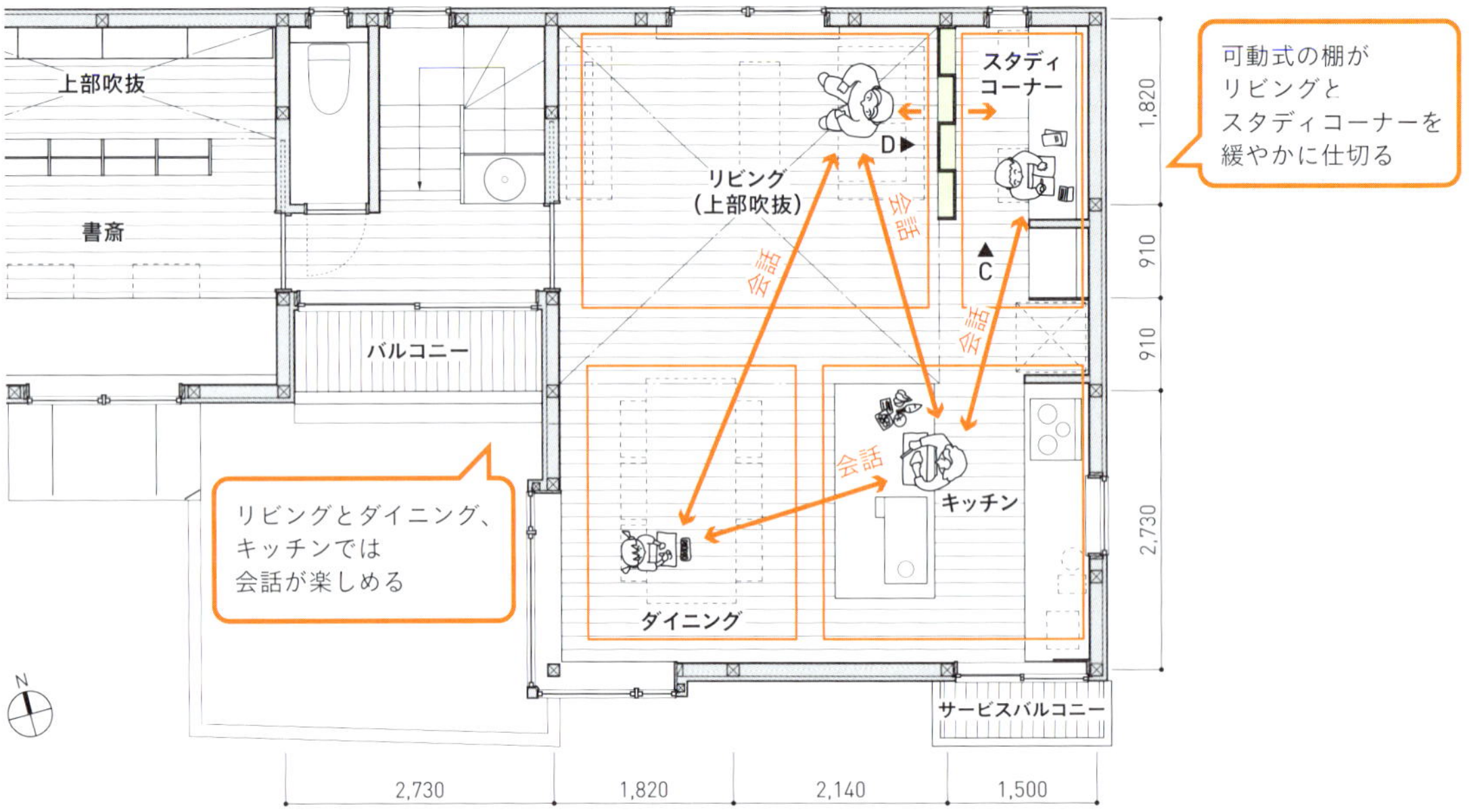

2階平面図[S=1:100]

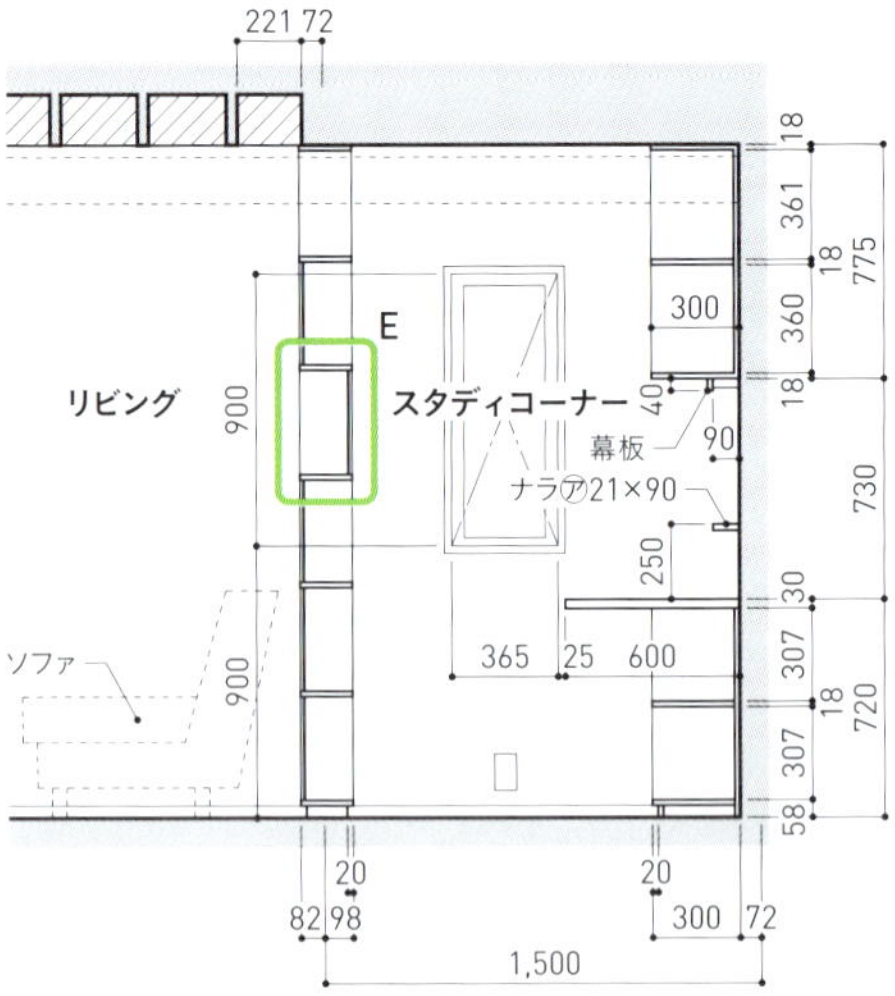

C展開図[S=1:50]

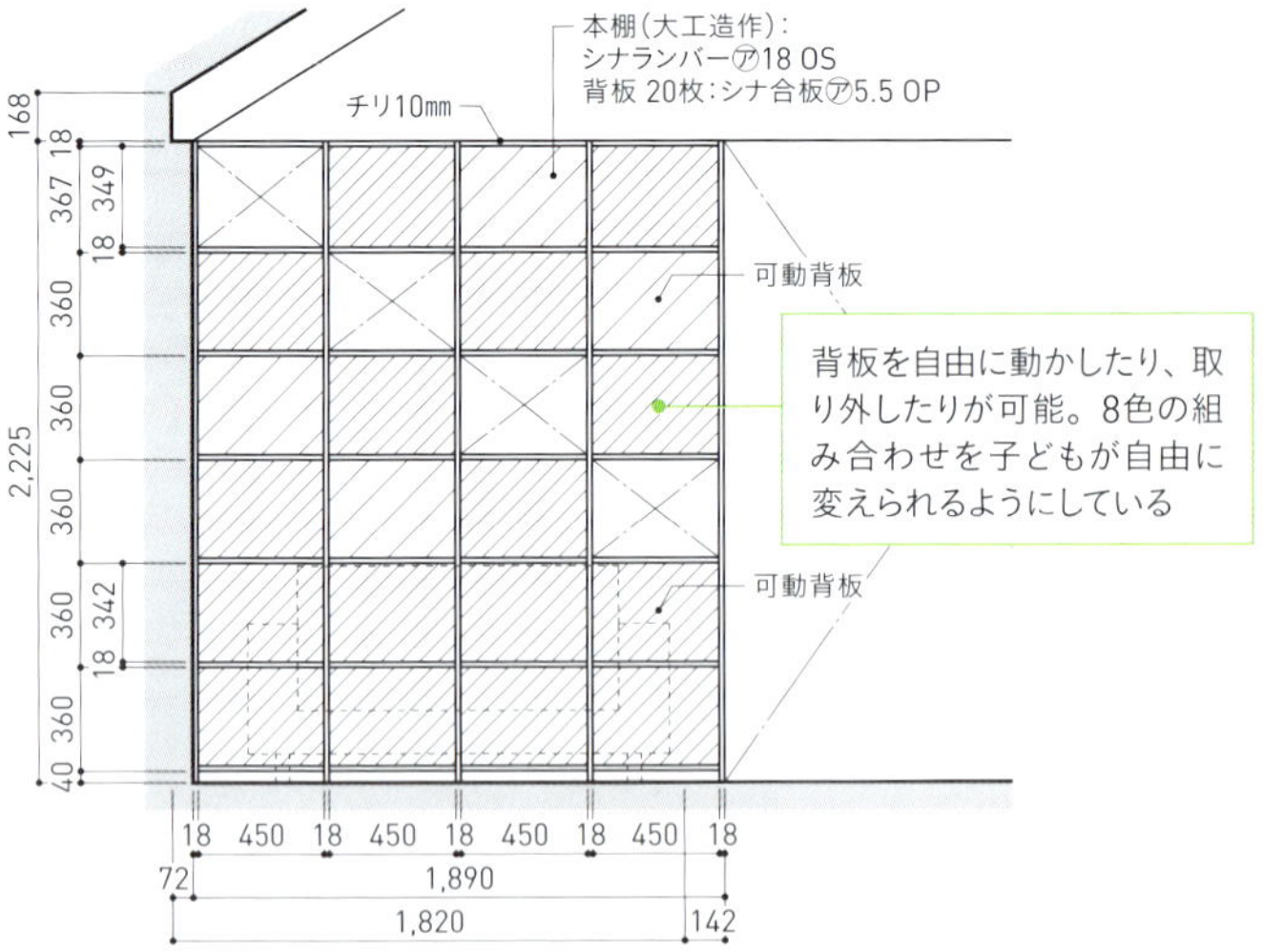

D展開図[S=1:50]

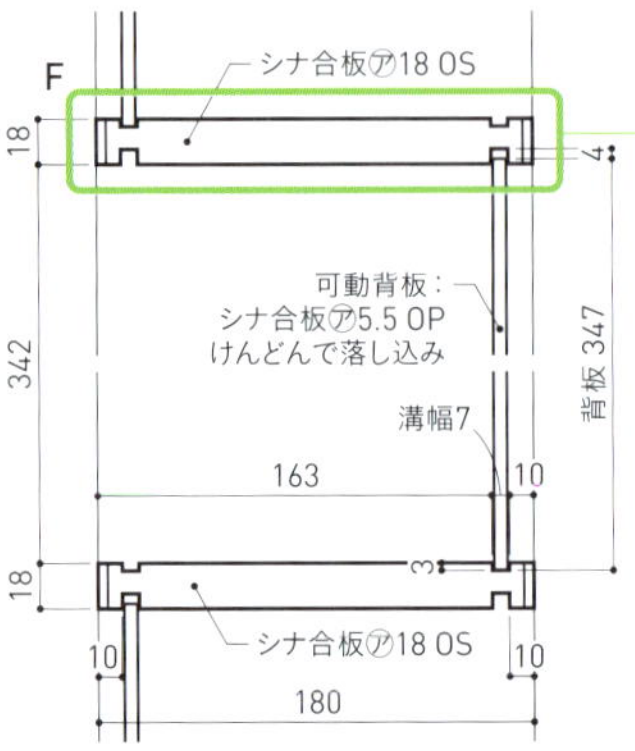

E部詳細図[S=1:6]

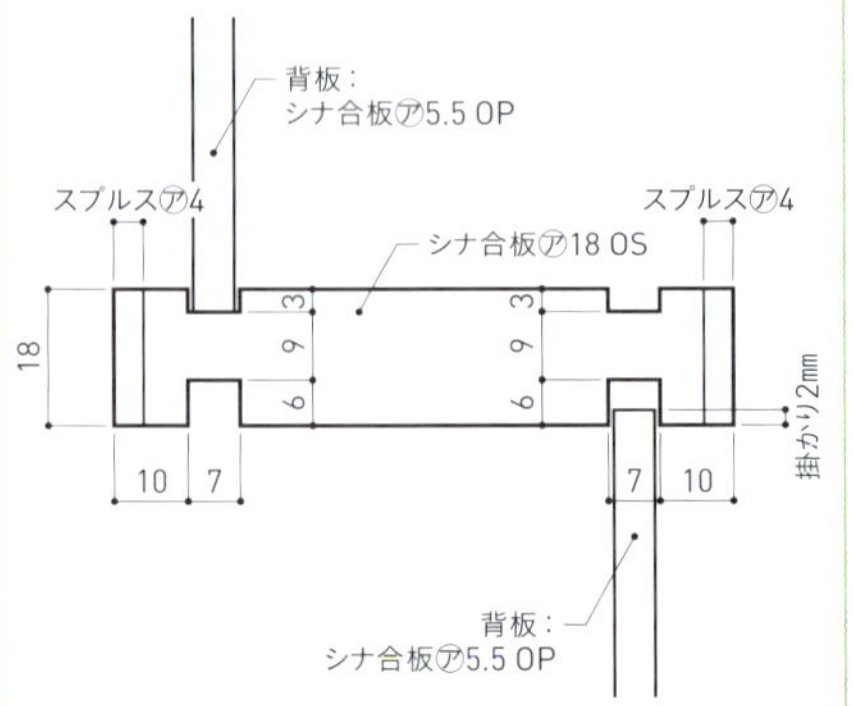

F部詳細図[S=1:2]

Part 3

子ども室の設《しつら》えは最小限に

勉強や遊びの空間を別々に分ければ、子ども室は詰まるところ「ベッドがあればよい」状態となる。それに加えて、最小限の着替えや趣味の物、そして個室でも勉強できるように小さな机を1つだけ置ければ、子どもの空間としては過不足ない。広さで言えば、4畳から4・5畳というのが目安となる。また、子どもの成長による嗜好の変化にも対応できるつくりとしたいところだ。

ワンポイント！

子ども室は「日当たりよく」とか「広さは6畳」などと言われていたのは、一昔前の常識。最近では「引きこもり」を懸念して、至れり尽くせりの子ども室から、シンプルでミニマムな子ども室が主流になりつつある。これからは、子ども室から抜け出して、家族が集まるダイニングに引きこもりたくなる、そんな住環境が理想……になるのかもしれない。

❶ 西荻の家
4畳（1,820×3,640㎜）の子ども室でもレイアウトを工夫すれば十分成立する。クロゼットは家族共用とし、機能付きベッドにするなど、収納は工夫次第で確保できる
（写真：繁田 諭）

❷ 暁の家
4畳半（2,730×2,730㎜）の子ども室。この広さがあれば、ベッドとデスクなど最小限の家具が置ける。大きい窓とトップライトが明るく開放的な空間としている
（写真：新澤一平）

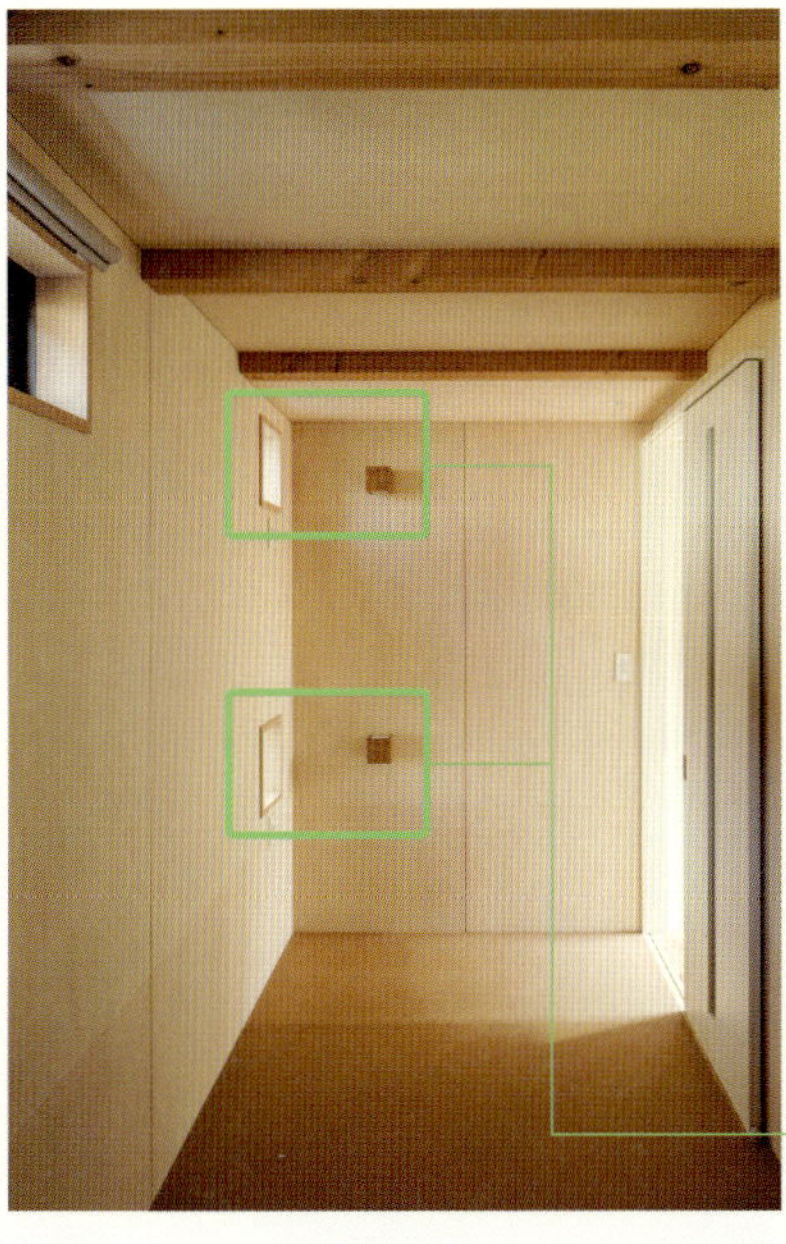
あらかじめ採光・換気窓と照明を2カ所に設置

●2段ベッドを置く場合

当初の想定よりも子どもが増えてしまった場合、「2段ベッド」という奥の手がある。その場合、天井高を最低2,400㎜程度確保しないと、上部のベッドが使用できない。左の事例は、最初から2段ベッドを想定した住宅。上部のベッド用にも窓や照明が設えられている。
（写真：新澤一平）

●子ども室の寸法

押さえておきたいのは、置かれる家具の寸法である。ベッド、デスク、棚などがほどよい寸法で配置されなければ部屋として機能しない。重宝するのは無印良品などのカタログ。生活に必要な家具寸法が網羅されている。

例）ベッド：1,000×2,000㎜
　　パインデスク：1,000×600㎜
　　パインラック：260×860㎜

●4.5畳のケース（2,730×2,730㎜）

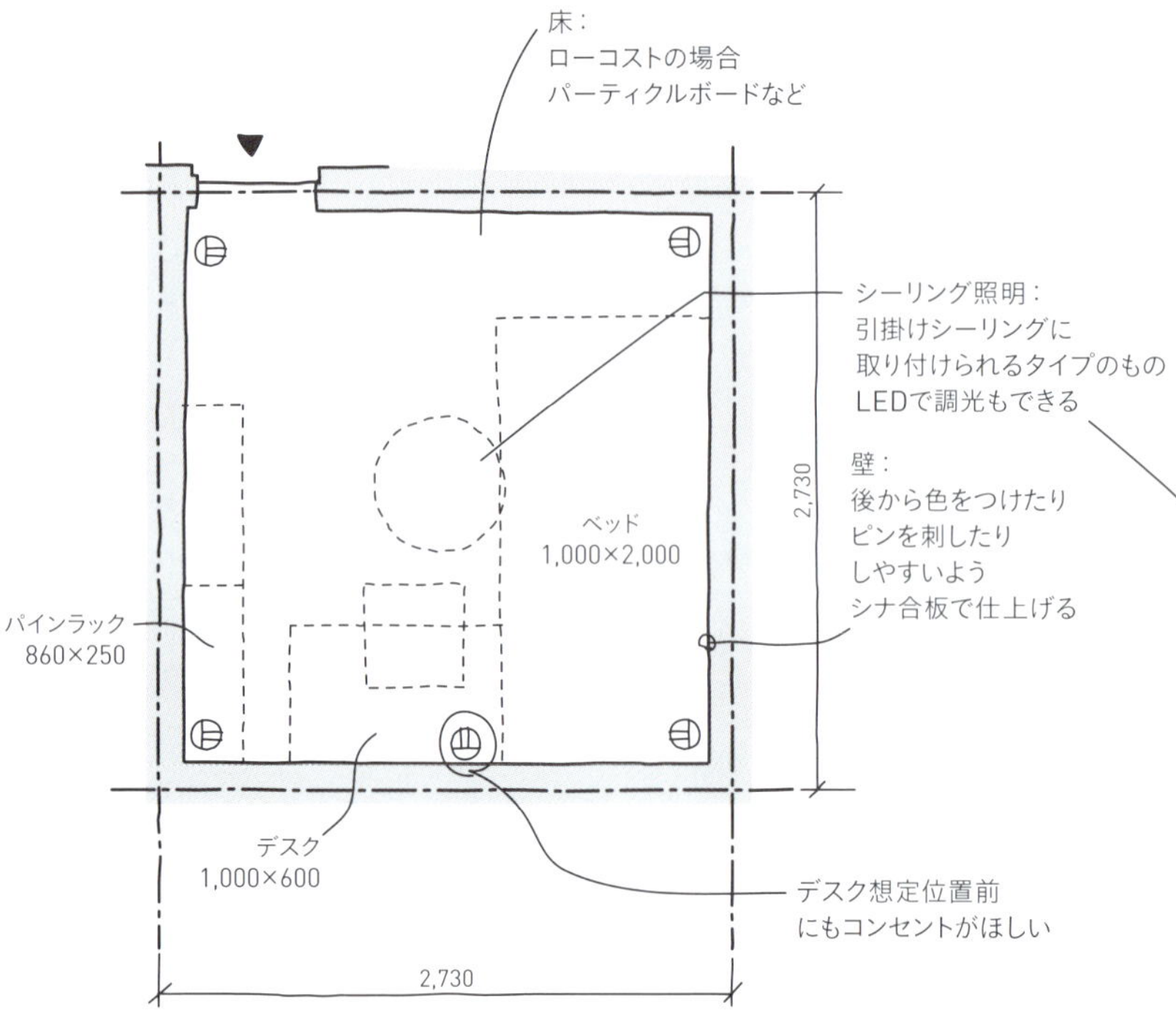

床：
ローコストの場合
パーティクルボードなど
シーリング照明：
引掛けシーリングに
取り付けられるタイプのもの
LEDで調光もできる
壁：
後から色をつけたり
ピンを刺したり
しやすいよう
シナ合板で仕上げる
ベッド
1,000×2,000
パインラック
860×250
デスク
1,000×600
デスク想定位置前
にもコンセントがほしい
2,730
2,730

●4畳のケース（1,820×3,640㎜）

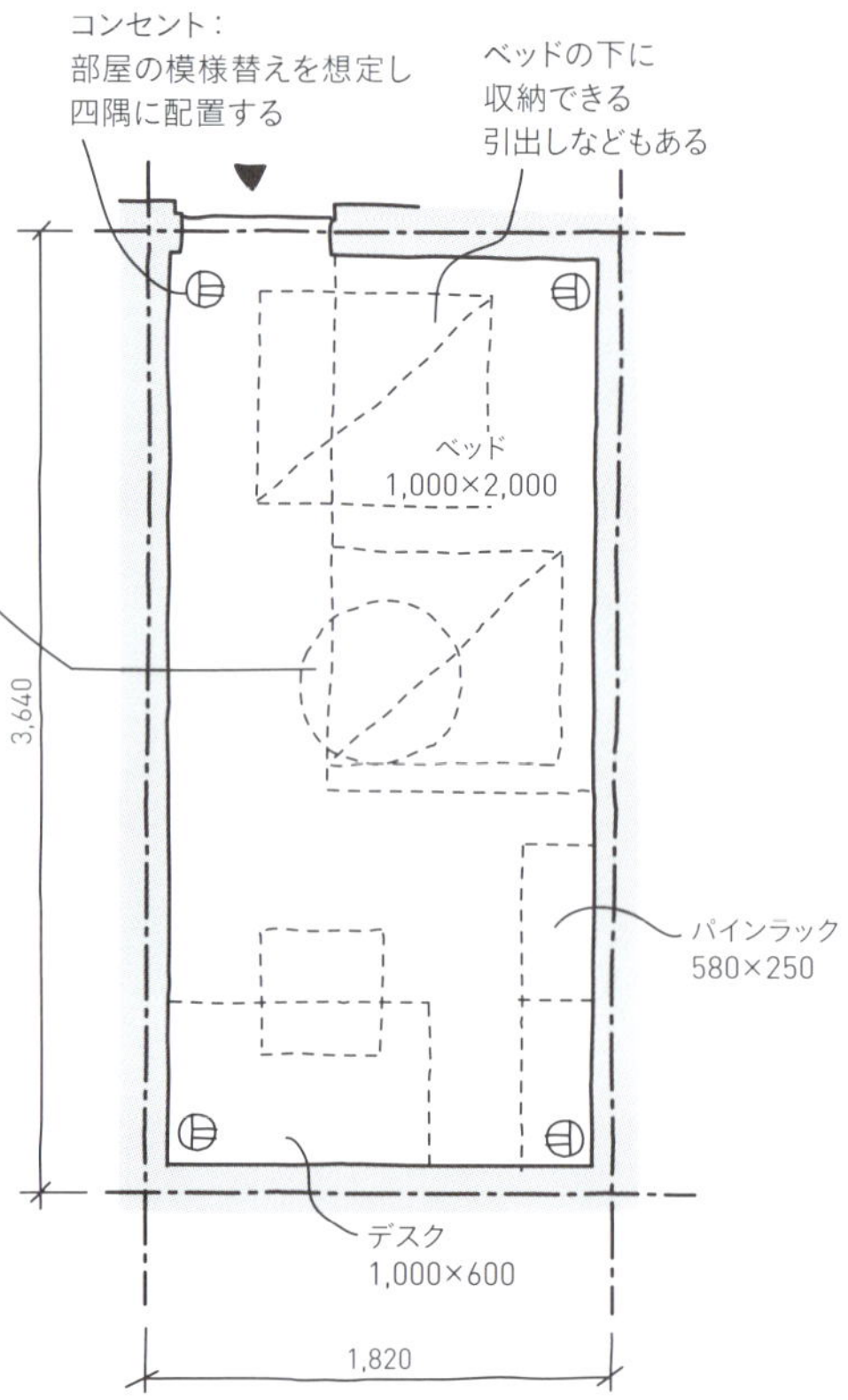

コンセント：
部屋の模様替えを想定し
四隅に配置する
ベッドの下に
収納できる
引出しなどもある
ベッド
1,000×2,000
3,640
パインラック
580×250
デスク
1,000×600
1,820

●ロフトは子どもの遊び場

●TOPWATER

ロフトは収納スペースだけではなく、高いところや狭いところが大好きな子どもの遊び場に最適である。天井の高いリビング・ダイニングの上部に吊り下げられたロフトは子どもが遊んでいても気配が感じられ、突然の来訪者にもおもちゃの片づけで慌てる必要もない

●暁の家

リビング上部にある吹抜けに面してつくられたスタディコーナーの脇にある梯子を上ると天窓のあるロフトが現れる。ロフトは子どもだけでなく猫の隠れ家としても最適なスペースだ

川風の家

detail 03

より効果的な吹抜け空間のつくり方

吹抜けには、空間設計の醍醐味が凝縮されている。水平に連なる空間を垂直にもつなぐことで、家族の気配を感じさせ、ハイサイドライトを介して光をたっぷりと室内に採り込むことができる。また吹抜けには、単調な空間にメリハリを与え、空間の力強さをより高めてくれる効果もある。それだけにせっかく設けるからには、その効果を最大に引き出すよう工夫したいところだ。家族のコミュニケーションを活性化させる仕掛けや、温熱環境についても知恵を凝らした、効果的な吹抜けについてここでは考えてみたい。

ハイサイドライトで奥まで光を届ける

住宅密集地では2階にリビングを設けたほうが日照条件が有利になる。しかし諸事情により1階にリビングを設ける場合は吹抜けを設け、ハイサイドライトなどからの採光を確保するのがセオリーだ。

事例1の敷地では、日照方向がすべて建物に囲まれているという難題に直面した。そこで、ハイサイドライトを1階の窓位置よりも奥にずらし、奥行きの深いリビングの端まで光を導いた。

ワンポイント！

吹抜けを設けて採光条件がよくなると、冬はポカポカと暖かい快適な空間になる。その反面、夏は日射・熱射の影響を受けやすくなる。そこで、窓の上に庇を出したり、外付けブラインドを設けるなど、室内に日射・熱射を入れないことが重要となる。次善の策として遮熱Low-Eガラスや、遮熱機能のあるスクリーンなどの採用も検討したい。

図1 住宅密集地における採光に交線的吹抜け

1. 市街地では2階リビングにすると日照条件がよくなる

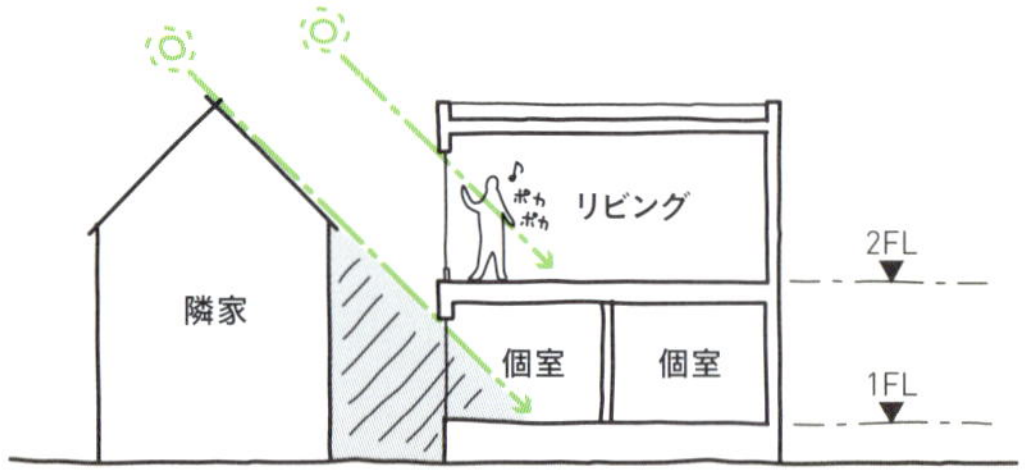

2. 1階リビングにする場合、吹抜けを設けると日照条件は改善できるものの、光が奥まで届きにくいことも

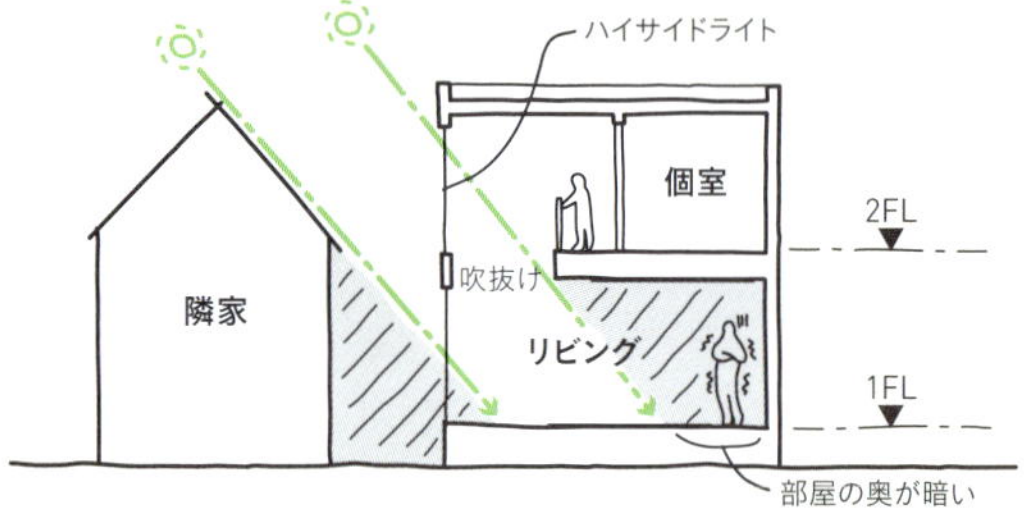

3. ハイサイドライトをずらして設ければ、奥まで光を届けることができる

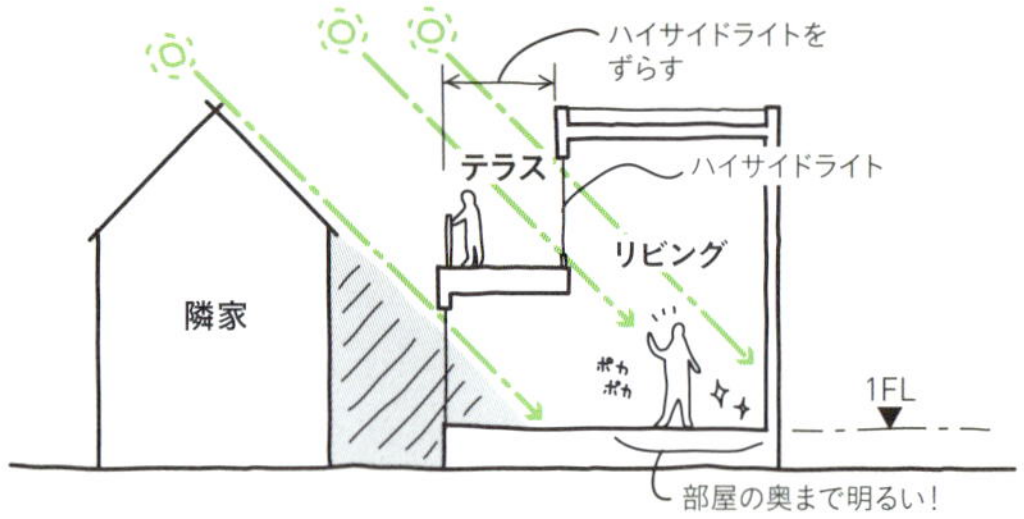

❷ しだれ桜の家
1階の開口部にはオーニング、ハイサイドライトには外付けブラインドを設け、日射対策を行い、夏でも快適な空間とした
（写真：バウハウスネオ）

❶ ひかりハウス
ハイサイドライトをセットバックして手前に設けることで、採光を部屋の奥まで導いている。窓前にはキャットウォークを設け、窓開閉をしやすくしている［事例1参照］

事例 1 ひかりハウス「ハイサイドライトで奥まで光を届ける」

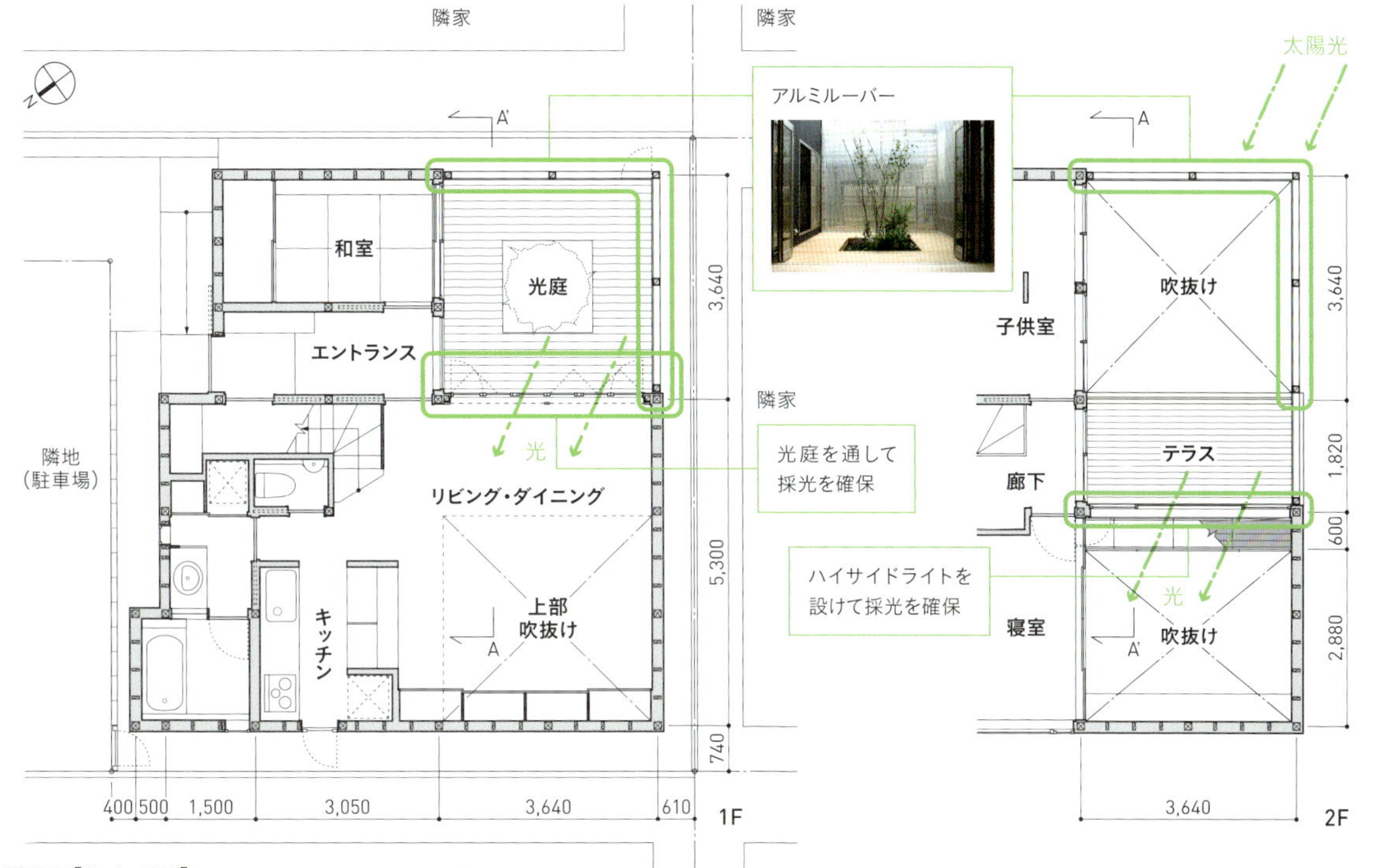
隣家
隣家
太陽光
アルミルーバー
A'
A
和室
光庭
エントランス
3,640
吹抜け
子供室
隣家
光
光庭を通して
採光を確保
隣地
(駐車場)
リビング・ダイニング
テラス
廊下
1,820
600
ハイサイドライトを
設けて採光を確保
光
5,300
上部
吹抜け
キッチン
A
寝室
A'
吹抜け
2,880
740
400 500 1,500 3,050 3,640 610
1F
3,640
2F
隣家
隣家

平面図[S=1:150]

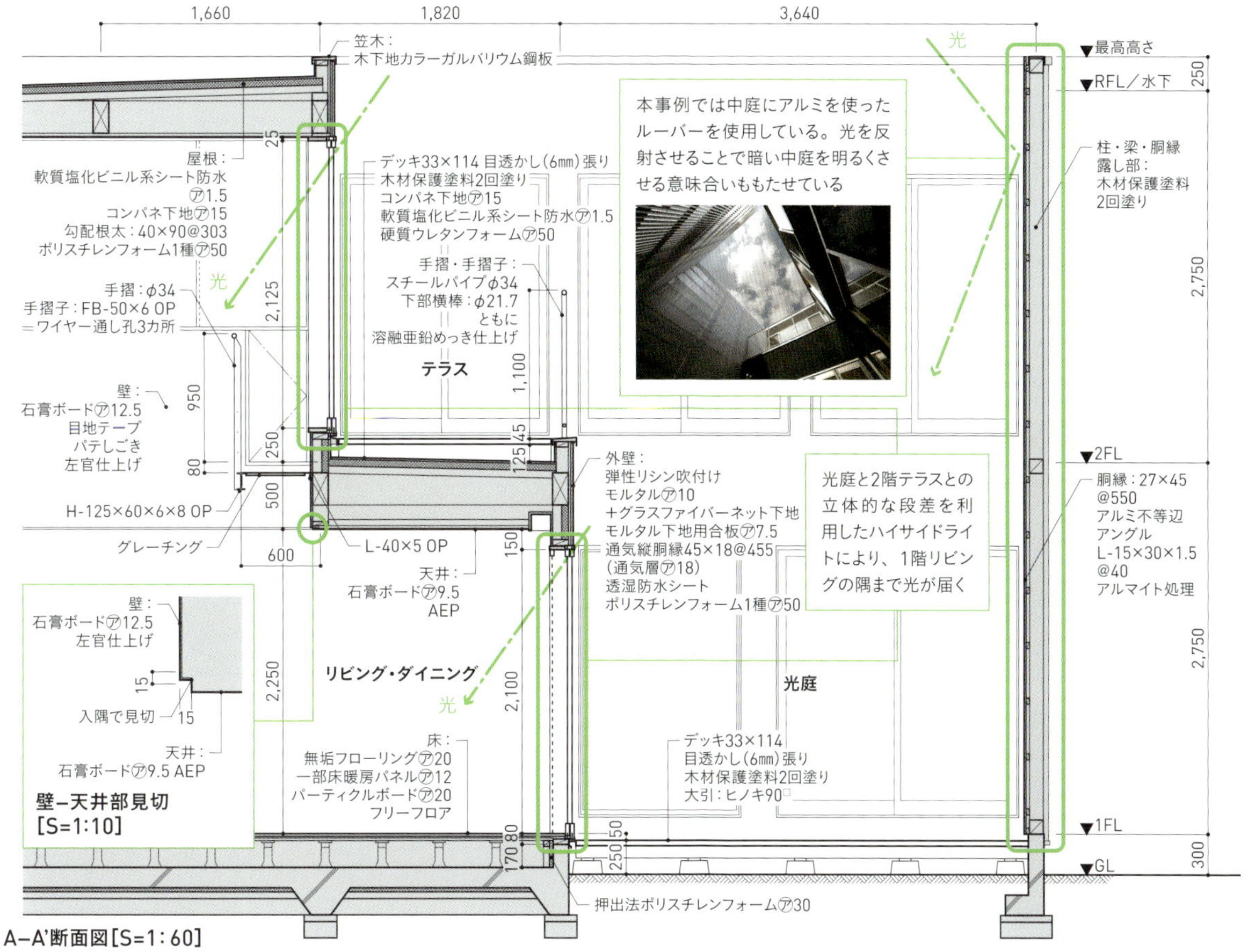
1,660 1,820 3,640
笠木:
木下地カラーガルバリウム鋼板
光
最高高さ
RFL／水下
250
本事例では中庭にアルミを使った
ルーバーを使用している。光を反
射させることで暗い中庭を明るくさ
せる意味合いももたせている
柱・梁・胴縁
露し部:
木材保護塗料
2回塗り
25
屋根:
軟質塩化ビニル系シート防水
ア1.5
コンパネ下地ア15
勾配根太:40×90@303
ポリスチレンフォーム1種ア50
デッキ33×114 目透かし(6mm)張り
木材保護塗料2回塗り
コンパネ下地ア15
軟質塩化ビニル系シート防水ア1.5
硬質ウレタンフォームア50
2,750
手摺・手摺子:
スチールパイプφ34
下部横棒:φ21.7
ともに
溶融亜鉛めっき仕上げ
光
手摺:φ34
手摺子:FB-50×6 OP
=ワイヤー通し孔3カ所
2,125
テラス
1,100
壁:
石膏ボードア12.5
目地テープ
パテしごき
左官仕上げ
950
250
45
125
80
2FL
外壁:
弾性リシン吹付け
モルタルア10
+グラスファイバーネット下地
モルタル下地用合板ア7.5
通気縦胴縁45×18@455
(通気層ア18)
透湿防水シート
ポリスチレンフォーム1種ア50
光庭と2階テラスとの
立体的な段差を利
用したハイサイドライ
トにより、1階リビン
グの隅まで光が届く
胴縁:27×45
@550
アルミ不等辺
アングル
L-15×30×1.5
@40
アルマイト処理
H-125×60×6×8 OP
500
グレーチング
L-40×5 OP
600
150
天井:
石膏ボードア9.5
AEP
2,750
壁:
石膏ボードア12.5
左官仕上げ
15
入隅で見切
15
天井:
石膏ボードア9.5 AEP
壁−天井部見切
[S=1:10]
2,250
リビング・ダイニング
光
2,100
光庭
床:
無垢フローリングア20
一部床暖房パネルア12
パーティクルボードア20
フリーフロア
デッキ33×114
目透かし(6mm)張り
木材保護塗料2回塗り
大引:ヒノキ90□
1FL
170 80
250 50
300
GL
押出法ポリスチレンフォームア30

A–A'断面図[S=1:60]

Part 2

温熱環境に考慮した吹抜け空間

吹抜けの弱点は、周到にプランニングを行わないと快適な温熱環境を保ちにくいことにある。かといって各所に仕切りばかり増やしてしまうと、せっかくの開放的な空間が台無しになってしまう。建物全体の断熱性能の向上と併せ、ガラスや引込み戸などにより、必要なときに空間を仕切れるようにしておくことが望ましい。また、床暖房やシーリングファンなどとの組み合わせも効果的だ。

ワンポイント！

もっと根本的な温熱環境の解決には、建物自体の断熱や気密といった躯体性能を上げるということが重要である。躯体性能を上げることで吹抜けがあっても、さらにそこに大開口があっても、上下階の温度差は起こりにくくなるのだ。プランニングの自由度を上げ、快適性を上げることは、住まい手の満足度を上げることにもつながる。

図2 冬期の温熱対策

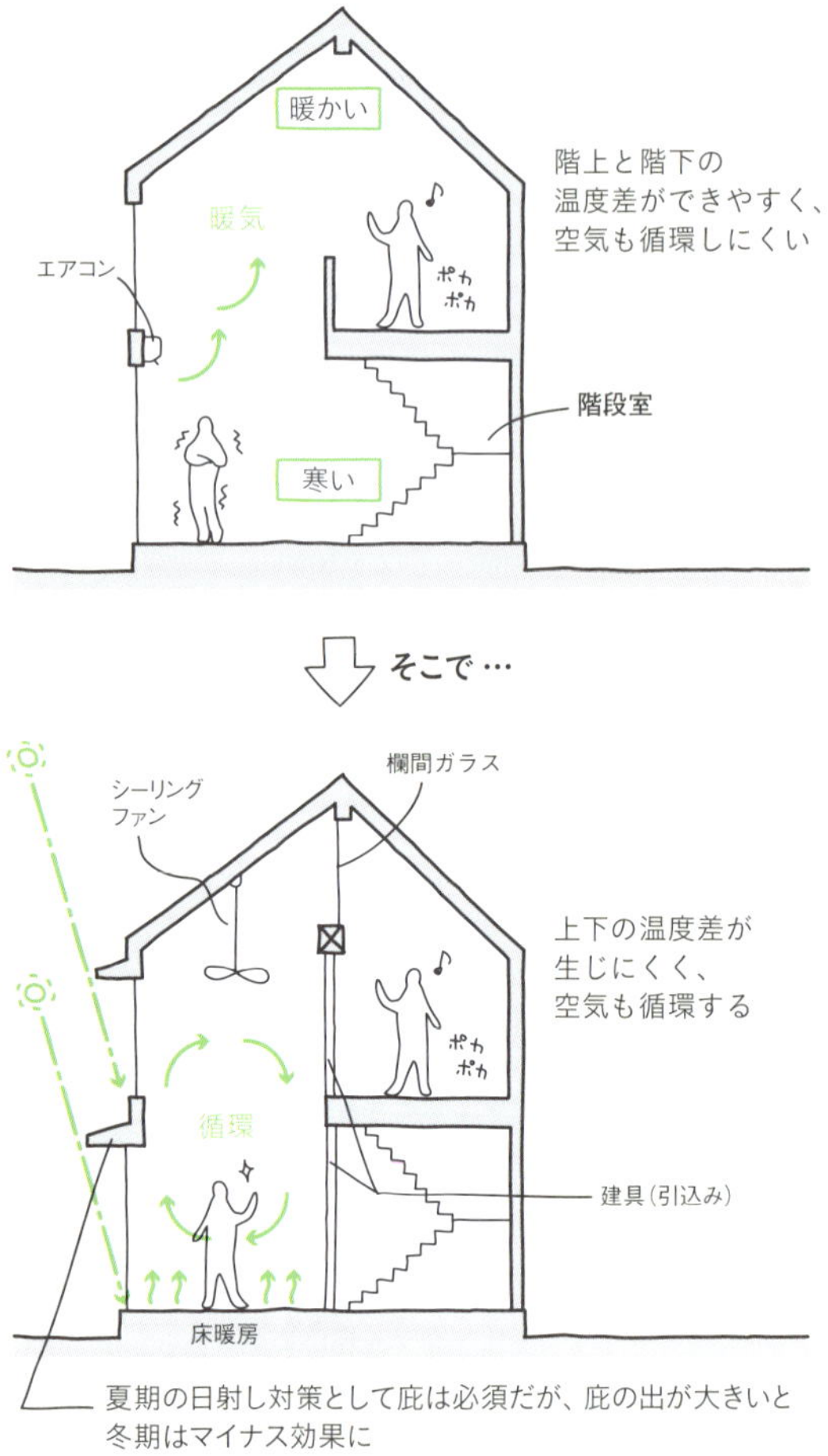
暖かい
暖気
エアコン
寒い
ポカポカ
階上と階下の
温度差ができやすく、
空気も循環しにくい
階段室
そこで…
シーリング
ファン
欄間ガラス
上下の温度差が
生じにくく、
空気も循環する
循環
建具（引込み）
床暖房
夏期の日射し対策として庇は必須だが、庇の出が大きいと
冬期はマイナス効果に

❷ 川風の家
キッチンの一部に設けた吹抜けは、上部の子ども室とつながっている。吹抜け側の建具を開け放つと、子ども室を通してこもった熱を抜くことができる［事例3参照］
（写真：新澤一平）

❶ 竹林の家
引込みの建具などにより、吹抜け空間を自在に仕切ることができる。また、建具上部に設けたガラスの欄間により、熱の移動を小さくしている［事例2参照］
（写真：バウハウスネオ）

事例2 竹林の家「温熱環境に考慮した吹抜け空間」

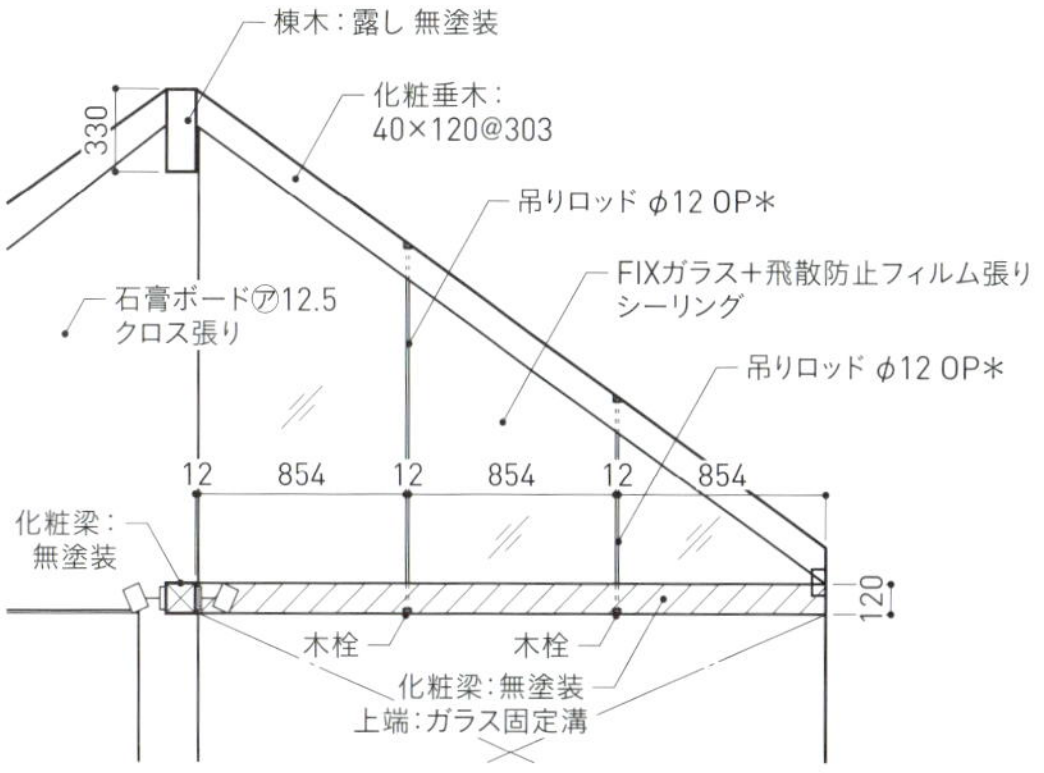
棟木：露し 無塗装
化粧垂木：
40×120@303
吊りロッド φ12 OP＊
石膏ボード㋐12.5
クロス張り
FIXガラス＋飛散防止フィルム張り
シーリング
吊りロッド φ12 OP＊
330
12
854
12
854
12
854
化粧梁：
無塗装
120
木栓
木栓
化粧梁：無塗装
上端：ガラス固定溝

欄間部立面図[S=1:60]

＊上下梁貫通のうえ、ナット締め

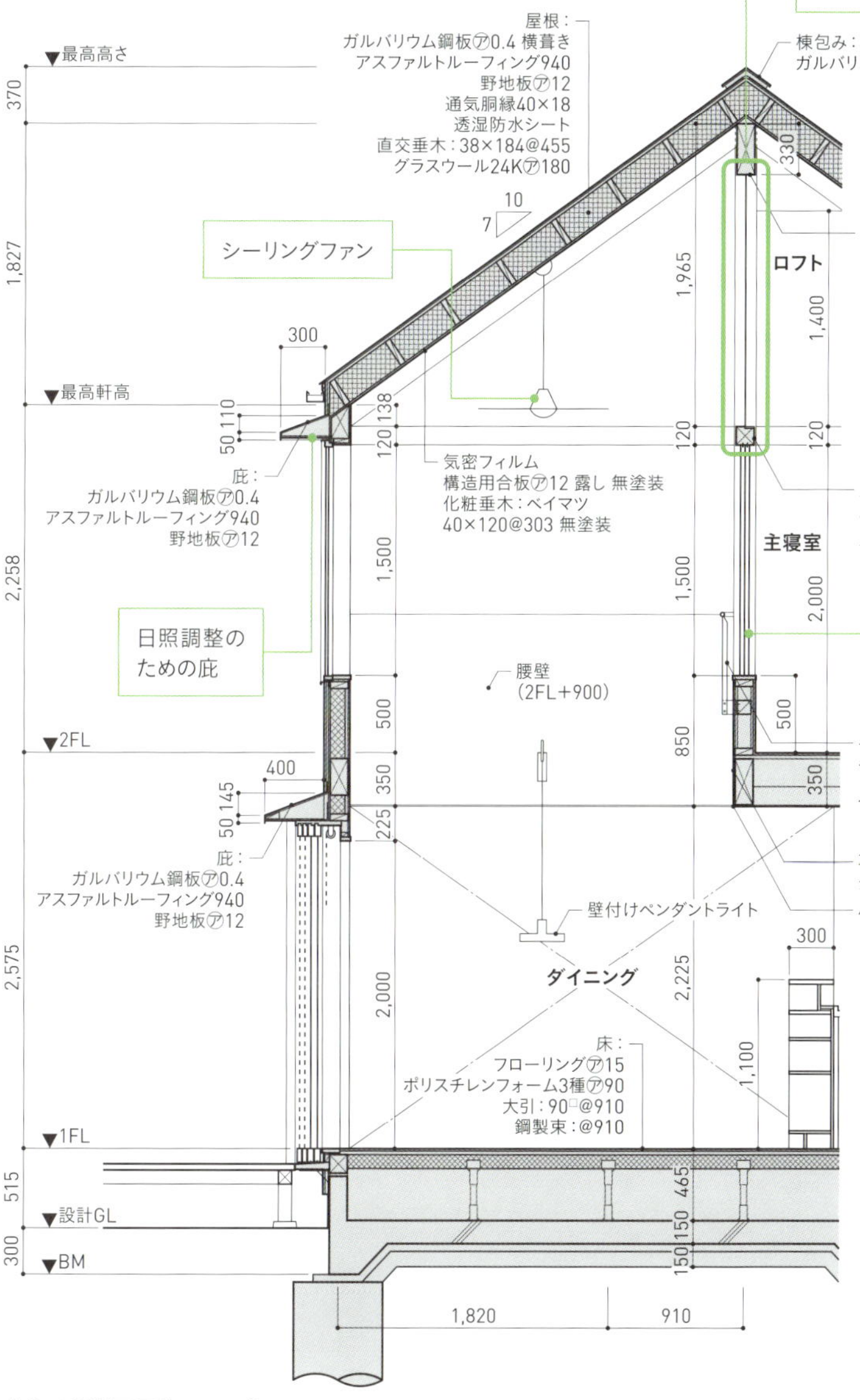
屋根：
ガルバリウム鋼板㋐0.4 横葺き
アスファルトルーフィング940
野地板㋐12
通気胴縁40×18
透湿防水シート
直交垂木：38×184@455
グラスウール24K㋐180
棟包み：
ガルバリウム鋼板㋐0.4
▼最高高さ
370
1,827
10
7
シーリングファン
330
1,965
棟木 露し
下端：ガラス固定溝
ロフト
1,400
300
▼最高軒高
50 110
120 138
120
120
気密フィルム
構造用合板㋐12 露し 無塗装
化粧垂木：ベイマツ
40×120@303 無塗装
梁 露し
上端：ガラス固定溝
(FIXガラス押縁)
下端：建具用スリットあり
庇：
ガルバリウム鋼板㋐0.4
アスファルトルーフィング940
野地板㋐12
主寝室
2,258
1,500
1,500
2,000
日照調整の
ための庇
腰壁
(2FL+900)
500
500
850
▼2FL
400
350
350
手摺：St.φ27.2×2.3
手摺子：FB-32×6
(G.PL-FB-90×6)
すべてOP
50 145
225
庇：
ガルバリウム鋼板㋐0.4
アスファルトルーフィング940
野地板㋐12
石膏ボード㋐12.5
クロス張り
小段見切：9□
壁付けペンダントライト
300
2,575
ダイニング
2,000
2,225
1,100
床：
フローリング㋐15
ポリスチレンフォーム3種㋐90
大引：90□@910
鋼製束：@910
▼1FL
515
465
▼設計GL
150
150
300
▼BM
1,820
910

吹抜け部断面図[S=1:60]

引込みガラス戸

ほかにも1階の階段に設けた引戸を閉じれば、2階からの冷気を防げるなどの対策がある[98ページ事例2参照]

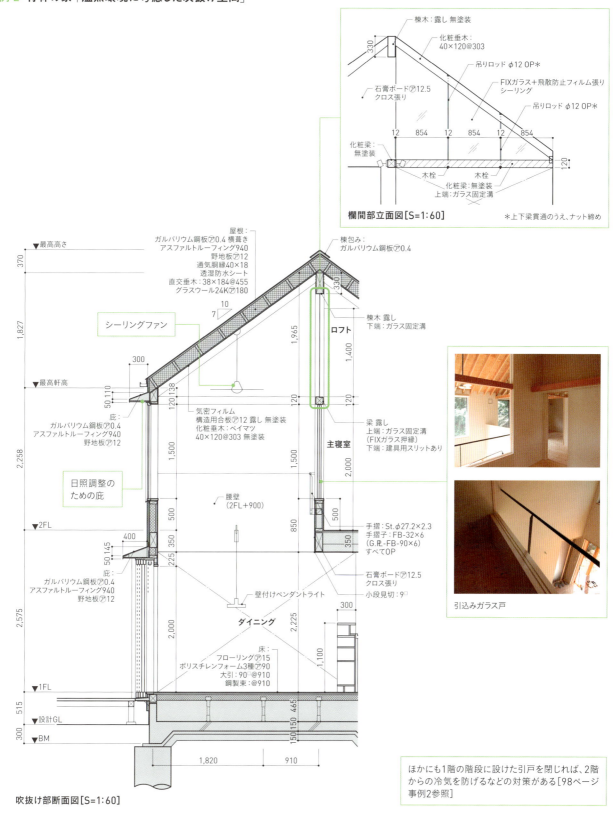

子ども室は吹抜けでつなぐ

敷地規制が厳しい都心部では、縦に部屋を積んで面積を確保することになる。しかし、3階建てなどでは、家族の居場所が階で別れ、分断されがちである。最も考慮すべきは子ども室の位置で、孤立を避けるために、ほかの家族の居場所とせめて吹抜けでつなげたい。この住宅はキッチンの真上に子どもの空間をつくった事例である。吹抜け越しに親子がコミュニケーションできるので、母親にとっても子どもにとっても、ほどよい距離を取り合える理想的な位置関係となった。

事例3 川風の家「子ども室は吹抜けでつなぐ」

たとえ小さな吹抜けでも、機能的・視覚的な効果を高めることは十分に可能。基本ルールとしては、暗い穴蔵のようにならないよう採光の窓を必ず設けること。光が上から降ってくるような設えにできれば、最も効果的である

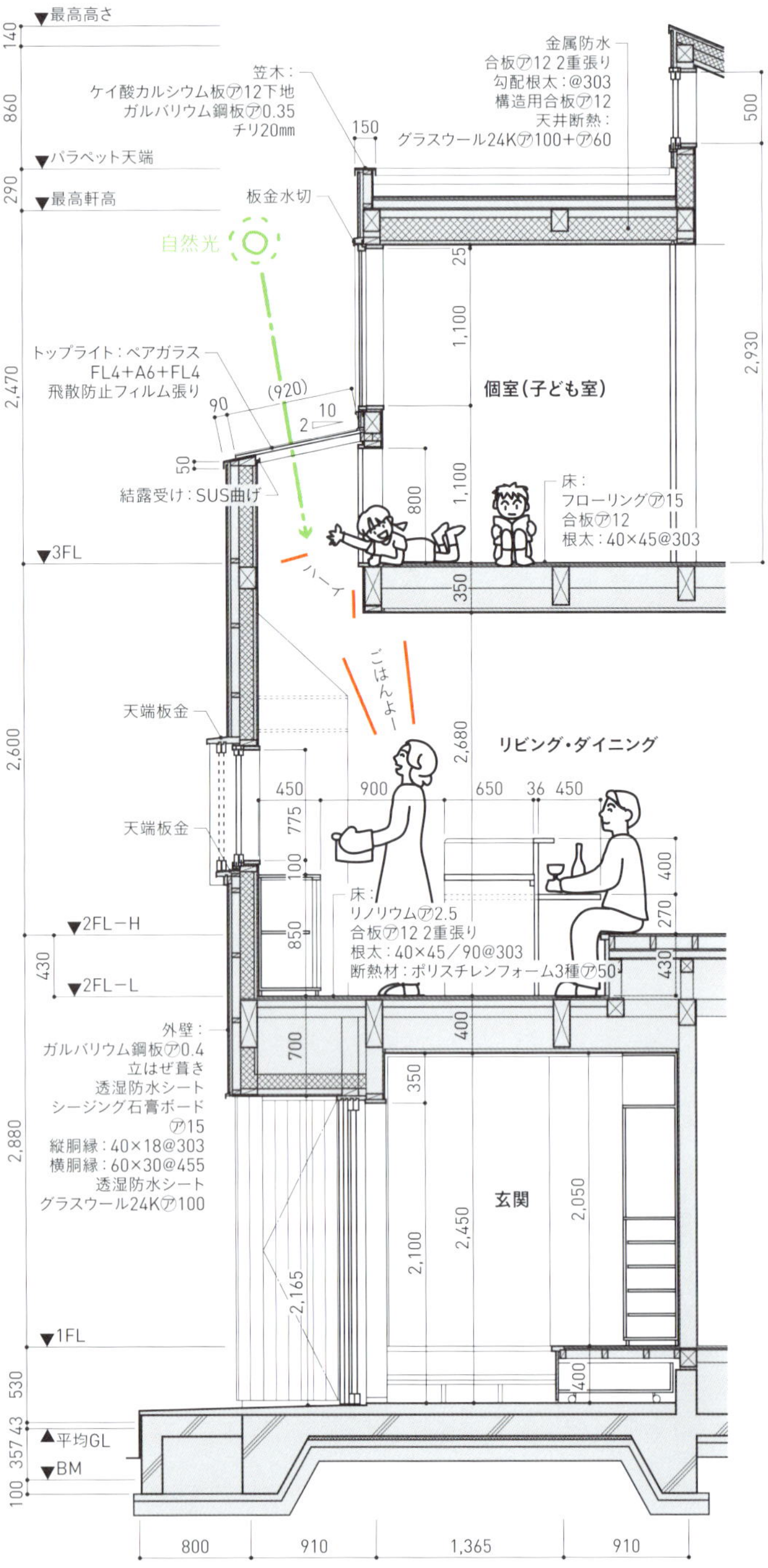

最高高さ
パラペット天端
最高軒高
笠木：
ケイ酸カルシウム板㋐12下地
ガルバリウム鋼板㋐0.35
チリ20mm
金属防水
合板㋐12 2重張り
勾配根太：@303
構造用合板㋐12
天井断熱：
グラスウール24K㋐100+㋐60
板金水切
自然光
トップライト：ペアガラス
FL4+A6+FL4
飛散防止フィルム張り
結露受け：SUS曲げ
個室(子ども室)
床：
フローリング㋐15
合板㋐12
根太：40×45@303
3FL
ごはんよー
リビング・ダイニング
天端板金
2FL−H
2FL−L
床：
リノリウム㋐2.5
合板㋐12 2重張り
根太：40×45／90@303
断熱材：ポリスチレンフォーム3種㋐50
外壁：
ガルバリウム鋼板㋐0.4
立はぜ葺き
透湿防水シート
シージング石膏ボード
㋐15
縦胴縁：40×18@303
横胴縁：60×30@455
透湿防水シート
グラスウール24K㋐100
玄関
1FL
平均GL
BM

A–A'断面図[S=1:60]

個室は子ども室を想定し3畳とした[57・58ページ参照]

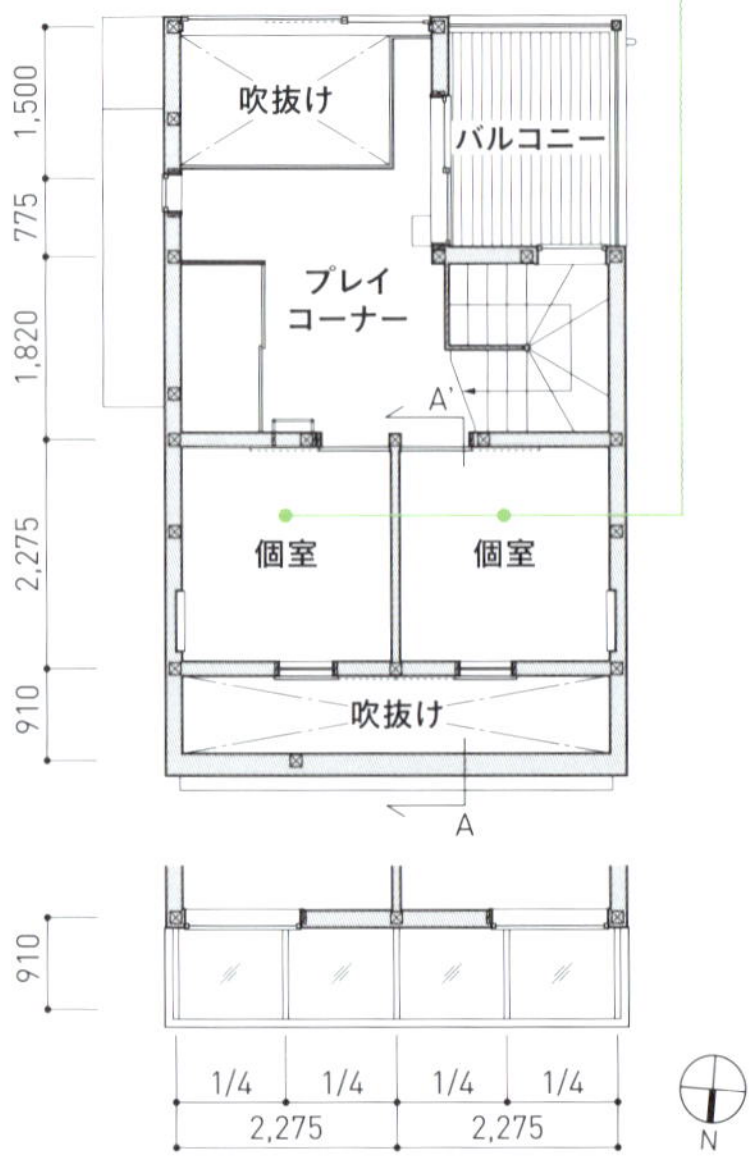

吹抜け
バルコニー
プレイコーナー
個室
個室
吹抜け

3F平面図[S=1:150]

紫陽花の家

唯一無二の!? キッチンのつくり方

detail 04

言うまでもなく、キッチンは住宅設計で最重要ポイントの1つである。リビングとは異なり、そこにはシビアな機能性が求められることから、キッチンを失敗すればたちまちその家すべてが失敗との批判は免れない。そのため日本においては、キッチンは浴室とともに独自の進化を遂げ、システムキッチンという完成度の高い製品群を生み出すに至った。ところが一方で、キッチンの存在感はときに空間全体を呑み込むくらいのインパクトをもつ。ここでは機能性を踏まえたうえで、空間と調和するシンプルな造作キッチンについて考えてみたい。

Part 1

平面からキッチンを考える

キッチンの平面上の配置についてはあらゆる可能性が考えられるが、経験上、図1に示す3つの基本パターンを押さえておけば、ほとんどのケースに対応できる。主婦層に人気のあるのは対面型と呼ばれるものだが、手元を隠せるほうが日常使いの勝手がよい。他方、壁面型にすれば省スペースに納められ、ダイニング側に余裕ができることもある。計画との相性を慎重に見極めたいところだ。

ワンポイント！

1章のplan01［8ページ参照］にも記載したが、対面型キッチンや壁面型キッチンなどのレイアウトを問わず、キッチンは司令塔としての機能が重要となる。収納力や作業効率だけではなく、キッチンに立つ人が作業をしながら家族の様子が把握できたり、声をかけたりできる位置にキッチンを配置するように心がけたい。

図1 平面からキッチンを考える

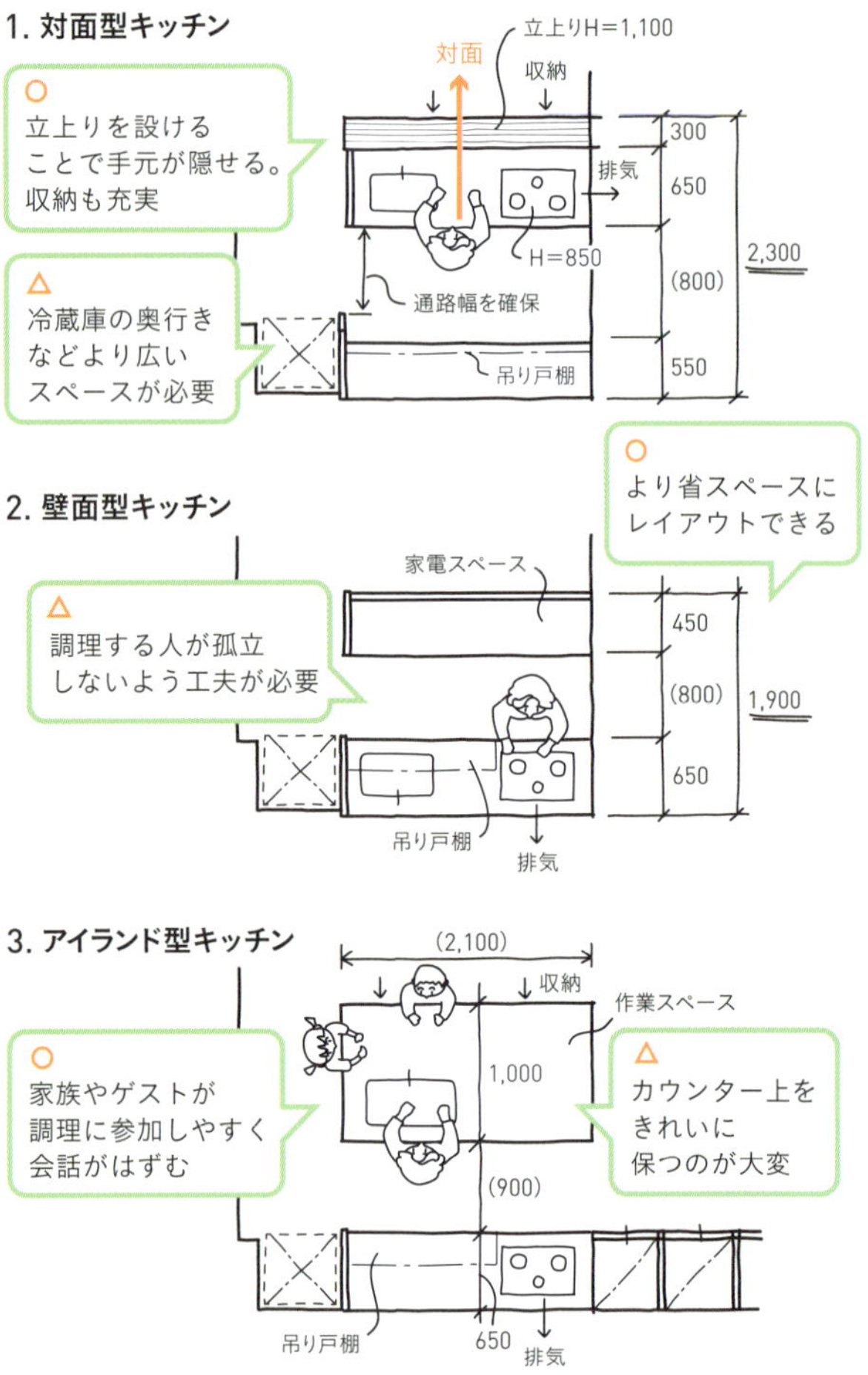

1. 対面型キッチン
立上りH=1,100
対面
収納
○ 立上りを設けることで手元が隠せる。収納も充実
排気
300
650
H=850
2,300
(800)
△ 冷蔵庫の奥行きなどより広いスペースが必要
通路幅を確保
吊り戸棚
550
2. 壁面型キッチン
○ より省スペースにレイアウトできる
家電スペース
450
△ 調理する人が孤立しないよう工夫が必要
(800)
1,900
650
吊り戸棚
排気
3. アイランド型キッチン
(2,100)
収納
作業スペース
○ 家族やゲストが調理に参加しやすく会話がはずむ
1,000
△ カウンター上をきれいに保つのが大変
(900)
吊り戸棚
650
排気

❶ 隅切りの家
家族とのコミュニケーションと、窓前の桜が眺められるよう対面型キッチンとしている。ダイニング側に立上りを設けると、キッチン作業台の手元を隠しやすい［事例1参照］ （写真：新澤一平）

❷ 緩斜面の家
天井が高い場合、壁面型キッチンにするとレンジの排気などが無理なく納まる。ここではキッチン背面にある家電スペースをやや高くして、キッチン側を隠している［事例2参照］ （写真：新澤一平）

❸ 紫陽花の家
アイランド型キッチンにすると家族やゲストも調理に参加しやすい。常にオープンなキッチンには片づけがしやすいよう、ダイニング側にも収納を設けておく［事例3参照］ （写真：新澤一平）

事例1 隅切りの家「①対面型キッチン」

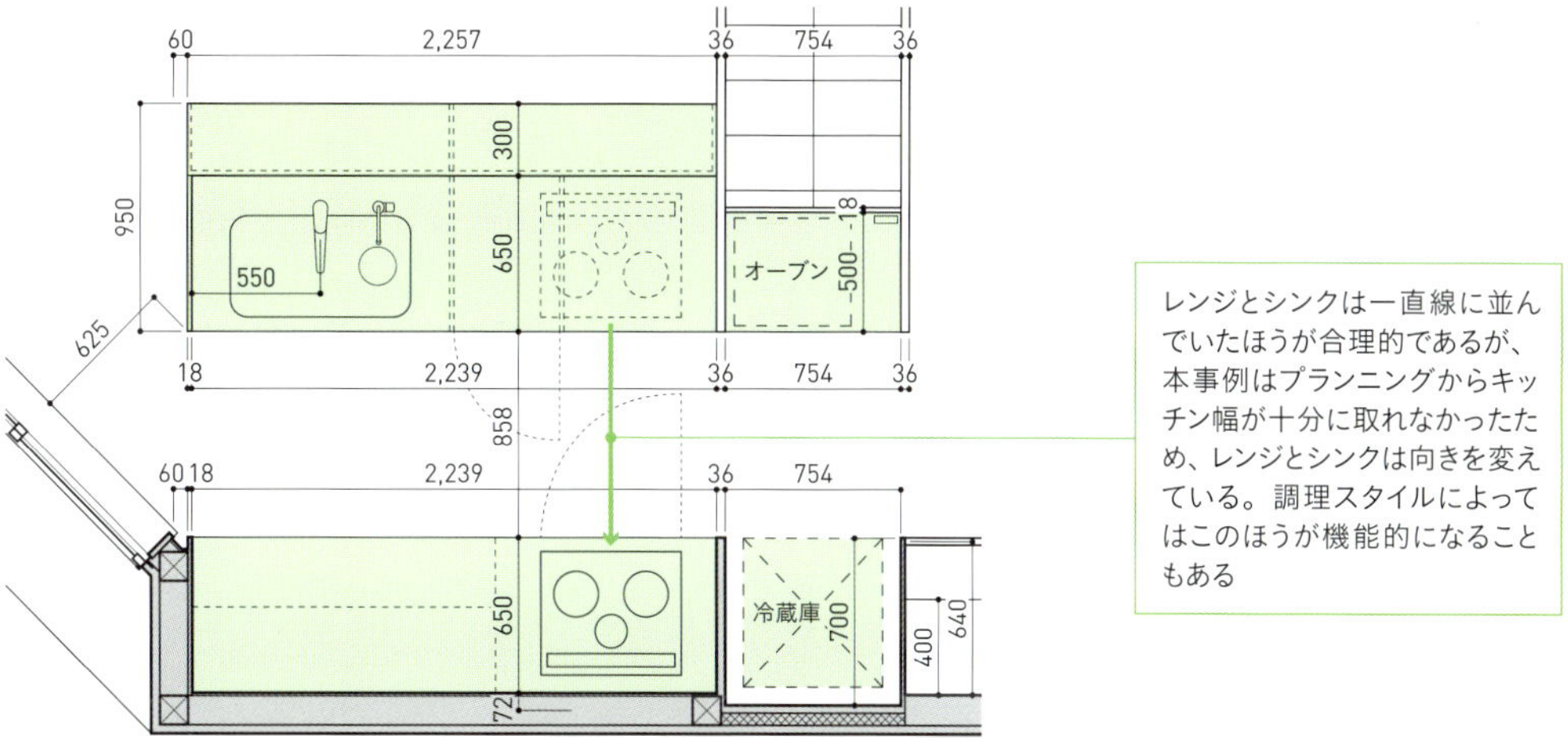

平面図[S=1:50]

事例2 緩斜面の家「②壁面型キッチン」

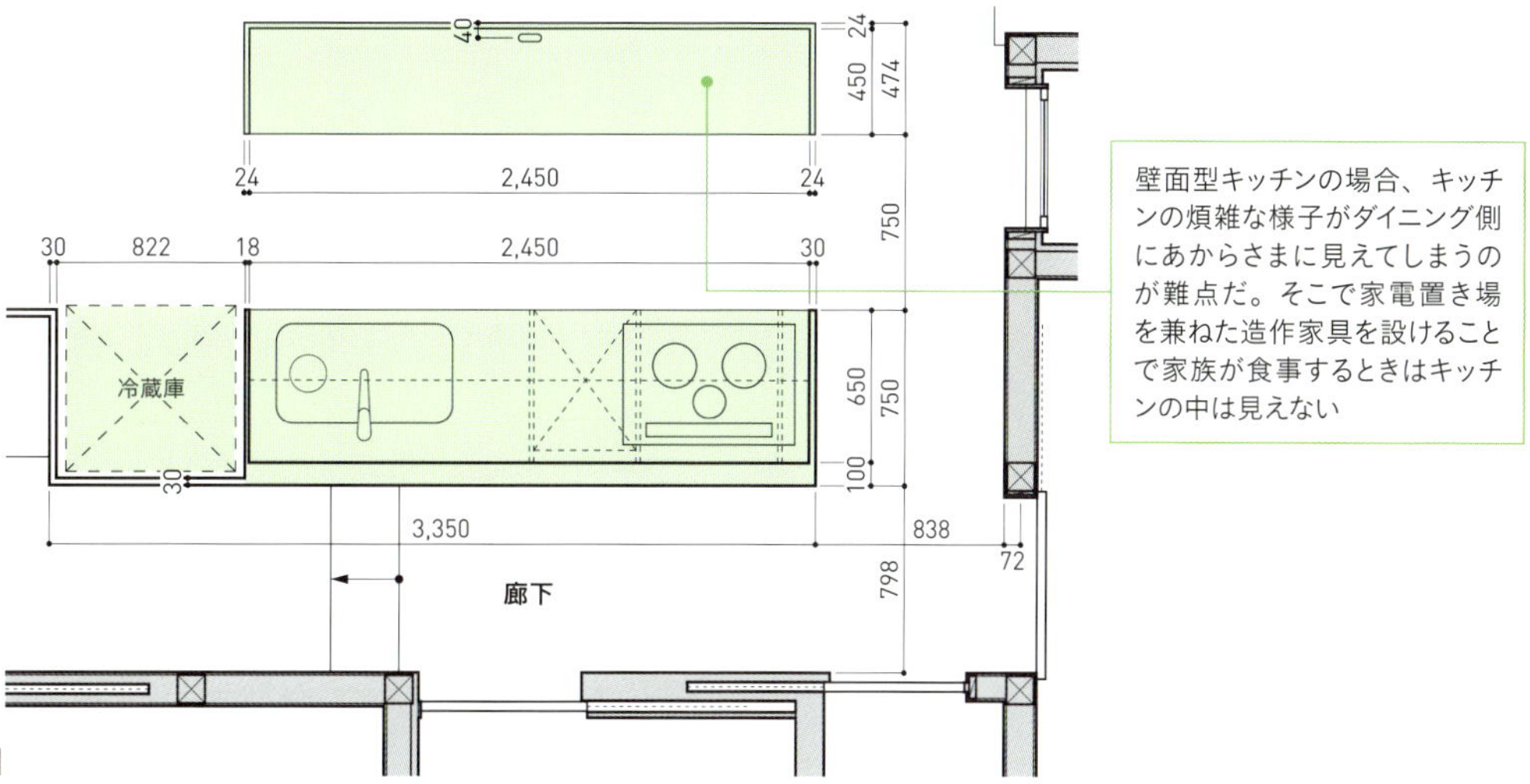

平面図[S=1:50]

事例3 紫陽花の家「③アイランド型キッチン」

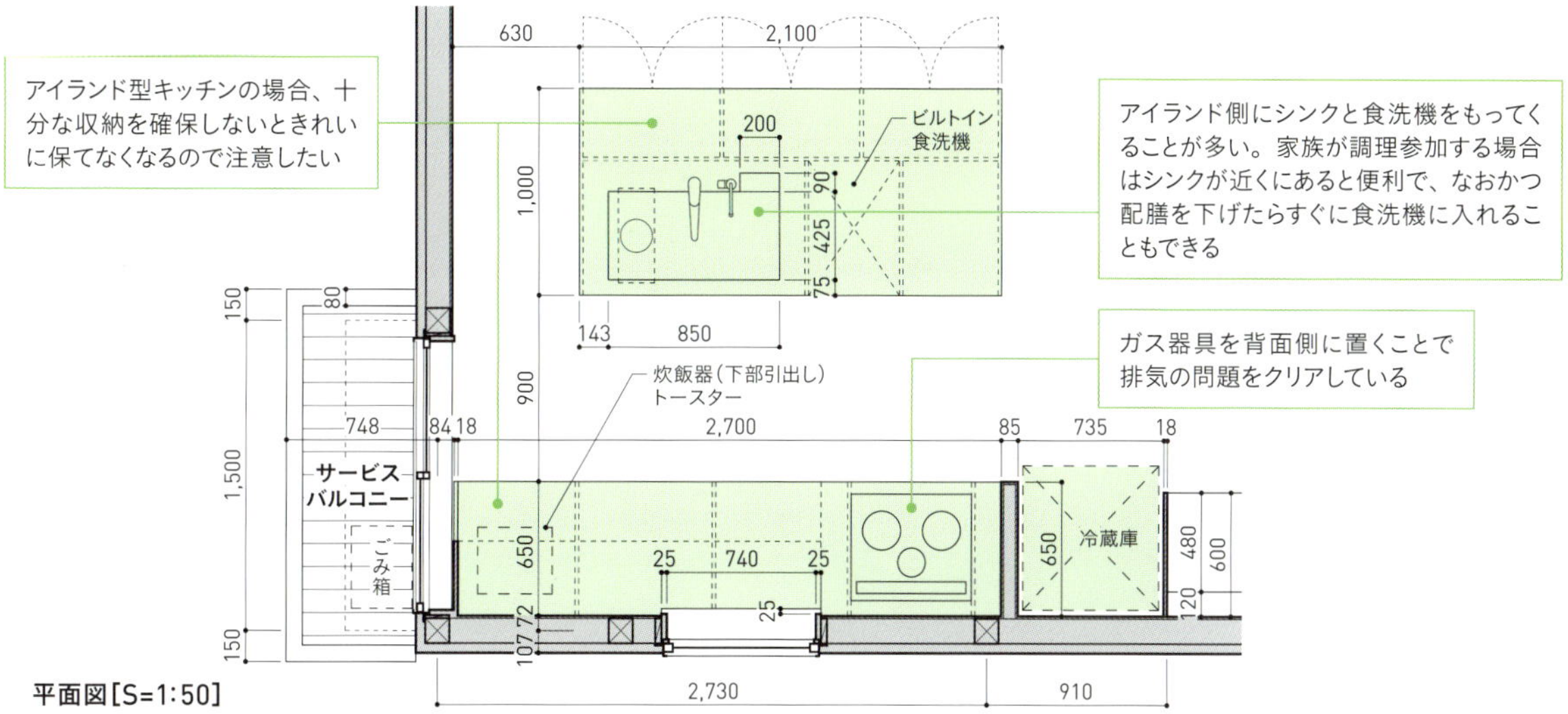

平面図[S=1:50]

Part 2

収納からキッチンを考える

配置の次は収納の問題である。高い天井いっぱいに吊り戸棚を設えても、手が届くのはせいぜい高さが2100～2200㎜の範囲であり、下端の高さにも配慮が必要だ。また、収納の原則は一覧性にある。開き扉よりも引戸や引出しにしたほうが使い勝手はよい。さらに、既製のキッチンパーツを駆使すれば、わずか120㎜ほどの隙間も工夫次第で調味料などあらゆる収納が設えられる。

ワンポイント！

機能的な収納の鉄板はやはり「引出し収納」であろう。ただし、引出し収納といった箱物は大工さんでは精度のよいものはつくれず、建具屋さんや家具屋さんの仕事になるため、工事費が割高になりやすいのが難点である。その場合はワイヤーバスケットのような、大工さんでも取り付けられるようなものを併用するなど工夫して収納力を高めたい。

図2 収納からキッチンを考える

ケース① 吊戸棚を下げて使いやすく

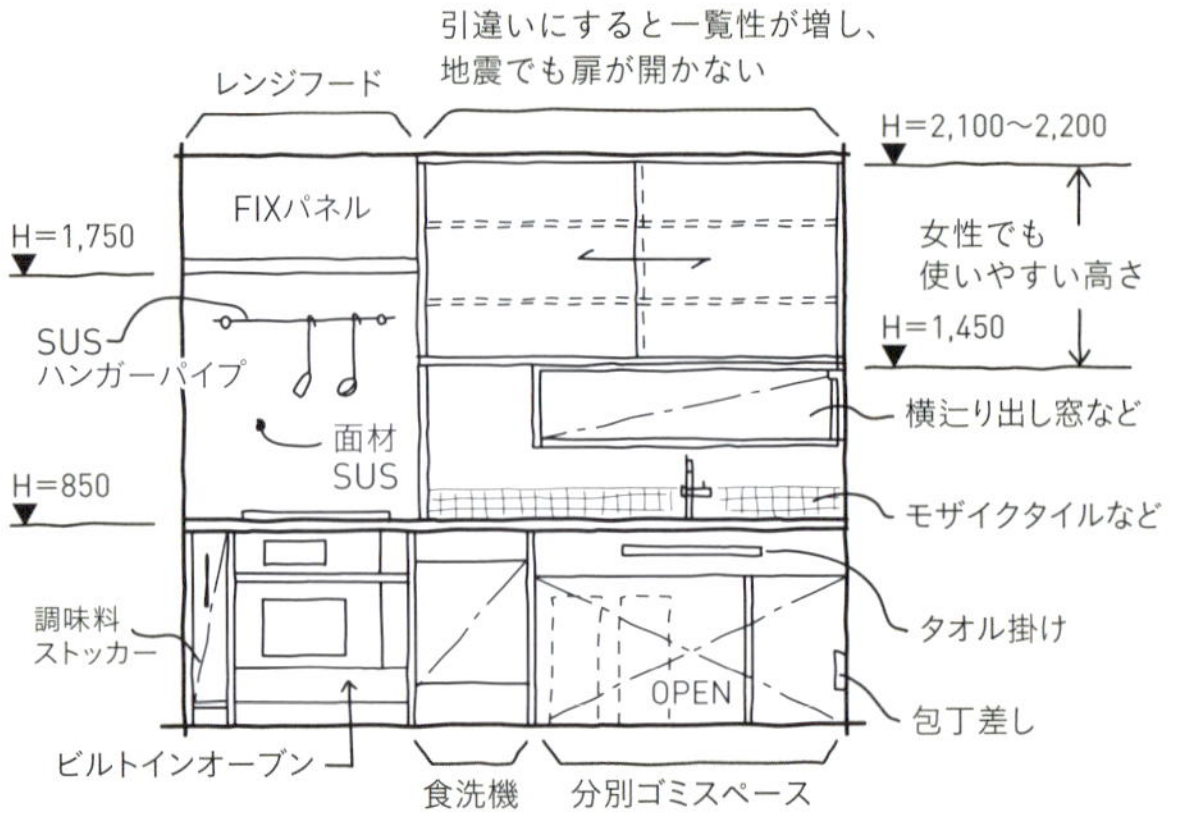

引違いにすると一覧性が増し、地震でも扉が開かない
レンジフード
H=2,100～2,200
FIXパネル
H=1,750
女性でも使いやすい高さ
H=1,450
SUS ハンガーパイプ
面材 SUS
横辷り出し窓など
H=850
モザイクタイルなど
調味料ストッカー
タオル掛け
OPEN
包丁差し
ビルトインオーブン
食洗機
分別ゴミスペース

ケース② 吊戸棚とレンジフードをそろえて開放感を

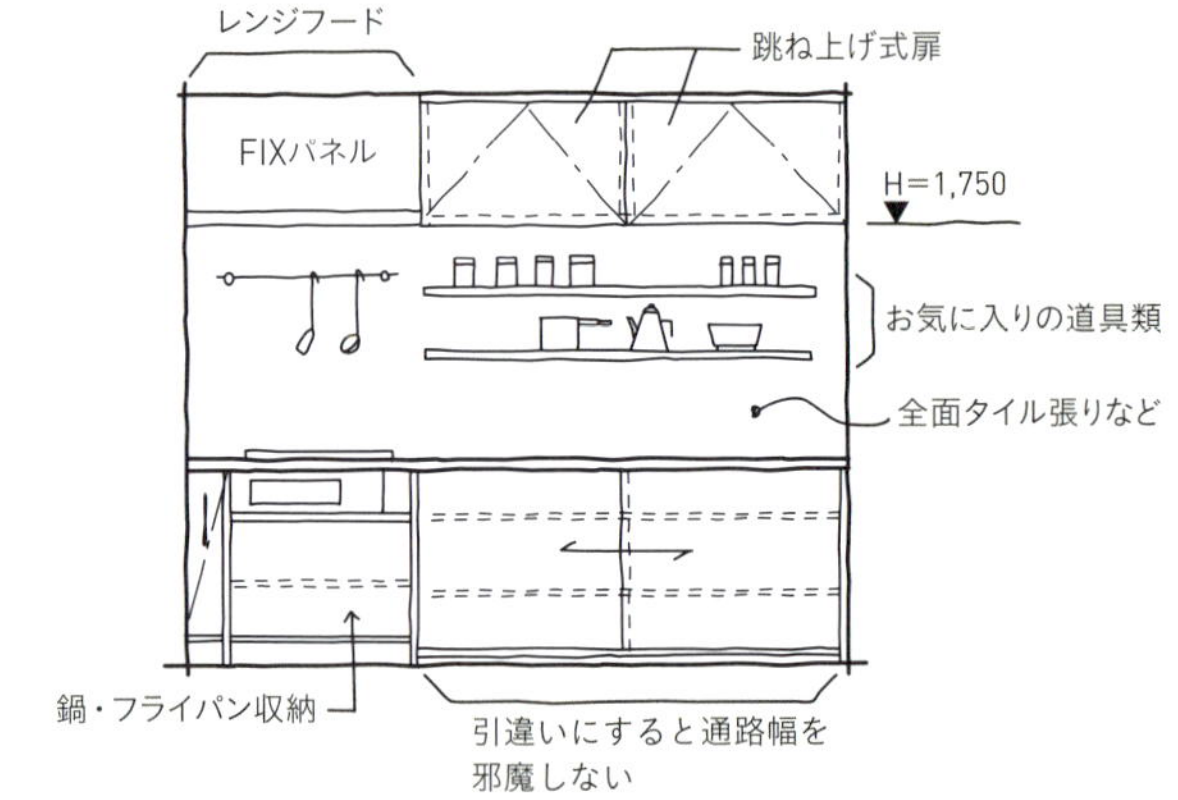

レンジフード
跳ね上げ式扉
FIXパネル
H=1,750
お気に入りの道具類
全面タイル張りなど
鍋・フライパン収納
引違いにすると通路幅を邪魔しない

❷ トンガリの家
吊戸棚を1,750㎜程度と少し高くし、家具による圧迫感をなくしている。シンク前に窓を設けることで手元がより明るく、開放的なキッチンとなる

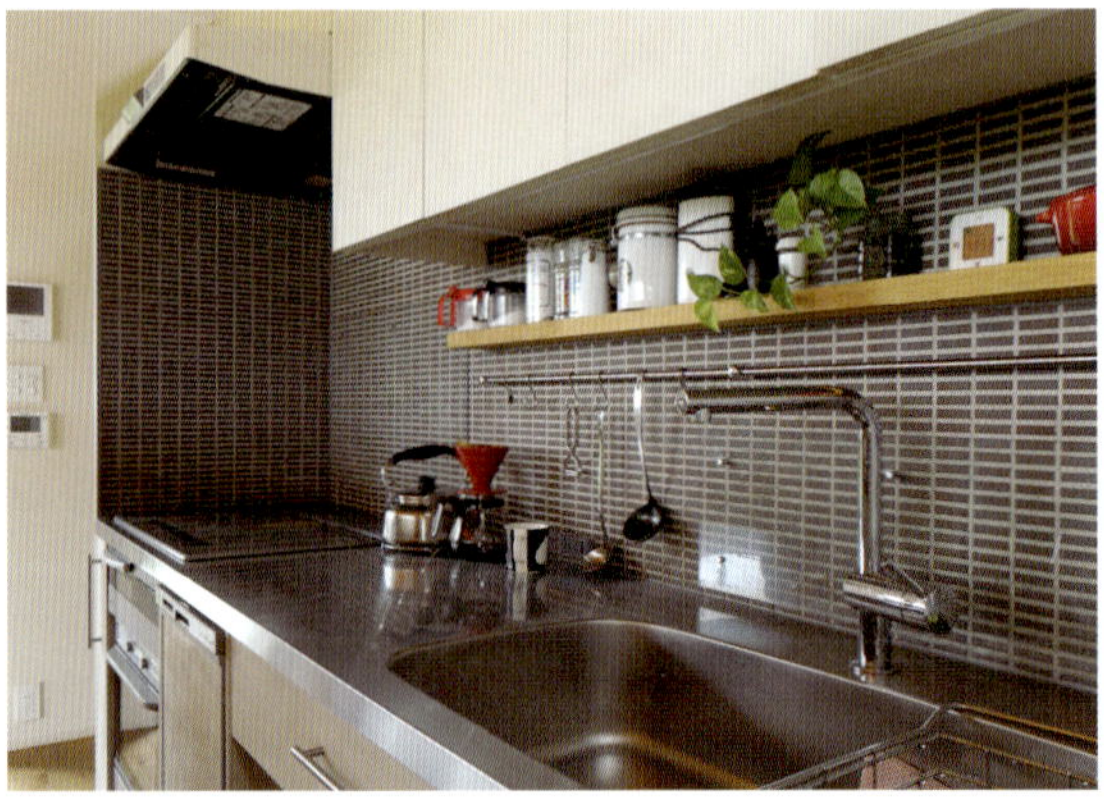

❶ 緩斜面の家
吊戸棚の高さは手の届きやすい1,450㎜程度の高さに抑え、その下に使用頻度の高い調味料を置く棚を別に設けて使い勝手をよくしている［事例4参照］

事例 4 緩斜面の家「吊戸棚を下げて使いやすく」

平面レイアウトは67ページ事例2 緩斜面の家「②壁面型キッチン」参照

キッチン上部の吊り戸棚は、女性でも使いやすい高さ(下端1,450mm、上端2,200mm)を意識している。扉は引戸が機能的だが、本事例では意匠性を優先して開き戸とした

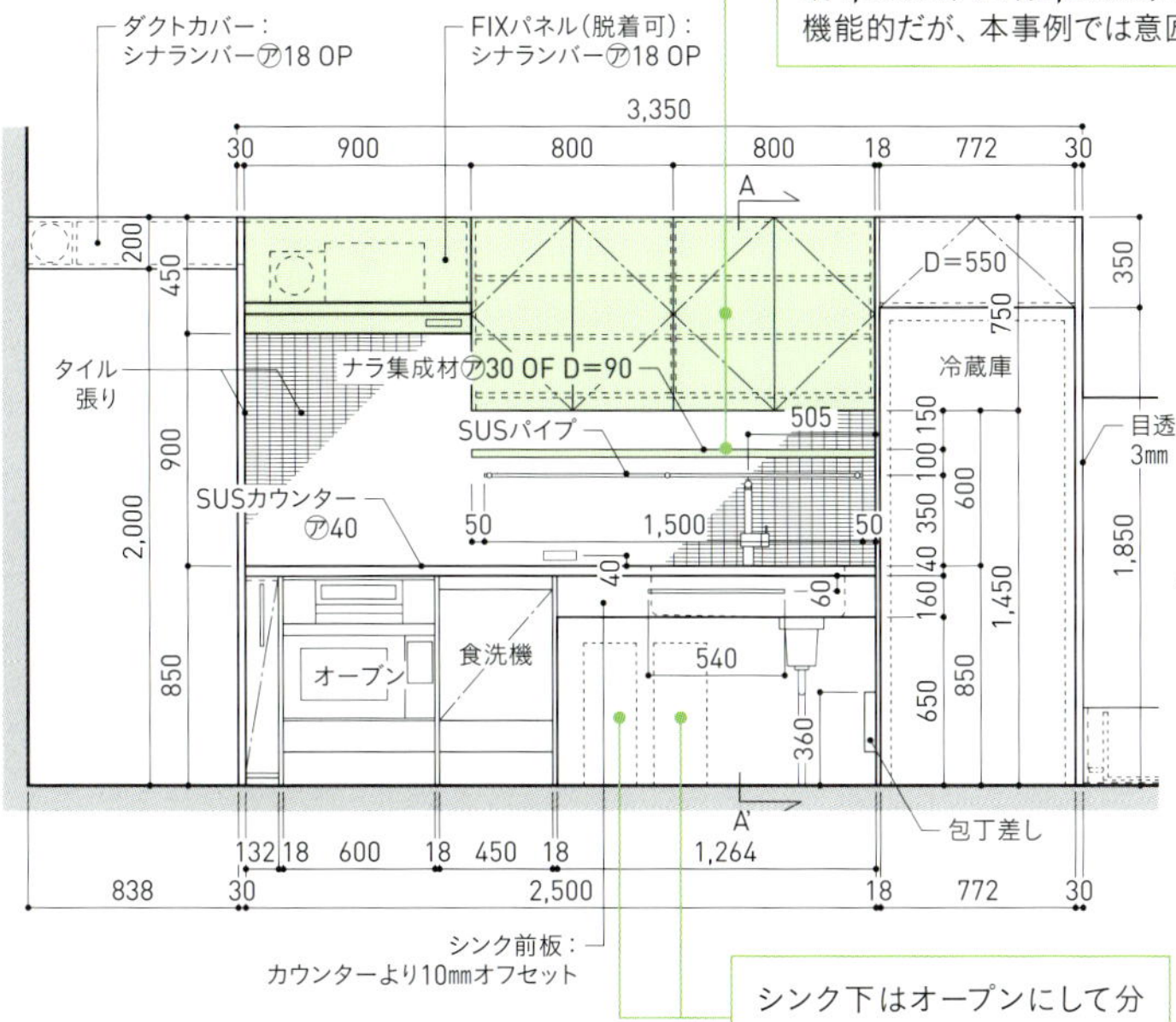

ダクトカバー:シナランバー⑦18 OP
FIXパネル(脱着可):シナランバー⑦18 OP
3,350
30 900 800 800 18 772 30
D=550
冷蔵庫
タイル張り
ナラ集成材⑦30 OF D=90
SUSパイプ
SUSカウンター⑦40
目透かし3mm
オーブン
食洗機
包丁差し
132 18 600 18 450 18 1,264
838 30 2,500 18 772 30
シンク前板:カウンターより10mmオフセット

シンク下はオープンにして分別ゴミが置けるようにしている

キッチン展開図[S=1:50]

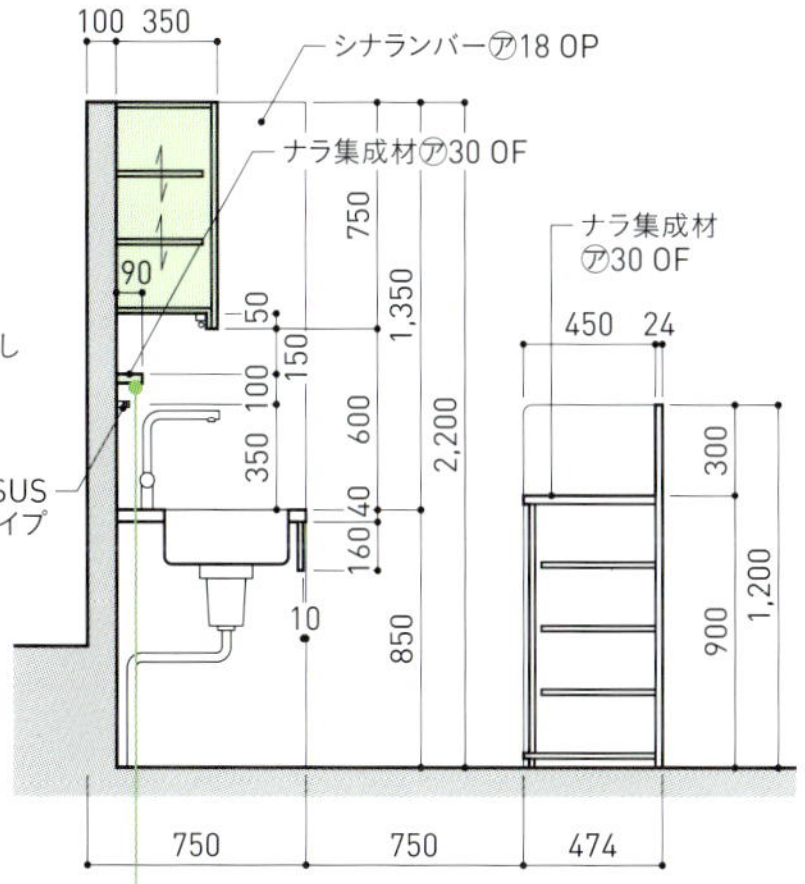

100 350
シナランバー⑦18 OP
ナラ集成材⑦30 OF
ナラ集成材⑦30 OF
450 24
SUSパイプ
750 750 474

吊り戸棚下にも小さな飾り棚を設けると、調味料置き場などに便利

A–A'断面図[S=1:50]

事例 5 隅切りの家「吊戸棚とレンジフードをそろえて開放感を」

平面レイアウトは67ページ事例1 隅切りの家「①対面型キッチン」参照
カウンター側は70ページ図面参照

吊り戸棚はレンジフードにそろえて少し高めに設置

目の高さにはお気に入りのキッチン道具を置けるようにしている。最近は、このような見せる収納が要望されることが多い

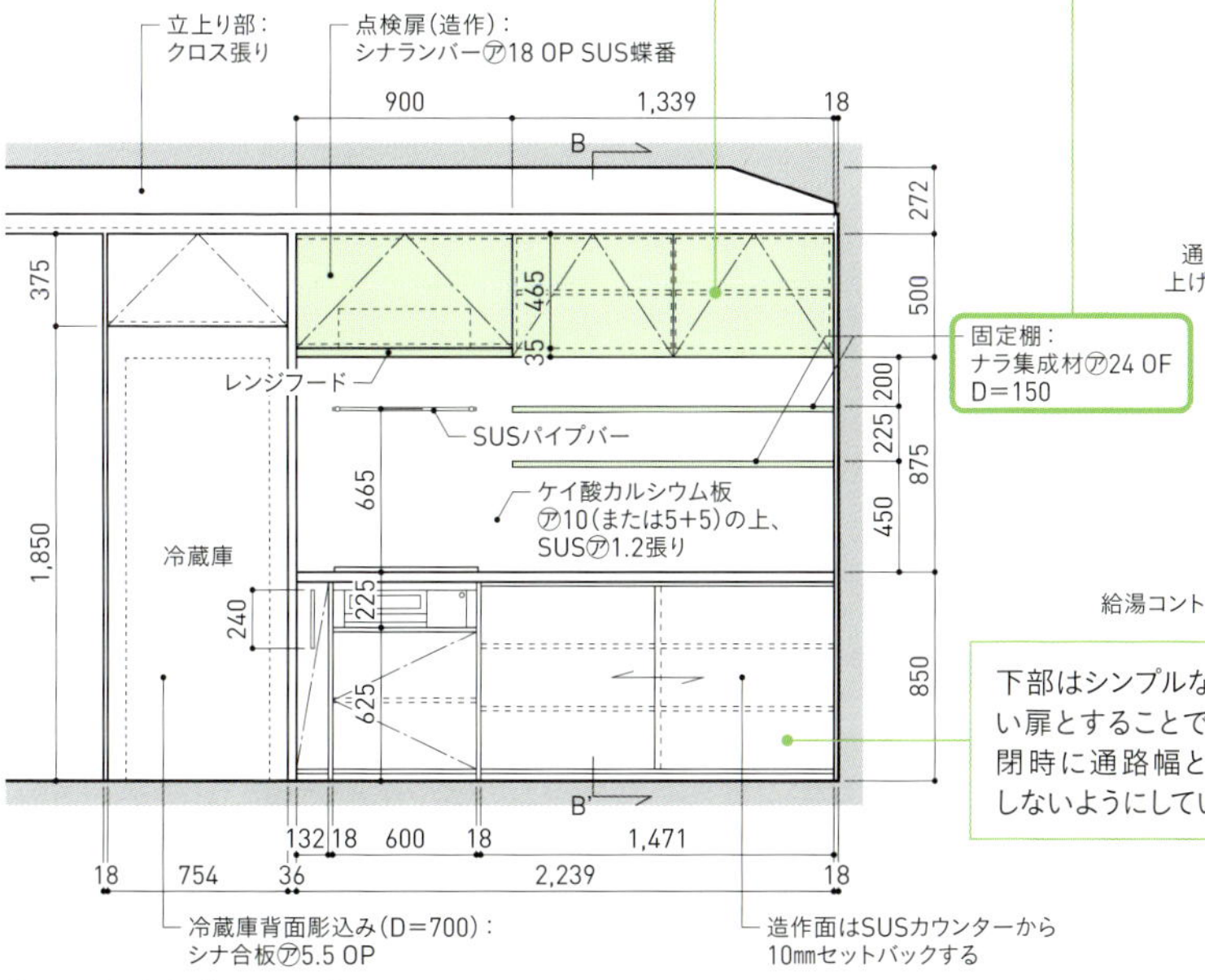

立上り部:クロス張り
点検扉(造作):シナランバー⑦18 OP SUS蝶番
900 1,339 18
レンジフード
SUSパイプバー
ケイ酸カルシウム板⑦10(または5+5)の上、SUS⑦1.2張り
冷蔵庫
固定棚:ナラ集成材⑦24 OF D=150
132 18 600 18 1,471
18 754 36 2,239 18
冷蔵庫背面彫込み(D=700):シナ合板⑦5.5 OP
造作面はSUSカウンターから10mmセットバックする

下部はシンプルな引違い扉とすることで、開閉時に通路幅と干渉しないようにしている

キッチン展開図[S=1:50]

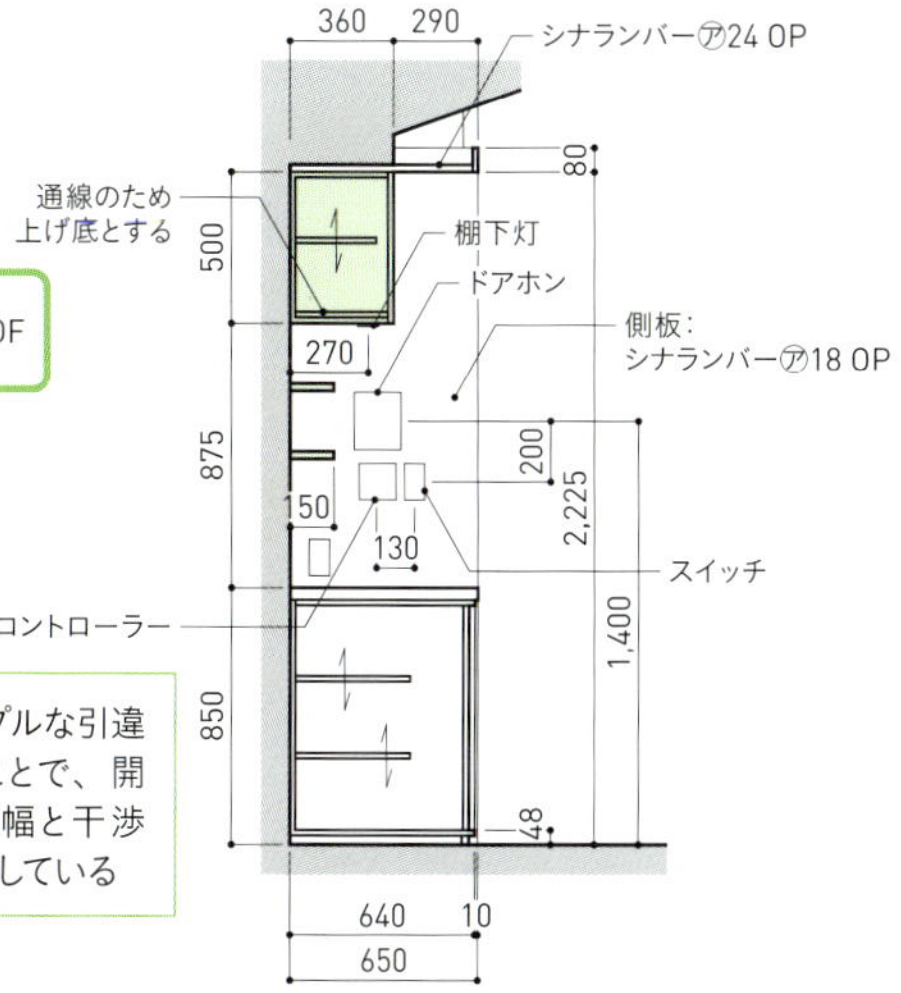

360 290
シナランバー⑦24 OP
通線のため上げ底とする
棚下灯
ドアホン
側板:シナランバー⑦18 OP
スイッチ
給湯コントローラー
640 10
650

B–B'断面図[S=1:50]

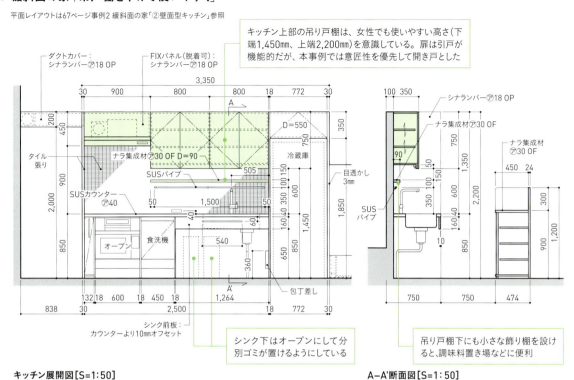

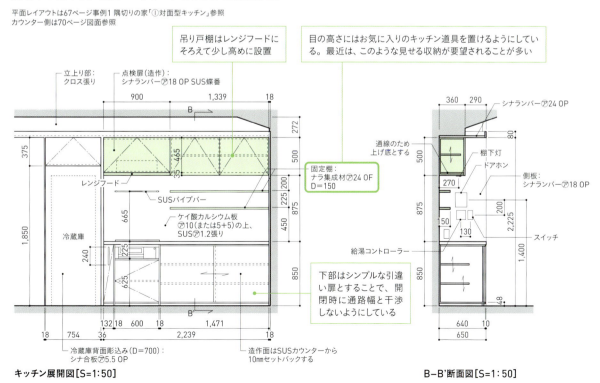

事例 6　隅切りの家「対面型ダイニング側カウンター」

ダイニング側

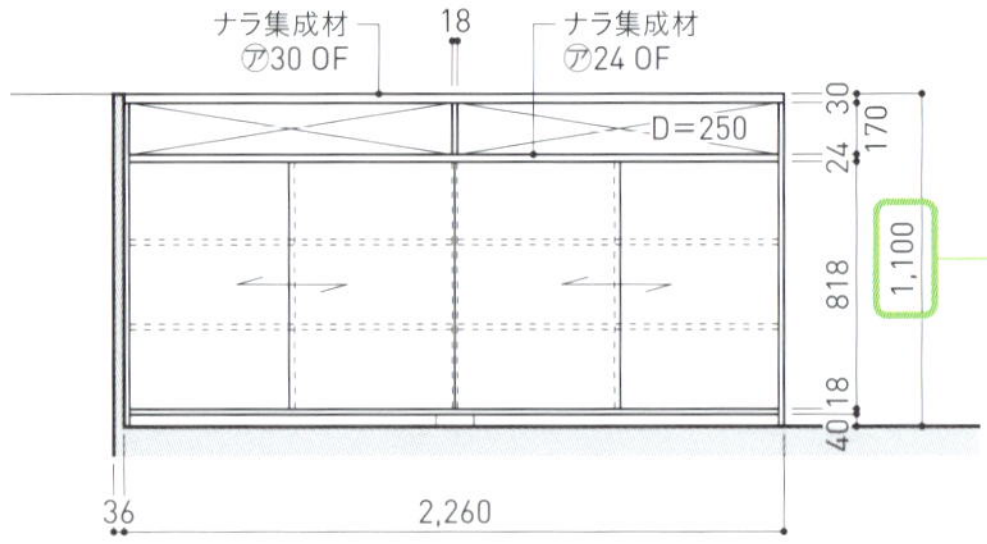

ナラ集成材
㋐30 OF
18
ナラ集成材
㋐24 OF
D=250
30
24
170
818
1,100
18
40
36
2,260

対面型キッチンのダイニング側カウンターは肝となる部分である。ダイニング側の立上りはH=1,100mm程度がちょうどよい

キッチン側

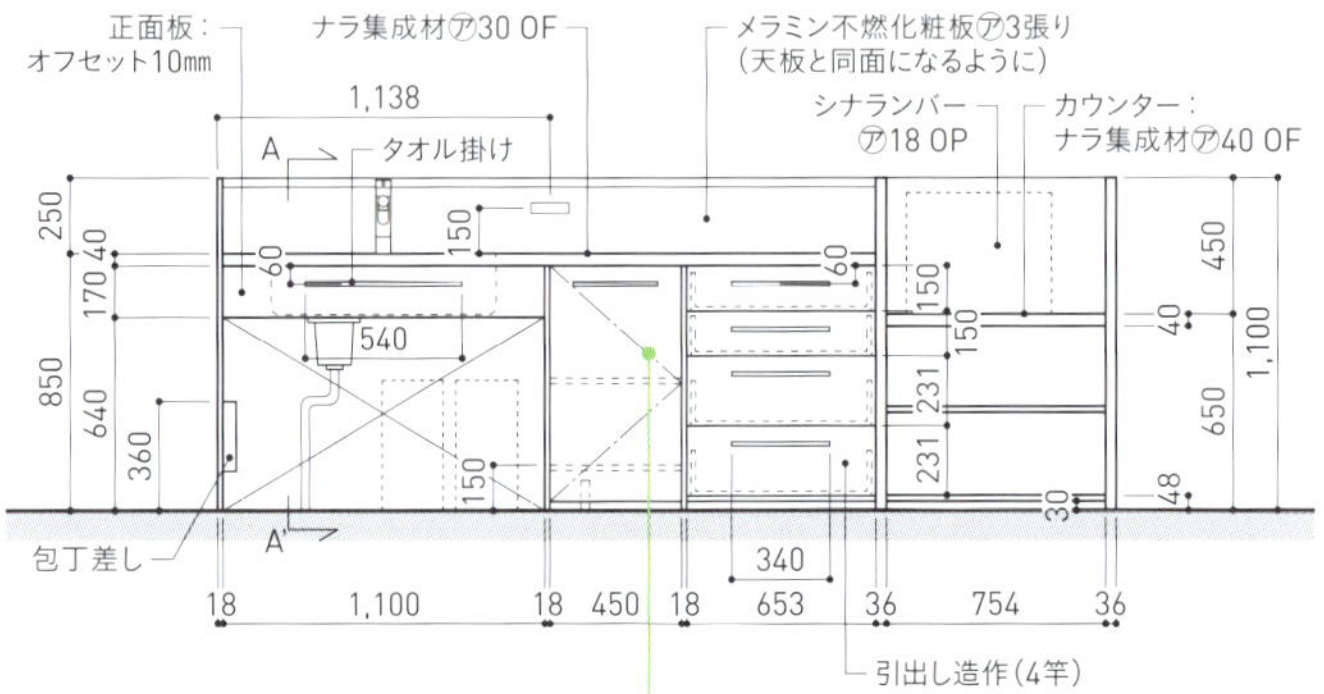

正面板：
オフセット10mm
ナラ集成材㋐30 OF
メラミン不燃化粧板㋐3張り
(天板と同面になるように)
シナランバー
㋐18 OP
カウンター：
ナラ集成材㋐40 OF
1,138
A
タオル掛け
250
40
170
850
640
360
60
150
540
60
150
150
231
231
150
30
450
40
650
48
1,100
包丁差し
A'
340
18
1,100
18
450
18
653
36
754
36
引出し造作(4竿)

食洗機スペースは本事例では扉を付けて将来対応とした

展開図[S=1:50]

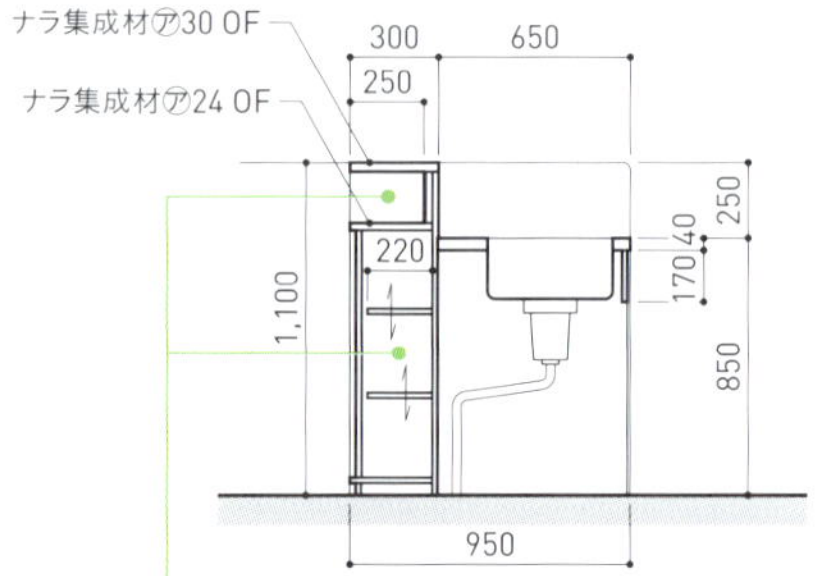

ナラ集成材㋐30 OF
ナラ集成材㋐24 OF
300
650
250
220
1,100
40
170
250
850
950

ダイニング側下部には引戸を設けてグラス類の収納とし、上部にはちょっとしたニッチも併設すると、家族の写真や雑誌の仮置き、CDストックなど多用途に使うことができる

A–A'断面図[S=1:50]

❷ はねだしテラスの家

隅切りの家と同様に、キッチンが丸見えにならないよう立上りを設けている。上部のニッチは持ち込みのコーヒーミルなどが置ける高さに設定している

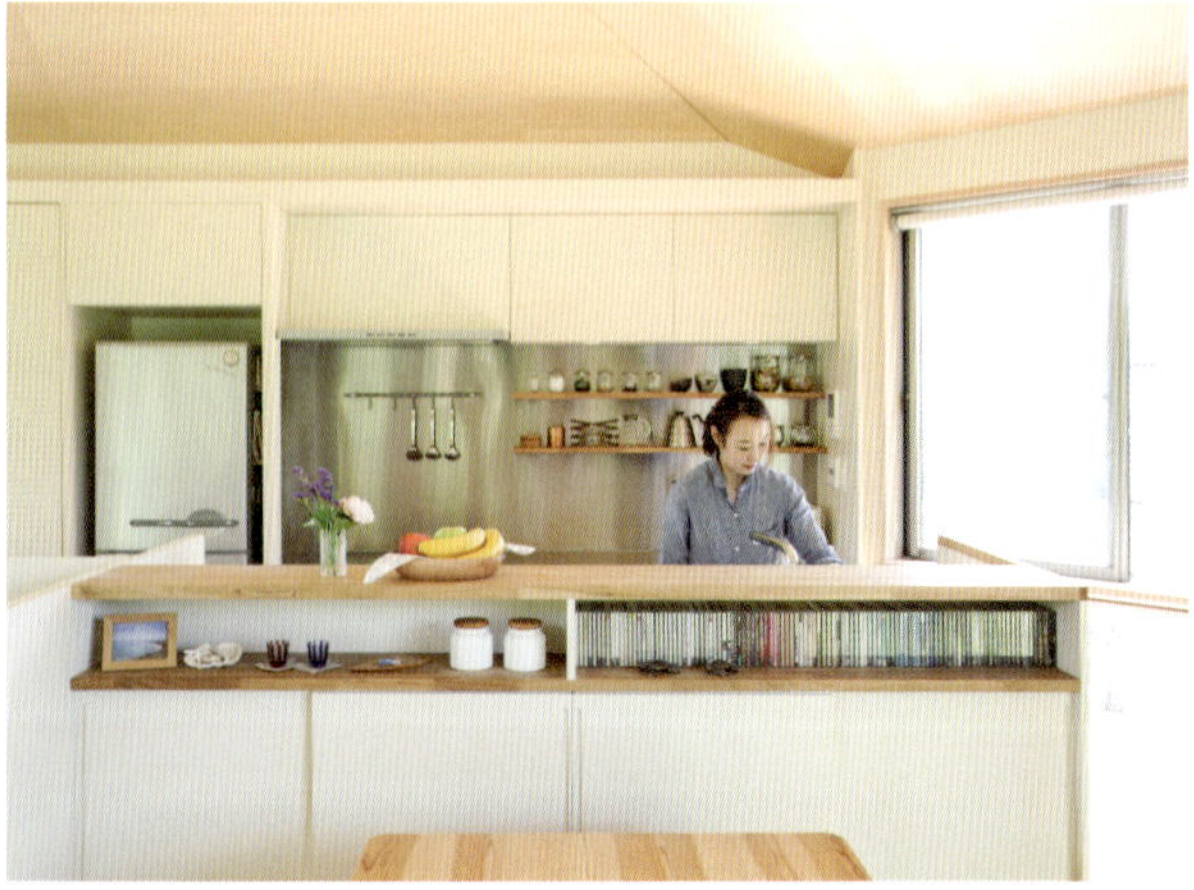

❶ 隅切りの家

キッチンの手元を隠す立上り部分は配膳台として活用。上部のニッチは写真立てやCDなど小物収納とし、下部にはグラス類など食器も収納できる引違い収納とした［事例6参照］　(写真：永禮 賢)

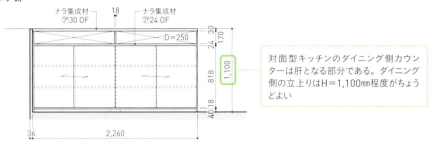

ひなたハウス

detail 05

リオタ式収納整頓術

収納の設えによってプランニングの自由度は大きく変わってくる。キッチン、洗面所、玄関など各場所に不可欠な個別の収納がある。その一方で、衣類（クロゼット）や書籍（本棚）のように、家族の生活スタイルや季節によってサイズや配置も変えられる、ある程度流動的な収納もある。実はこの流動的な収納要素をどう扱うかが、住宅設計の最重要ポイントの1つにもなるのだ。ここでは、「クロゼット」や「本棚」といった流動的な収納要素に着目し、プランニングの可能性を探ってみたい。

クロゼットを生活スタイルから考える

生活スタイルの数だけクロゼットはあると言っても過言ではない。ある人は服を最小限しか持たず、ある人はあり余る服に囲まれている。また、寝室に付属したクロゼットもあれば、浴室・洗面所の隣に設けるケースもある。家族共用にしたり、奥様専用があったり、事情に応じて大きさも場所も使い方もさまざまだ。家族の生活スタイルを見極めたうえで、最適の収納を提案したい。

ワンポイント！

コンパクトプランでは、寝室とクロゼットとの関係を整理することは重要なポイントである。極論かもしれないが、どんなに部屋が小さくても、ベッドにさえ横になれれば安眠できると考えれば、無駄に広い寝室をつくるよりもクロゼットを広げたほうが合理的だ。わずか600㎜のスペースを寝室の隅に確保するだけで、服の収容力は確実に上がる。

図1 寝室とクロゼット寸法の関係

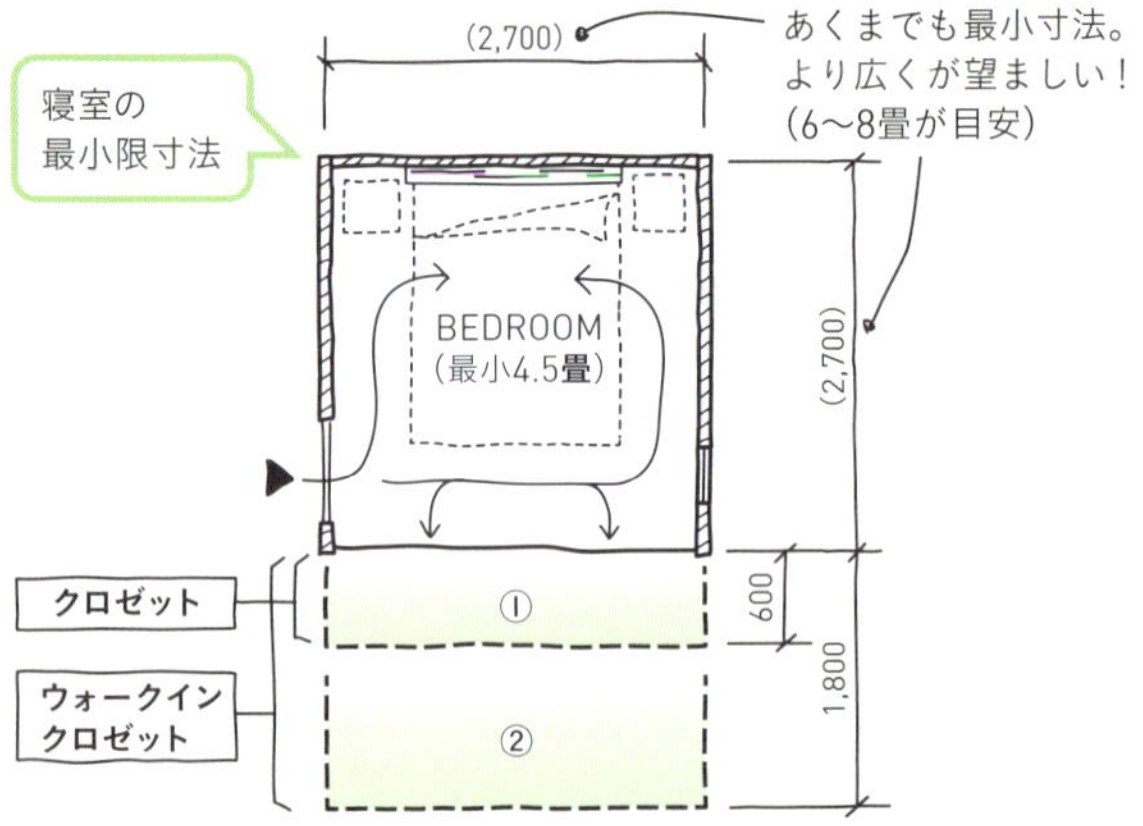
(2,700)
あくまでも最小寸法。
より広くが望ましい！
(6〜8畳が目安)
寝室の
最小限寸法
BEDROOM
(最小4.5畳)
(2,700)
クロゼット
ウォークイン
クロゼット
①
②
600
1,800

①クロゼット

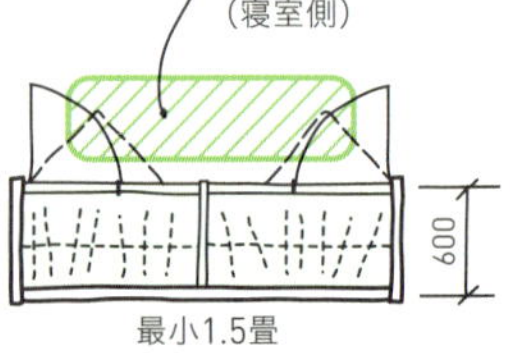
通路スペース
(寝室側)
600
最小1.5畳

○ メリット
通路を寝室側に取れるので面積を最小限にできる

× デメリット
壁面の長さの分しか収納が取れない

②ウォークインクロゼット

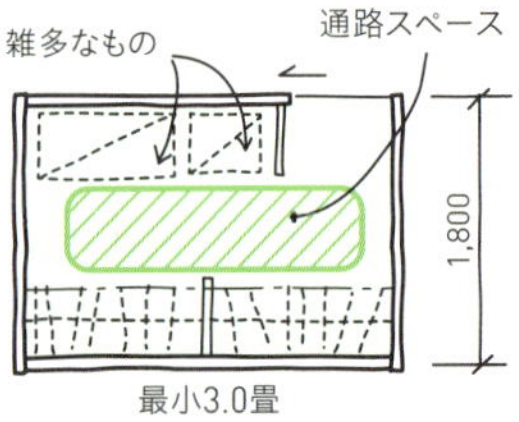
雑多なもの
通路スペース
1,800
最小3.0畳

○ メリット
雑多な収納を詰め込むことが可能（持ち込みタンスなど）

× デメリット
通路スペースを確保すると面積の割に収納量は増えない

❷ OPEN-d
ウォークインクロゼットの内部は簡素にシナ合板などで仕上げ、ハンガーパイプ、その上に棚板などを設ける。下部にはプラスチック収納などを想定するほか、タンスなどの持ち込み家具の有無についても確認する

❶ 町屋の家
スペースを取らずに寝室のフレキシビリティを上げるには壁面側にクロゼットを設けるのは効率的な方法だ。また、扉は引戸にすると、ベッドなどを近くに置いても開け閉めに支障がでない　（写真：バウハウスネオ）

事例 1　西荻の家「①クロゼット」

最もベーシックで、プランもコンパクトに納まる。限りある壁面を最大に生かすため、パイプの本数を増やしたり中間棚を設けたりして、収納量に合わせた配慮が必要だ。また、扉は引戸にすると開閉スペースを取らなくてよい

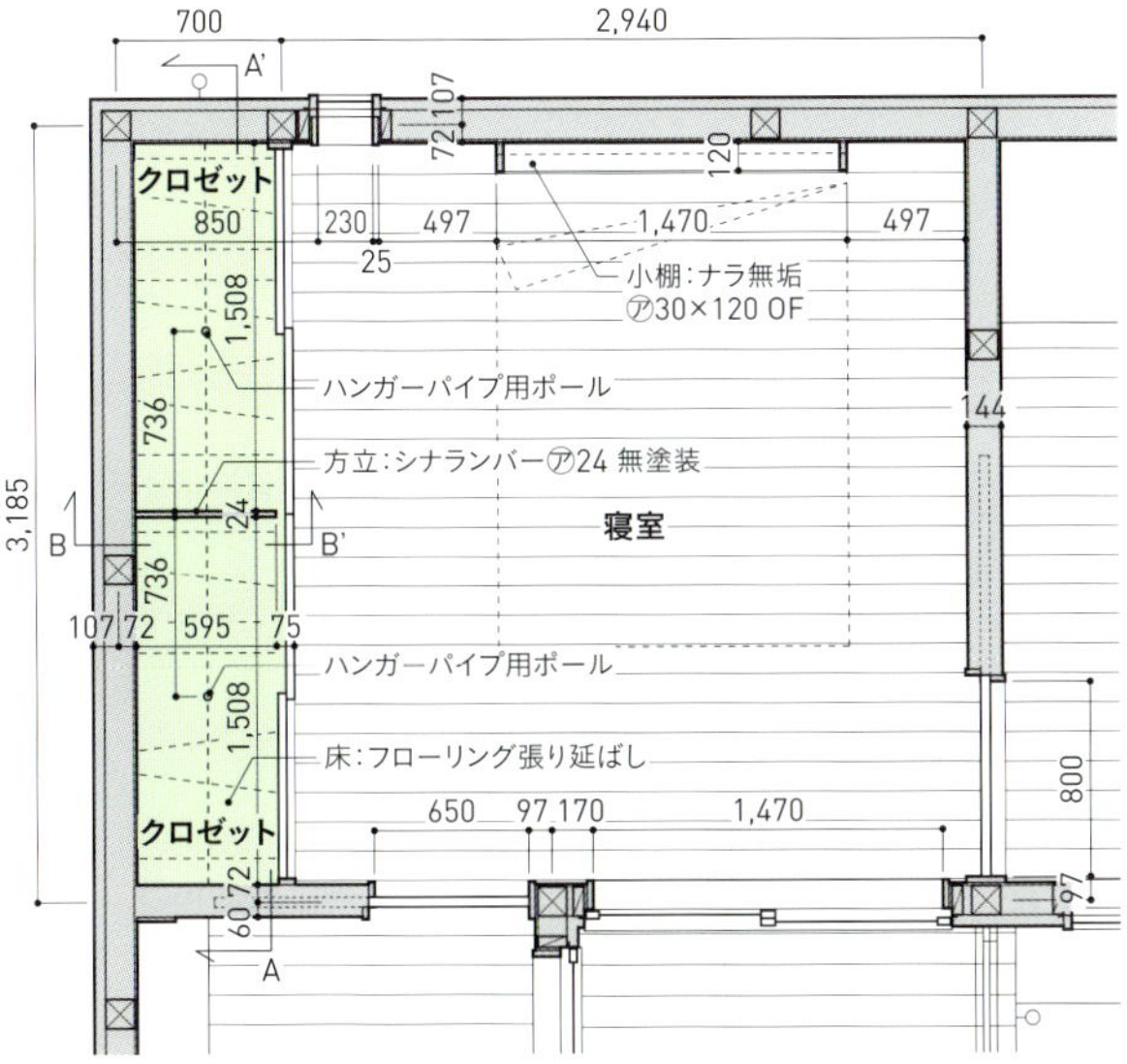
700
2,940
A'
クロゼット
850
230
497
1,470
497
25
120
72 107
小棚：ナラ無垢 ㋐30×120 OF
1,508
ハンガーパイプ用ボール
736
方立：シナランバー㋐24 無塗装
24
寝室
3,185
B
B'
144
736
107 72 595 75
ハンガーパイプ用ボール
1,508
床：フローリング張り延ばし
クロゼット
650 97 170 1,470
800
60 72
97
A
寝室平面図[S=1:60]

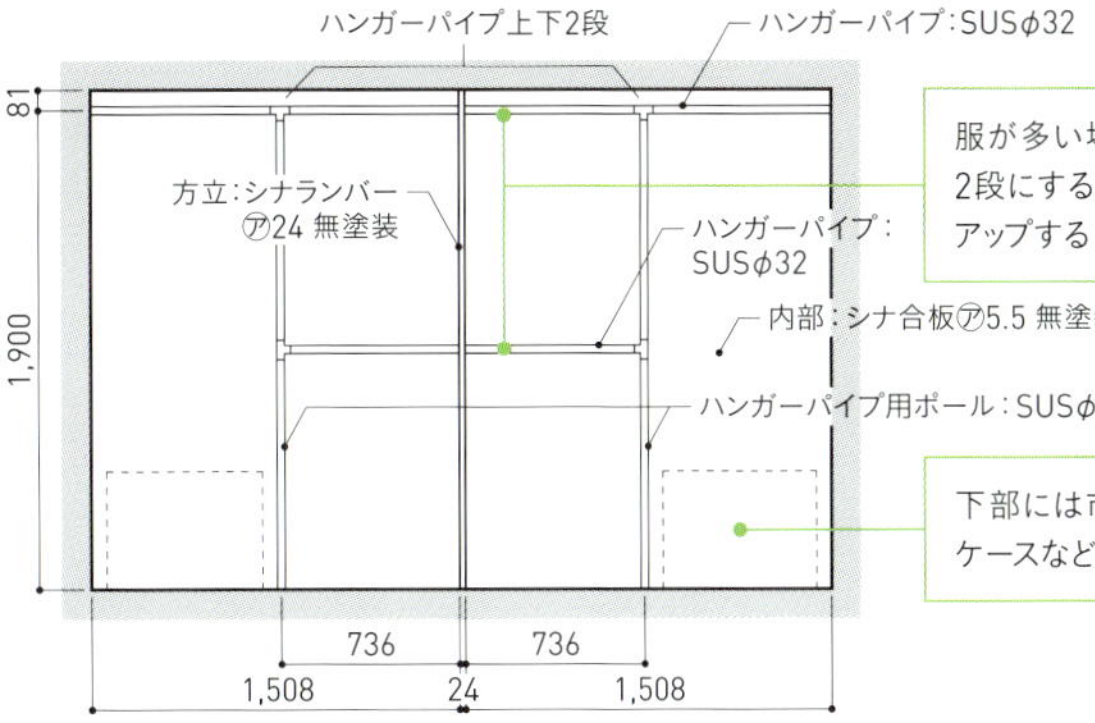
ハンガーパイプ上下2段
ハンガーパイプ：SUSφ32
81
方立：シナランバー ㋐24 無塗装
ハンガーパイプ：SUSφ32
服が多い場合は上下2段にすると収納力がアップする
内部：シナ合板㋐5.5 無塗装
1,900
ハンガーパイプ用ボール：SUSφ32
下部には市販の収納ケースなどを置く
736 736
1,508 24 1,508
クロゼットA–A'断面図[S=1:60]

パイプの上に中間棚を設ける方法もある

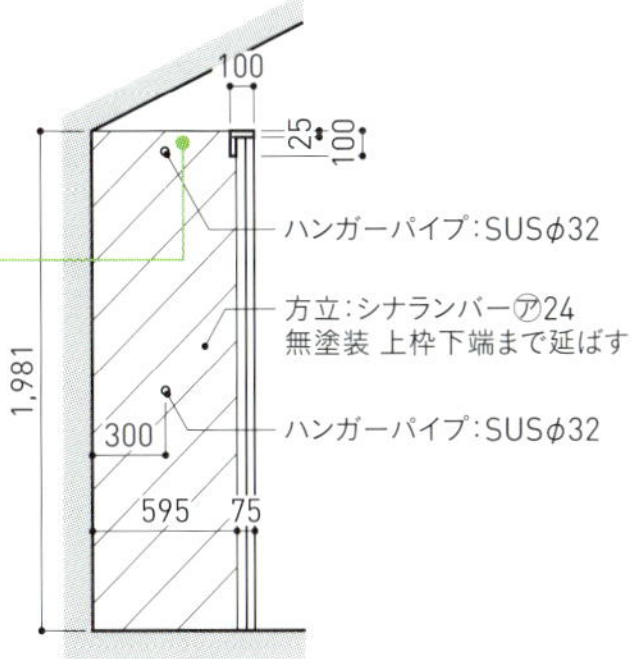
100
25
100
ハンガーパイプ：SUSφ32
方立：シナランバー㋐24 無塗装 上枠下端まで延ばす
1,981
300
ハンガーパイプ：SUSφ32
595 75
クロゼットB–B'断面図[S=1:60]

事例 2　紫陽花の家「②ウォークインクロゼット」

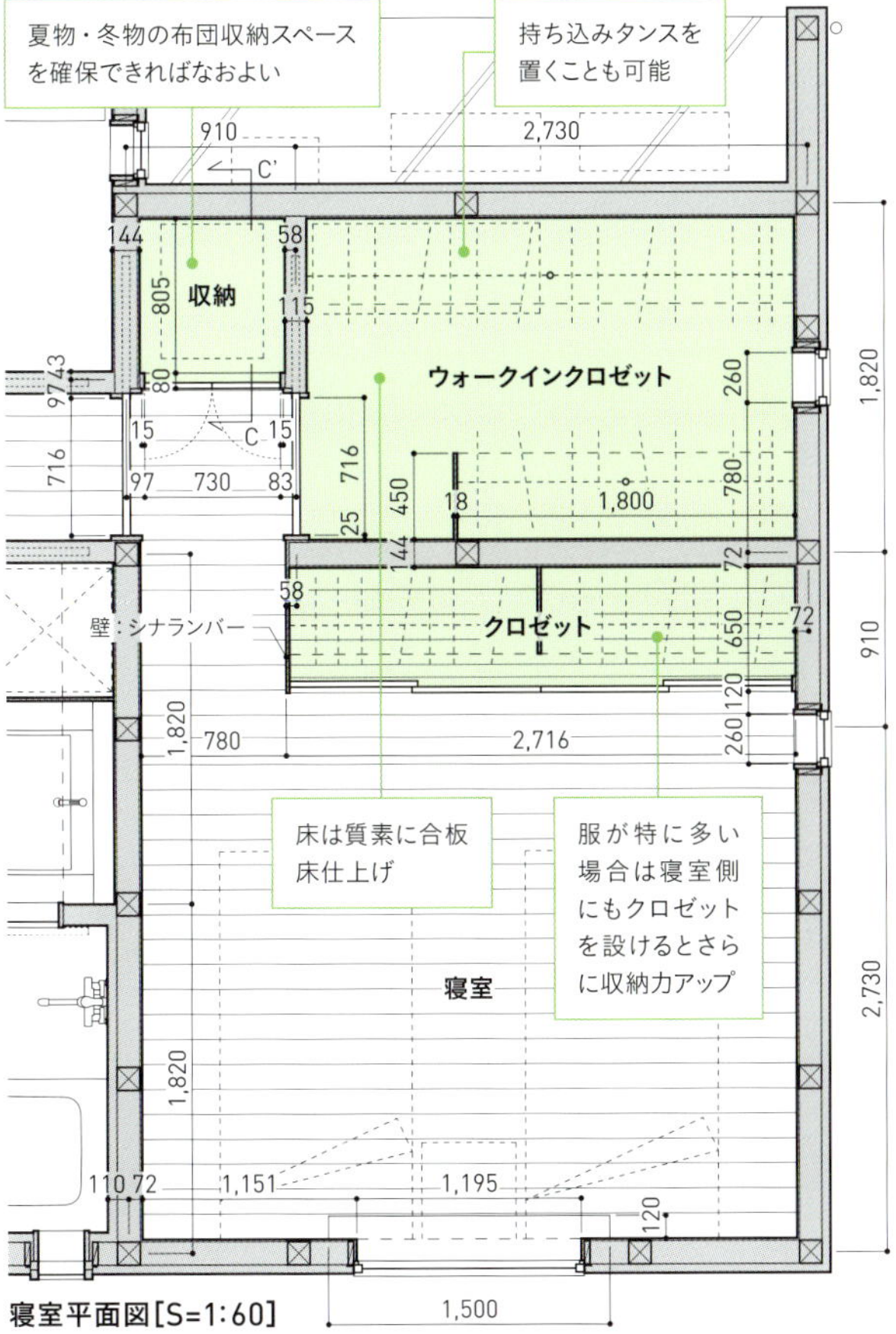
夏物・冬物の布団収納スペースを確保できればなおよい
持ち込みタンスを置くことも可能
910
C'
2,730
144
58
収納
805
115
ウォークインクロゼット
1,820
97 43
80
260
15
C
15
716
716
97 730 83
450
18
1,800
780
25
144
72
58
壁：シナランバー
クロゼット
650
72
910
1,820
780
2,716
120
260
床は質素に合板床仕上げ
服が特に多い場合は寝室側にもクロゼットを設けるとさらに収納力アップ
寝室
2,730
1,820
110 72
1,151
1,195
120
1,500
寝室平面図[S=1:60]

床面積にゆとりがあり、また服も多めの場合はウォークインが理想である。クロゼットを別室にすることで仕上げも質素に抑えられる。持ち込みのタンスなどがある場合も、その置き場所として重宝する

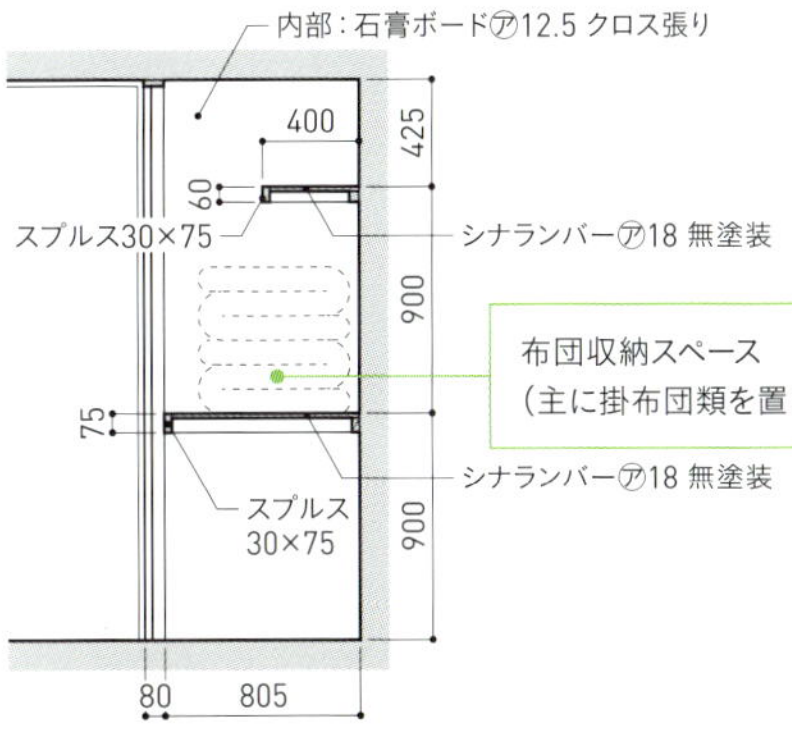
内部：石膏ボード㋐12.5 クロス張り
400
425
60
スプルス30×75
シナランバー㋐18 無塗装
900
布団収納スペース（主に掛布団類を置く）
75
シナランバー㋐18 無塗装
スプルス 30×75
900
80 805
収納C–C'断面図[S=1:60]

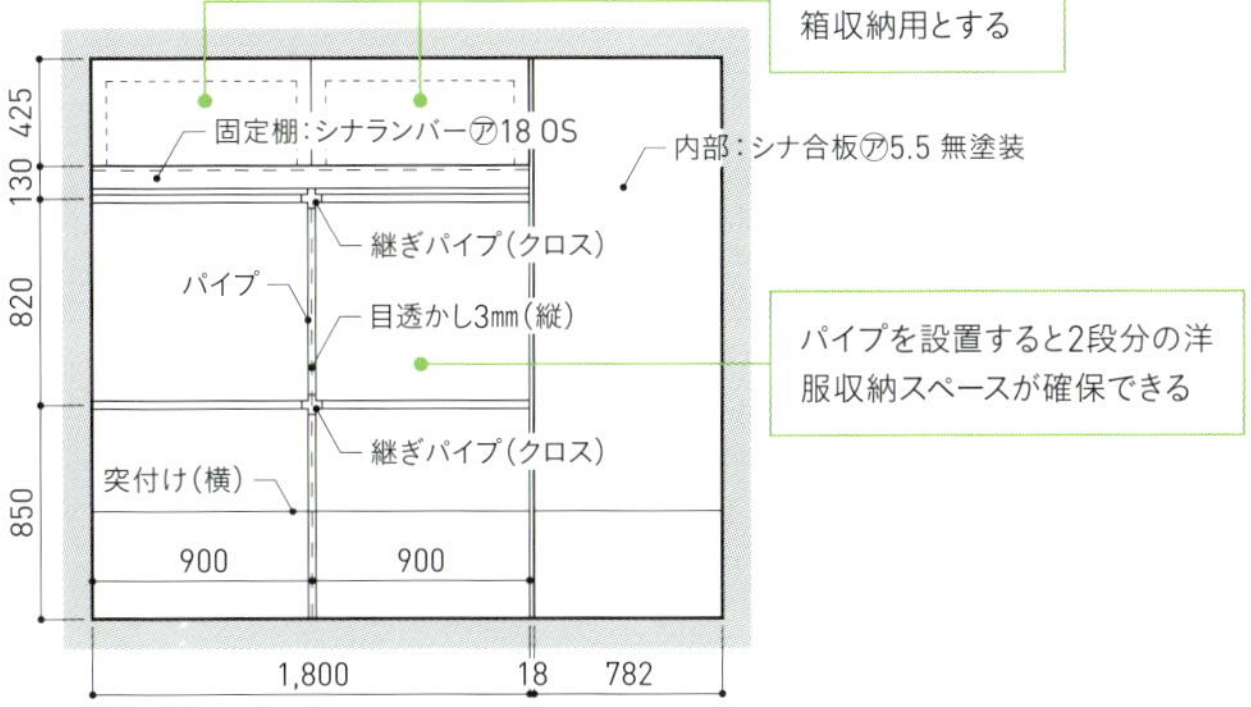
上部に棚を設け、箱収納用とする
425
固定棚：シナランバー㋐18 OS
内部：シナ合板㋐5.5 無塗装
130
継ぎパイプ（クロス）
パイプ
820
目透かし3mm（縦）
パイプを設置すると2段分の洋服収納スペースが確保できる
継ぎパイプ（クロス）
突付け（横）
850
900 900
1,800 18 782
ウォークインクロゼット寝室側展開図[S=1:60]

事例3 暁の家「③ファミリークロゼット」

家族が多い場合はファミリークロゼットを設けて、収納スペースをシェアすると効率的だ。また、奥様専用のクロゼットをつくると、着替えをしたりお化粧をしたりするスペースとしても使え、喜ばれる

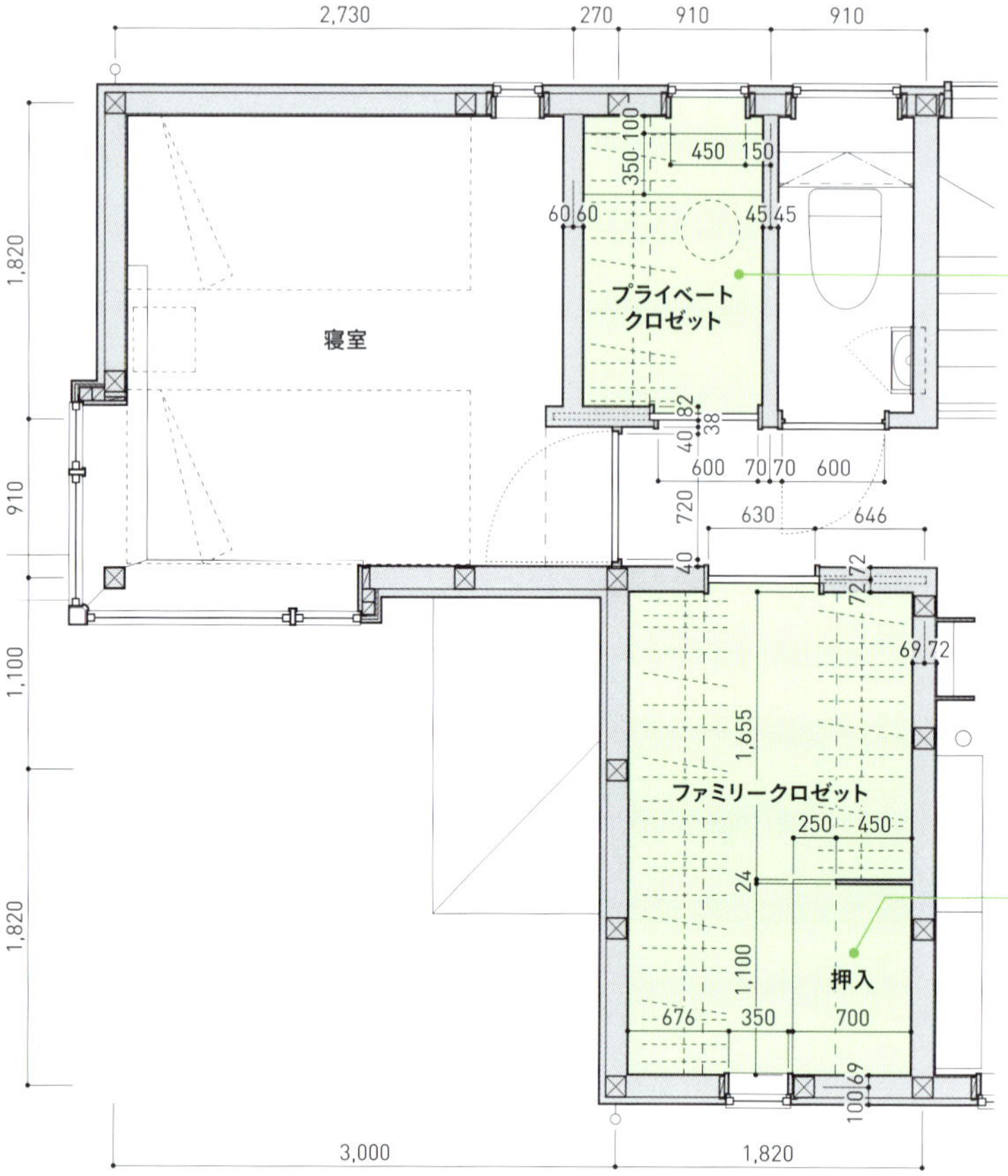

寝室
プライベートクロゼット
ファミリークロゼット
押入
2,730
270
910
910
1,820
910
1,100
1,820
3,000
1,820

2階平面図[S=1:60]

奥様専用のプライベートクロゼット

窓に面してカウンターを設け、化粧コーナーとしている

ファミリークロゼットには押入れを設ける

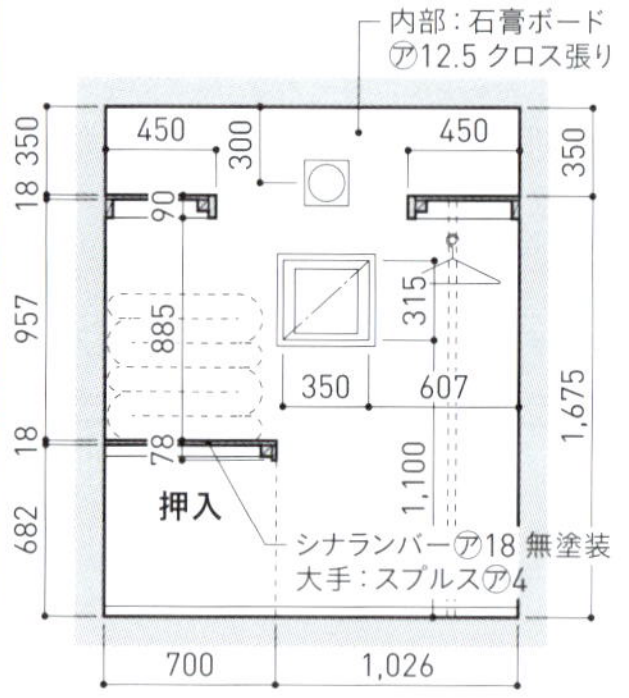

内部：石膏ボード㋐12.5 クロス張り
押入
シナランバー㋐18 無塗装
大手：スプルス㋐4
700
1,026

ファミリークロゼット展開図[S=1:60]

事例4 竹林の家「④水廻り直結クロゼット」

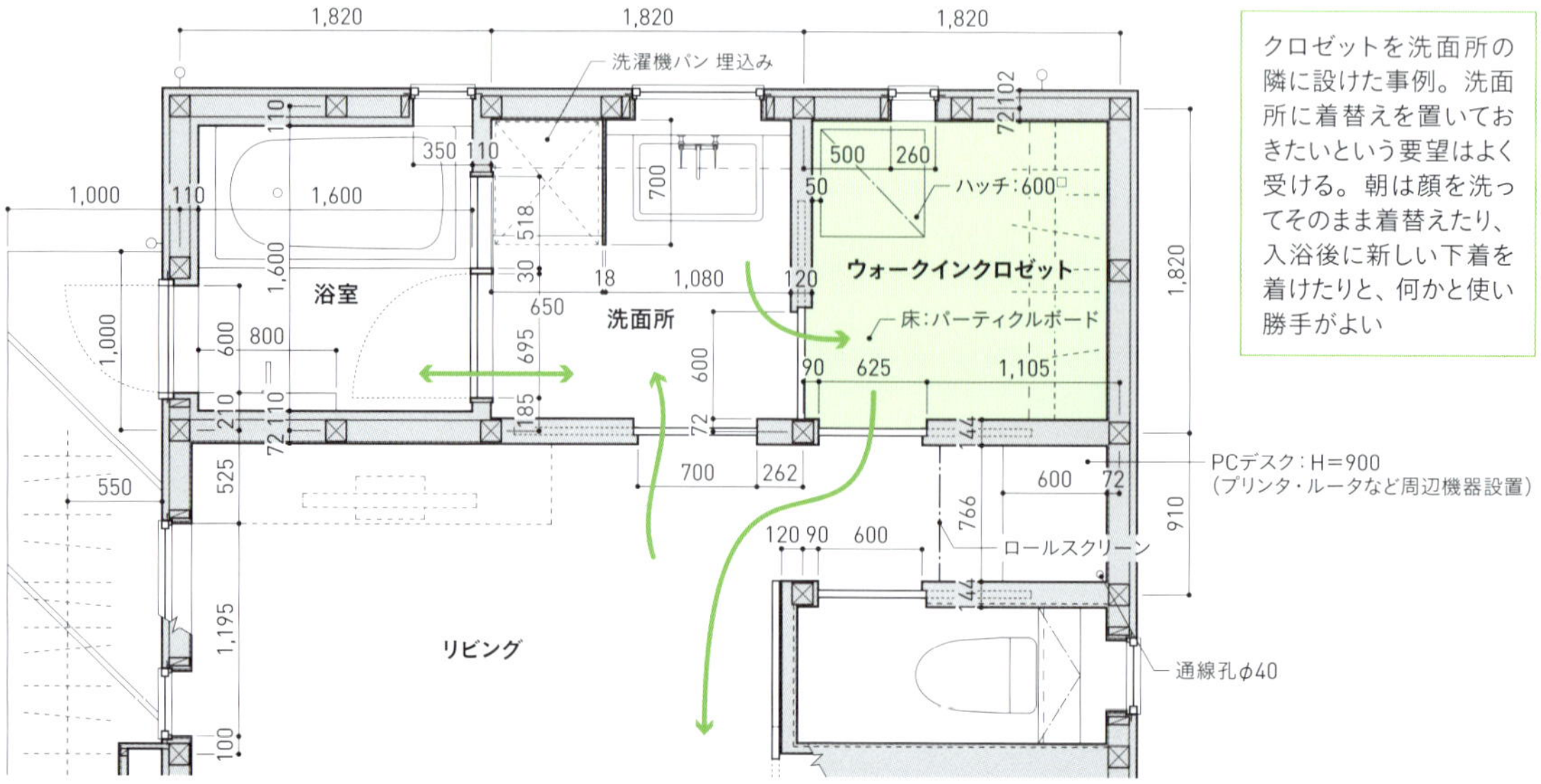

1,820
1,820
1,820
洗濯機パン 埋込み
浴室
洗面所
ウォークインクロゼット
ハッチ：600□
床：パーティクルボード
PCデスク：H=900
(プリンタ・ルータなど周辺機器設置)
ロールスクリーン
通線孔φ40
リビング

1階平面図[S=1:60]

クロゼットを洗面所の隣に設けた事例。洗面所に着替えを置いておきたいという要望はよく受ける。朝は顔を洗ってそのまま着替えたり、入浴後に新しい下着を着けたりと、何かと使い勝手がよい

Part 2

本棚は本のサイズに従う

奥行き300㎜程度の棚を壁面いっぱいに設ければ、ほとんどの書籍は納まる。しかしもう少し踏み込んで、どのようなサイズの本が多いかを考えると、収納量をぐんと増やすことができる。人によってはA4サイズのファイルや雑誌類が多いこともあるし、小説やコミックなどが圧倒的に多い方もいる。これらの居場所を整理し、見た目にも美しい棚をつくるように心がけたい。

ワンポイント！

ある程度固定化した書籍サイズに絞ったほうが収納力は上がり、ちょうど取り出しやすい奥行き寸法に設定できるため、使い勝手がよい本棚になる。しかし、当初の想定にかかわらず、生活や家族の変化によって収納する書籍が変わるケースは珍しいことではない。そこで一部を可動棚とし、棚を外せば大型本が入るような設えにしておくのも一案だ。

図2 本のサイズと本棚の関係

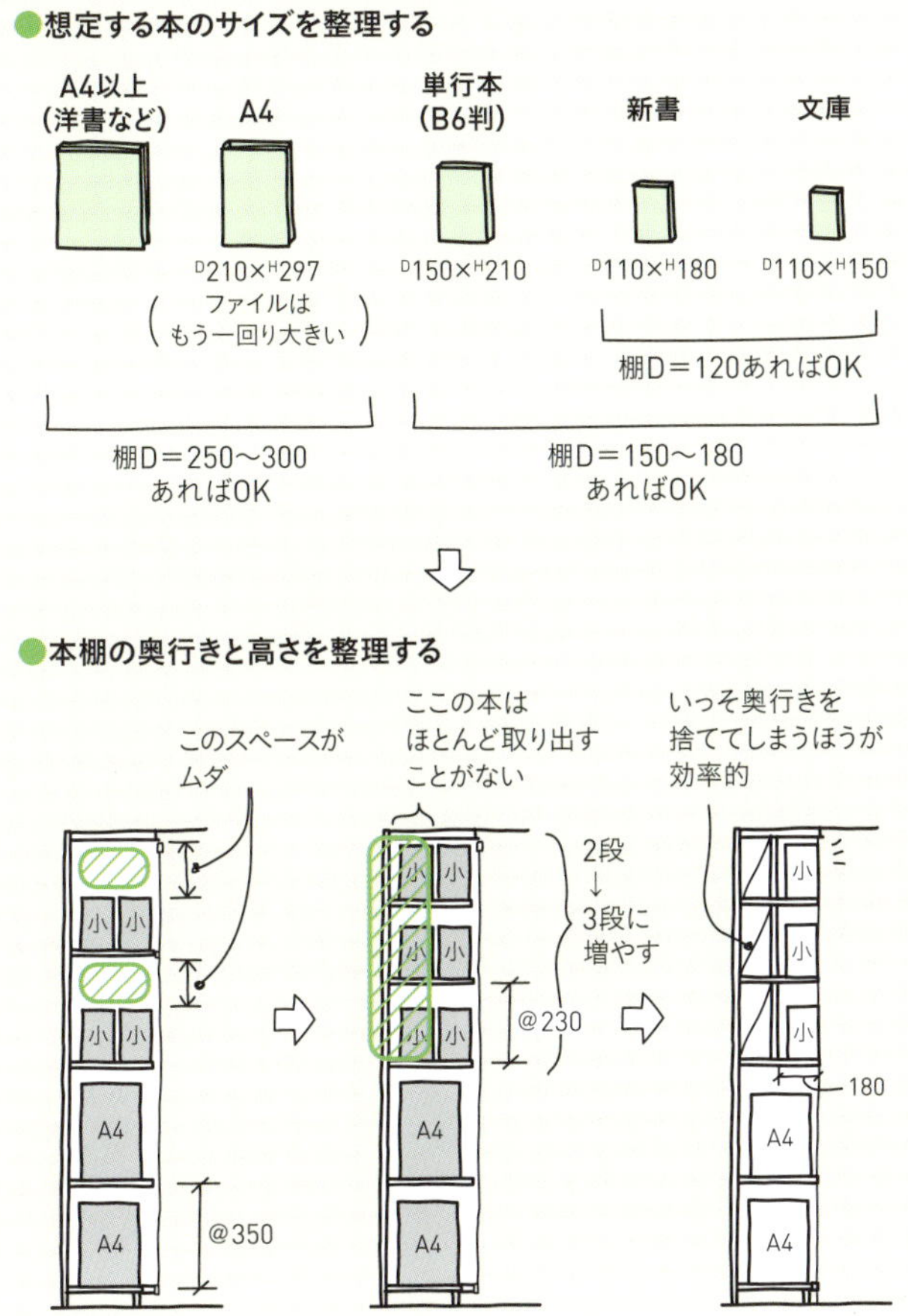
●想定する本のサイズを整理する
A4以上
(洋書など)
A4
単行本
(B6判)
新書
文庫
D210×H297
ファイルは
もう一回り大きい
D150×H210
D110×H180
D110×H150
棚D=120あればOK
棚D=250〜300
あればOK
棚D=150〜180
あればOK
●本棚の奥行きと高さを整理する
このスペースが
ムダ
ここの本は
ほとんど取り出す
ことがない
いっそ奥行きを
捨ててしまうほうが
効率的
小
A4
@350
2段
↓
3段に
増やす
@230
180

❷ **OPEN-d**
膨大なコミック本の収納を寝室に設けた例。本棚を設ける場合は第一に壁が必要となる。リビングなどは開口部が多いため、必然的に廊下や寝室などは本棚を設けやすい場所となる　（写真：新澤一平）

❶ **紫陽花の家**
単行本を中心とした比較的小型の書籍が数多く収納できるように設計した例。書籍を裏表背中合わせで収納できる［事例5参照］（写真：新澤一平）

事例5 紫陽花の家「本棚は本のサイズに従う」

ここではA4サイズ以上の大型書籍やファイル類と、それ以外の小型書籍をゾーニングによって分け、回遊動線と最小限の造作により、本棚を最大容積で使えるよう設えている

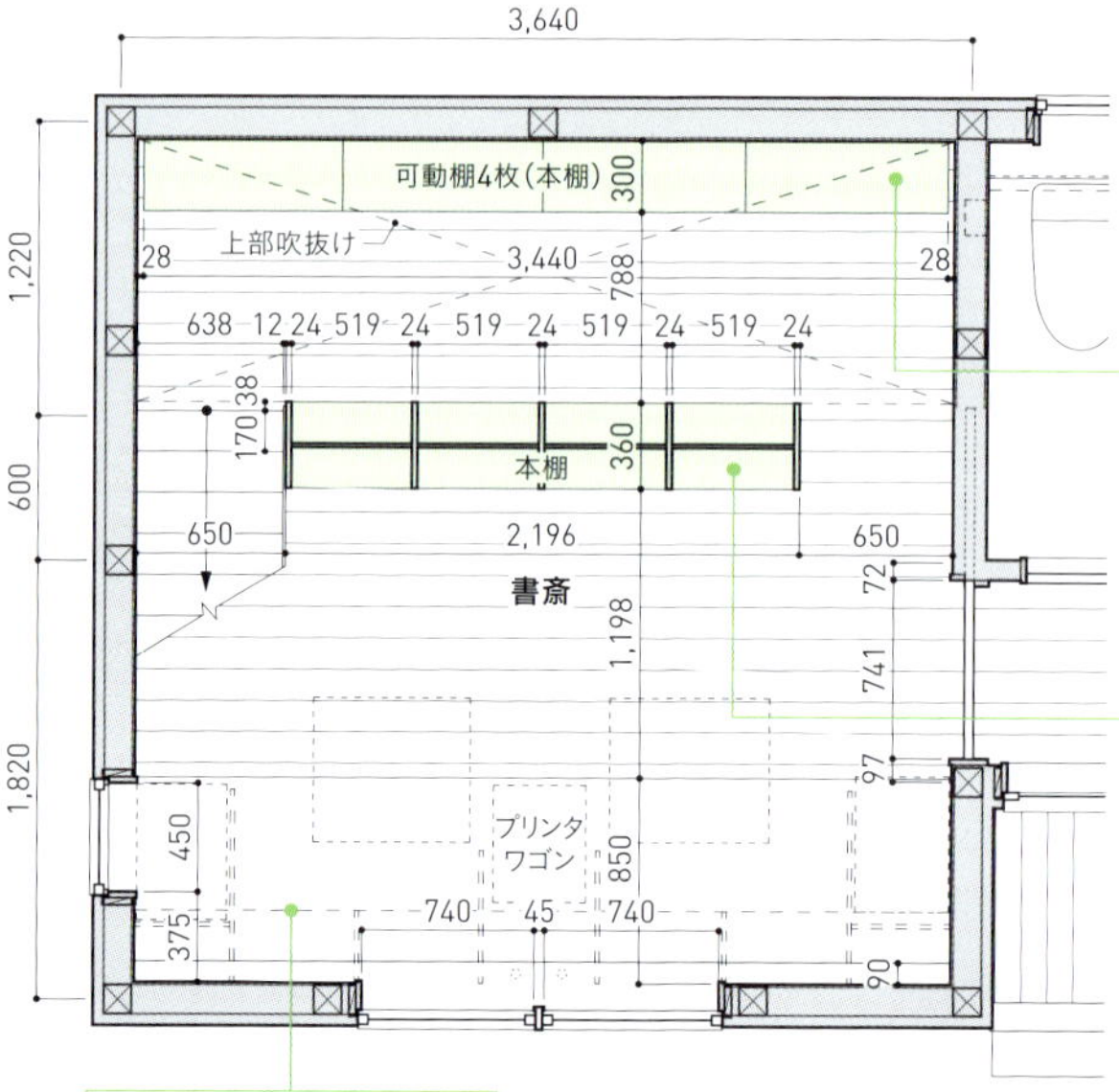

A4サイズの書籍を想定した本棚。壁一面を高さ方向に5段、横方向は棚板（サポートピッチ@430㎜）で構成

中央の本棚は単行本や新書、文庫本を想定

A4サイズのファイルを置くことを想定し、上部には吊り戸棚を設けている

書斎平面図［S=1：60］

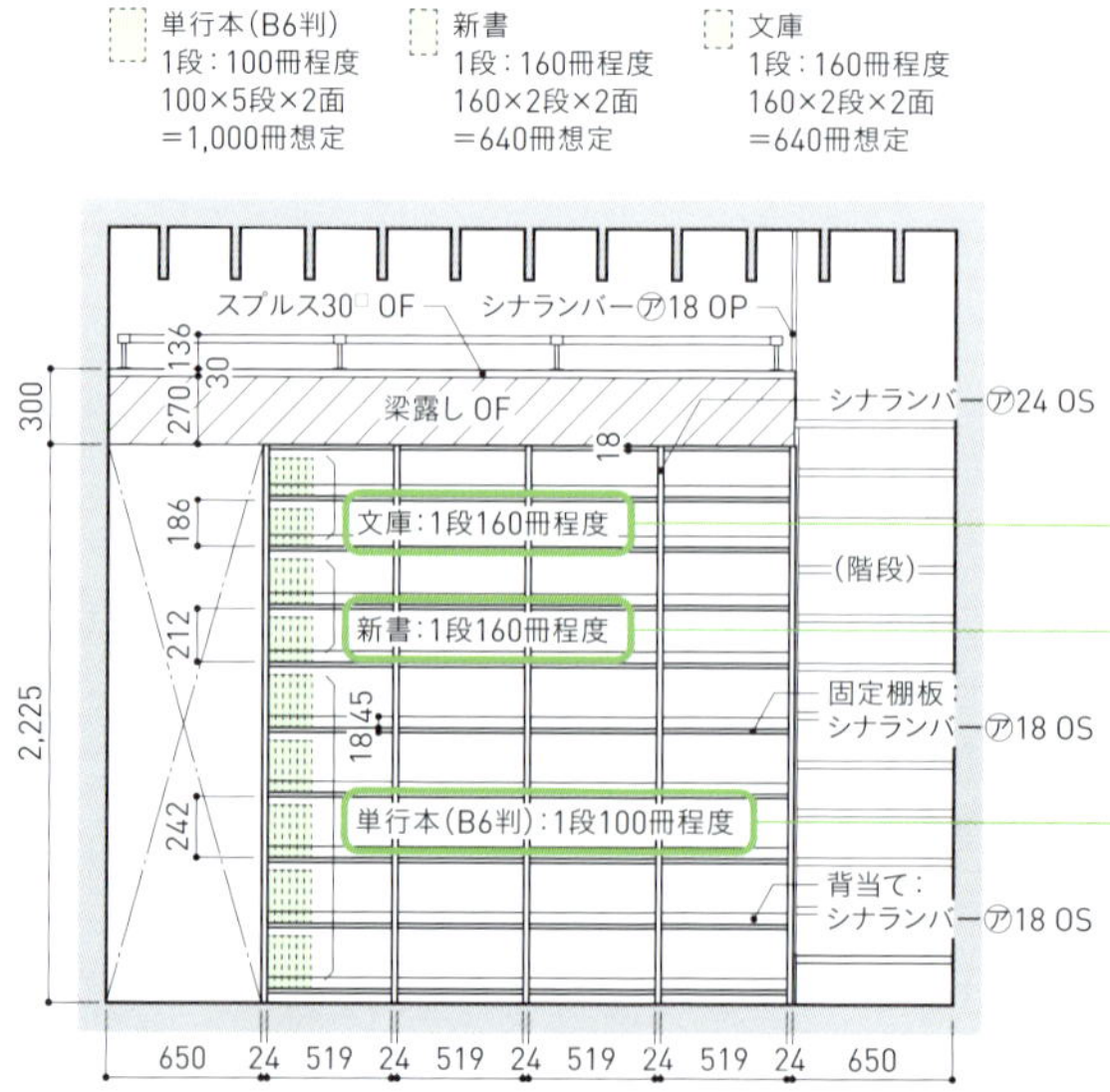

小型本だけを集約すると奥行き方向の無駄を省くことができ、また高さ方向も設定を工夫するとより多くの棚が設けられる

本棚展開図［S=1：60］

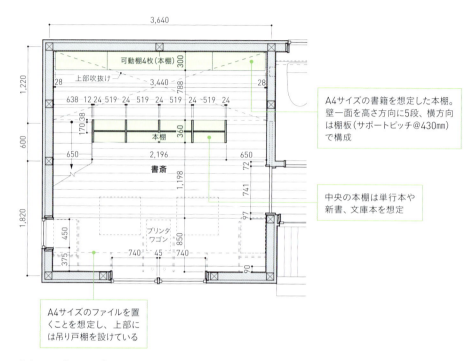

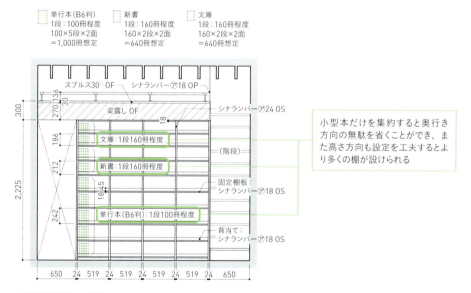

detail 06

アルミサッシの製作限界を打ち破る

気密・断熱上の要請や防火などの法的制限、予算の制約から、既製のアルミサッシを使用せざるを得ないケースは多い。ただ、設計者としては、既製品をそのまま使うのではなく一手間をかけることで、なるべく既製品感を排除し、空間と調和するよう心がけたい。ただし、過剰に凝った納まりは技術的に破綻しかねず、コストの上昇や経年変化に追従できないなどの問題も引き起こしやすい。そこで、ここでは既製アルミサッシの見栄えがグンと向上し、かつ、確実に納めることができるディテールをいくつか紹介する。

Part 1

連窓方立の存在感を消す

アルミサッシを使ううえで避けて通れないのが、製作限界寸法（寸法特注範囲）。これを打ち破る手立てとして、連窓方立や段窓無目を用いる方法があるが、安易にジョイント部材を多用しすぎると「製品感」が前に出て、空間の調和を乱しやすい。そこで事例1では、中庭に面した開口部に一般的な連窓方立を使用しながら化粧柱によって方立の存在感を消し、サッシを自然に空間と馴染ませる手法を用いている。

また、ハイサイドライトには、通風や採光上の理由から、FIXや横辷り出し窓などを連窓とした水平窓を設けることが多い。意匠的には水平性を大切にしたい一方で、問題になるのは構造である。事例1の中庭と反対側上部に設けたハイサイドライトは適切な位置に柱を設け、構造を成立させたうえで、伸びやかな水平窓とした。

図1 連窓方立の存在感を消す一工夫

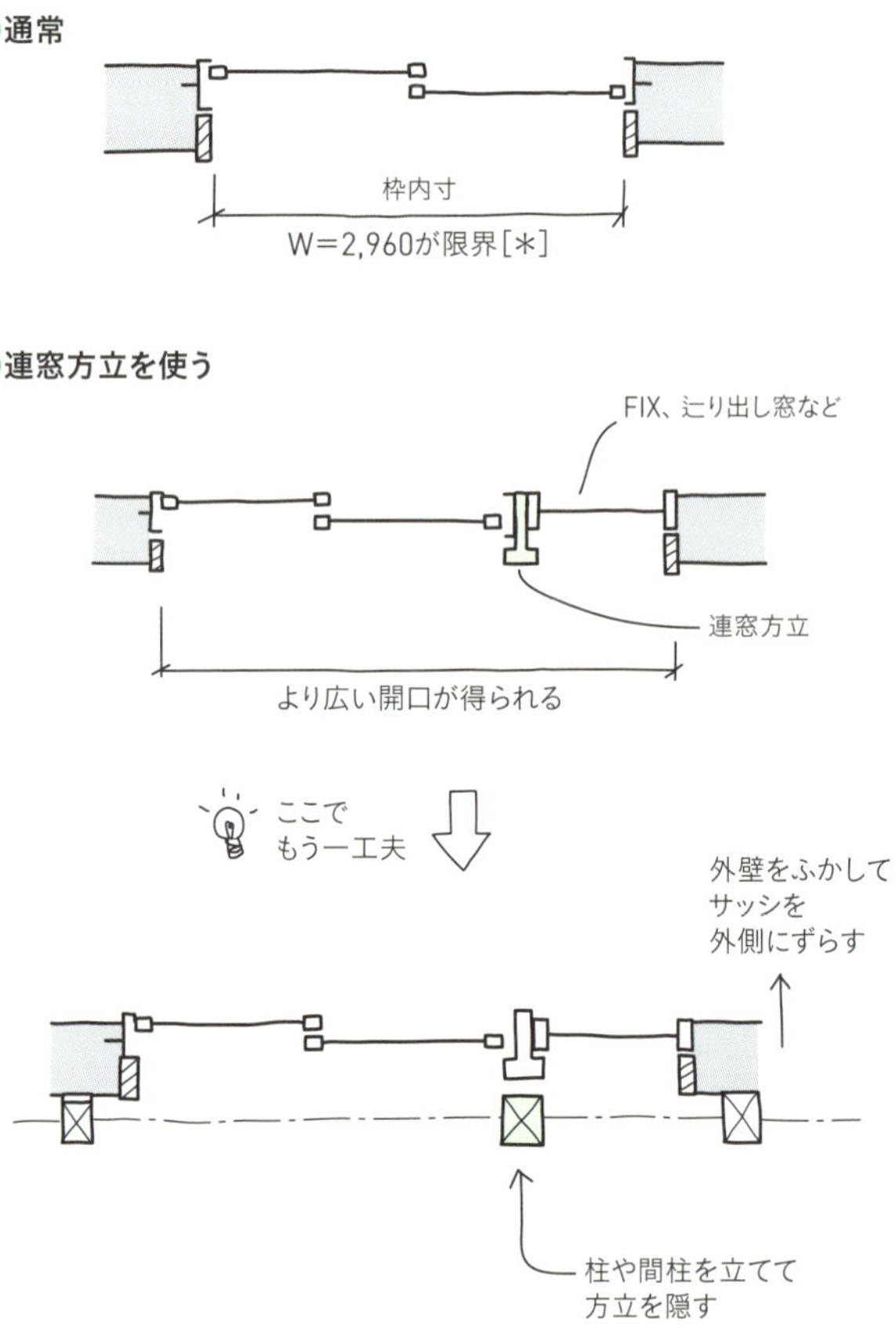

●通常
枠内寸
W=2,960が限界[*]
●連窓方立を使う
FIX、辷り出し窓など
連窓方立
より広い開口が得られる
ここで
もう一工夫
外壁をふかして
サッシを
外側にずらす
柱や間柱を立てて
方立を隠す

*LIXILデュオPGの場合。メーカーによって限界寸法は異なる

❷ かたつむりハウス
左右のFIX窓と中央の引違い窓を同じように見せるため、連窓方立部と引違い窓の召し合わせ部にも木方立を使用した事例。室内から見ると4枚のFIX窓が並んでいるように見える

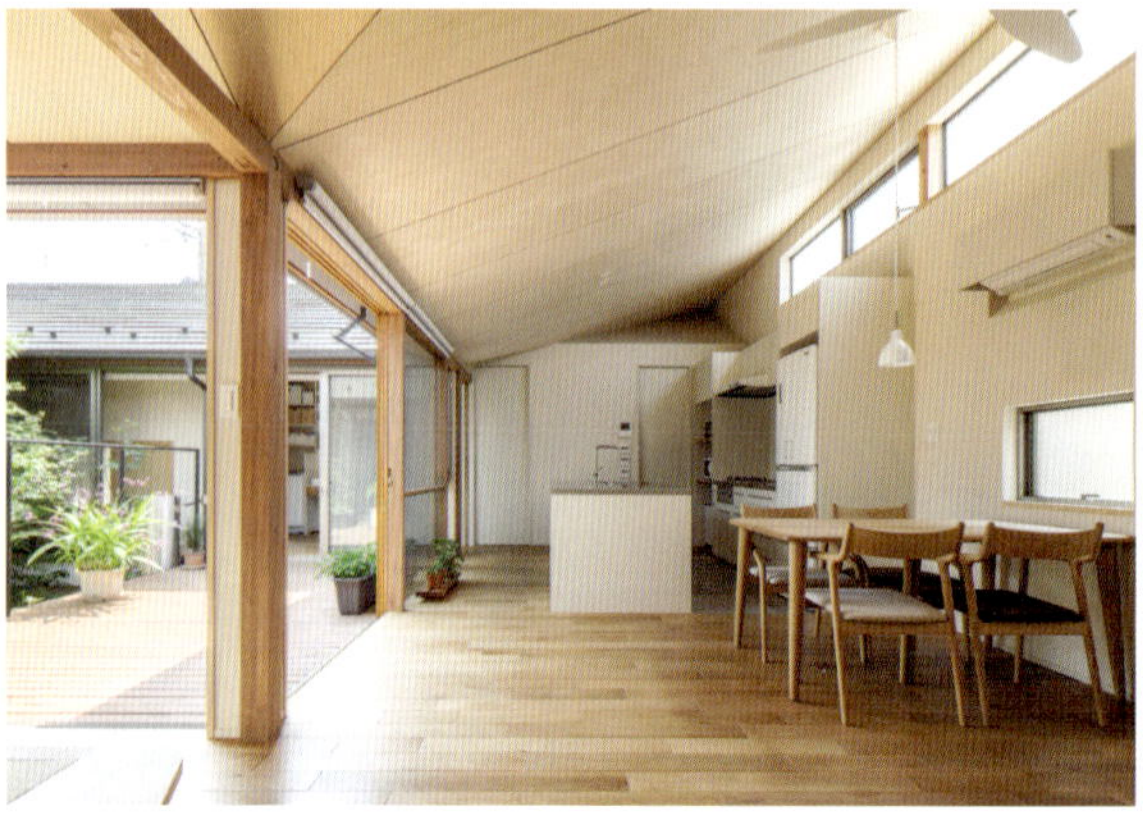

❶ DONUT
中庭に面した引違い窓やハイサイドライトのアルミサッシ連窓方立部の前には木方立などを立てて、なるべく樹脂やアルミが室内に露出することを防いでいる［事例1・2参照］　（写真：新澤一平）

事例 1 DONUT「連窓方立の存在感を消す」

ここに注意!

この方法を用いるときの注意点は、通常の外壁ラインよりも外側にふかしてサッシを納めなくてはいけないことである。外壁の一部分だけでこの納まりをやろうとすると、それ以外の部分も道連れとなり納まりが破綻しやすい。そのため1階上部の連窓は80ページの手法を用いている

一部に木製建具を使用しているが、そのほかはすべてアルミサッシで、中庭をぐるりと取り巻いている。中庭の各面のサッシはすべて連窓方立によってジョイントしている。方立位置には柱を配置し、諸室の引込み戸の戸当りを兼ねている。こうすることで、引戸をすべて開け放った際に、中庭を取り巻いた廊下がひとつながりになり、方立を隠す柱は構造と間仕切という複数の役割を担い、違和感なく空間と調和する

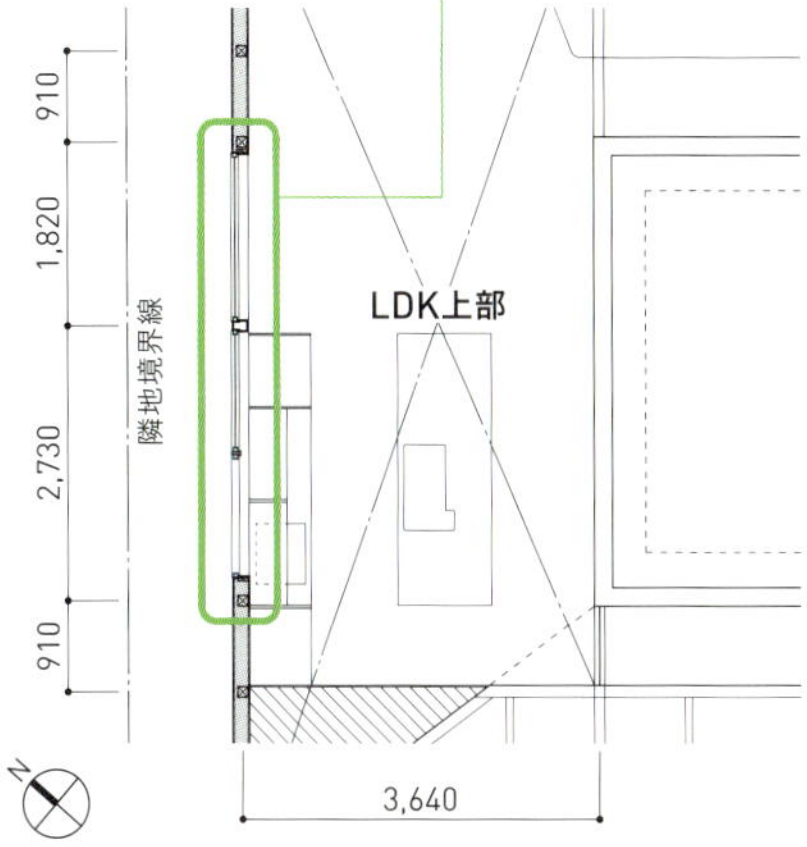

1階上部平面図[S=1:150]

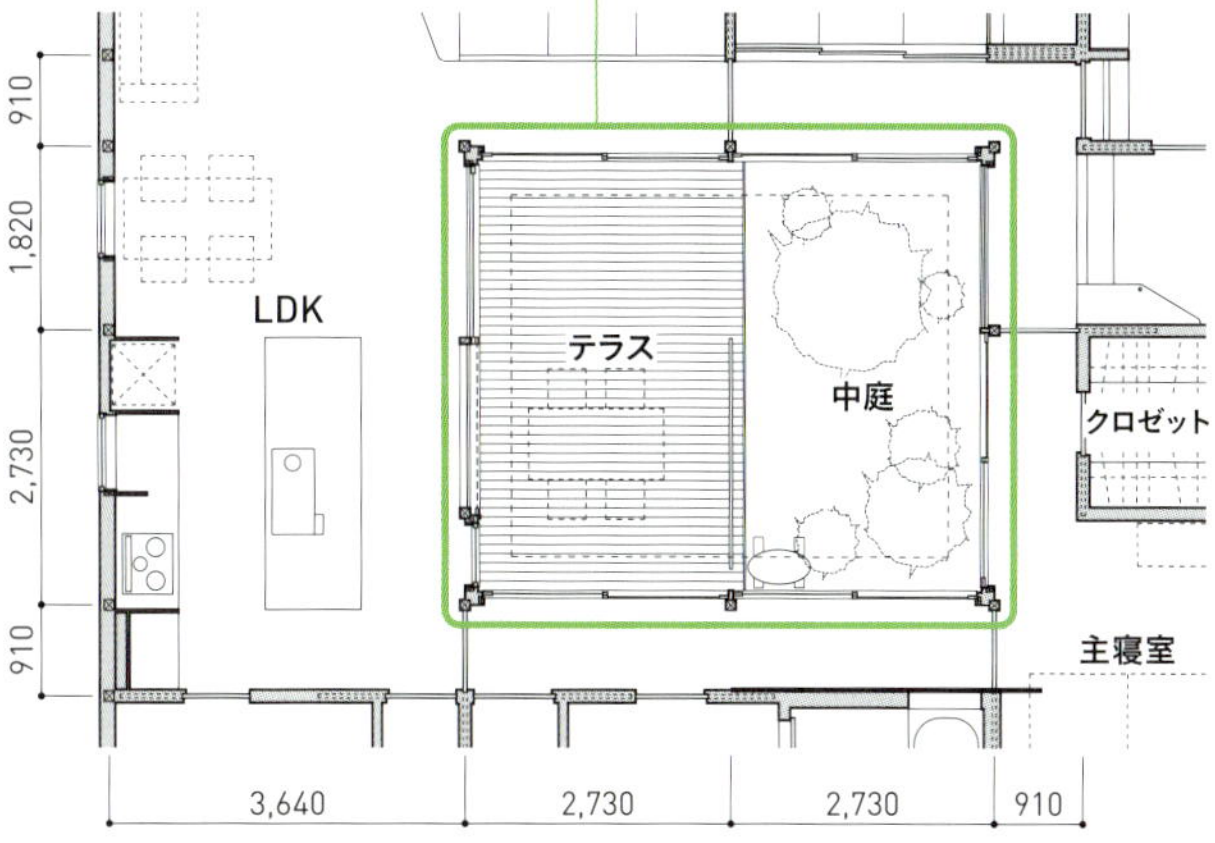

1階平面図[S=1:150]

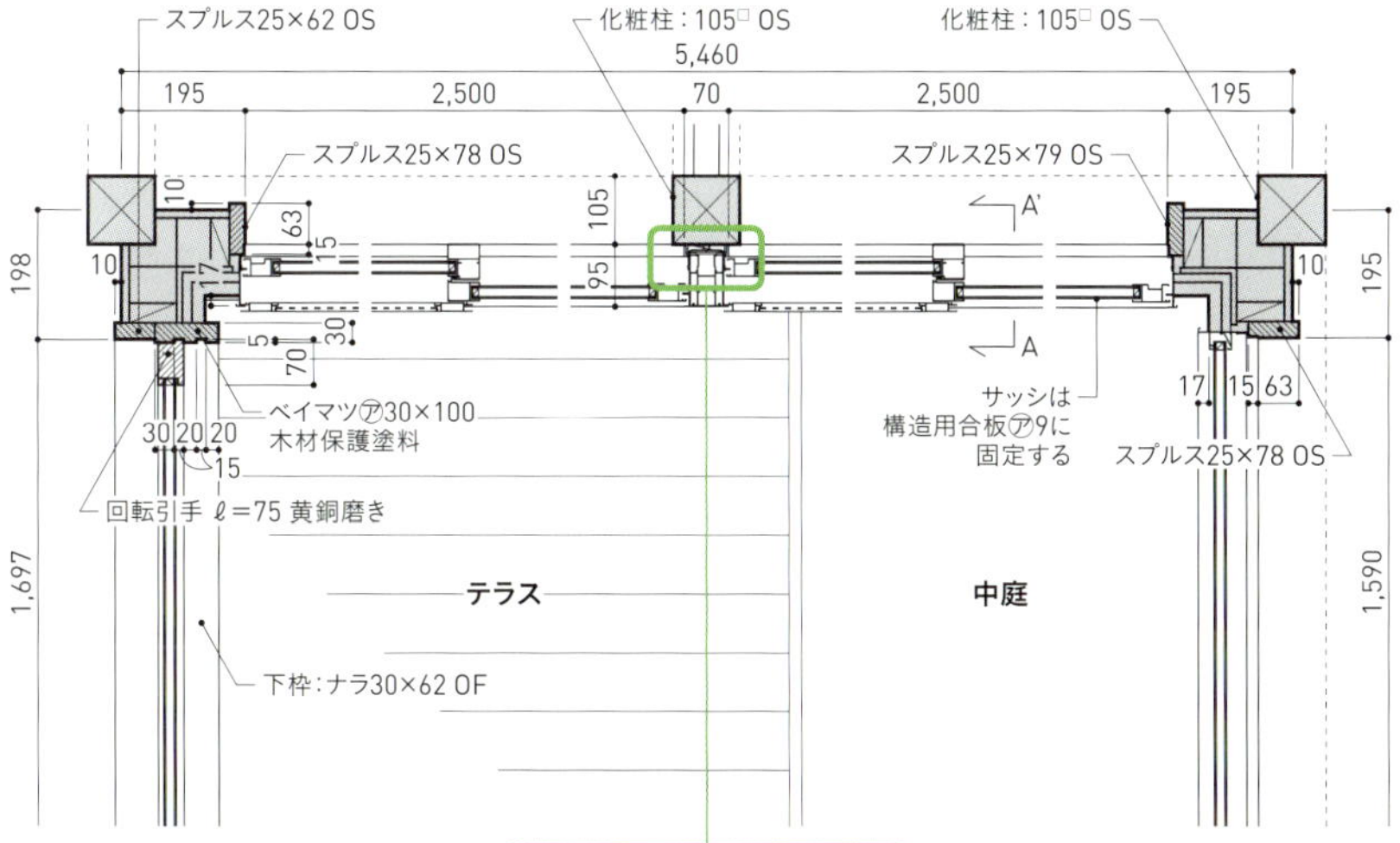

サッシ平面詳細図[S=1:20]

連窓方立のキャップ部分が2mm程度はみ出すので、このキャップは外して納める(外さずに外側にサッシをずらしてもよい)

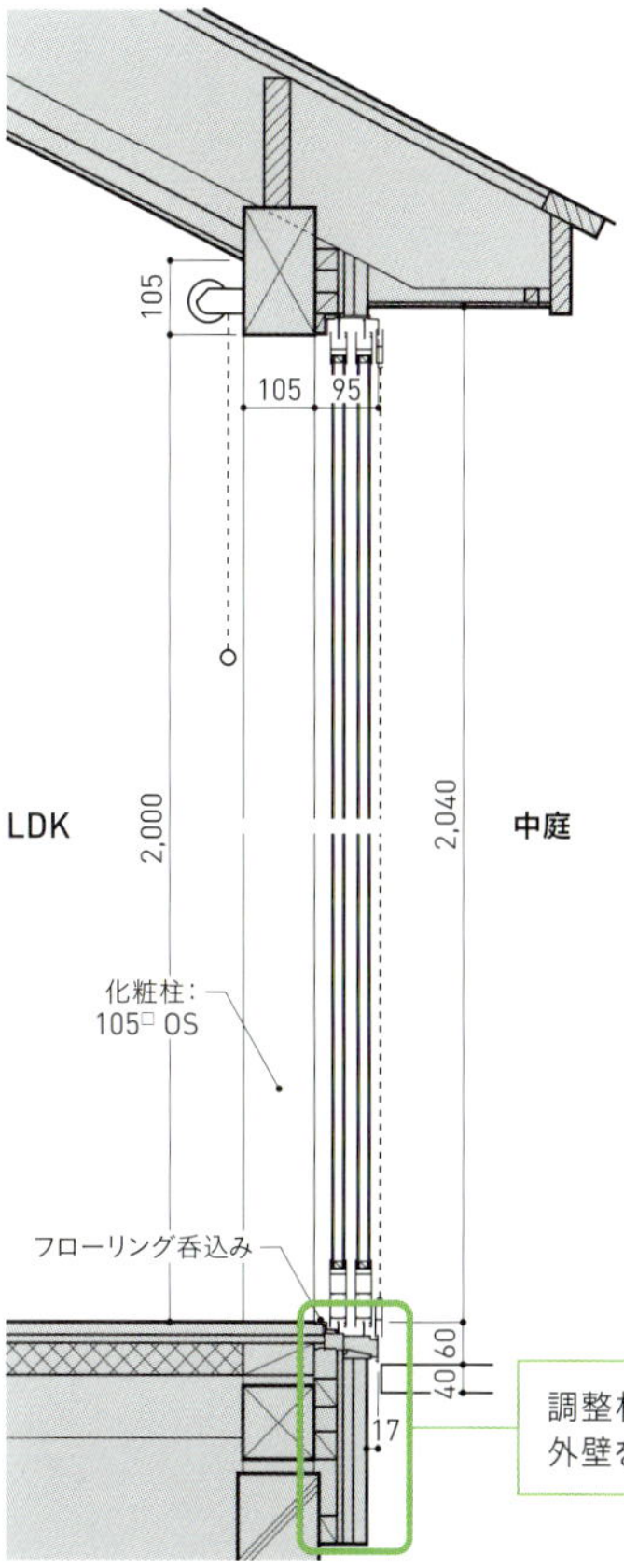

調整材によって外壁をふかす

サッシA–A'断面詳細図[S=1:20]

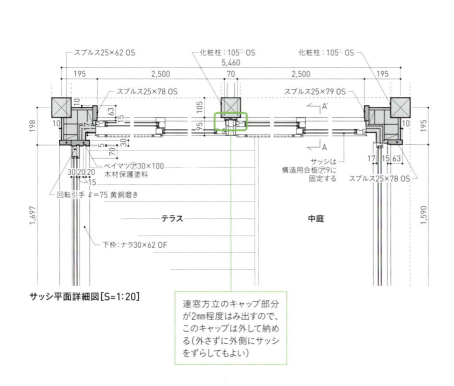

図2 連窓方立を柱に置き換える

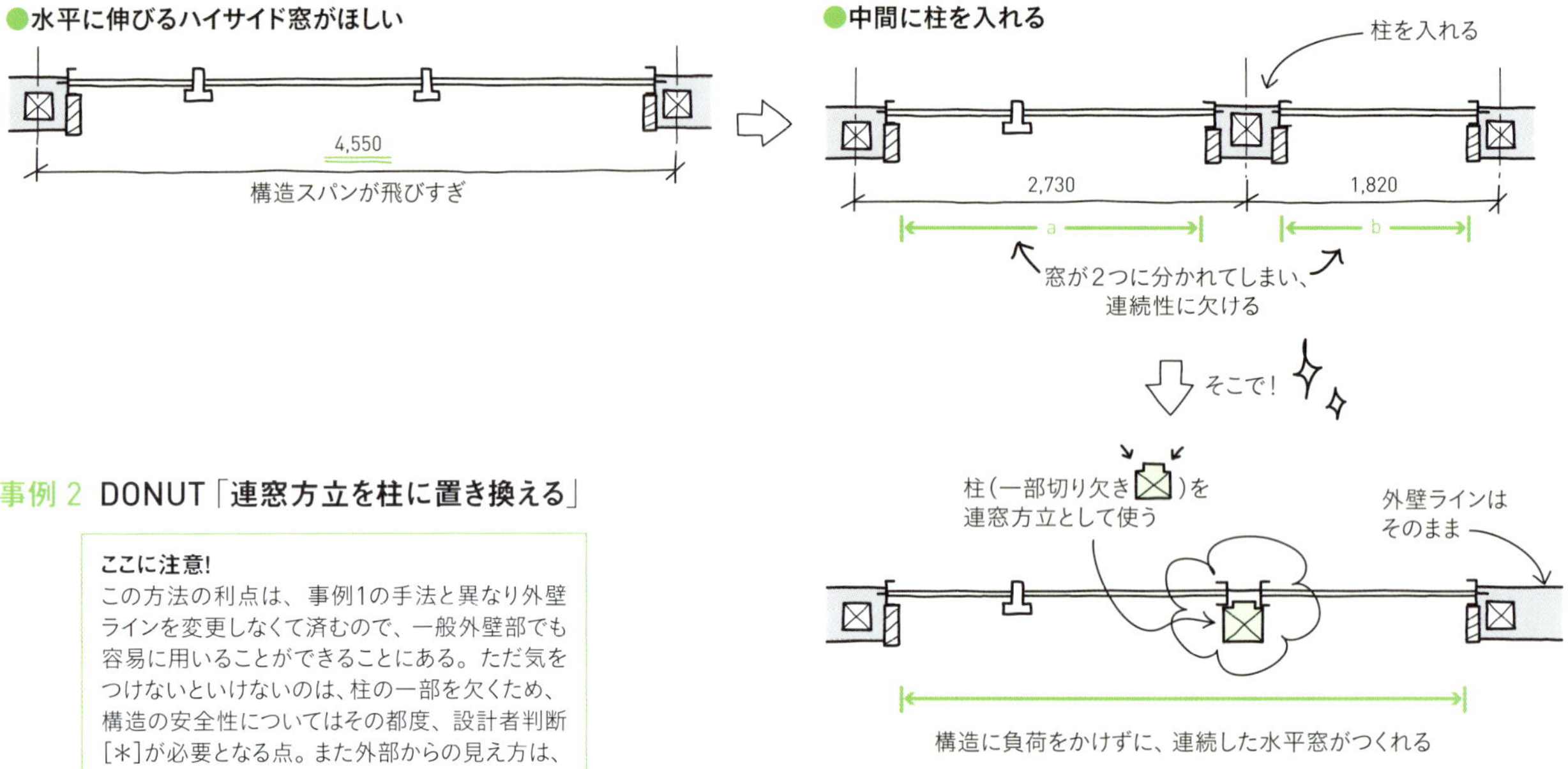

●水平に伸びるハイサイド窓がほしい
4,550
構造スパンが飛びすぎ
●中間に柱を入れる
柱を入れる
2,730
1,820
a
b
窓が2つに分かれてしまい、
連続性に欠ける
そこで！
柱(一部切り欠き)を
連窓方立として使う
外壁ラインは
そのまま
構造に負荷をかけずに、連続した水平窓がつくれる

事例2 DONUT「連窓方立を柱に置き換える」

ここに注意!

この方法の利点は、事例1の手法と異なり外壁ラインを変更しなくて済むので、一般外壁部でも容易に用いることができることにある。ただ気をつけないといけないのは、柱の一部を欠くため、構造の安全性についてはその都度、設計者判断[*]が必要となる点。また外部からの見え方は、柱よりも連窓方立を使用したほうがスッキリして見える

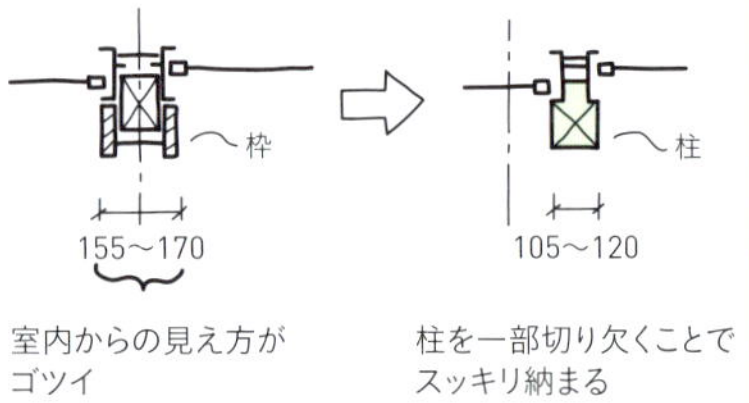

枠
155～170
室内からの見え方が
ゴツイ
柱
105～120
柱を一部切り欠くことで
スッキリ納まる

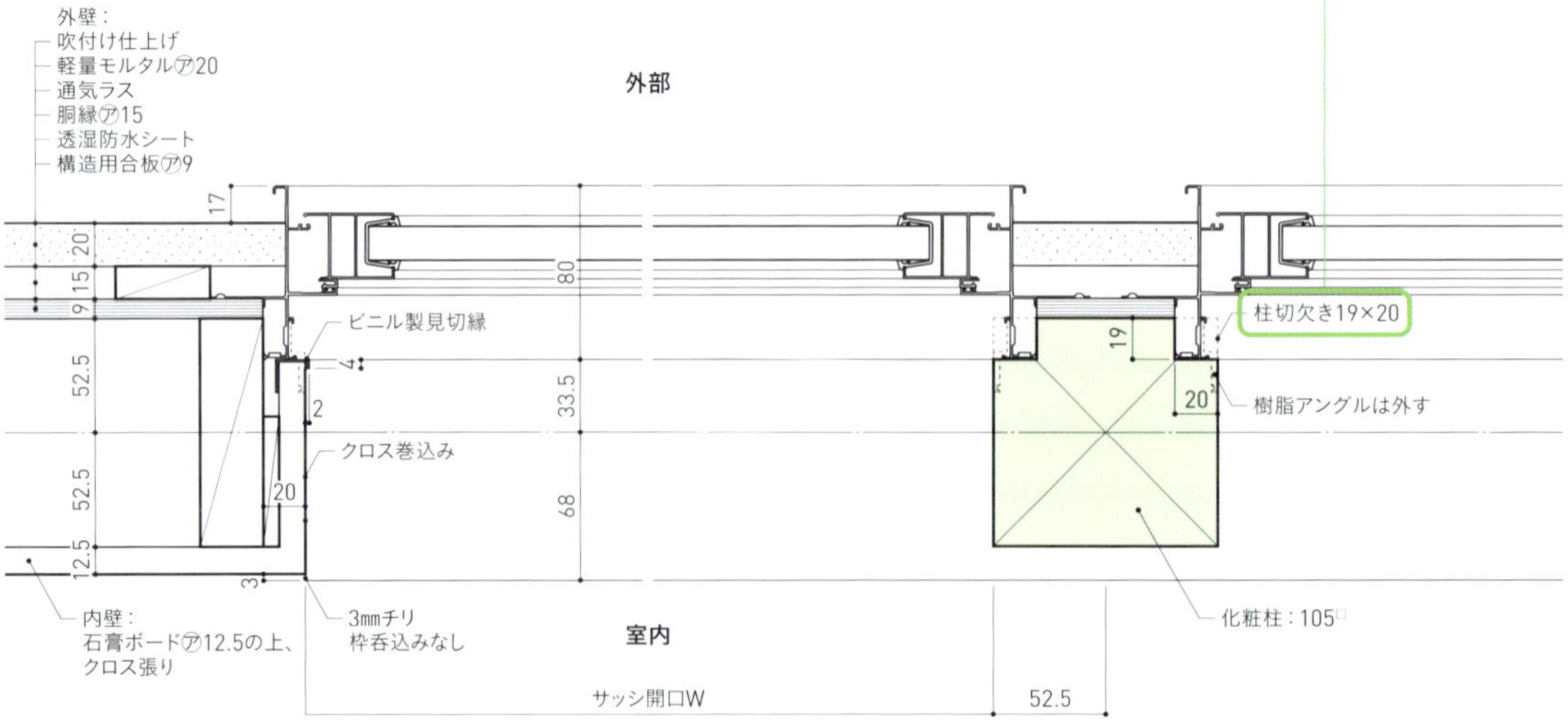

外壁：
吹付け仕上げ
軽量モルタル㋐20
通気ラス
胴縁㋐15
透湿防水シート
構造用合板㋐9
外部
17
20
15
9
52.5
52.5
12.5
80
33.5
68
ビニル製見切縁
4
2
クロス巻込み
20
3
柱切欠き19×20
19
20
樹脂アングルは外す
化粧柱：105□
内壁：
石膏ボード㋐12.5の上、
クロス張り
3mmチリ
枠呑込みなし
室内
サッシ開口W
52.5

連窓部分平面詳細図[S=1:5]

*サッシなどの製品でメーカーが保証するサイズ・仕様規格外のものを使う場合、メーカーの保証を受けることができない。そのため、設計者が十分に検討を行ったうえで使うか否かを判断することになる。その際、トラブルを防ぐためにも建築主に十分な説明を行うことが重要となる

Part 2

8 連窓のカーテンウォール風窓

Part1で紹介した連窓方立を使用しながらサッシを自然に馴染ませる手法を、より発展させたのが筆者の自邸「OPENFLAT」である［事例3参照］。当初、中庭に面して連続したガラスのファサードを構成したいと考えていた。しかし、ビル用のカーテンウォールは高価で手が出ない。そこで、住宅用のFIX窓を連窓でジョイントし、一部には段窓も組み込み、通風も可能なカーテンウォール風窓を低コストで実現した。

ただし連窓部材を多用する場合は、耐風性能上の問題にも配慮しなければならない。このような使い方はメーカーも想定していないため、メーカー保障が受けられない可能性がある。事例3では2連窓ごとに耐風方立を立てて対応しているが、後にトラブルにならないよう、十分な設計配慮のほかに建築主にも十分な説明を行いたい。

図3 連窓をカーテンウォールのように見せる工夫

●応用編

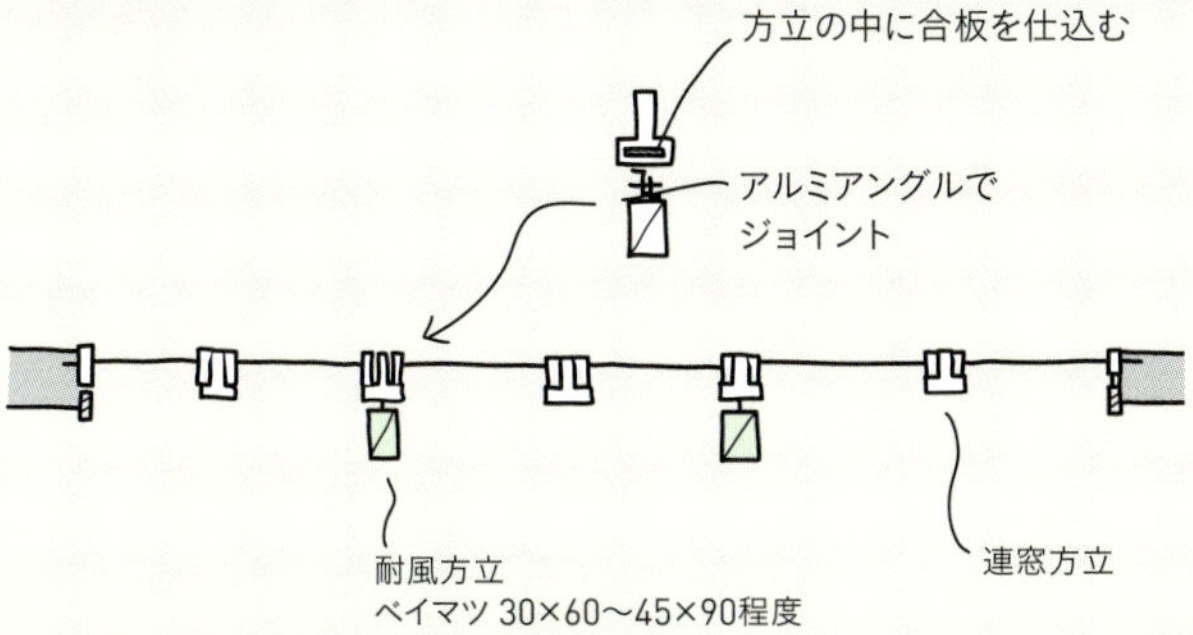

方立の中に合板を仕込む
アルミアングルでジョイント
耐風方立
ベイマツ 30×60〜45×90程度
連窓方立

耐風方立ジョイント部

❶ OPENFLAT（内観）
2連窓ごとに設けられた木製耐風方立のピッチは、ロールスクリーンの割も考慮して決められている
（写真：バウハウスネオ）

❶ OPENFLAT（外観）
中庭に面した廊下を、ガラスのみで構成したいと考え、アルミサッシを8連窓で構成した。見た目には住宅用サッシには見えない［事例3参照］
（写真：バウハウスネオ）

事例3 OPENFLAT「8連窓のカーテンウォール風窓」

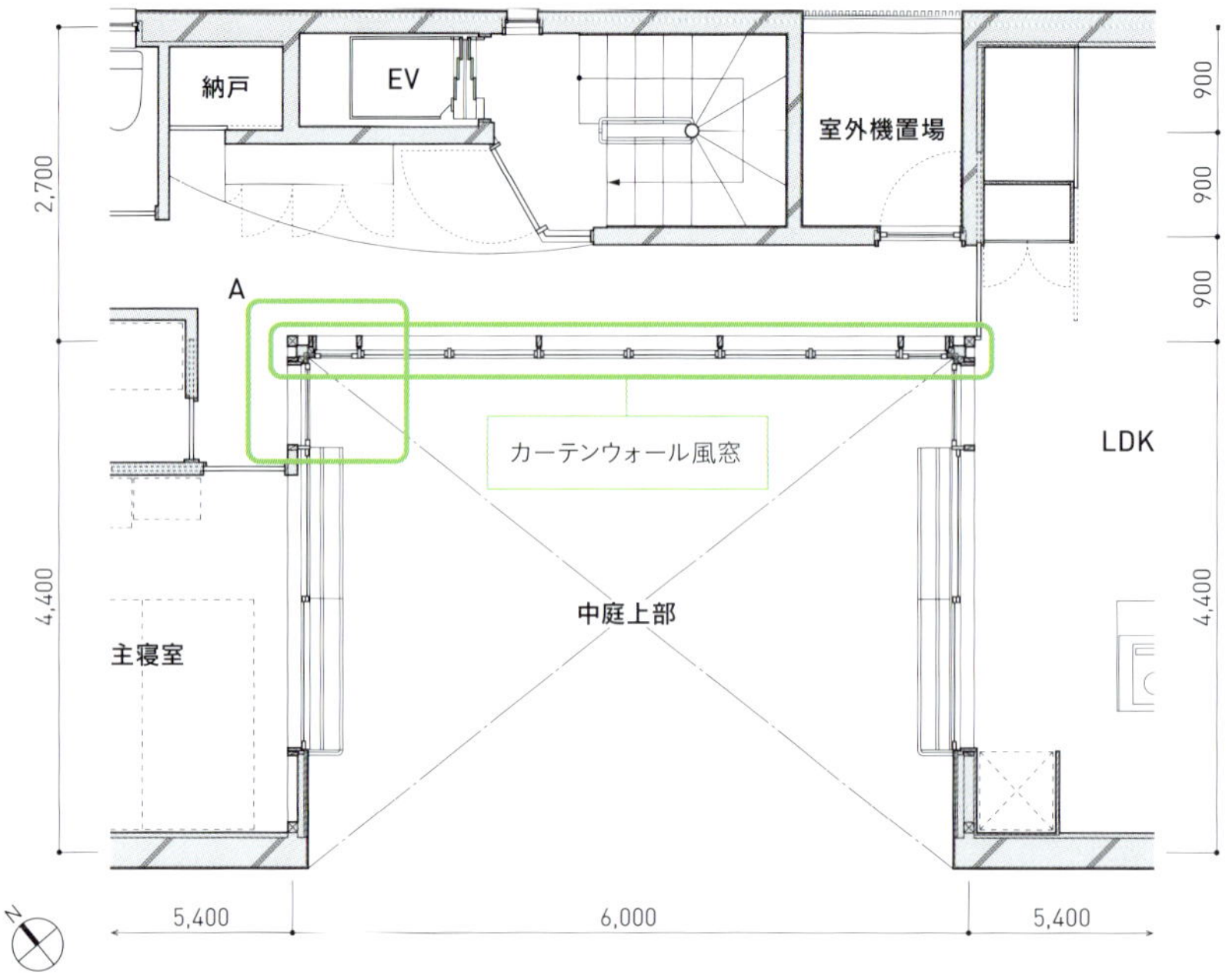

納戸
EV
室外機置場
A
カーテンウォール風窓
LDK
中庭上部
主寝室
2,700
4,400
900
900
900
4,400
5,400
6,000
5,400
N

2階平面図[S=1:100]

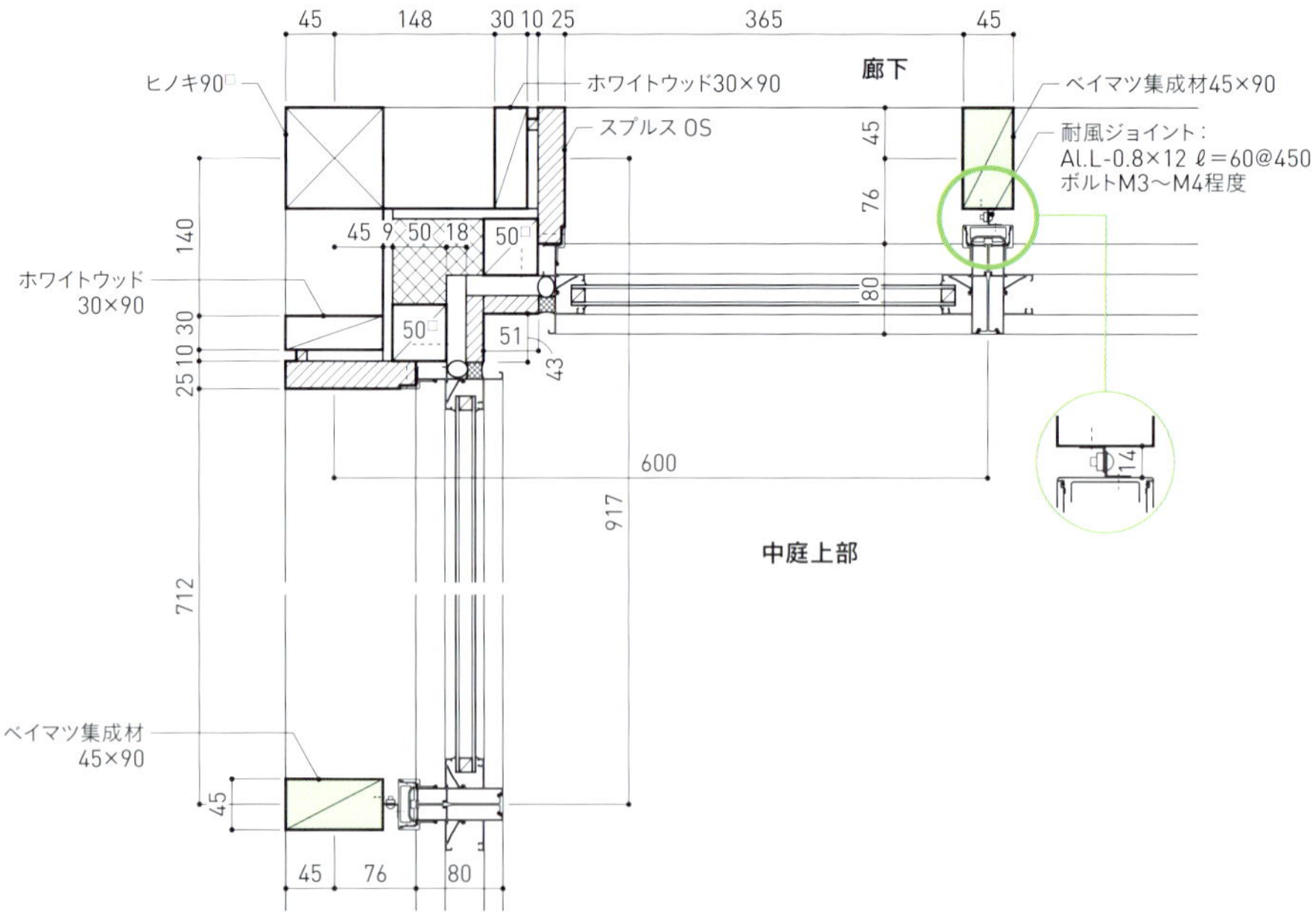

45
148
30 10 25
365
45
廊下
ヒノキ90□
ホワイトウッド30×90
スプルス OS
ベイマツ集成材45×90
耐風ジョイント：
Al.L-0.8×12 ℓ=60@450
ボルトM3〜M4程度
45
76
45 9 50 18
50
80
ホワイトウッド
30×90
140
30
10
25
50
51
43
600
14
917
中庭上部
712
ベイマツ集成材
45×90
45
45
76
80

A部平面詳細図[S=1:10]

ここに注意!

一般的にはこのサイズではテラス用(見付け70㎜)の連窓方立を用いるところ、意匠性を優先し窓用(見付け45㎜)のタイプを採用した。そのため、耐風圧性能に関して不安が生じる。本事例では2連窓ごとに間柱を立て、間柱と連窓方立をアングルでジョイントすることで、耐風圧性を間柱に負わせている。

ここでも重要なのは設計者判断である。メーカーの保証を受けられないことを承知で進めるには、設計者にも十分な配慮と覚悟が求められる。本事例は自邸であったことから思い切って冒険をしたが、10年を経過した今も問題はまったく生じていない

detail 07

出窓にするといろんなことが解決する

出窓というと、つくってはみたものの実用性に乏しく、ちょっとした飾り棚や、観葉植物置き場のような使われ方をしている例が多いのではないだろうか。出窓のメリットといえば、所定の条件［＊］を満たせば床面積に算入されないため、狭小地でも合理的に気積を増やせる手法の1つとして考えられる。しかし、出窓をそれだけの使い方に留めておくのはもったいない。ここでは出窓を設けることで、開口廻りをよりすっきり納めて、積極的に意匠参加できる出窓の活用を考えてみたい。

＊①出窓の下端の高さが床面から30cm以上ある、②周囲の外壁面から水平に50cm以上突き出していない、③出窓の見付け面積の1/2以上が窓である、などをすべて満たす必要がある（昭61住指発115号）

Part 1

窓をすっきり見せる

コーナーに開口を設ける場合、隅柱の存在を邪魔に感じることがある。構造を工夫して隅柱を除く方法もあるが、一般的な解決方法ではない。また、サッシのコーナー方立の存在が目立つため、柱を除いた意味が薄れてしまうこともある。そこで隅柱は残しつつも、柱の外側にコーナー出窓を設けると、内観・外観いずれにおいても連続して見え、コーナー方立の存在も消すことができる。

最近は既製品のアルミサッシにも大型の辷り出し窓の製品があり、1165～1195㎜サイズのスクエア窓が設けられるようになった[*]。しかし、開放感のある窓が実現したとしても、思わぬ落とし穴がある。それは、竣工直前に取り付けられる網戸やロールスクリーンなどの存在だ。物理的にも“かさ”の大きなそれらの存在を隠す手段として、出窓は非常に有効である。

図1 コーナー部の出窓をすっきり見せる

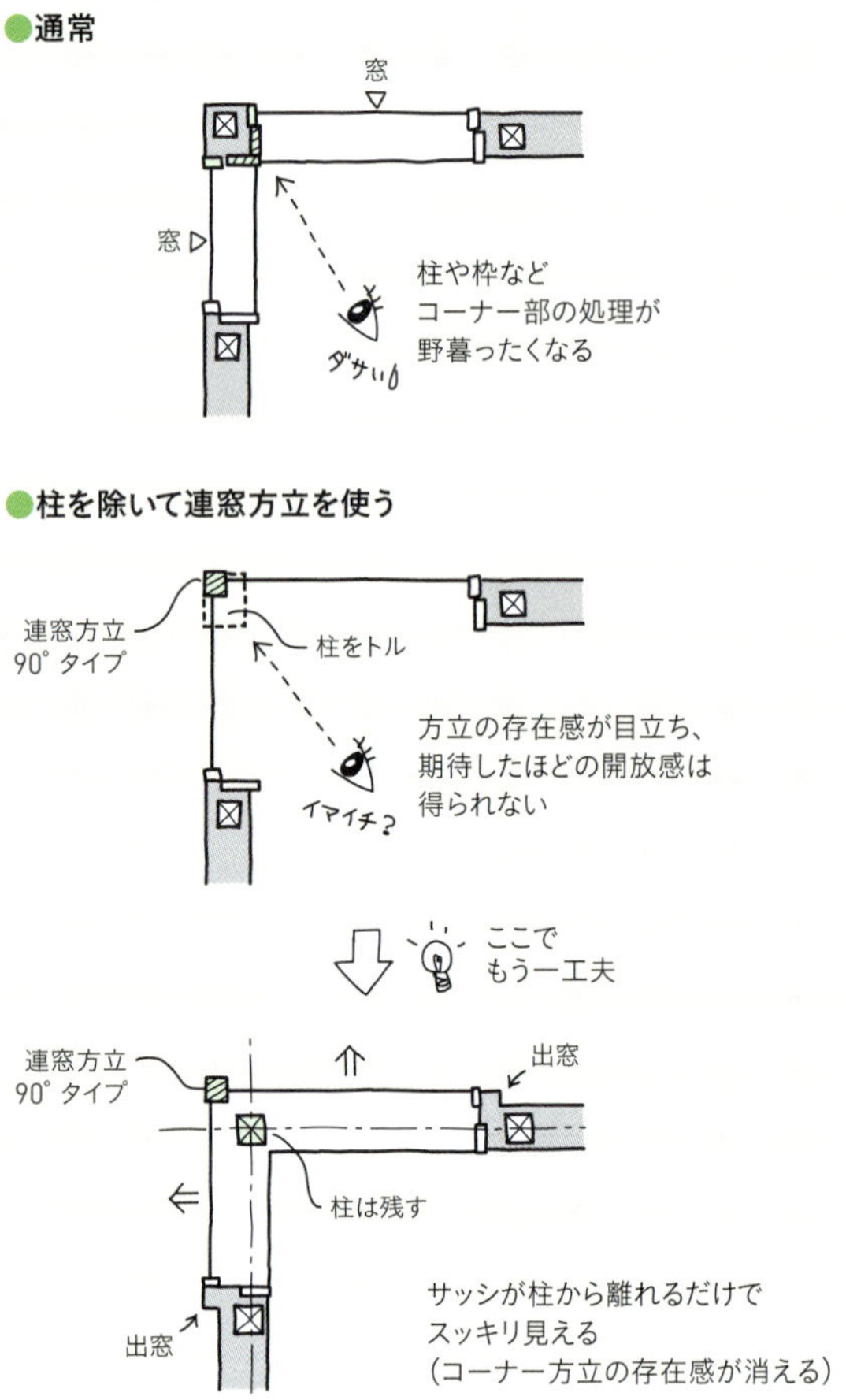
●通常
窓
窓
柱や枠など
コーナー部の処理が
野暮ったくなる
ダサい
●柱を除いて連窓方立を使う
連窓方立
90° タイプ
柱をトル
方立の存在感が目立ち、
期待したほどの開放感は
得られない
イマイチ？
ここで
もう一工夫
連窓方立
90° タイプ
出窓
柱は残す
出窓
サッシが柱から離れるだけで
スッキリ見える
（コーナー方立の存在感が消える）

FP
ロール網戸はBOXサイズが大きいため、最後に取り付けると開口部を台無しにしてしまうことがある。ロールスクリーンと同様に隠蔽して丁寧に納めたい［事例2参照］

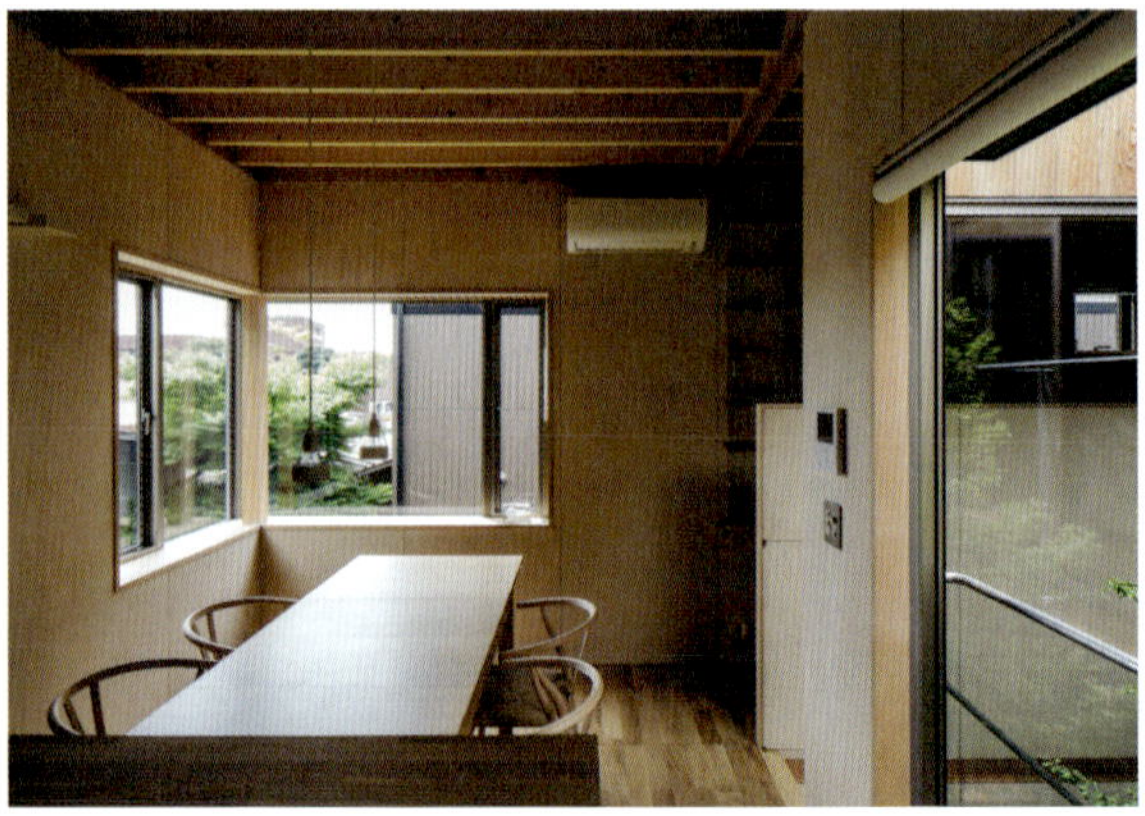

FP
コーナー柱の外側にサッシを追い出し、コーナー方立の存在感を室内から消している。同時にロールスクリーンも出窓内BOXを隠している［事例1参照］（写真：新澤一平）

＊ただし非防火品となる。1,165㎜サイズは「SAMOS II」（LIXIL）、1,195㎜サイズは「DUO PG」（LIXIL）。仕様によっては、メーカーへのサイズ確認が必要

事例1 FP「出窓をすっきり見せる」

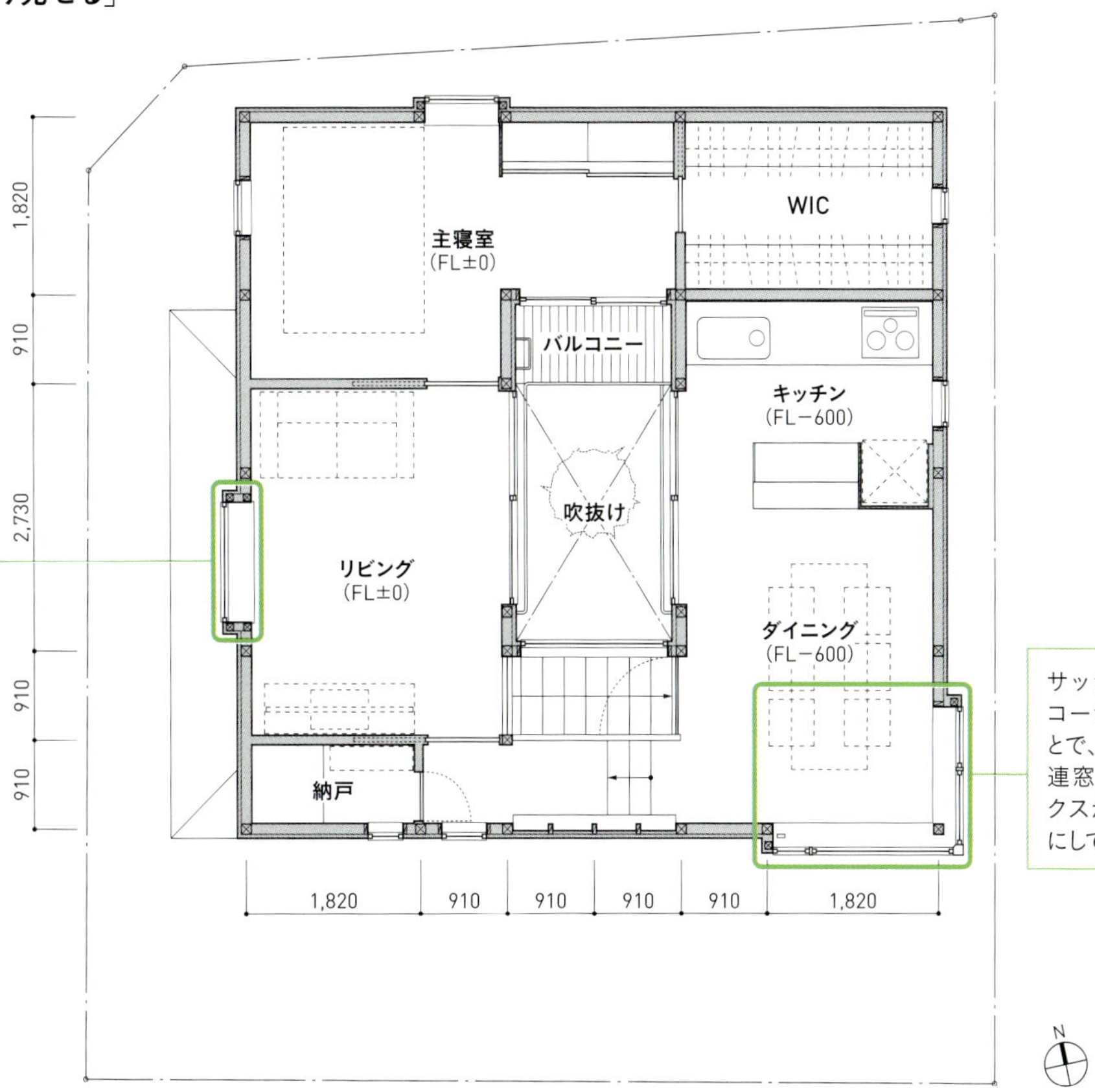
主寝室
(FL±0)
WIC
バルコニー
キッチン
(FL−600)
吹抜け
リビング
(FL±0)
ダイニング
(FL−600)
納戸
1,820
910
2,730
910
910
1,820
910
910
910
910
1,820
N

サッシB：開口部には網戸やロールスクリーンなどが付き物。事例2の手法を用いることでそれらをすっきり見せている

サッシA：リビングにあるコーナー窓は出窓にすることで、既製品アルミサッシの連窓方立やブラインドボックスが眺望を遮らないようにしている

2階平面図[S=1:100]

ここに注意!

コーナー柱部は窓の開閉が難しいのでFIX窓で構成し、一方で両端部には連窓による縦辷り出し窓を配置すると、通風上、有利に働く

出窓をより活用するために家具用コンセントなどを設置すると、携帯電話の充電器やBluetoothスピーカーなどを置くこともできる。構造を工夫すれば、コーナーベンチなども設けられる

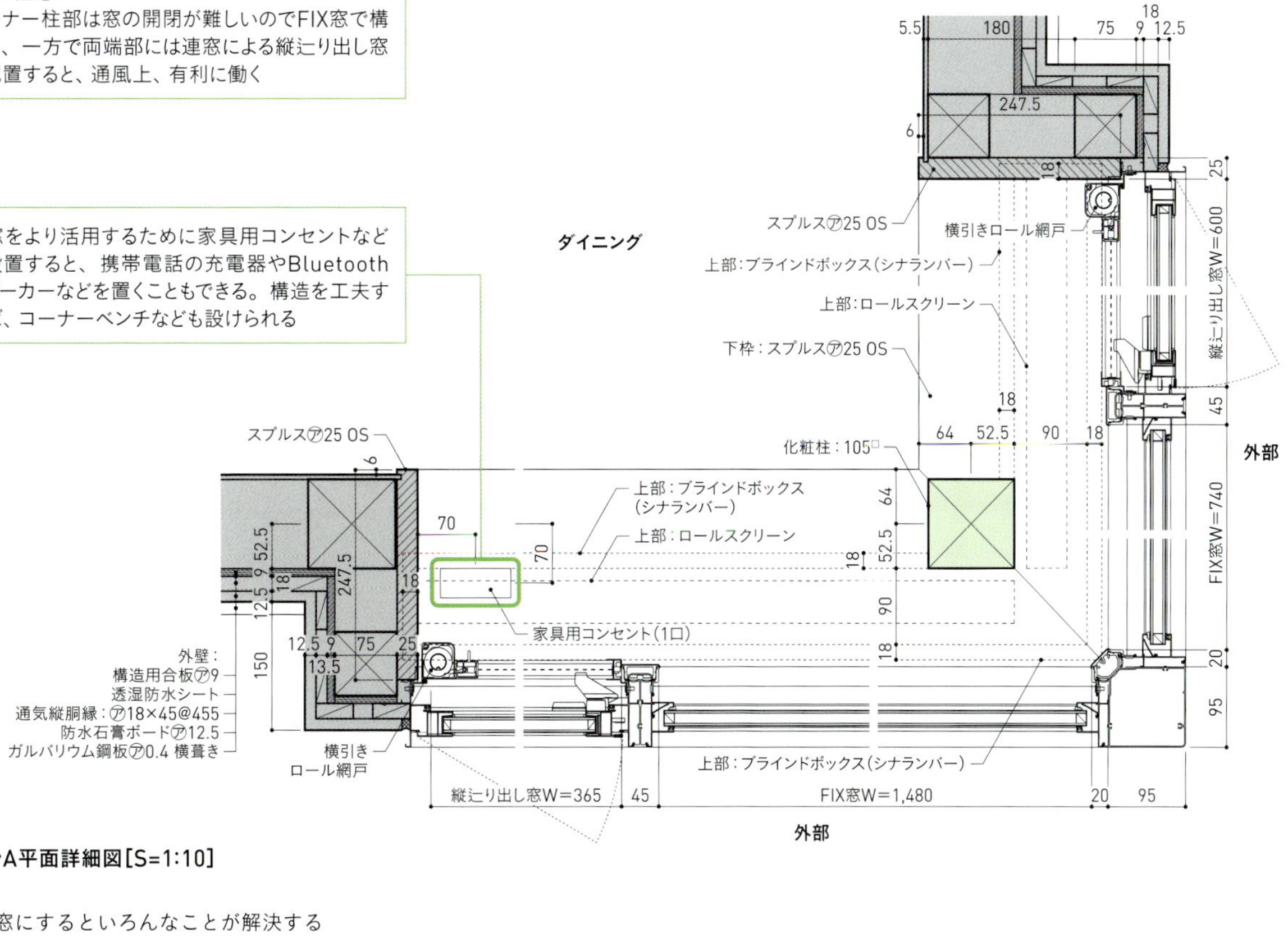
ダイニング
スプルス㋐25 OS
横引きロール網戸
上部：ブラインドボックス(シナランバー)
上部：ロールスクリーン
下枠：スプルス㋐25 OS
化粧柱：105□
外部
縦辷り出し窓W=600
FIX窓W=740
スプルス㋐25 OS
上部：ブラインドボックス
(シナランバー)
上部：ロールスクリーン
家具用コンセント(1口)
外壁：
構造用合板㋐9
透湿防水シート
通気縦胴縁：㋐18×45@455
防水石膏ボード㋐12.5
ガルバリウム鋼板㋐0.4 横葺き
横引き
ロール網戸
上部：ブラインドボックス(シナランバー)
縦辷り出し窓W=365
45
FIX窓W=1,480
20
95
外部
5.5
180
75
9
12.5
18
247.5
6
18
25
45
18
64
52.5
90
18
64
52.5
18
90
18
20
95
70
70
18
52.5
9
12.5
18
247.5
12.5
150
12.5
9
75
25
13.5

サッシA平面詳細図[S=1:10]

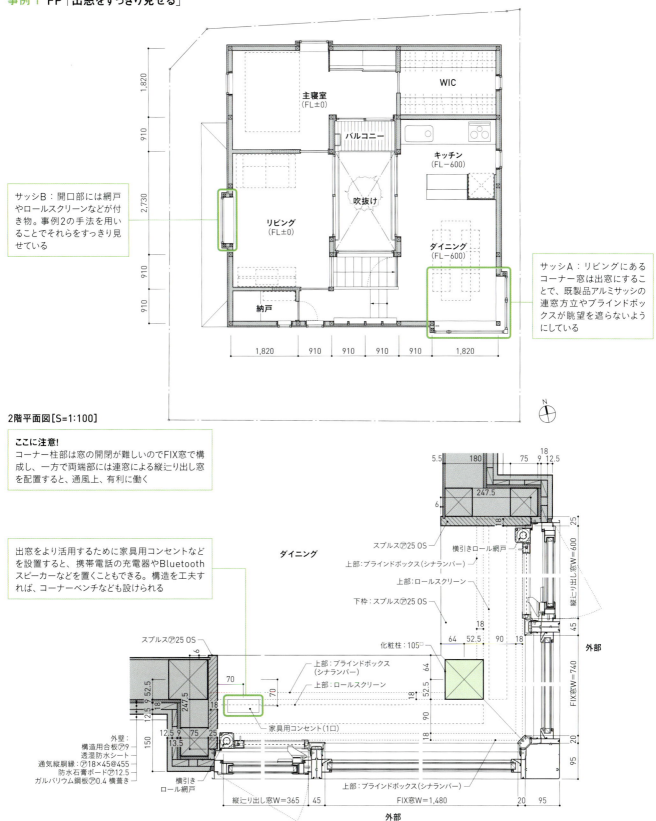

図2 窓廻りをすっきり見せる

●通常

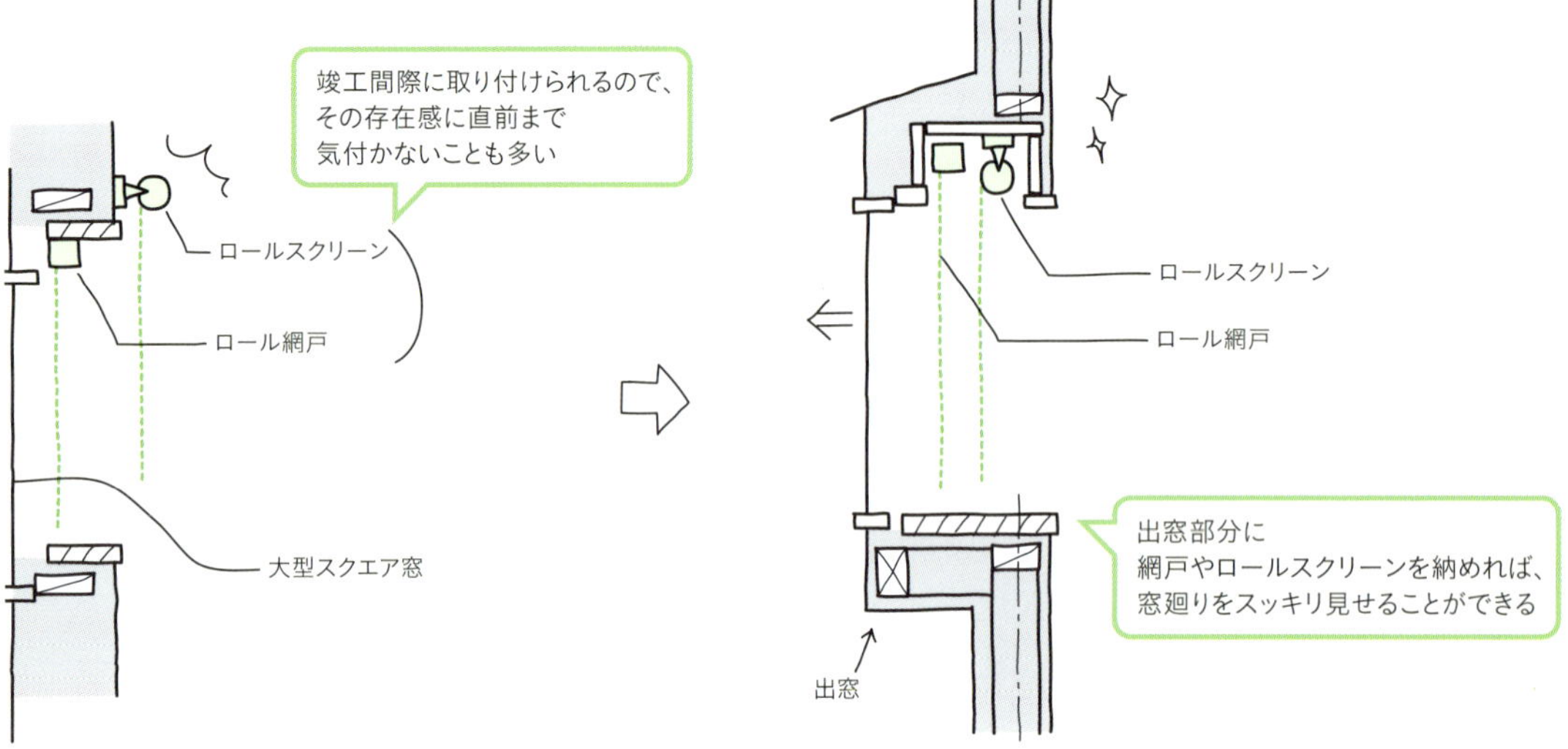

事例2 FP「窓廻りをすっきり見せる」

ここに注意!

カーテンボックスの寸法は、サッシの網戸とロールスクリーンなど両方の設置寸法を考慮する。標準的なロールスクリーン以外に、レース生地と併用できるダブルタイプや、ブラインドタイプなど多様な仕様がある。それらを、後付けするものと軽視することなく、設計の段階からよく建築主と協議するのがよいだろう

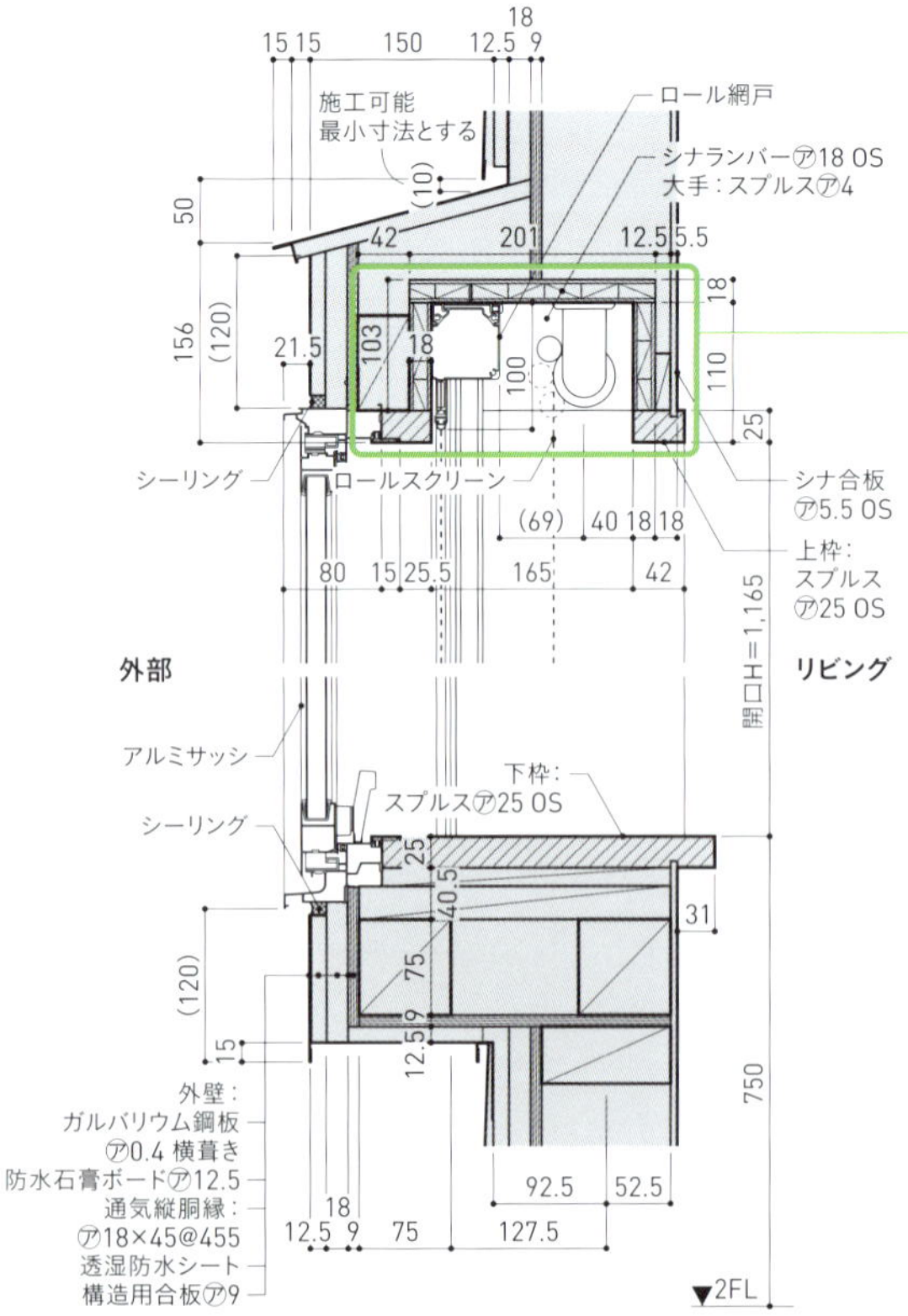

サッシB断面詳細図[S=1:10]

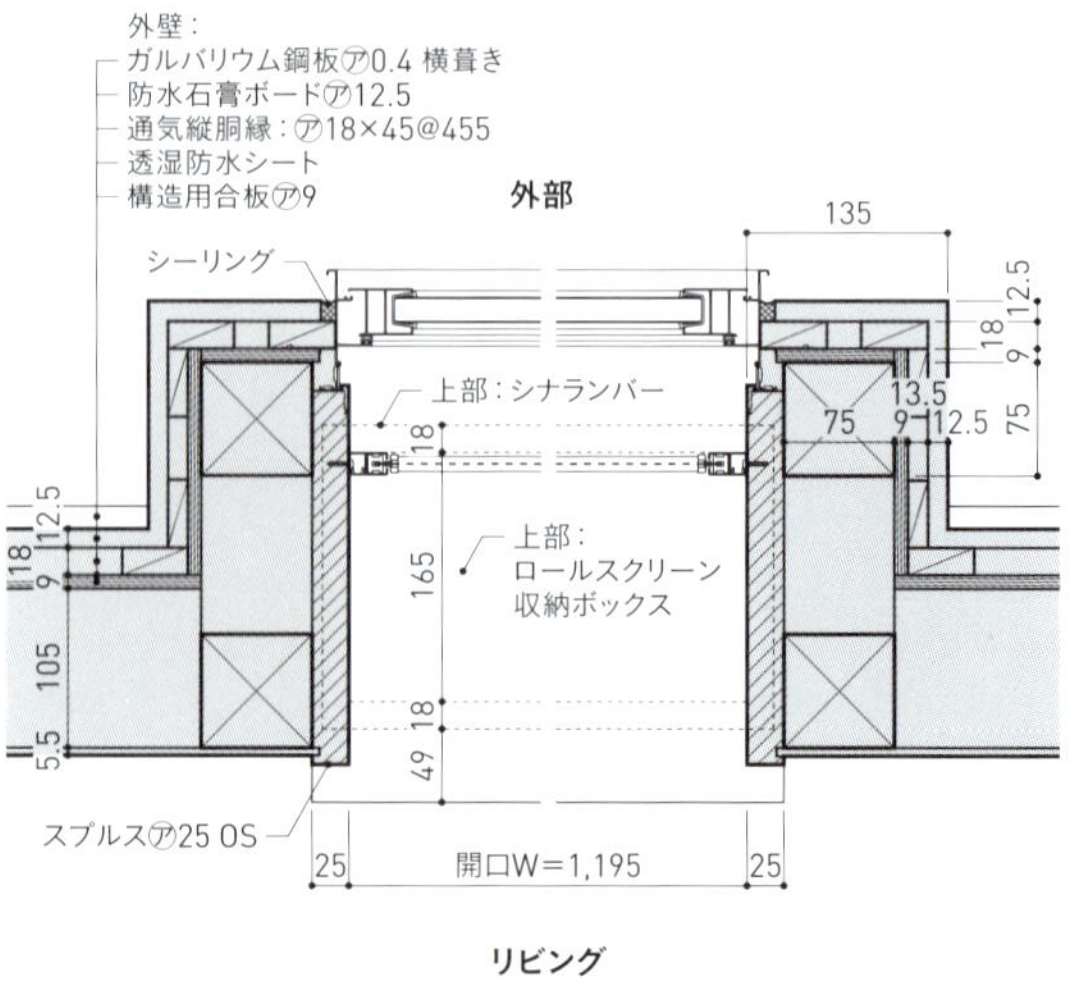

サッシB平面詳細図[S=1:10]

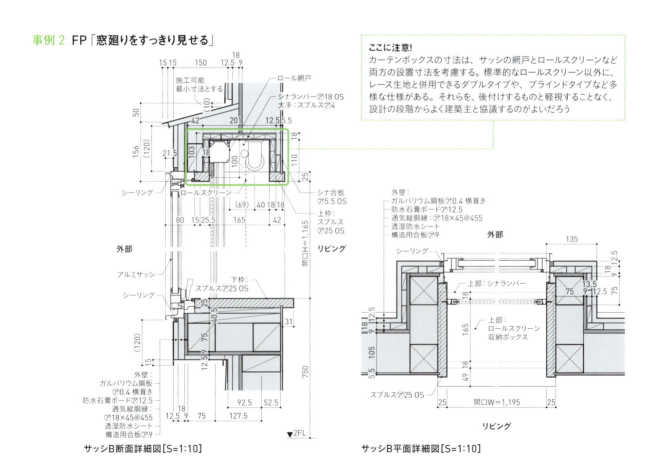

Part 2

窓以外の機能を付加する

出窓は住宅の機能を補完する役割も果たす。たとえばキッチンに食洗機を設けない場合、水切かごなどを別途置くことがある。狭いキッチンや通常の窓台では置ききれないものを置く場合でも、出窓を使えばそのスペースを確保することができる［事例3 サッシD参照］。また、窓先にパイプを設けて、日当りのよいリビングの出窓を物干しコーナーにすることもできる［事例3 サッシC参照］。

そのほかにも出窓を低い位置に設けることでベンチ代わりになったり、テーブル高さに合わせればちょっとした作業スペースや、カウンターの延長として使うこともできる。また、出窓の出寸法を深くすれば、空中に跳ね出した小部屋のようにすることも可能だ。このように出窓は工夫次第でさまざまな使い方ができるので、狭小地などではぜひ有効に活用したい。

図3 出窓を活用する

●水切かご置き場として

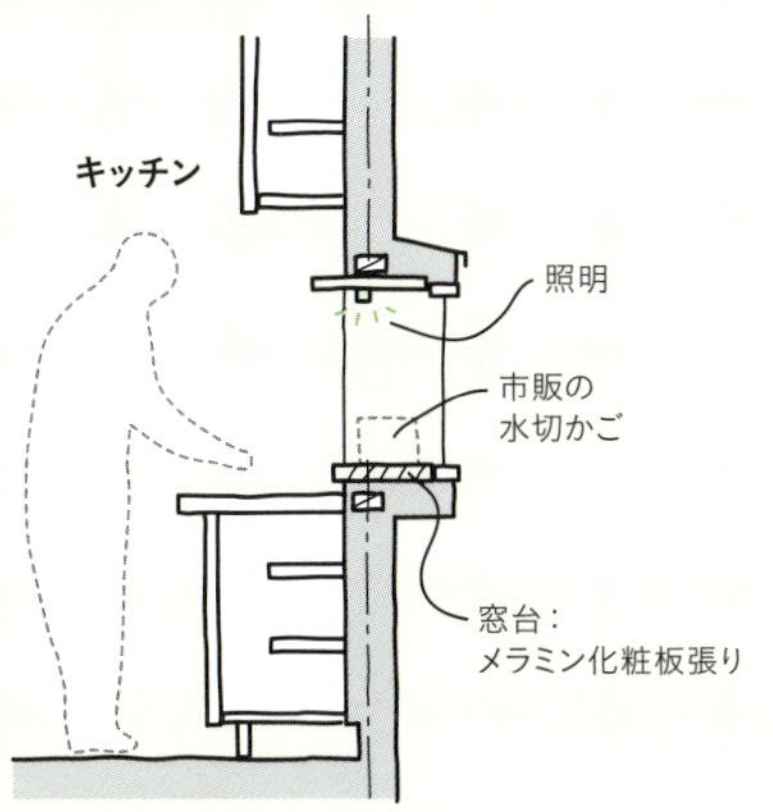
キッチン
照明
市販の
水切かご
窓台：
メラミン化粧板張り

●物干しコーナーとして

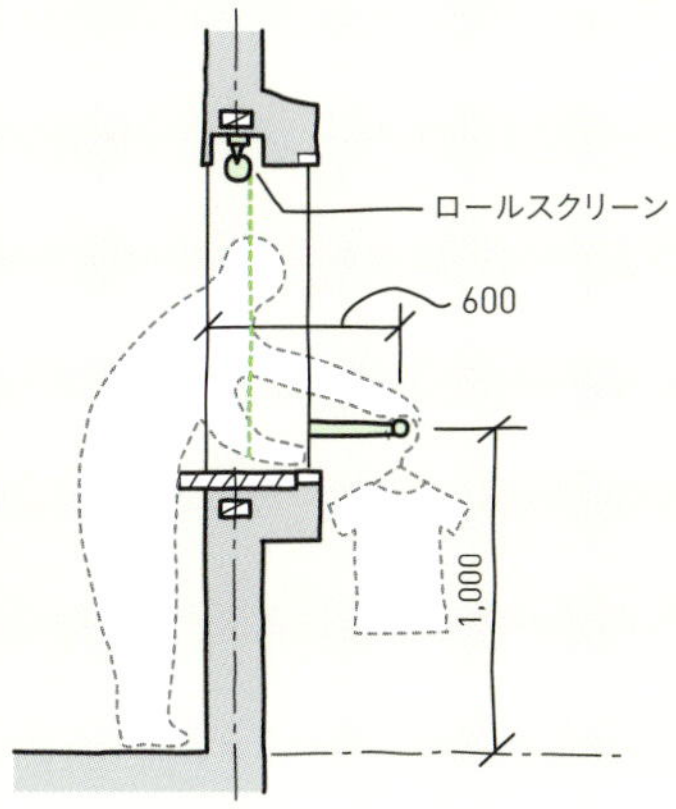
ロールスクリーン
600
1,000

❶ **はねだしテラスの家**
キッチン作業台に面して出窓をつくると、採光とともにちょっとした広がりが演出できる。水切かごなども置けるようにすると、キッチンも広く使える［事例3参照］

❷ **大和田の家**
家族がくつろぐためのラウンジに出窓を設けた事例。オーディオやテレビなどが置かれることも想定し、奥行きをおよそ400mmと深めに設定している

事例3 はねだしテラスの家「出窓を活用する」

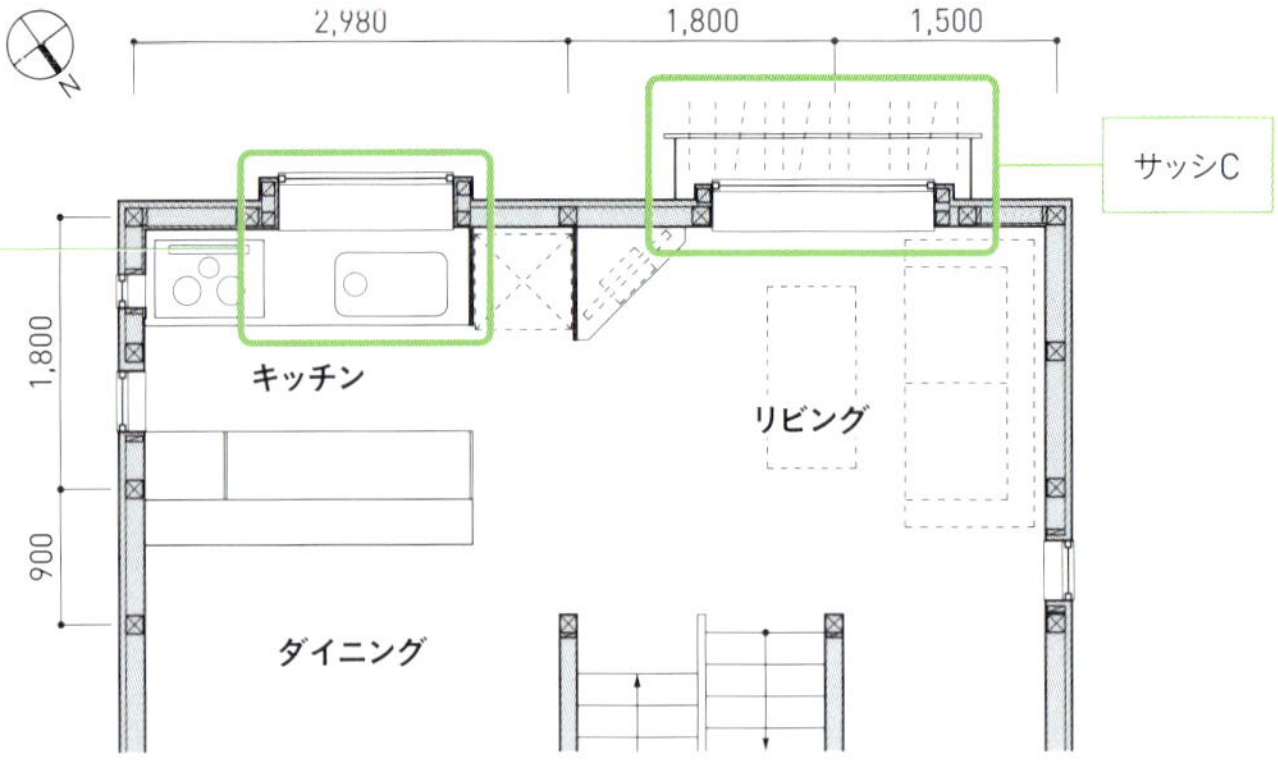

2,980
1,800
1,500
サッシC
サッシD
1,800
900
キッチン
リビング
ダイニング

2階平面図[S=1:100]

ここに注意!

物干しを設置する場合、洗濯物に容易に手が届く寸法をよく検討したい。物干しパイプは壁面に固定とし、原則として溶融亜鉛めっき素地仕上げとする。この上からSOP塗装をしたことが過去にあったが、すぐに塗膜が剥がれてしまった

合板
外壁ライン
GPL:St.PL-100×120×6
(合板へはコーチボルト留め)
120
物干しパイプ:
St.パイプφ27.2×2.3
ブラケット金物(2カ所):
St.FB-32×6 袋ナットM6
5
85
20
28
38
421

物干し断面詳細図[S=1:20]

*スチールの仕上げはすべて溶融亜鉛めっき仕上げとする

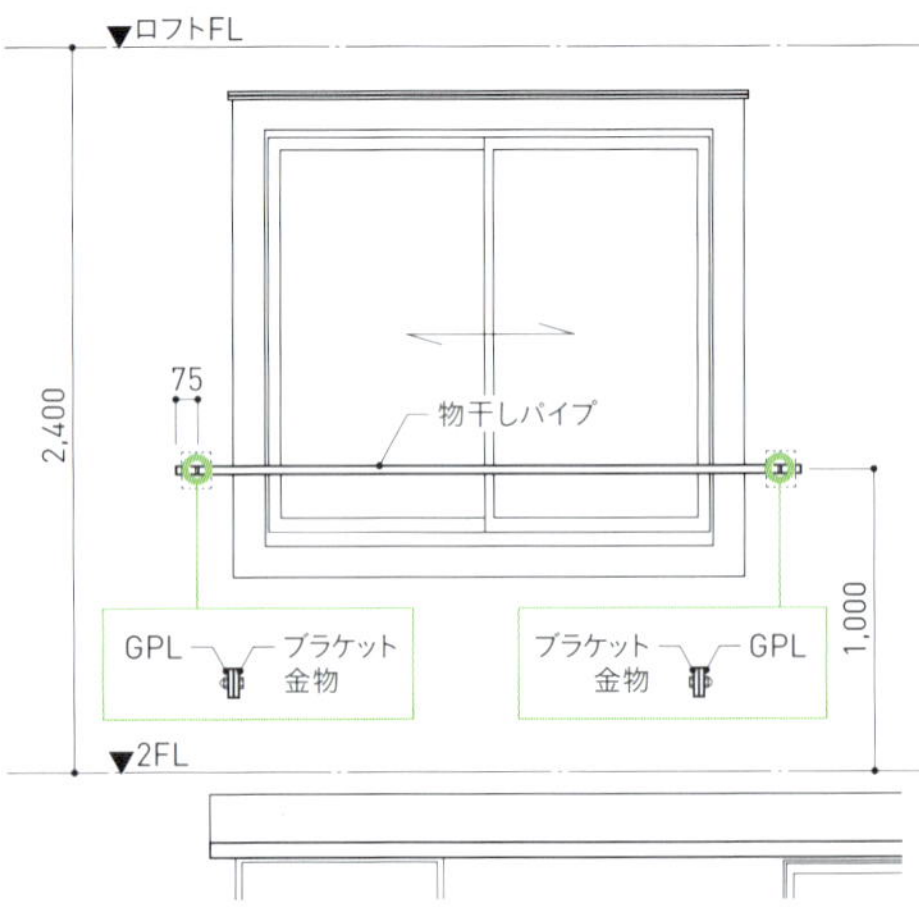

ロフトFL
2,400
75
物干しパイプ
GPL
ブラケット金物
ブラケット金物
GPL
1,000
2FL

サッシC立面図[S=1:50]

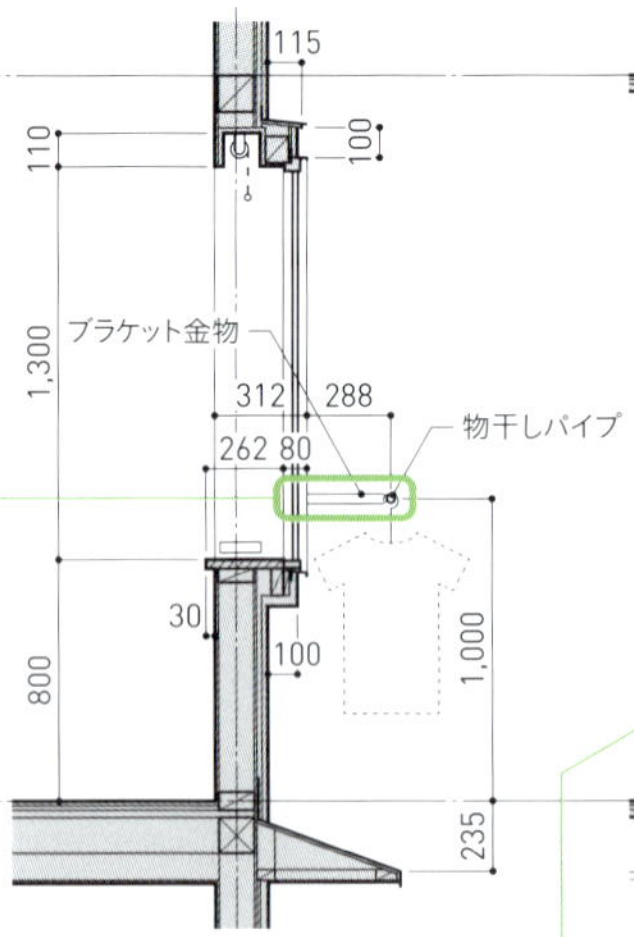

115
110
100
1,300
ブラケット金物
312
288
262
80
物干しパイプ
30
100
800
1,000
235

サッシC断面詳細図[S=1:50]

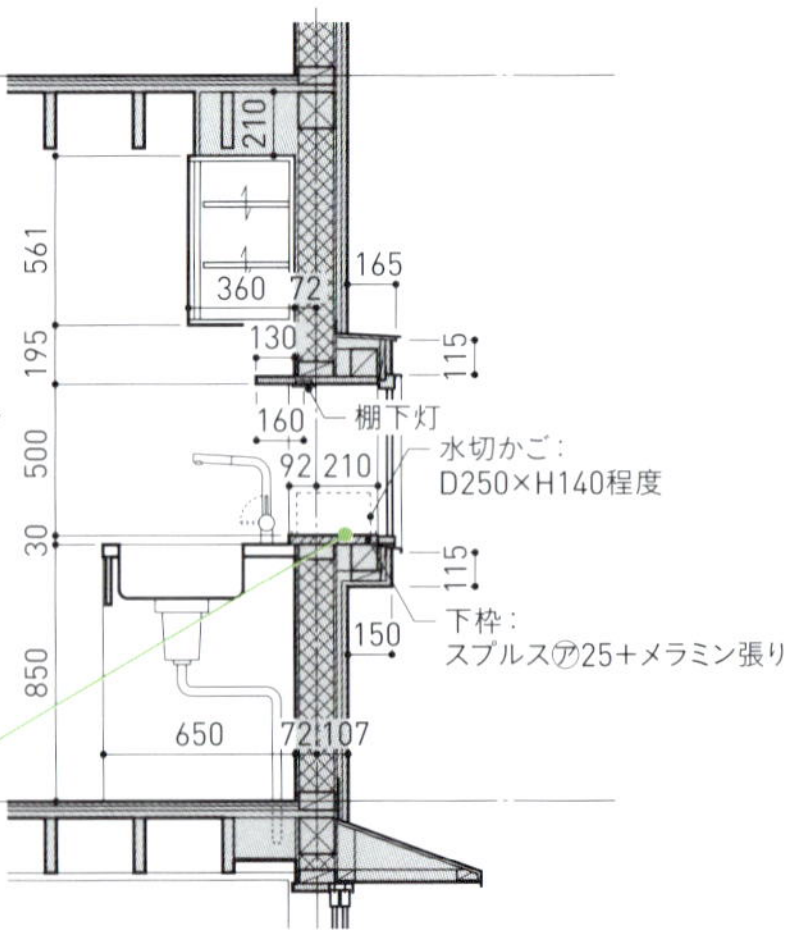

210
561
360
72
165
195
130
115
160
棚下灯
500
92
210
水切かご:
D250×H140程度
30
115
下枠:
スプルス㋐25+メラミン張り
150
850
650
72
107

サッシD断面詳細図[S=1:50]

ここに注意!

水切かごを窓台に置く場合、耐水性が求められる。タイルを張ったり、人工大理石にするのが理想であるが、本事例ではメラミン張りで納めている。大工にもできる納まりなのでローコストで済む

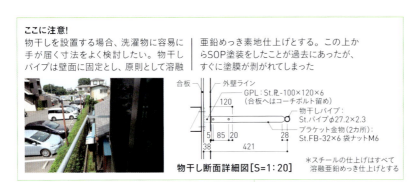

detail 08

木製建具で軽やかな空間をつくる

住宅に求められる気密・断熱性能が年々高まるなか、製作の木製建具は、季節ごとの狂いや隙間風の問題から嫌われる存在になりつつある。にもかかわらず、なぜ木製建具にこだわるのかと言えば、味わいや温もりといったことに加え、空間的な魅力や大きな解放感が得られるからにほかならない。建築主には、その辺りのメリットと、将来的なリスクについて事前によく説明するとともに、設計上の配慮と併せ致命的なクレームを避けられるよう心がけたい。ここでは、無理なく木製建具を設えるポイントについて解説する。

Part 1

大型木製建具の存在感を消す

建具を引き込んで全開放し、外部へとつなげることは、理屈抜きに気持ちがよい。ところが建具は、開放される時間よりも閉じられている時間のほうが圧倒的に長い。閉じている時にいかに建具の存在感を消し、外部とつながるような空間にするかという点に、設計者の技量が問われる。事例1では、全開放になるだけではなく、四方框もすべて内部から見えないように隠している。

ワンポイント！

製品上、納まり寸法が決まっているアルミサッシと違って、自由な寸法体系で考えられるのが木製建具の魅力だろう。注意したいのが、ガラスに複層ガラスを使用すると相当の重量となることだ。そのため、経年変化で戸車が框にめり込み動かなくなることがあるので、戸車の固定にはステンレスなどのフラットバーなどで補強するなどの工夫も必要となる。

図1 閉じていても外部とつながる空間に

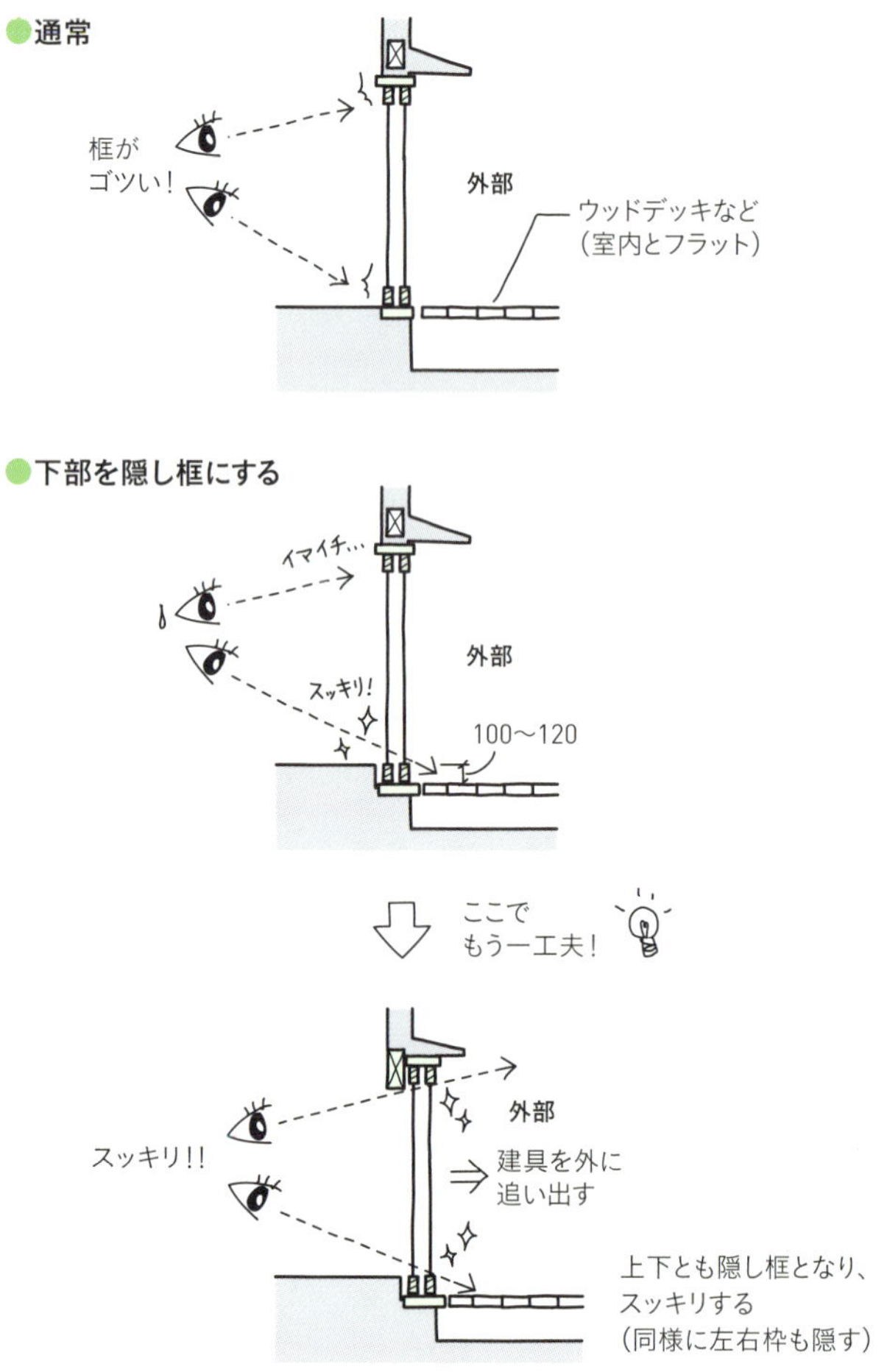
●通常
框がゴツい！
外部
ウッドデッキなど（室内とフラット）
●下部を隠し框にする
イマイチ…
スッキリ！
外部
100〜120
ここでもう一工夫！
スッキリ!!
外部
建具を外に追い出す
上下とも隠し框となり、スッキリする（同様に左右枠も隠す）

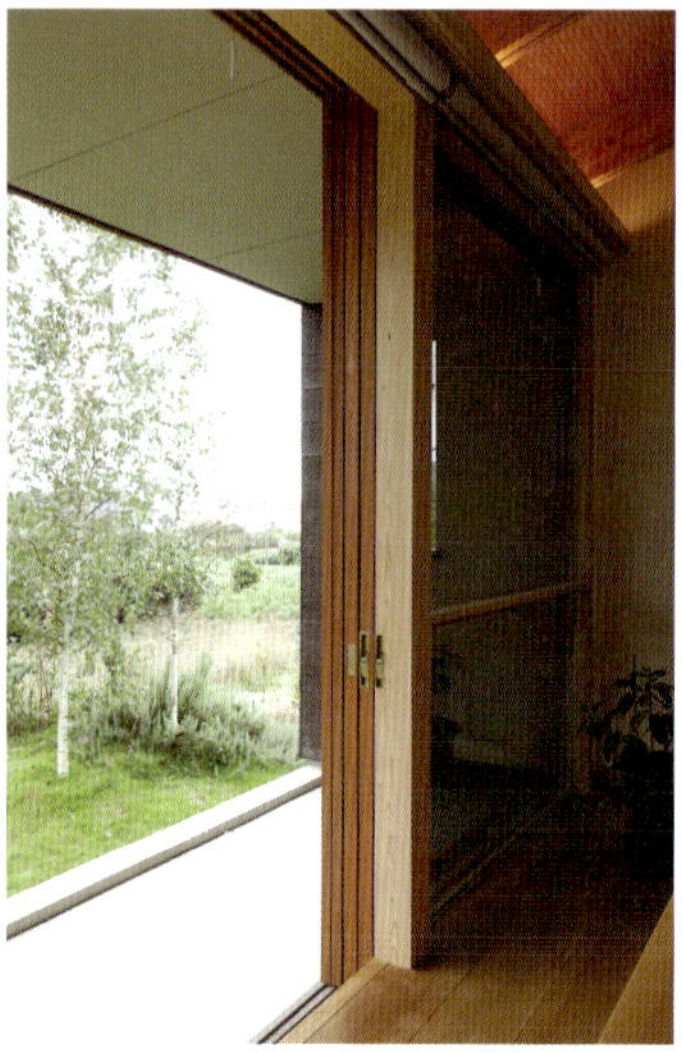

❶ 緩斜面の家
木製建具と網戸はすべてFIX窓側に引き込める。FIX窓にはあえて横方向に棚板を設けることで、網戸の横桟を視覚的に消している

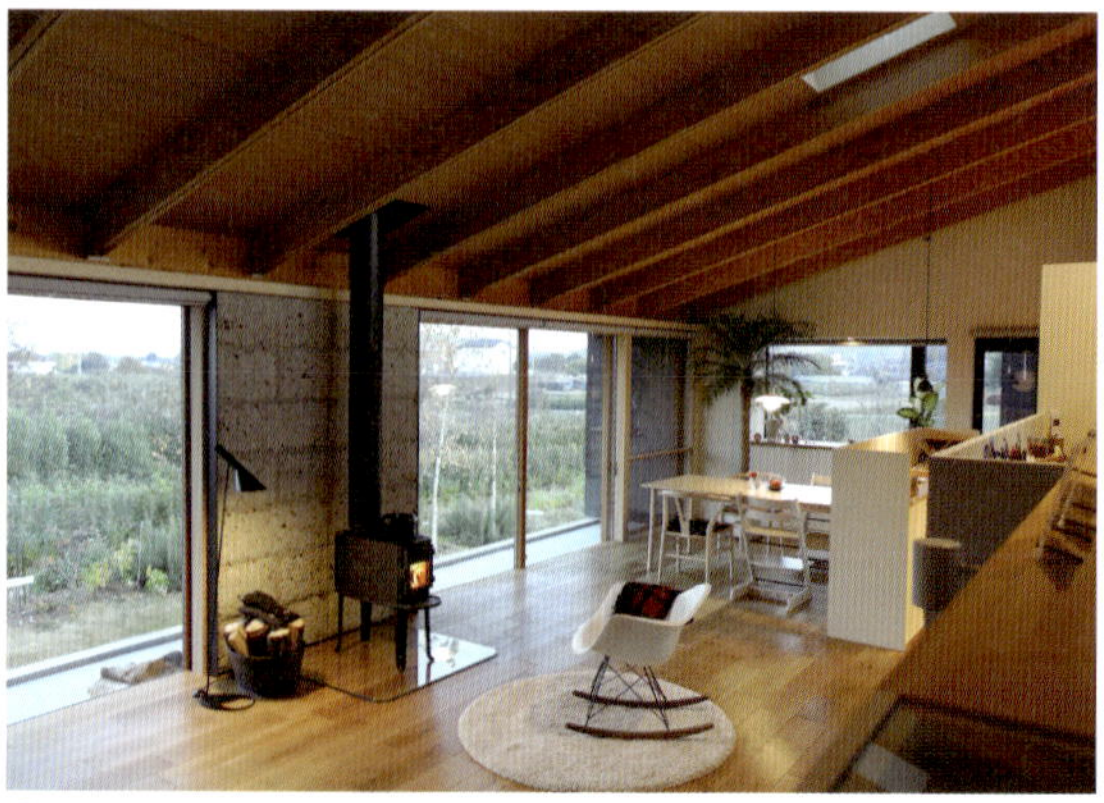

❶ 緩斜面の家
外部の広がる景色とLDKを一体化するために開口部は隠し框とし、開口部を閉じた状態であっても建具を意識させることなく風景を切り取っている［事例1参照］

事例1 緩斜面の家「大型木製建具」

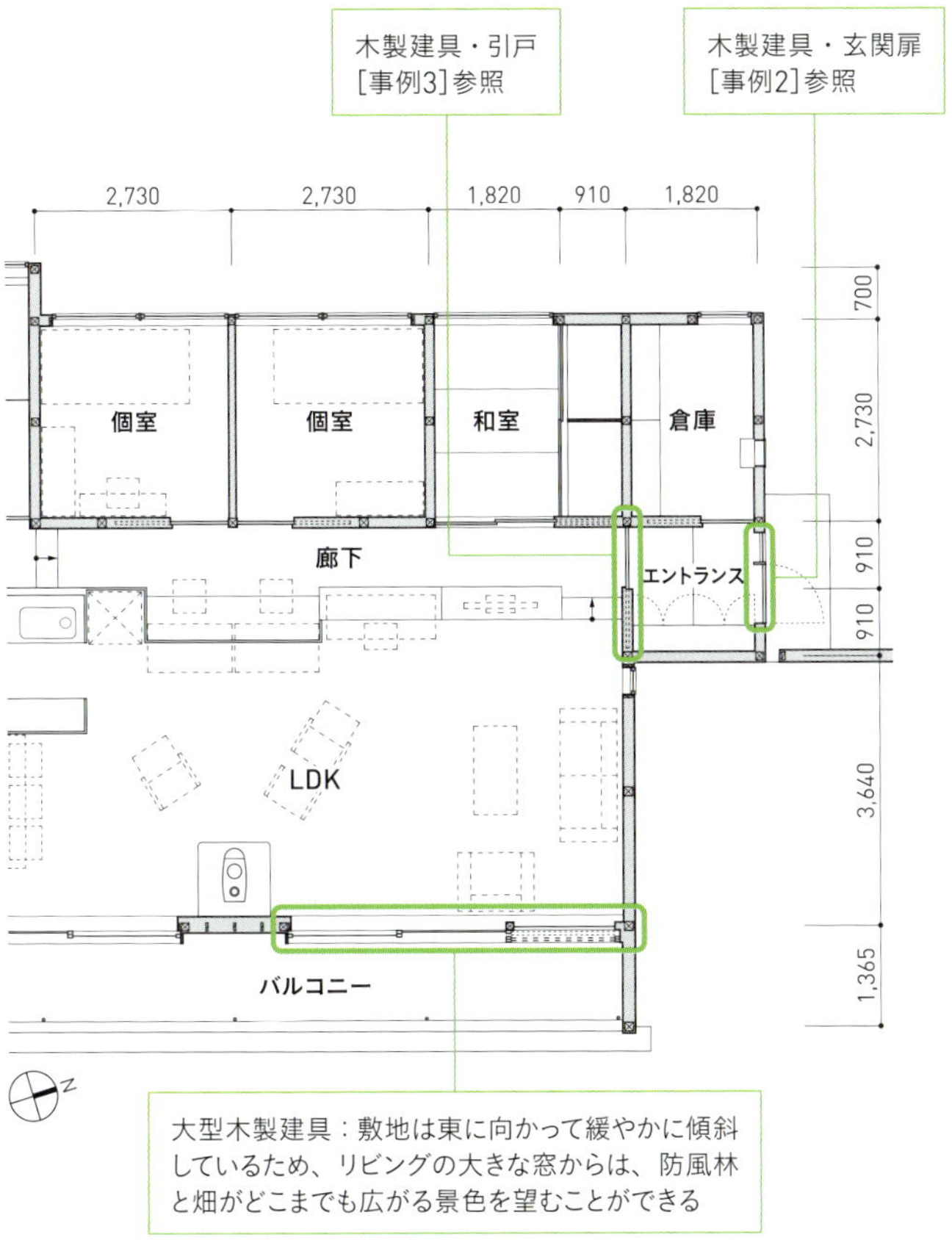

木製建具・引戸
[事例3]参照
木製建具・玄関扉
[事例2]参照
2,730
2,730
1,820
910
1,820
700
2,730
910
910
3,640
1,365
個室
個室
和室
倉庫
廊下
エントランス
LDK
バルコニー
大型木製建具：敷地は東に向かって緩やかに傾斜しているため、リビングの大きな窓からは、防風林と畑がどこまでも広がる景色を望むことができる

平面図[S=1：150]

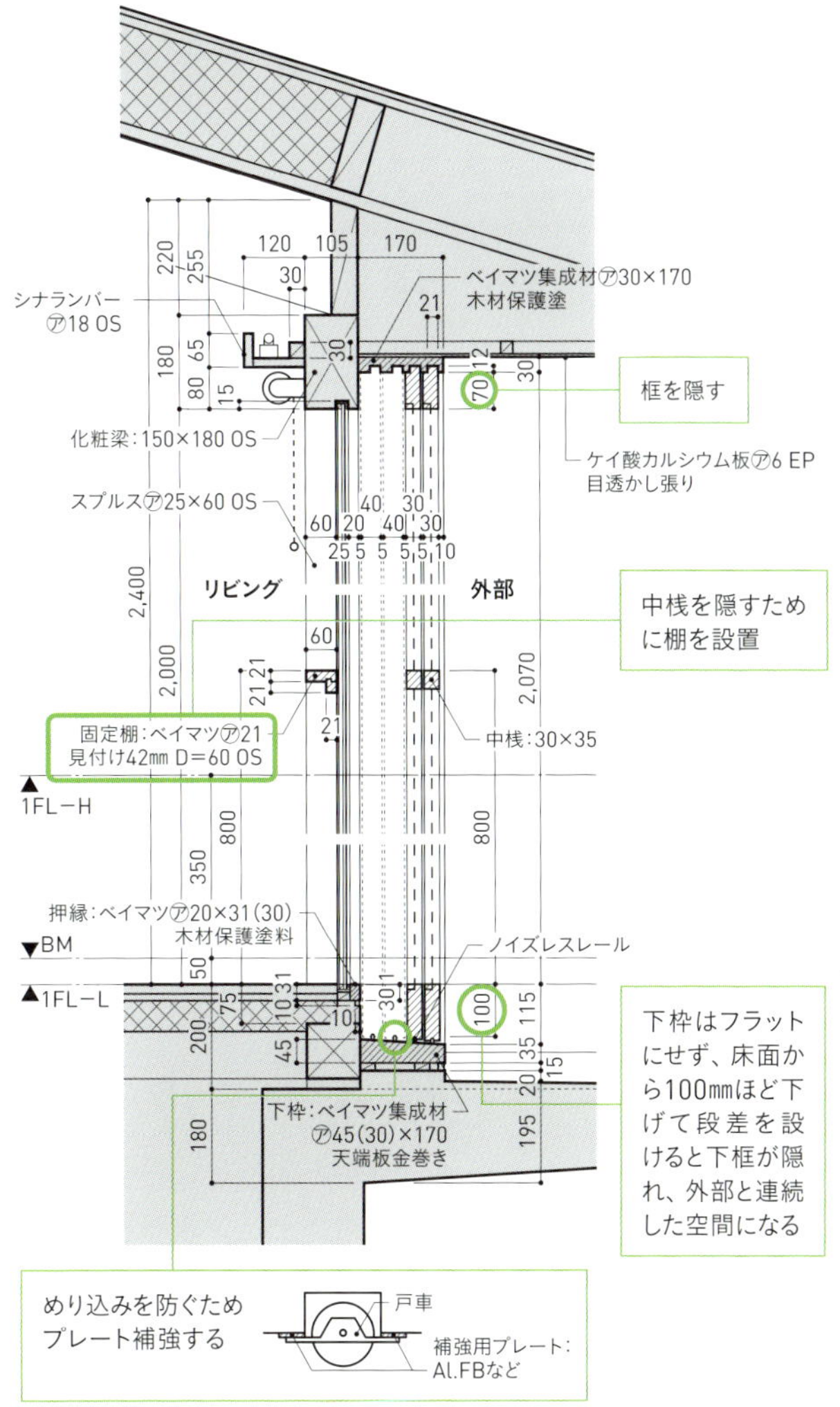

シナランバー
㋐18 OS
化粧梁：150×180 OS
スプルス㋐25×60 OS
ベイマツ集成材㋐30×170
木材保護塗
框を隠す
ケイ酸カルシウム板㋐6 EP
目透かし張り
リビング
外部
中桟を隠すために棚を設置
固定棚：ベイマツ㋐21
見付け42mm D=60 OS
中桟：30×35
1FL−H
押縁：ベイマツ㋐20×31(30)
木材保護塗料
BM
1FL−L
ノイズレスレール
下枠：ベイマツ集成材
㋐45(30)×170
天端板金巻き
下枠はフラットにせず、床面から100mmほど下げて段差を設けると下框が隠れ、外部と連続した空間になる
めり込みを防ぐためプレート補強する
戸車
補強用プレート：
Al.FBなど

大型木製建具断面詳細図[S=1：20]

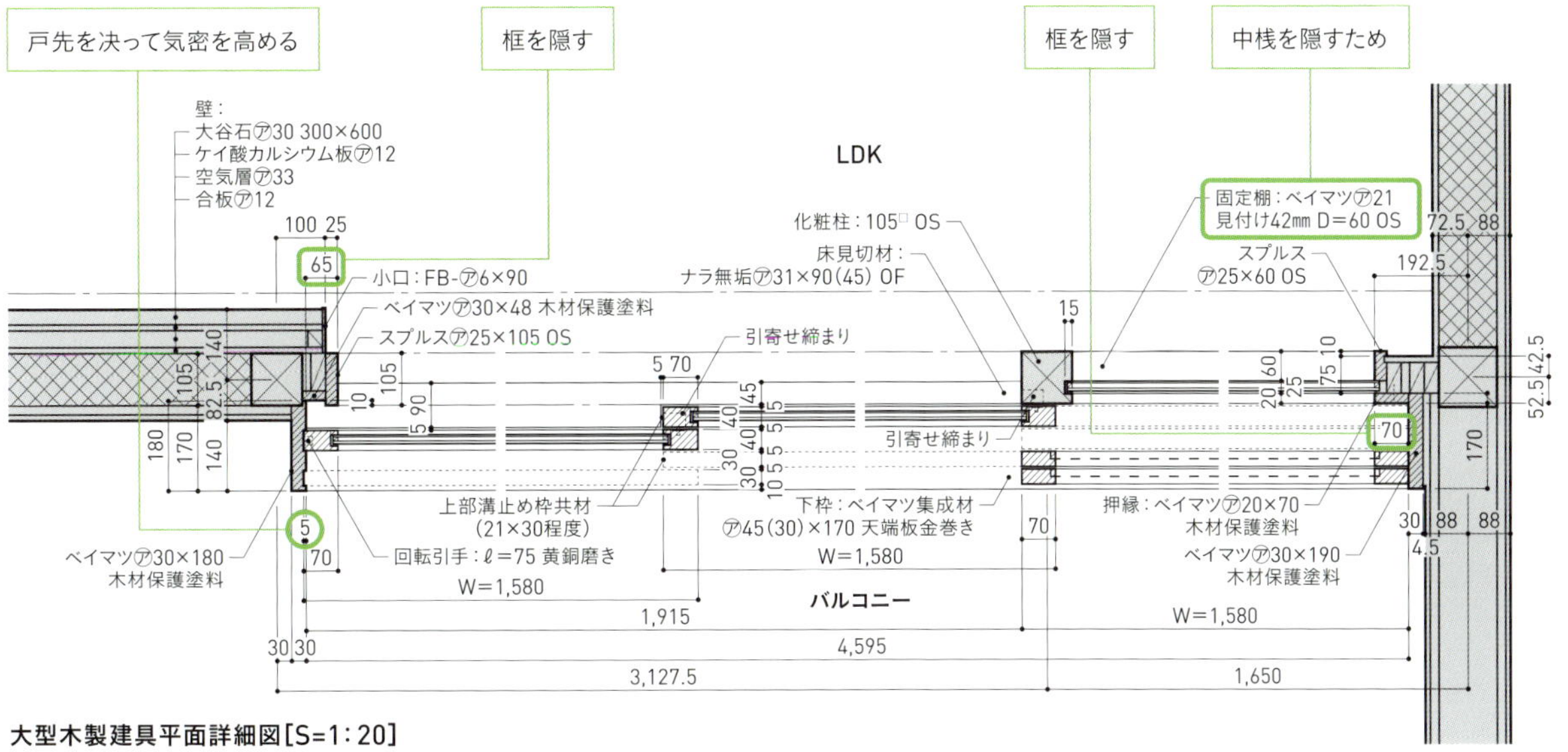

戸先を決って気密を高める
框を隠す
框を隠す
中桟を隠すため
壁：
大谷石㋐30 300×600
ケイ酸カルシウム板㋐12
空気層㋐33
合板㋐12
LDK
小口：FB-㋐6×90
ベイマツ㋐30×48 木材保護塗料
スプルス㋐25×105 OS
化粧柱：105□ OS
床見切材：
ナラ無垢㋐31×90(45) OF
固定棚：ベイマツ㋐21
見付け42mm D=60 OS
スプルス
㋐25×60 OS
引寄せ締まり
引寄せ締まり
上部溝止め枠共材
(21×30程度)
回転引手：ℓ=75 黄銅磨き
下枠：ベイマツ集成材
㋐45(30)×170 天端板金巻き
押縁：ベイマツ㋐20×70
木材保護塗料
ベイマツ㋐30×190
木材保護塗料
ベイマツ㋐30×180
木材保護塗料
W=1,580
W=1,580
W=1,580
バルコニー
1,915
4,595
3,127.5
1,650

大型木製建具平面詳細図[S=1：20]

玄関扉はガラスを組み合わせる

木製建具のメリットはその素材感に加え、枠にガラスを組み合わせるなどの設計の自由度の高さもある。玄関は最小限の寸法でつくられることも多く、収納の要望も多いため、採光用の窓がつくりにくい。そこで、玄関扉には可能な限りガラスを組み合わせる。プライバシー上の工夫や建築主の理解が得られれば、ガラスは透明にすると来客の顔が見え、狭い玄関に広がりを与えることもできる。

また、居室の木製建具には引戸を用いることで空間を常に開け放ち、必要に応じて仕切るという考えは日本ならではの空間の使い方ができる。そんな引戸は存在感を消すべく、なるべく戸袋を設けて引込み戸としたい。引込み戸の場合、戸袋側の枠を25㎜ほどずらして吊り込み、顔を出した戸先部に手をかけて閉めると具合がよい。金物は戸車や吊レールを、用途や使い勝手に応じて使い分ける。

図2 玄関に自然採光を取り入れる

●通常

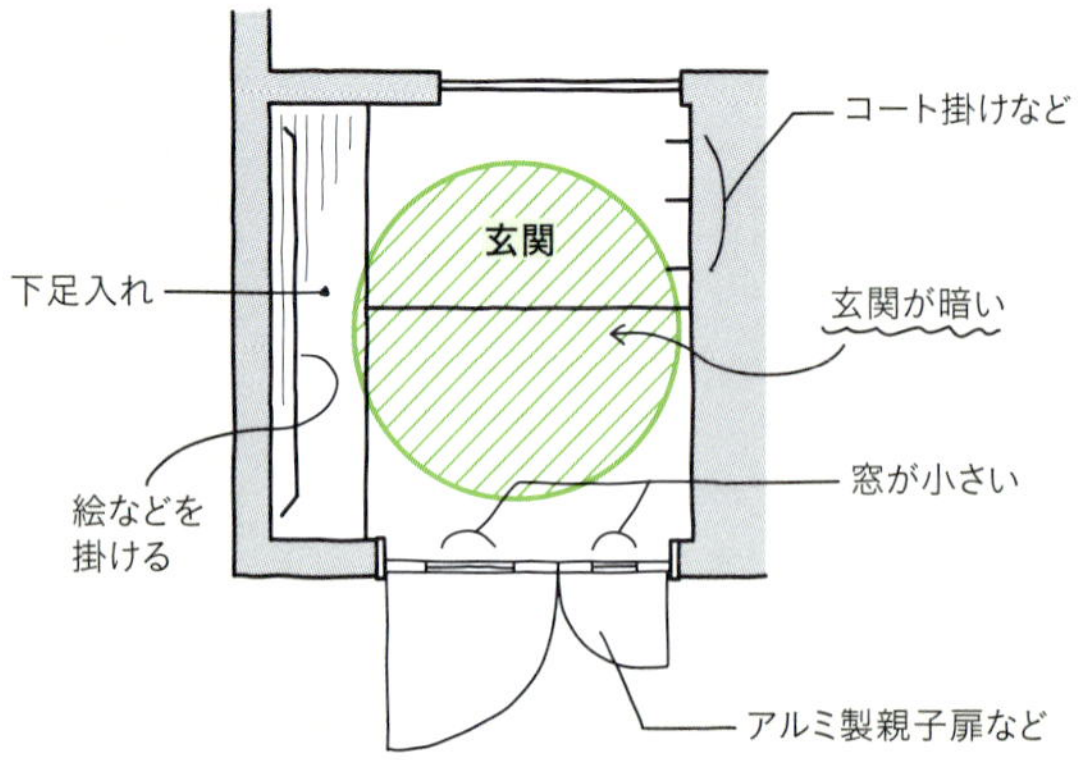
コート掛けなど
玄関
下足入れ
玄関が暗い
絵などを
掛ける
窓が小さい
アルミ製親子扉など

●扉にスリット窓を設ける

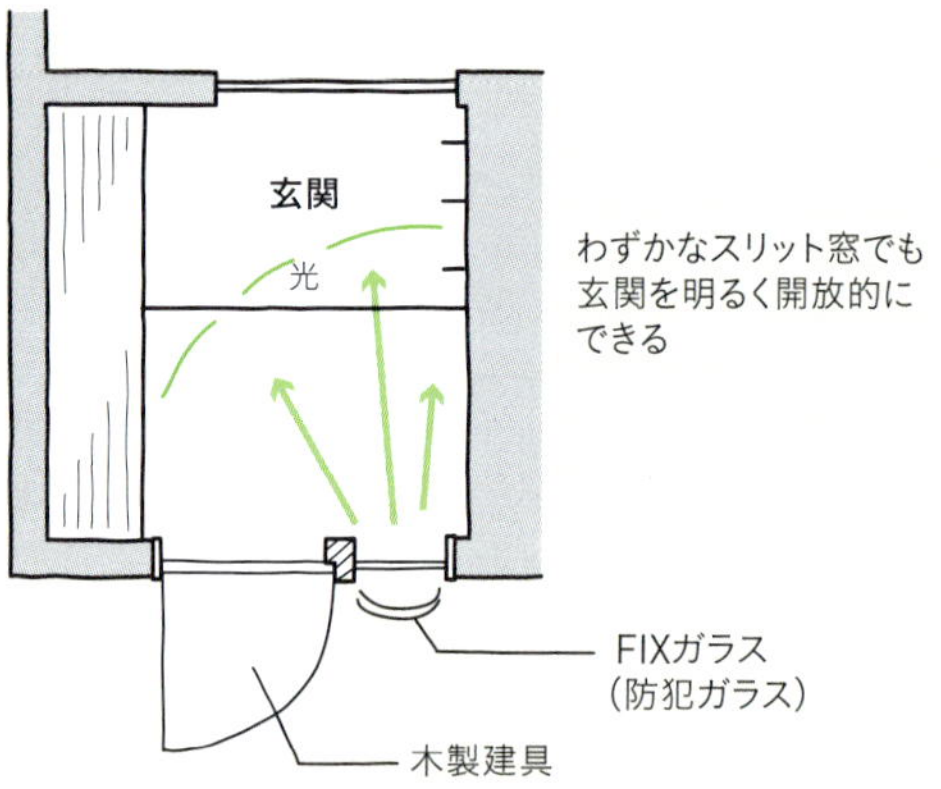
玄関
光
わずかなスリット窓でも
玄関を明るく開放的に
できる
FIXガラス
(防犯ガラス)
木製建具

❶ 緩斜面の家
玄関扉の袖壁には透明のガラスを使用し、玄関に明るさと広がりをつくり出している。玄関内部にもう1枚扉を設けることで、プライバシーを確保している［事例2参照］
（写真：新澤一平）

❷ TOPWATER
玄関扉の袖壁にくもりガラス（防犯ガラス）を用いた事例。光を採り入れることで玄関に広がりやその先の廊下に明るさをもたらしながら、プライバシーも確保している
（写真：新澤一平）

事例2 緩斜面の家「木製建具・玄関扉」

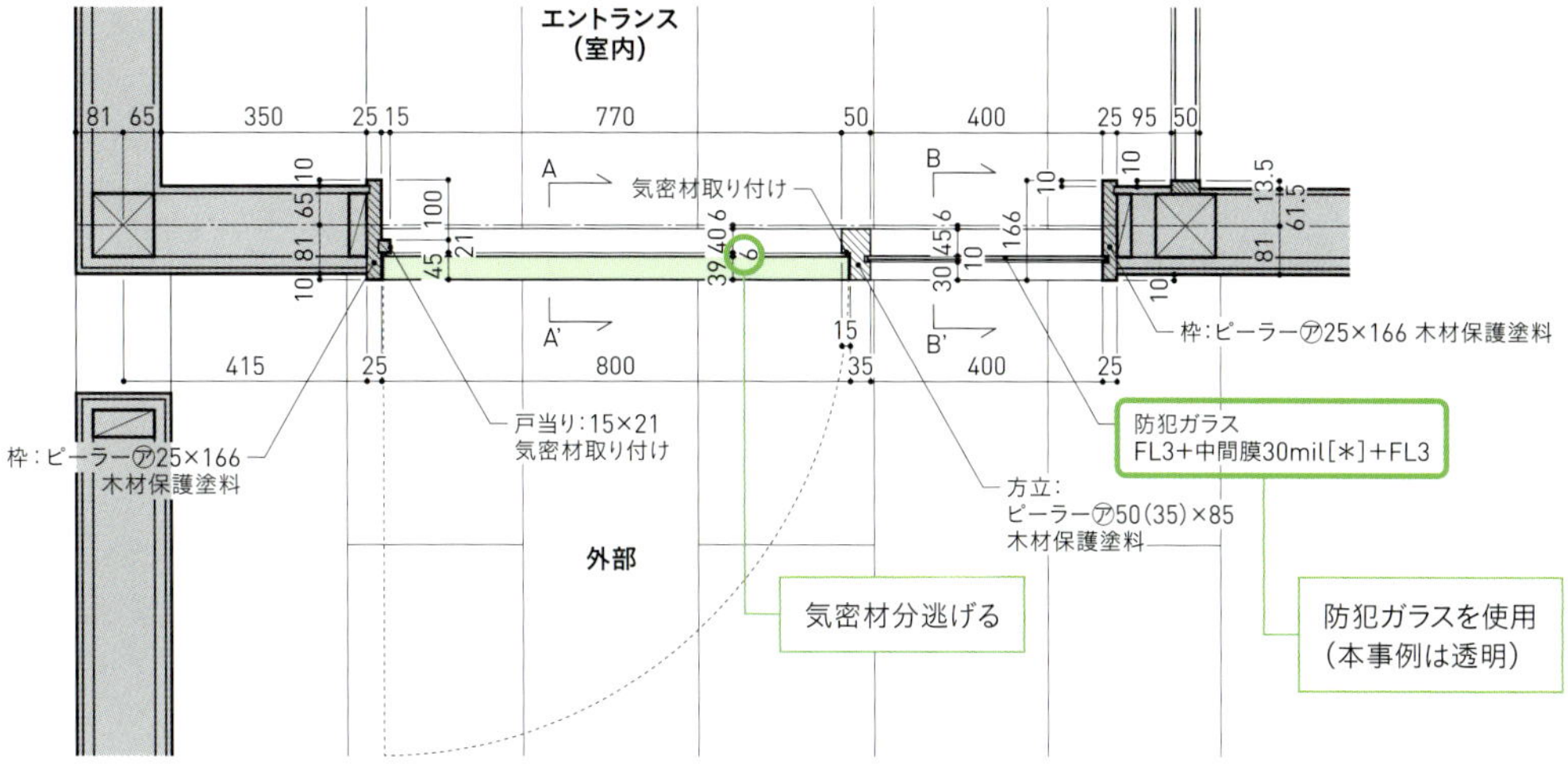
エントランス
（室内）
81 65
350
25 15
770
50
400
25 95 50
気密材取り付け
415
25
800
15
35
400
25
枠：ピーラー㋐25×166 木材保護塗料
戸当り：15×21
気密材取り付け
方立：
ピーラー㋐50(35)×85
木材保護塗料
枠：ピーラー㋐25×166
木材保護塗料
防犯ガラス
FL3+中間膜30mil[*]+FL3
外部
気密材分逃げる
防犯ガラスを使用
（本事例は透明）

玄関扉平面詳細図[S=1:20]

A–A'断面（扉部）　B–B'断面（FIX部）

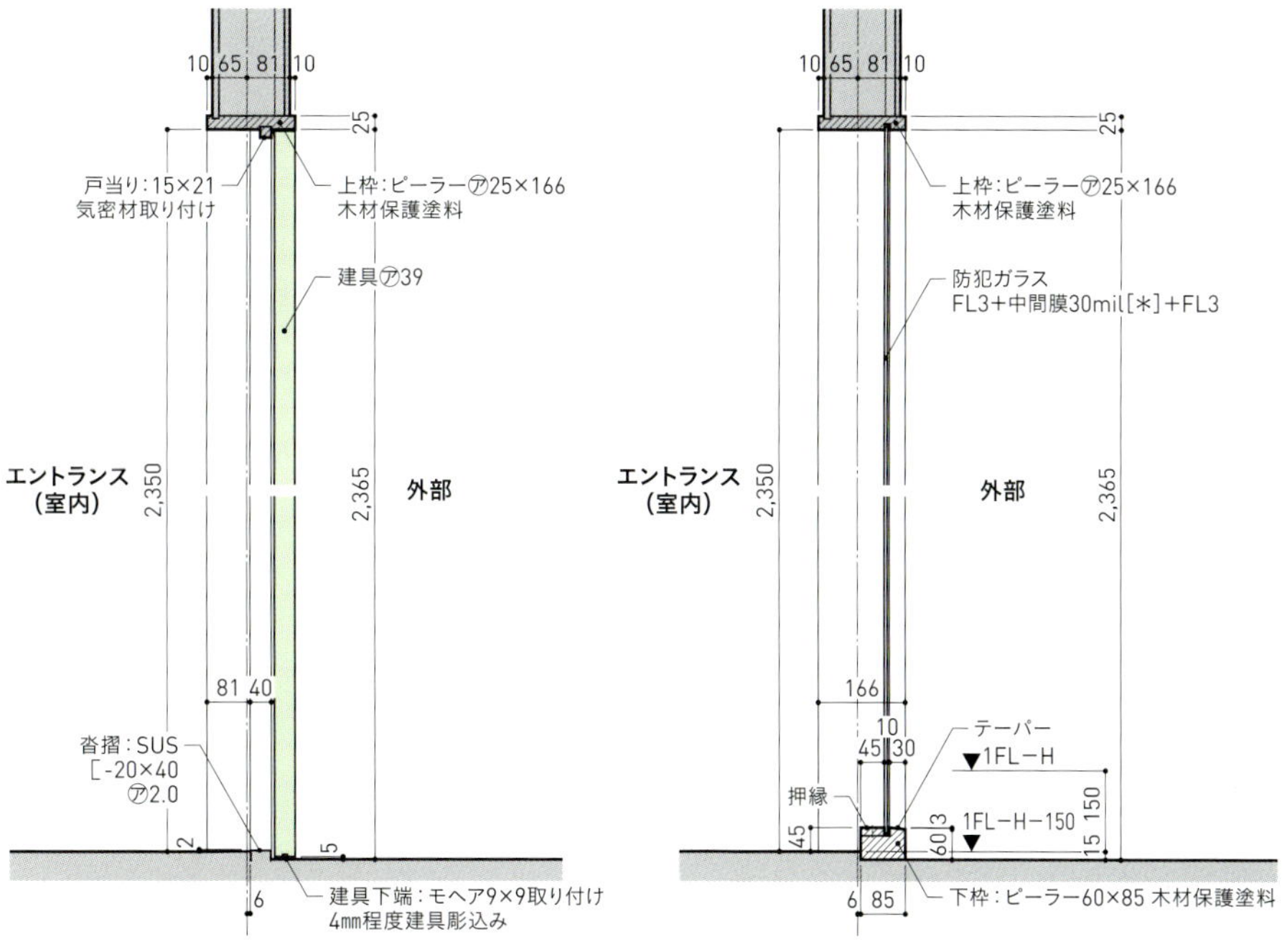
10 65 81 10
戸当り：15×21
気密材取り付け
上枠：ピーラー㋐25×166
木材保護塗料
建具㋐39
エントランス
（室内）
2,350
2,365
外部
81 40
沓摺：SUS
[-20×40
㋐2.0
建具下端：モヘア9×9取り付け
4mm程度建具彫込み
10 65 81 10
上枠：ピーラー㋐25×166
木材保護塗料
防犯ガラス
FL3+中間膜30mil[*]+FL3
エントランス
（室内）
2,350
外部
2,365
166
45 30
テーパー
▼1FL–H
押縁
1FL–H–150
6 85
下枠：ピーラー60×85 木材保護塗料

玄関扉断面詳細図[S=1:20]

*1mil＝1,000分の1インチ（約0.0254mm）

ここに注意!

事例1の大型建具と同様、木製建具の問題点は季節の変わり目での反りや隙間風にある。枠に遊びが少ないと反りに対応できず、大きいと今度は隙間風が入ってくる。それらへの現実的対処はモヘアやピンチブロックといった補助部材の使用であろう。ただし、最初からその寸法を想定しておかないと、後付けはできないので要注意である。また扉下部には、本事例ではモヘアを使用しているが、最近では扉が閉まるとシャッターが落ちるスーパータイト（ベスト）などの製品を標準仕様としている

図3 引戸の存在感を消す

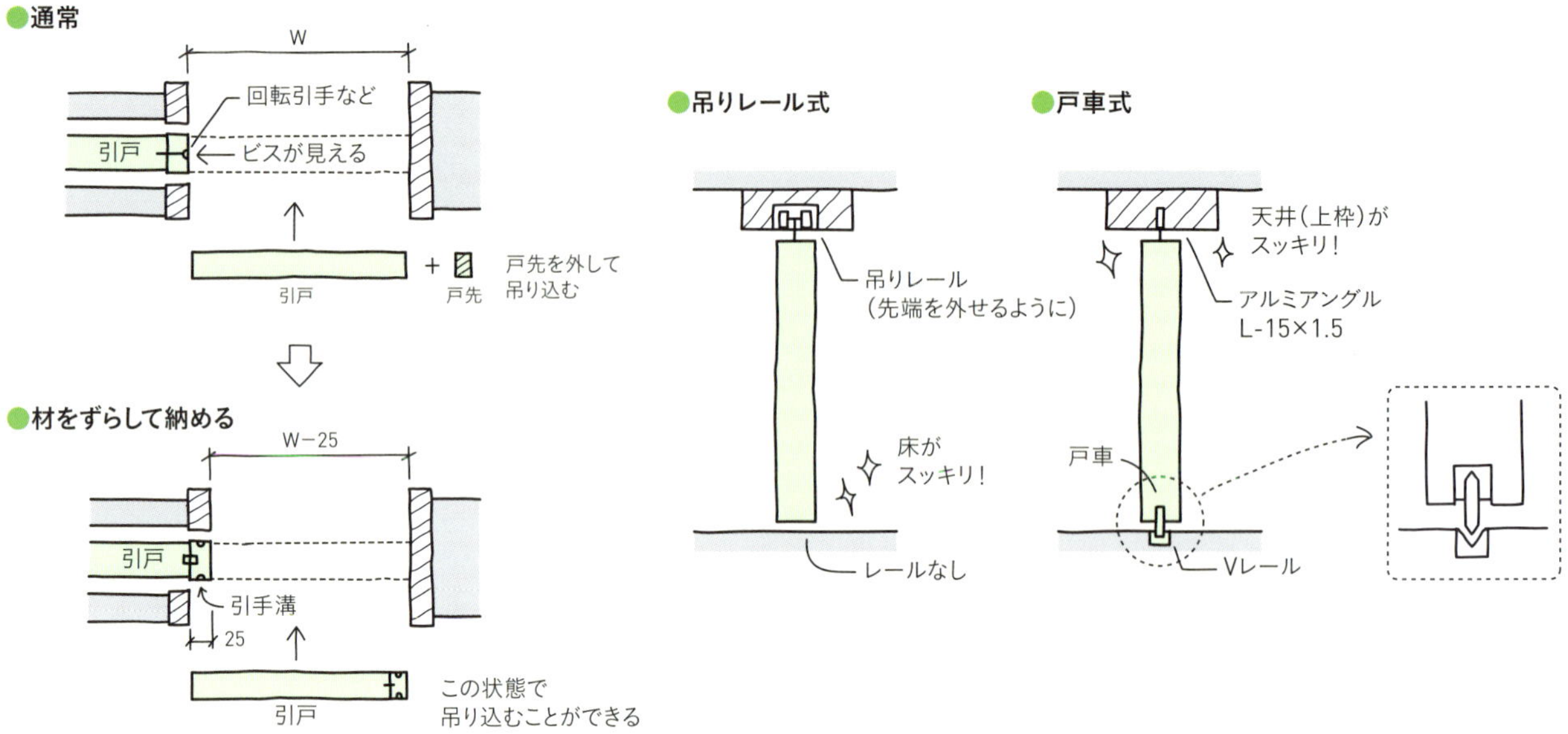

●通常
W
回転引手など
引戸
ビスが見える
引戸
+
戸先
戸先を外して
吊り込む
●材をずらして納める
W−25
引戸
引手溝
25
引戸
この状態で
吊り込むことができる
●吊りレール式
吊りレール
(先端を外せるように)
床が
スッキリ!
レールなし
●戸車式
天井(上枠)が
スッキリ!
アルミアングル
L-15×1.5
戸車
Vレール

事例3 緩斜面の家「木製建具・引戸」

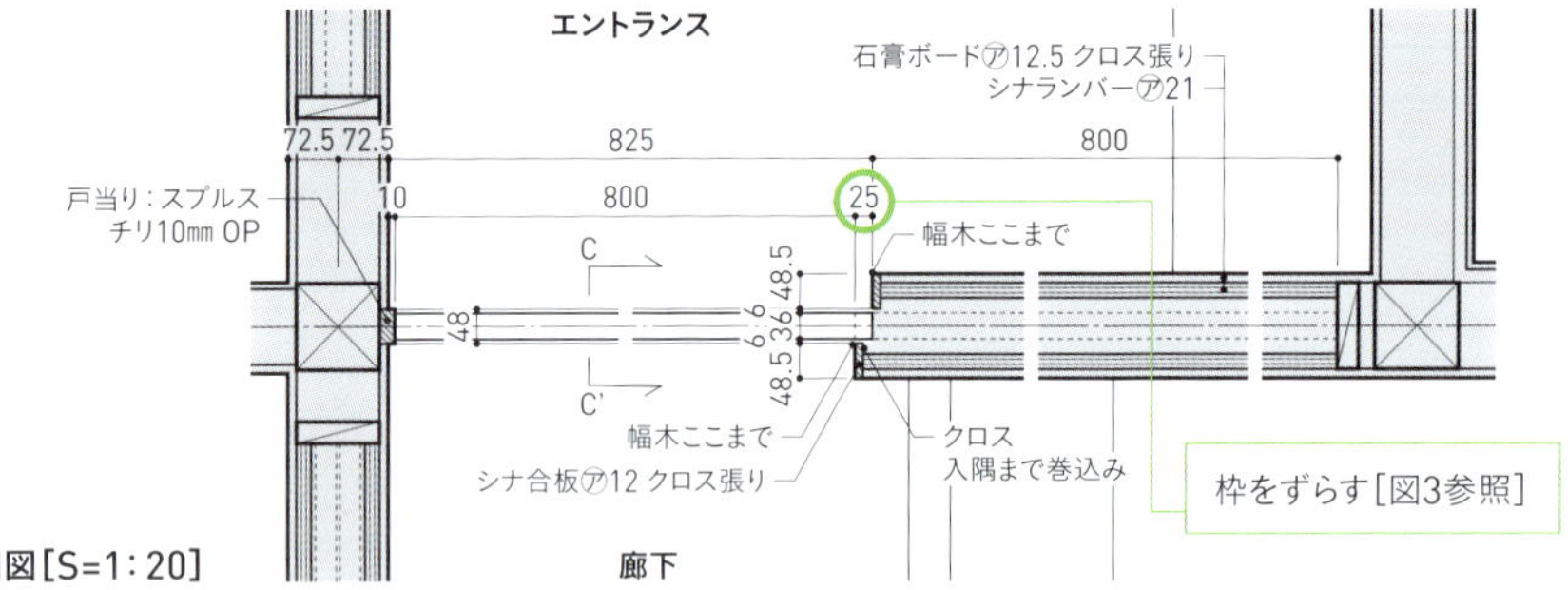

エントランス
石膏ボード㋐12.5 クロス張り
シナランバー㋐21
72.5 72.5
825
800
戸当り:スプルス
チリ10mm OP
10
800
25
幅木ここまで
C
48
48.5
6
36
6
48.5
C'
幅木ここまで
シナ合板㋐12 クロス張り
クロス
入隅まで巻込み
枠をずらす[図3参照]
廊下

引戸平面詳細図[S=1:20]

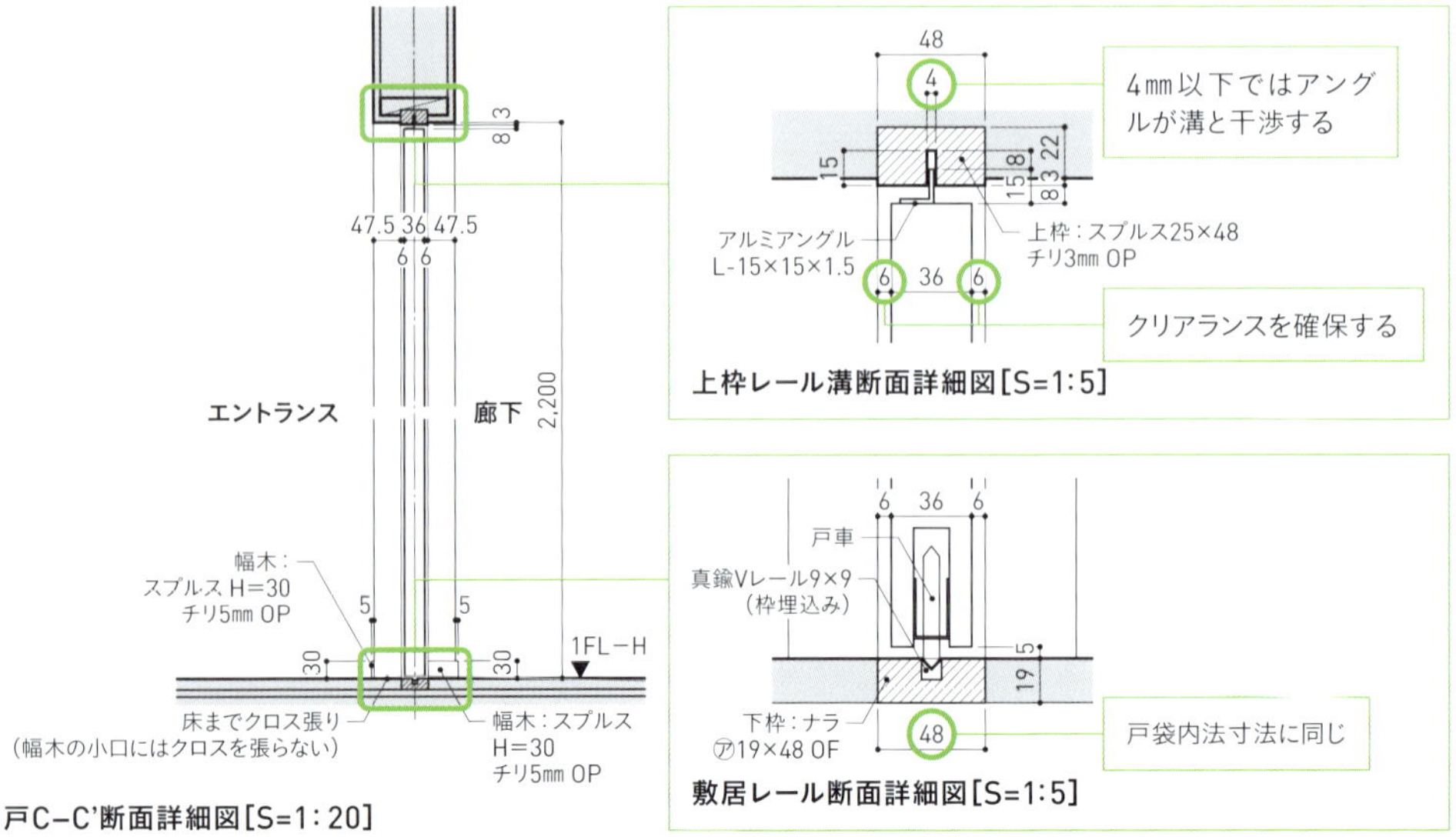

8
13
47.5 36 47.5
6 6
エントランス
廊下
2,200
幅木:
スプルス H=30
チリ5mm OP
5
5
30
30
1FL−H
床までクロス張り
(幅木の小口にはクロスを張らない)
幅木:スプルス
H=30
チリ5mm OP
48
4
4mm以下ではアング
ルが溝と干渉する
15
15
8
8
3
22
アルミアングル
L-15×15×1.5
上枠:スプルス25×48
チリ3mm OP
6
36
6
クリアランスを確保する
6
36
6
戸車
真鍮Vレール9×9
(枠埋込み)
5
19
下枠:ナラ
㋐19×48 OF
48
戸袋内法寸法に同じ

引戸C–C'断面詳細図[S=1:20]

上枠レール溝断面詳細図[S=1:5]

敷居レール断面詳細図[S=1:5]

ここに注意!

引込み戸で重要なのは、戸袋とのクリアランスである。建具は必ず反るので、少し大きめに6mmほどは確保したい。また、戸袋側の枠をずらさないで納めたいときは、戸先外しにするのが一般的だが、戸先側にビス頭が見えてしまう問題もある。戸車式はVレールの施工が悪いと、引き込んだ戸が滑り出てきてしまうことがある。吊りレール式の場合は、将来の戸車交換のためにレールを戸袋の手前でカットしておく

TOPWATER

detail 09

プランを左右する階段は住宅の要

階段の計画は、平面のみならず階高などとも密接な関係にあり、ここをおろそかにするとわずか1段のためにプランが破綻することも少なくない。内部空間のみならず、階段はファサード計画にも大きな影響を与える。逆に、階段下を有効に使うことで収納とトイレスペースの問題が同時に解決したり、開放的な階段で空間に広がりやアクセントを印象づけたりなど、階段は使い方次第でさまざまな効果をもたらすオールマイティカードにもなる。ここでは、階段形状と寸法設定から、階段廻りの有効活用について考えたい。

木階段はトイレや収納とセットで考える

まずは折返し階段と直進階段さえ押さえておけば、ほとんどの住宅で使うことができる。螺旋階段などそれ以外の階段形式はこの応用でしかない。木造住宅で階高を2550～2750㎜程度とした場合、階段の段数は13～14段となる。この段数に納めるとプランニングは破綻なく合理的にまとまりやすい。ここではそれぞれのモジュールと、押さえるべき納まりの注意点を解説する。

ワンポイント！

いじましくも床面積を隅々まで使い切ることを考えると、階段下のいびつなスペースさえも無駄にしたくないと思ってしまう。このいびつなスペースにぴったりはまる数少ないピースの一つがトイレであり、階段とトイレをセットに考えるのは筆者のプランニングでは定番となっている。さらに余ったスペースがあれば、収納としても無駄なく使い切りたい。

図 折返し階段と直進階段のモジュール比較

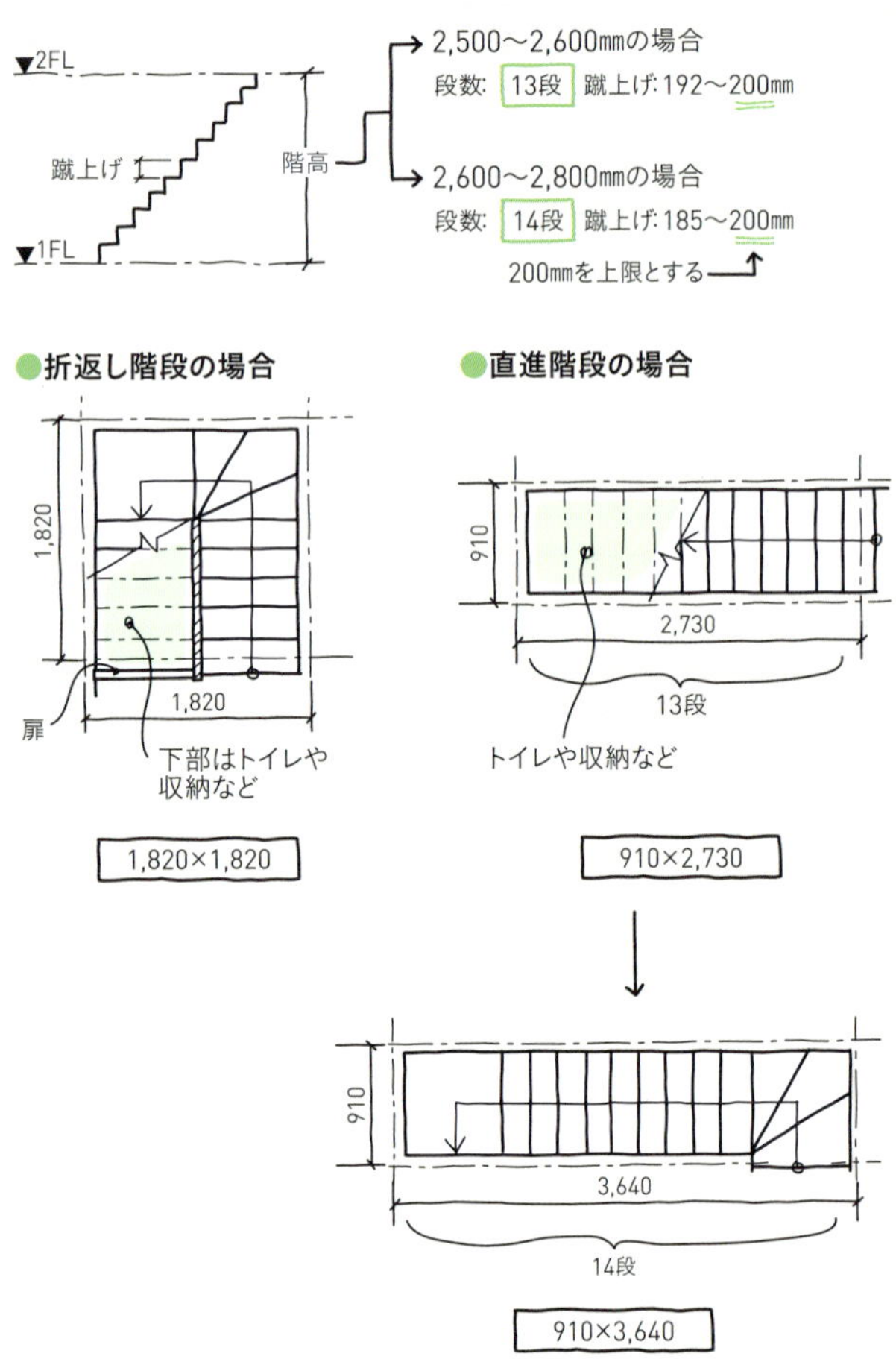
2FL
蹴上げ
階高
1FL
2,500～2,600㎜の場合
段数: 13段 蹴上げ: 192～200㎜
2,600～2,800㎜の場合
段数: 14段 蹴上げ: 185～200㎜
200㎜を上限とする
●折返し階段の場合
1,820
1,820
扉
下部はトイレや収納など
1,820×1,820
●直進階段の場合
910
2,730
13段
トイレや収納など
910×2,730
910
3,640
14段
910×3,640

❷ TREEHOUSE
直進階段下の天井高がある部分をトイレとして利用し、さらに余ったスペースを収納としても活用している。わずかなスペースであっても収納は重宝する［事例2参照］

❶ トンガリの家
折返し階段の折返し部分をトイレとして利用した定番のパターン。玄関の目の前に配置された階段は、なるべくシンプルにスッキリ納めたい［事例1参照］（写真：新澤一平）

事例 1 トンガリの家「折返し階段」

階段下トイレの天井高さを確保するため、折返し部分の段数は多くする

階段上部には採光と通風確保のため、窓を設置

この部分に斜めの段を設けない（回り階段にしない）ことで階段下の空間の天井がフラットになり納めやすくなる

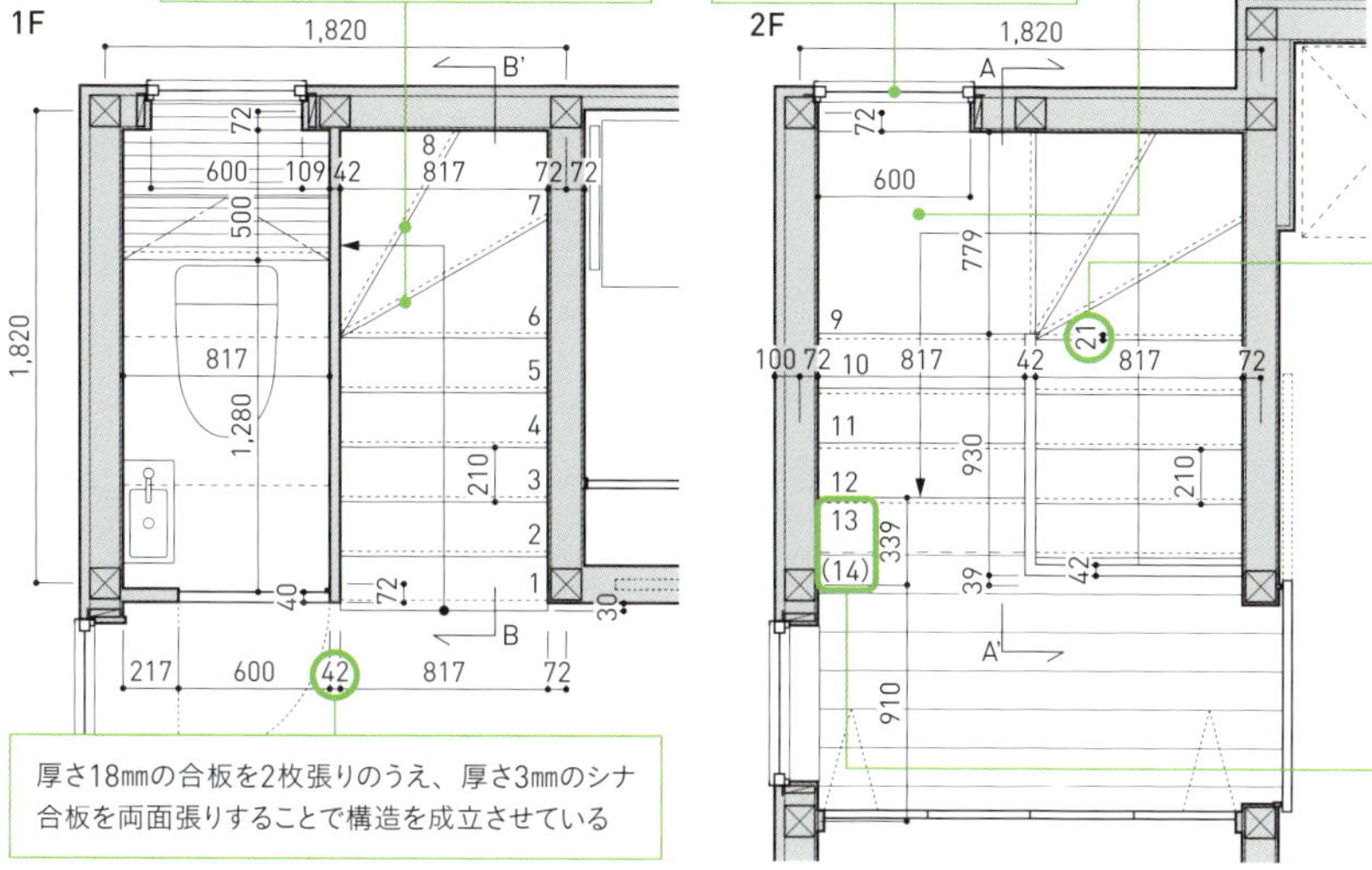
1F
1,820
B'
72
600
109
42
8
817
72 72
7
500
6
1,820
817
5
1,280
4
210
3
2
40
72
1
B
30
217
600
42
817
72
2F
1,820
A
72
600
779
9
100 72 10
817
42
21
817
72
11
930
12
210
13
339
(14)
39
42
A'
910

回り階段の先端をコーナー部より20〜25mmずらすと施工しやすい

厚さ18mmの合板を2枚張りのうえ、厚さ3mmのシナ合板を両面張りすることで構造を成立させている

13・14段の場合はそれぞれここまで段板が増える

階段平面図［S=1:50］

手摺は脱着式にすると引越し時の運搬に便利

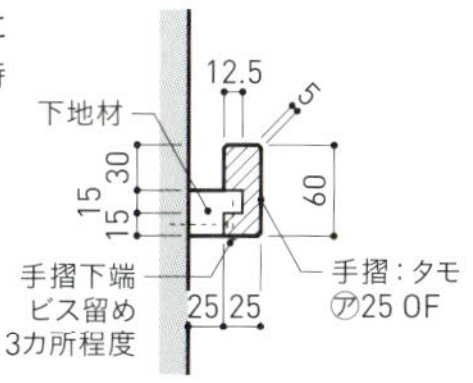
12.5
5
下地材
30
15
15
60
手摺下端
ビス留め
3カ所程度
25 25
手摺：タモ
⑦25 OF

手摺詳細図［S=1:10］

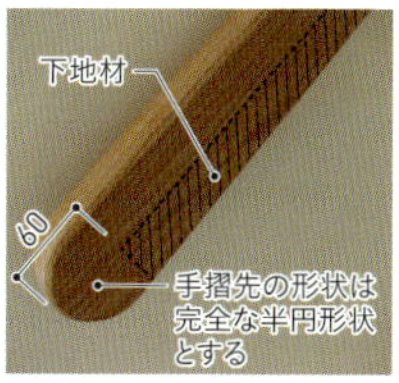
下地材
60
手摺先の形状は
完全な半円形状
とする

踏み面が広く取れない場合は蹴込みを深めに確保する

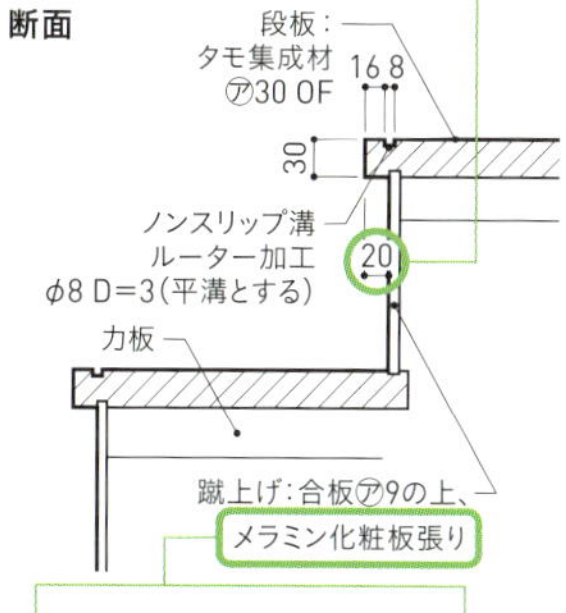
断面
段板：
タモ集成材
⑦30 OF
16 8
30
ノンスリップ溝
ルーター加工
φ8 D=3（平溝とする）
20
力板
蹴上げ：合板⑦9の上、
メラミン化粧板張り

仕上げを白色としたい場合は汚れ防止のためメラミン化粧板張りとする

平面
16 8
30
ノンスリップ溝
ルーター加工
30

踏み面詳細図［S=1:12］

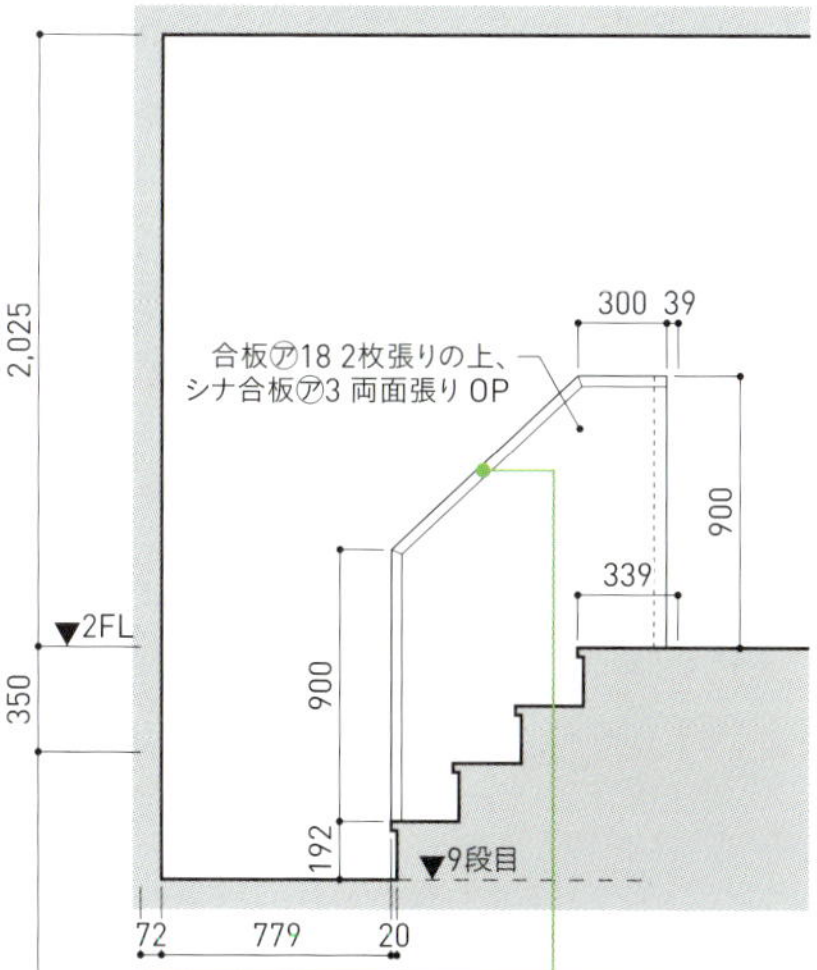
2,025
2FL
350
2,150
1FL
300 39
合板⑦18 2枚張りの上、
シナ合板⑦3 両面張り OP
900
339
900
192
9段目
72
779
20
1,820

折返し部はここが手摺となる

タモ
42×35
OF

A–A'断面図［S=1:50］

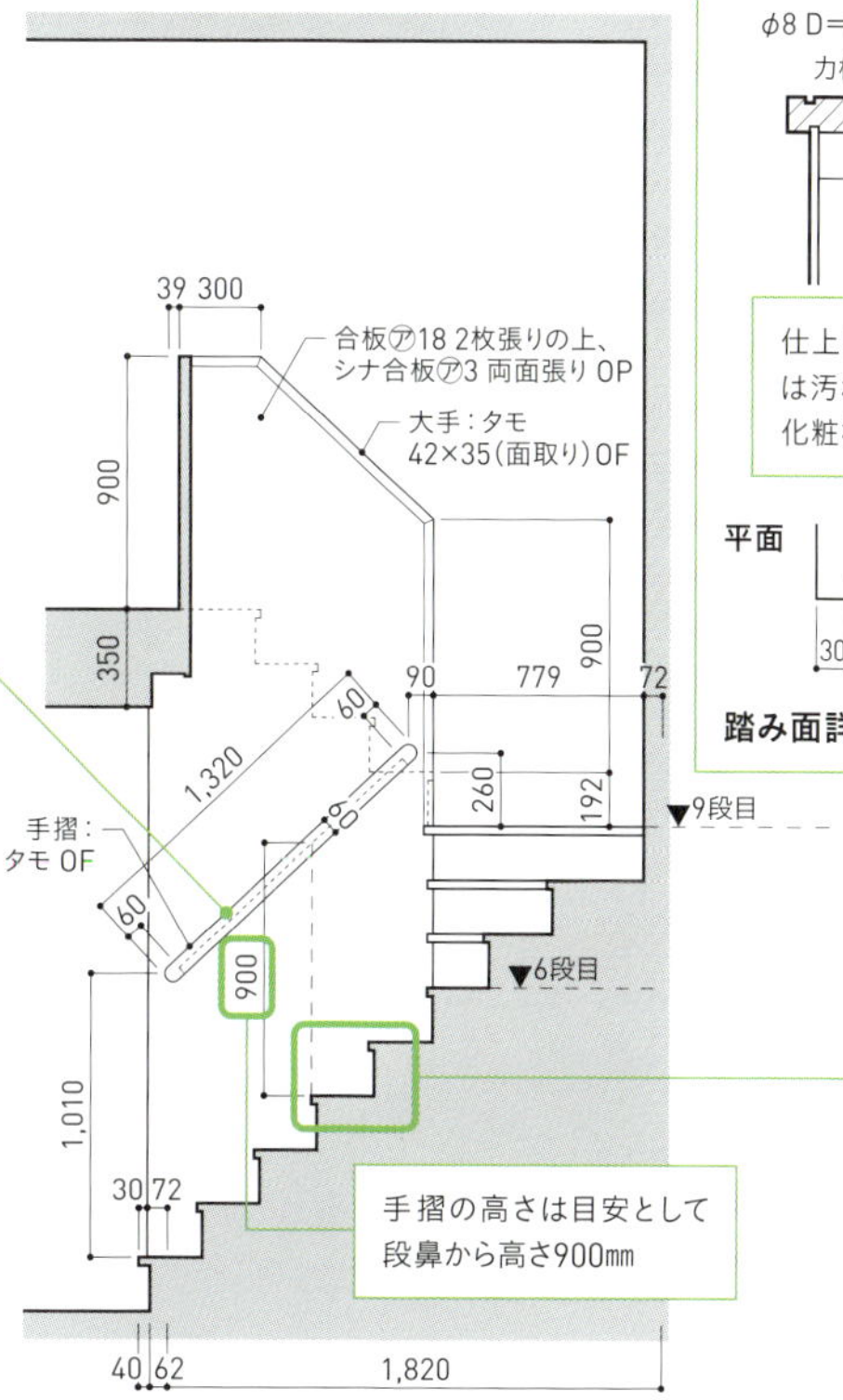
39 300
合板⑦18 2枚張りの上、
シナ合板⑦3 両面張り OP
大手：タモ
42×35（面取り）OF
900
350
60
90
779
72
900
1,320
260
192
9段目
手摺：
タモ OF
60
900
6段目
1,010
30 72
40 62
1,820

手摺の高さは目安として段鼻から高さ900mm

B–B'断面図［S=1:50］

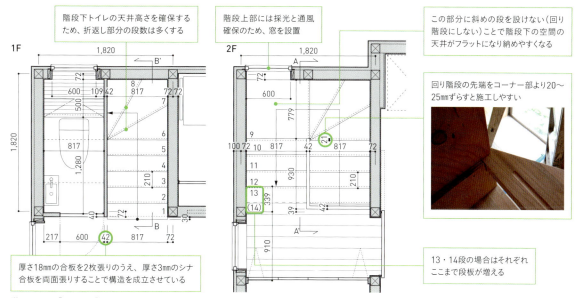

事例 2 TREEHOUSE「直進階段」

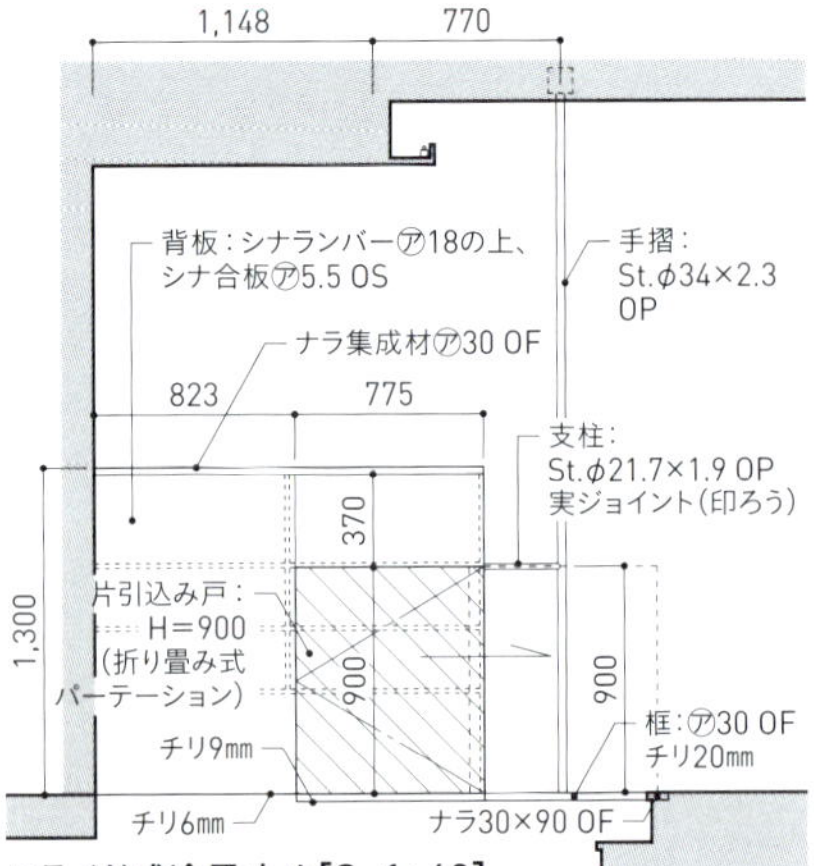

1,148
770
背板：シナランバー㋐18の上、シナ合板㋐5.5 OS
手摺：St.φ34×2.3 OP
ナラ集成材㋐30 OF
823
775
支柱：St.φ21.7×1.9 OP 実ジョイント（印ろう）
370
片引込み戸：H=900（折り畳み式パーテーション）
1,300
900
900
チリ9㎜
框：㋐30 OF チリ20㎜
チリ6㎜
ナラ30×90 OF

スライド式冷風止め[S=1：60]

階段を上がってすぐリビング・ダイニングなど居室の場合は、冷風止めを設けて冷暖房の効率を高める

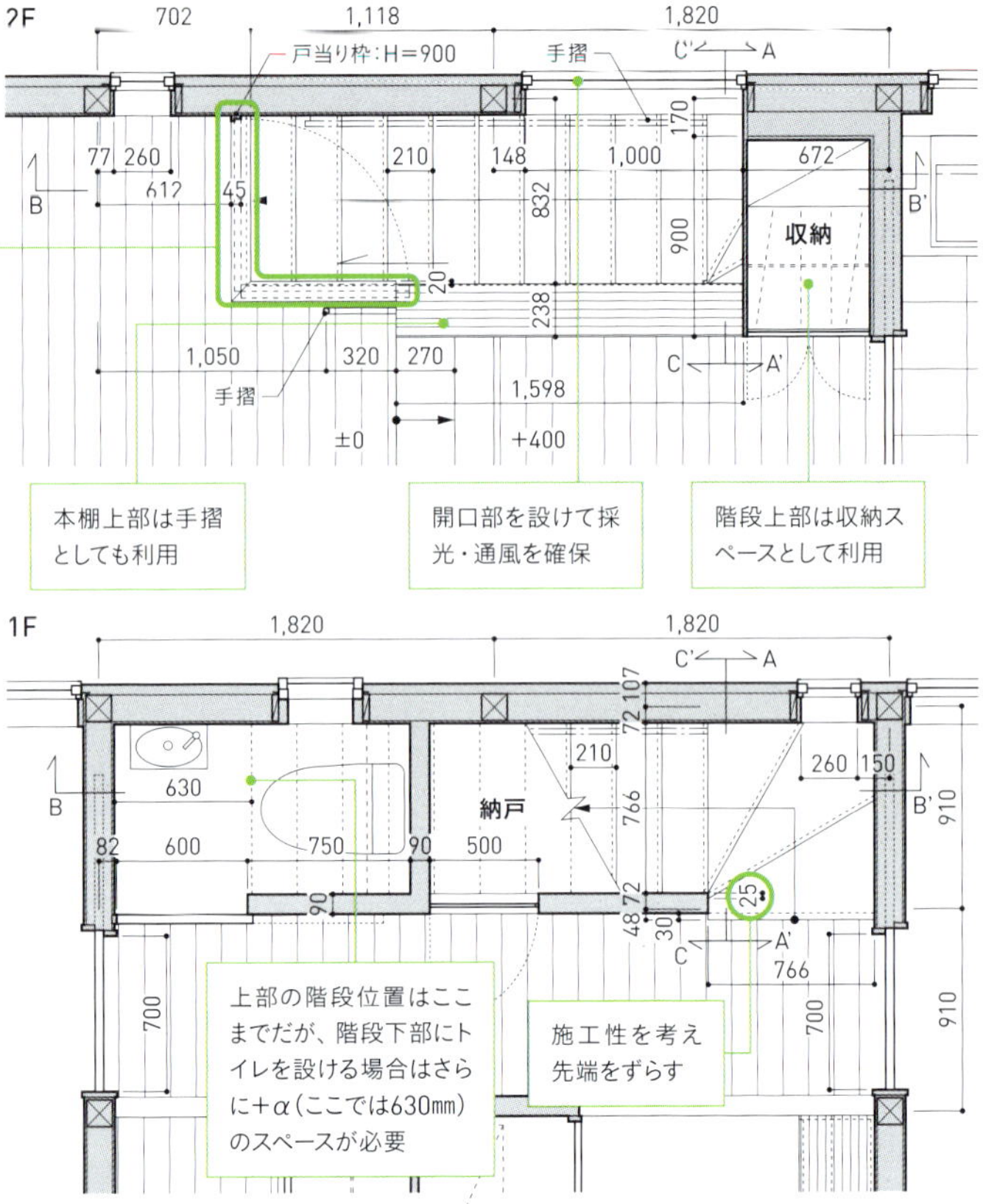

2F
702
1,118
1,820
戸当り枠：H=900
手摺
C'
A
77
260
612
45
210
148
1,000
170
832
900
672
収納
B
B'
20
238
1,050
320
270
手摺
1,598
C
A'
±0
+400
本棚上部は手摺としても利用
開口部を設けて採光・通風を確保
階段上部は収納スペースとして利用
1F
1,820
1,820
C'
A
72
107
210
260
150
B
B'
630
納戸
766
910
82
600
750
90
500
90
48
72
30
25
C
A'
766
700
700
910
上部の階段位置はここまでだが、階段下部にトイレを設ける場合はさらに+α（ここでは630㎜）のスペースが必要
施工性を考え先端をずらす

階段平面図[S=1：50]

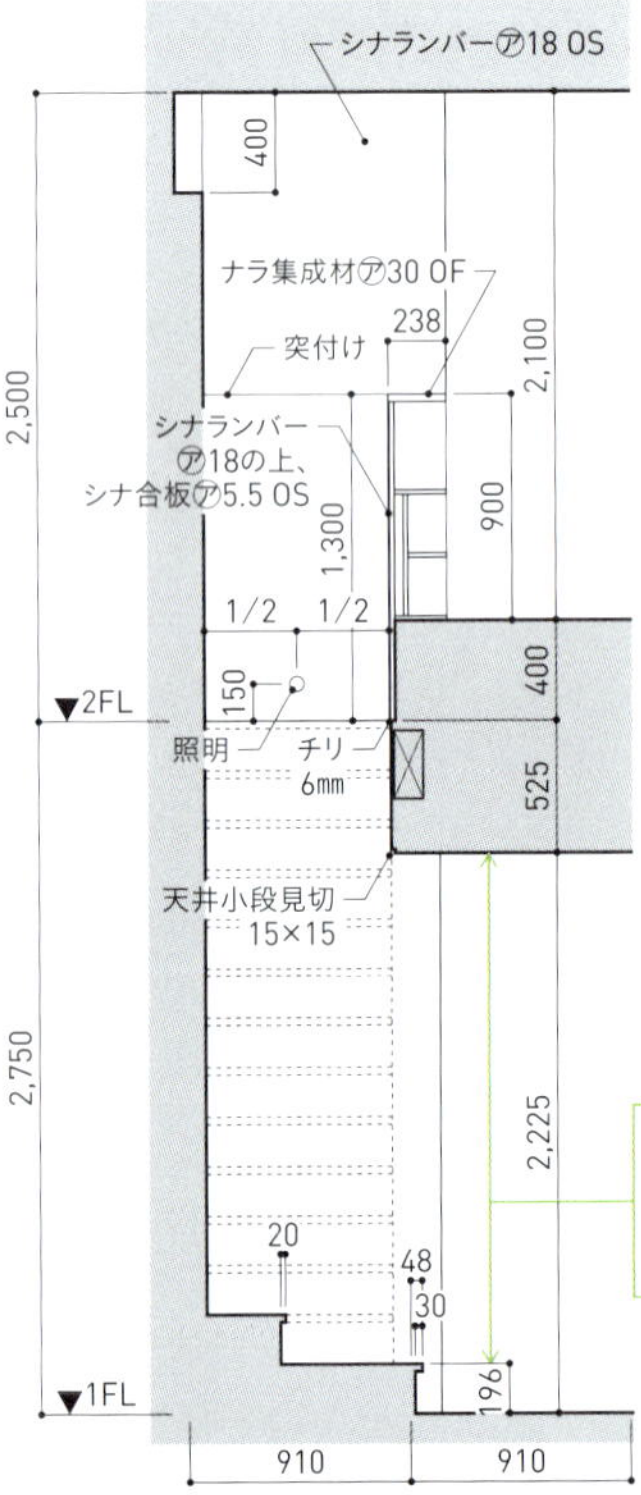

シナランバー㋐18 OS
400
2,500
ナラ集成材㋐30 OF
238
突付け
2,100
シナランバー㋐18の上、シナ合板㋐5.5 OS
900
1,300
1/2
1/2
2FL
150
400
照明
チリ6㎜
525
天井小段見切15×15
2,750
2,225
20
48
30
196
1FL
910
910

A–A'断面図[S=1：60]

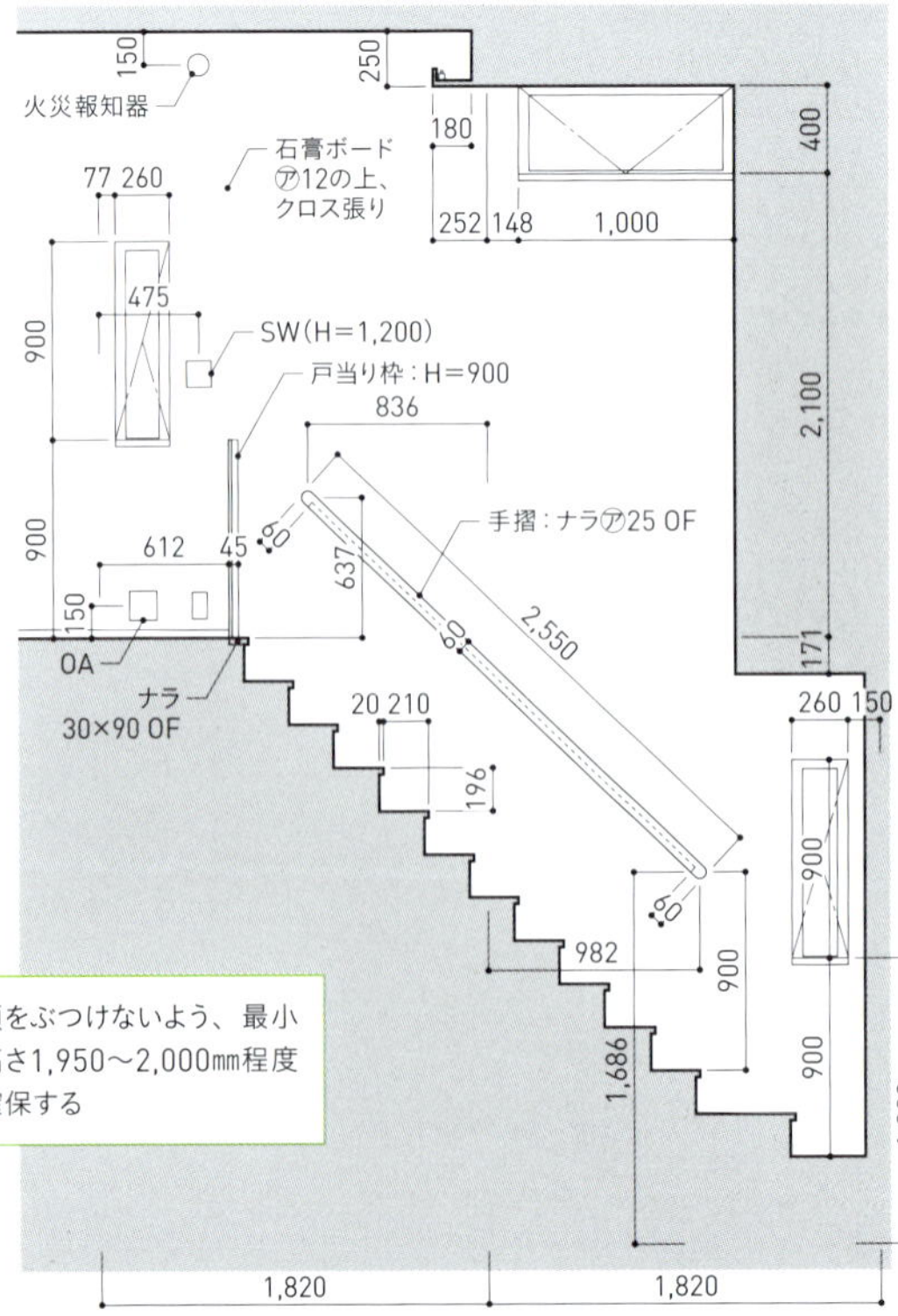

150
火災報知器
250
180
400
石膏ボード㋐12の上、クロス張り
77 260
252 148
1,000
475
900
SW（H=1,200）
戸当り枠：H=900
2,100
836
手摺：ナラ㋐25 OF
900
612
45
637
2,550
150
OA
ナラ30×90 OF
171
20 210
260 150
196
900
982
900
900
1,686
1,293
頭をぶつけないよう、最小高さ1,950〜2,000㎜程度確保する
1,820
1,820

B–B'断面図[S=1：60]

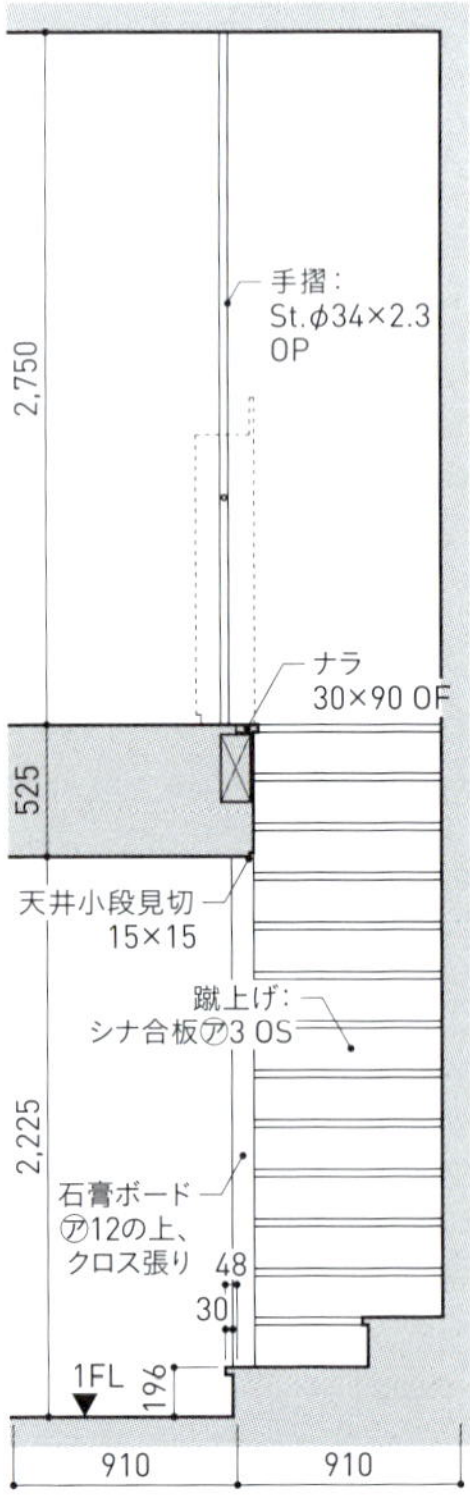

手摺：St.φ34×2.3 OP
2,750
ナラ30×90 OF
525
天井小段見切15×15
蹴上げ：シナ合板㋐3 OS
2,225
石膏ボード㋐12の上、クロス張り
48
30
1FL
196
910
910

C–C'断面図[S=1：60]

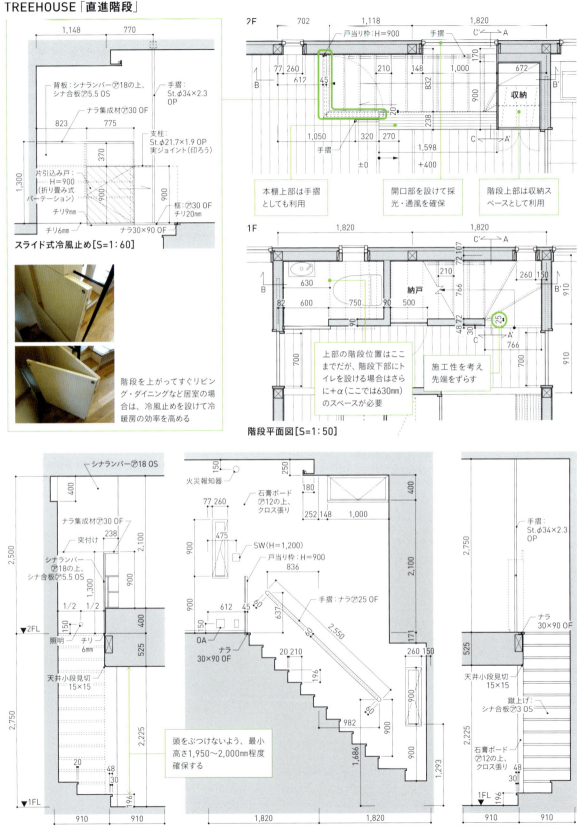

Part 2

スチールを用いた階段はシンプルに

リビング内に階段を設置する場合は視覚的にも目立つため、そのデザインには細心の注意を払いたいところだ。そこで、スチール素材を併用すると階段も引き締まった印象になるとともに、空間にも広がりを与えてくれる。蹴上げ板をなくせば、上階からの光や風を取り込むことができる。

スタイリッシュな〝見せる階段〟として使う手法のほか、回り階段など木のみでは構造に不安がある場合や、法的な制約から使うケースもある［写真❷参照］。

その際、要となるのは軽やかさと安全性のバランスであろう。たわみに対する感覚は構造計算だけでなく経験値も重要になってくる。スチールのもつポテンシャルを十分に引き出しつつ、上り下りの際に感触がよい木素材をうまく組み合わせてシンプルで使い勝手のよい階段に仕上げたい。

❶ TOPWAWER

ワンルーム空間に配置されたキッチン・ダイニングとリビングを建物の中央に配置された鉄骨の直進階段によって、軽やかに領域が分けられている

❷ 窓の家

折返し階段の回り部などにスチールを使用した階段。準耐火構造も求められていたため、鉄板で階段をつくった上に木の段板を載せている

（写真：バウハウスネオ）

ささらがこのように階段形状になっている場合は特に注意が必要
落下防止用ネット

●スチール階段の注意点

スチール併用階段では、軽やかで開放的なデザインにできる一方で、安全性にも配慮が必要になる。小さな子どもに配慮して手摺下にネットを張ったり、ささらの角にも緩衝材を設けないと思わぬ怪我をすることもある。

ただ一方では、子どもの成長もあっという間だ。デザインは安全であればそれでよいとは思わない。大人も怪我をするようなデザインは言語道断であるが、建築主の自己責任と家族の成長も考慮に入れたうえで安全設計を行いたい。そのためには建築主とのコミュニケーションは欠かせないプロセスだろう。

事例3 西荻の家「スチール併用階段」

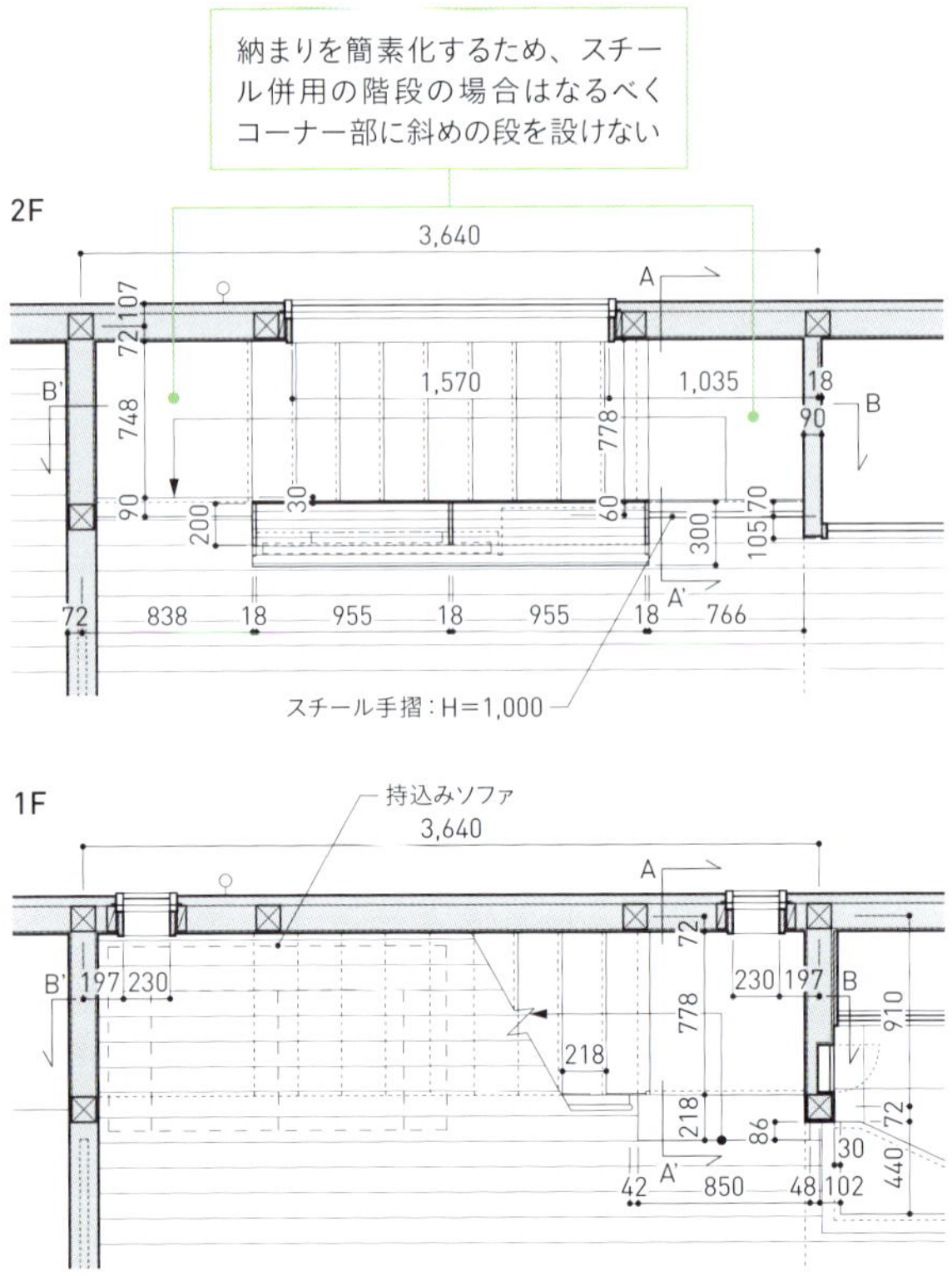

納まりを簡素化するため、スチール併用の階段の場合はなるべくコーナー部に斜めの段を設けない
2F
3,640
1,570
1,035
748
778
200
300
72 838 18 955 18 955 18 766
スチール手摺：H=1,000
1F
持込みソファ
3,640
197 230
230 197
778
218
910
42 850 48 102

階段平面図[S=1:60]

中庭に面して設けたリビングにスチールを併用した直進階段が納まる。階段下はソファスペースとすることで籠り感をつくり出し、目の前にある中庭の開放感がより一層感じられる　（写真：繁田 諭）

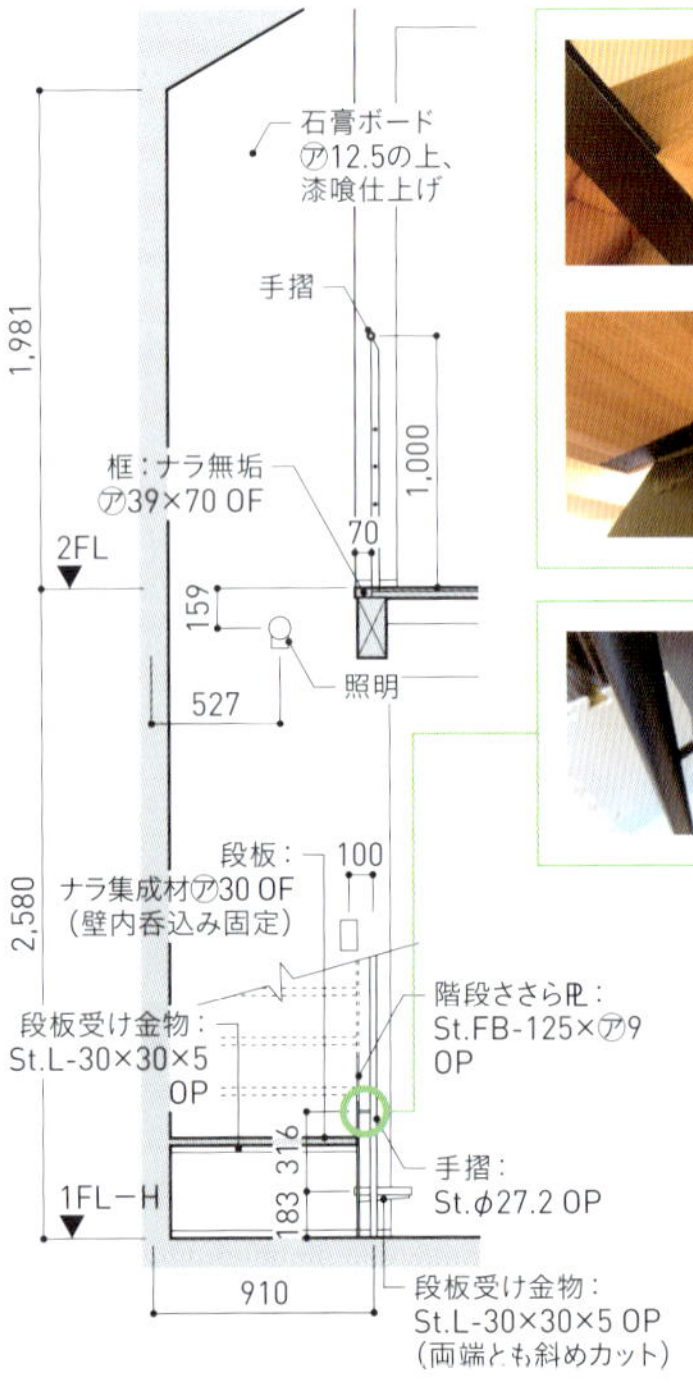

石膏ボード㋐12.5の上、漆喰仕上げ
手摺
1,981
1,000
框：ナラ無垢㋐39×70 OF
2FL
159
照明
527
2,580
段板：ナラ集成材㋐30 OF（壁内呑込み固定）
100
段板受け金物：St.L-30×30×5 OP
階段ささら桁：St.FB-125×㋐9 OP
手摺：St.φ27.2 OP
1FL−H
316
183
910
段板受け金物：St.L-30×30×5 OP（両端とも斜めカット）

A–A'断面図[S=1:60]

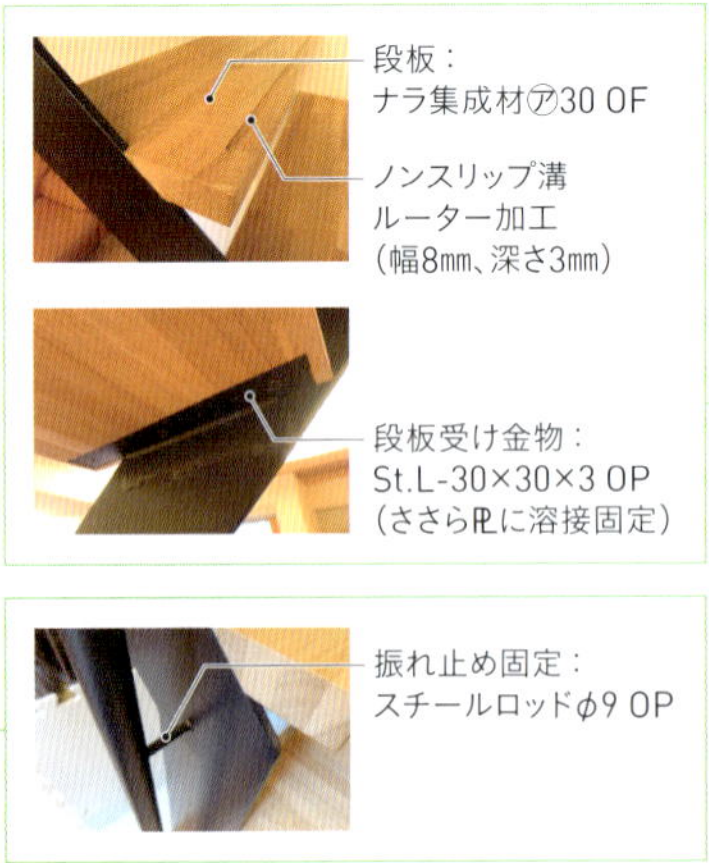

段板：ナラ集成材㋐30 OF
ノンスリップ溝ルーター加工（幅8mm、深さ3mm）
段板受け金物：St.L-30×30×3 OP（ささら桁に溶接固定）
振れ止め固定：スチールロッドφ9 OP

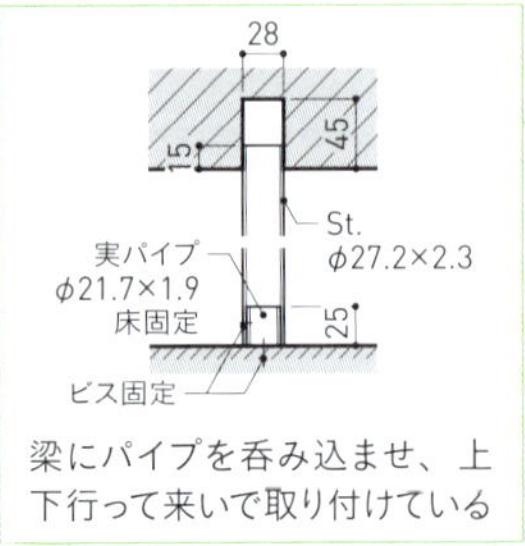

28
45
15
St.φ27.2×2.3
実パイプφ21.7×1.9床固定
25
ビス固定
梁にパイプを呑み込ませ、上下行って来いで取り付けている

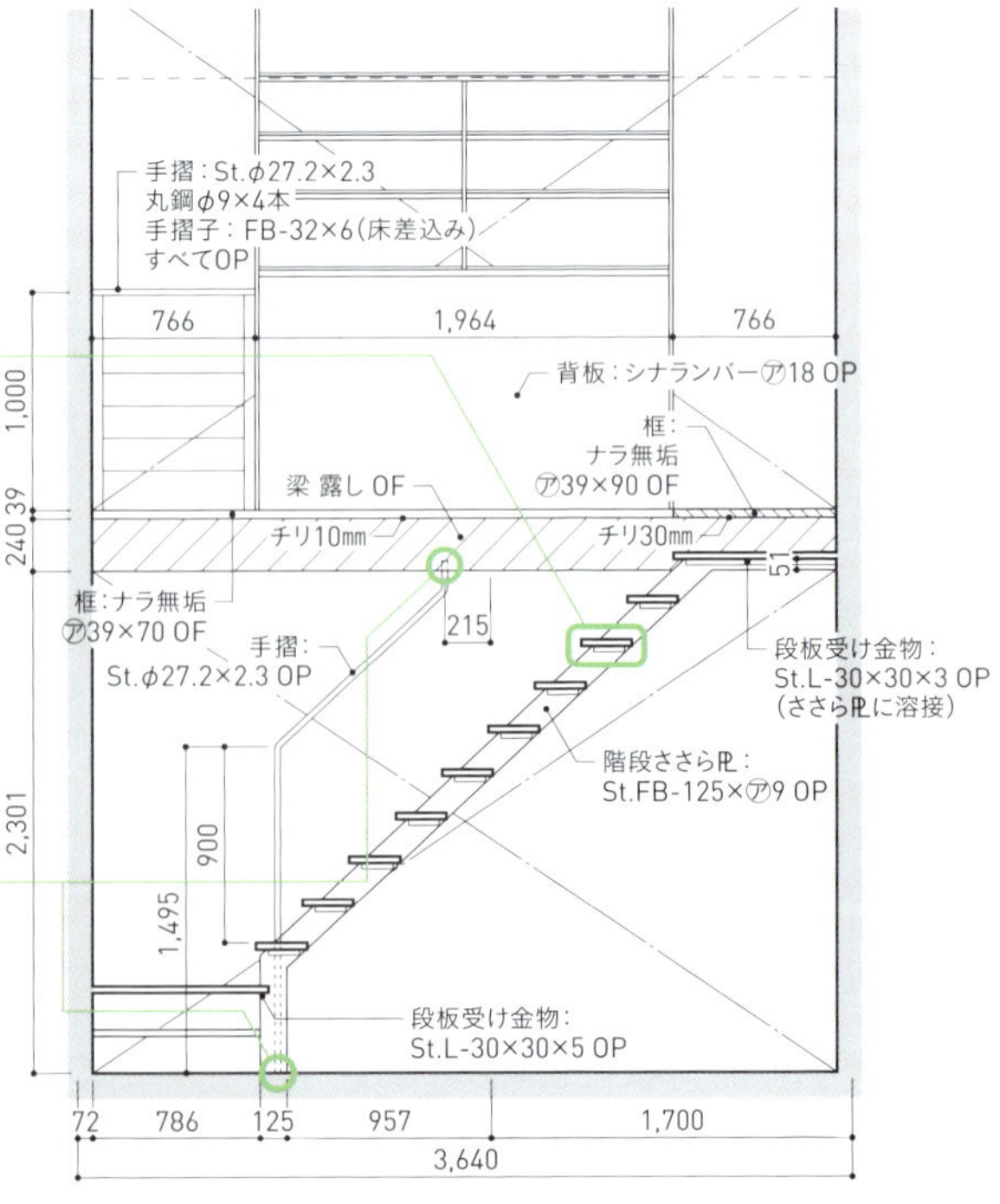

手摺：St.φ27.2×2.3
丸鋼φ9×4本
手摺子：FB-32×6（床差込み）
すべてOP
766 1,964 766
背板：シナランバー㋐18 OP
框：ナラ無垢㋐39×90 OF
梁 露し OF
チリ10mm
チリ30mm
1,000
240 39
框：ナラ無垢㋐39×70 OF
手摺：St.φ27.2×2.3 OP
215
段板受け金物：St.L-30×30×3 OP（ささら桁に溶接）
階段ささら桁：St.FB-125×㋐9 OP
2,301
900
1,495
段板受け金物：St.L-30×30×5 OP
72 786 125 957 1,700
3,640

B–B'断面図[S=1:60]

かたつむりハウス

detail 10

トイレという最小のスペースに最大限の配慮を

かつて、建築主の要望をすべて盛り込んだプランを完成させ悦に入っていたら、トイレを忘れていたことに気づき、愕然としたことがある。トイレは住宅に必ず必要な空間であるが、住まい手も設計者も関心が低く、議論にもあまり上がらない場所と言えるかもしれない。そんな地位の低いトイレ空間だが、必ず毎日使う場所であるだけに、求められる機能をしっかり押さえていないと、住まい手にとって切実な問題が生じやすい。ここでは必要にして最小限、プラン上も有効なトイレの計画について考えてみたい。

Part 1

トイレの定番プランニング

トイレに求められる機能は限られている。また、それに付随する備品や用具も限定されているので、ひとたび定番の納まりをつくり上げると、それを崩すのは難しい。逆に、トイレの定番ピースが自分にあれば、機能性の高い空間を簡単にプランできるとも言える。緻密に設計すると、意外と奥が深いトイレ。ここでは定番のトイレ空間のつくり方を解説したい。

ワンポイント！

トイレも掘り下げてゆくと各家庭に独自の流儀があり、収納や小物ひとつ取っても意外と設計に苦戦するパーツである。なぜなら、狭い空間に図1のようなアイテムを所狭しと流儀に合わせてレイアウトをしなければならないからだ。多くの方に共感してもらえる質の高いスタンダードなトイレの仕様をつくることは、設計の合理化にもつながる。

図1 トイレには何が必要か？

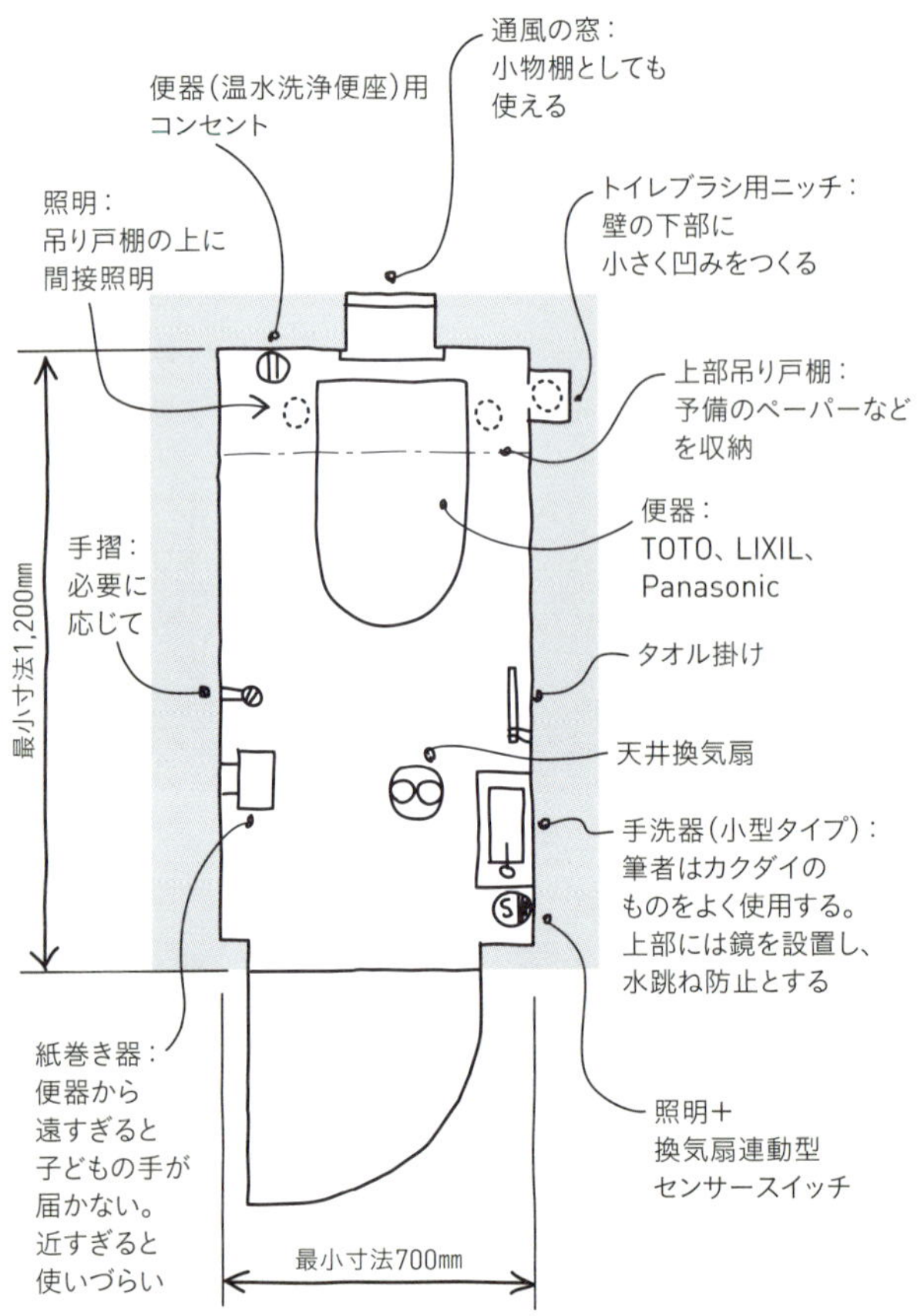

通風の窓：小物棚としても使える
便器(温水洗浄便座)用コンセント
照明：吊り戸棚の上に間接照明
トイレブラシ用ニッチ：壁の下部に小さく凹みをつくる
上部吊り戸棚：予備のペーパーなどを収納
便器：TOTO、LIXIL、Panasonic
手摺：必要に応じて
最小寸法1,200㎜
タオル掛け
天井換気扇
手洗器(小型タイプ)：筆者はカクダイのものをよく使用する。上部には鏡を設置し、水跳ね防止とする
紙巻き器：便器から遠すぎると子どもの手が届かない。近すぎると使いづらい
照明＋換気扇連動型センサースイッチ
最小寸法700㎜

❶ 町屋の家
直進階段の下に設けた定番トイレ。圧迫感を感じさせないために天井高には気をつけたい。床材はリノリウムなど手入れのしやすいものを選ぶとよい［事例1参照］

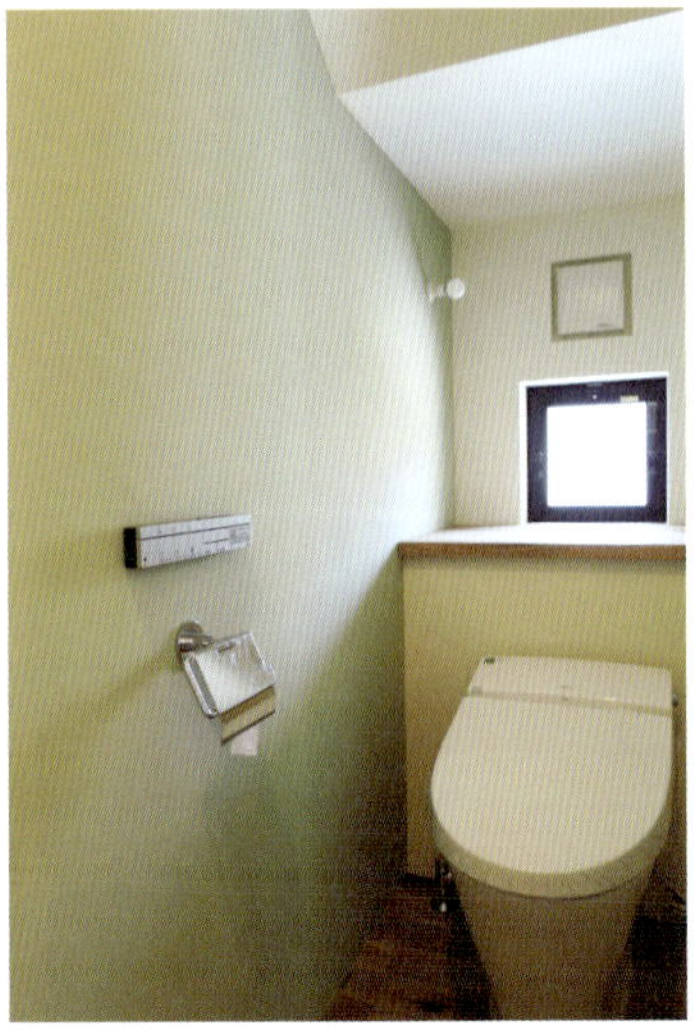

❷ はねだしテラスの家
折返し階段の下に設けたトイレは天井高さに注意が必要。ここではトイレ背面の壁をふかし、天井が低すぎて使えない部分を棚として利用している

●標準トイレのプランニング

最も基本的なトイレプラン。910×1,820㎜の1畳スペースがあれば、トイレにとって必要にして十分な機能を盛り込むことができる。一方で介助人が必要なトイレはもう少し間口を広げる必要があるし、コンパクトプランの場合は内寸を700×1,200㎜程度まで狭めることもある

隣に個室などがある場合は音にも配慮したい。個室側の壁などには吸音材や遮音シートなどの施工を行う。また、床下が寝室である場合なども配管ルートを考慮する。枕元近くを配管が通っていると、わずかな音でもクレームになりやすい

床仕上げはリノリウムなど、継目がなく掃除のしやすいものを選ぶ。予算や要望によってはタイルやコルクタイルなども選択肢となる

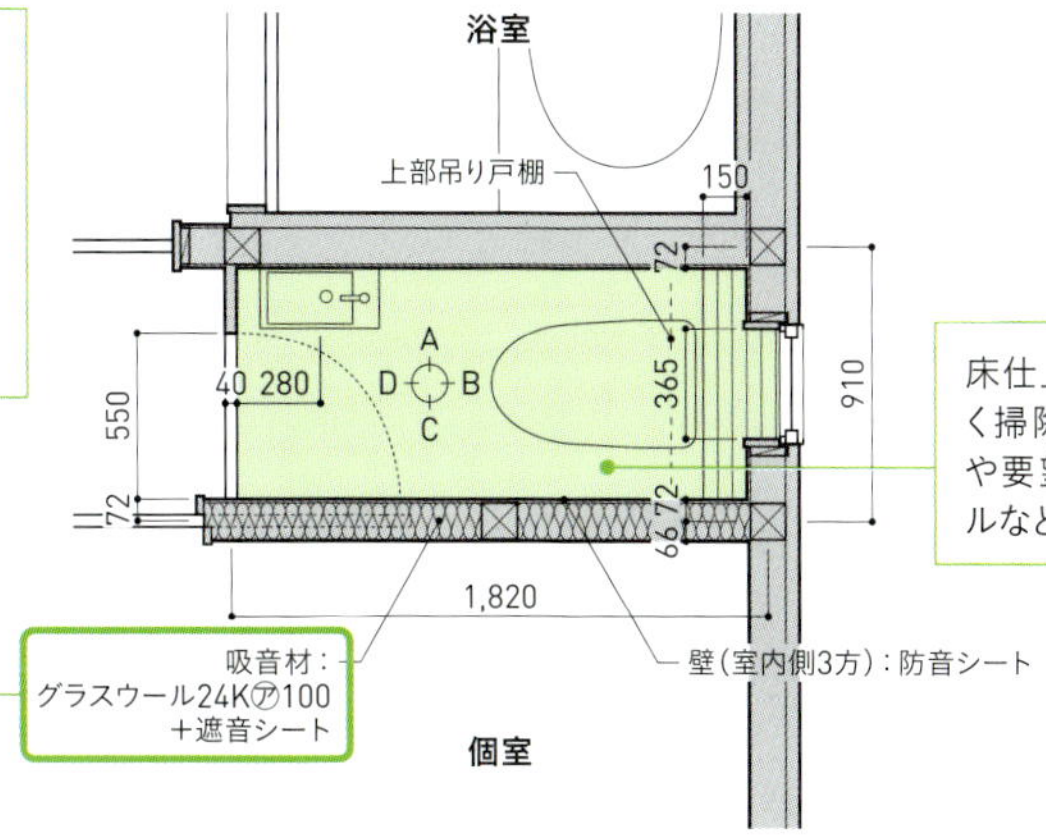

浴室
上部吊り戸棚
150
72
910
40 280
A
D
B
C
365
550
72
66 72
1,820
吸音材：
グラスウール24K㋐100
＋遮音シート
壁(室内側3方)：防音シート
個室

トイレ平面図[S=1:50]

部屋の性質を考えると換気扇は必須であり、照明も無駄なく必要最小限を心がけたい。筆者はスイッチに換気扇と照明を連動運転できるセンサースイッチ(WTK1274W/パナソニックなど)を使用している。これを設けると入室時のみならず、退室後の換気扇運転時間の設定も可能で、深夜点灯時の調光まで行ってくれる

便器上部に跳ね上げ式の吊り戸棚を設け、間接照明ボックスを兼ねて納めるケースが多い。この扉の面材を工夫すると空間のアクセントにもなる。また、便器背面などに通風窓を設けるが、この窓枠は小物置き場になることが多い。窓が取れないトイレプランの場合も、飾り棚やニッチのようなものをつくっておくと喜ばれる

最近はタンクレストイレが主流のため、トイレ内にも手洗いを設ける必要がある。なるべく小さなものを選定することになるが、筆者が定番としているのはカクダイの#493-083などである。水跳ね問題があるため、洗面の前に鏡を設けるとよい

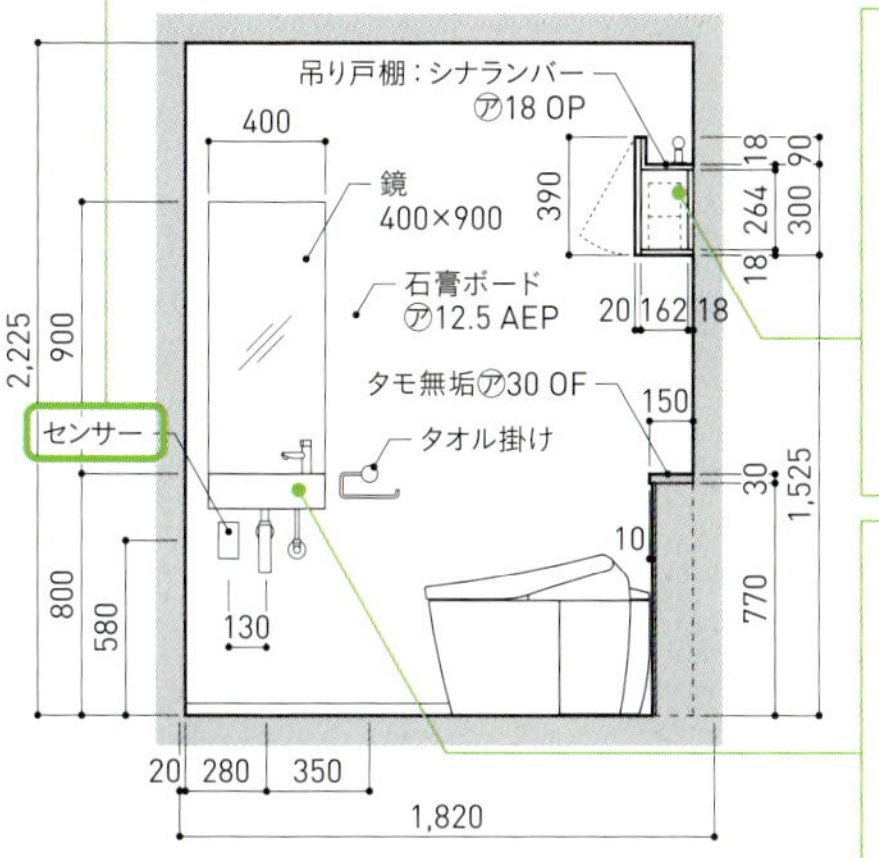

吊り戸棚：シナランバー
㋐18 OP
400
鏡
400×900
390
18
90
264
300
18
石膏ボード
㋐12.5 AEP
20 162 18
タモ無垢㋐30 OF
150
タオル掛け
センサー
2,225
900
30
1,525
10
770
800
580
130
20 280 350
1,820

展開図A[S=1:50]

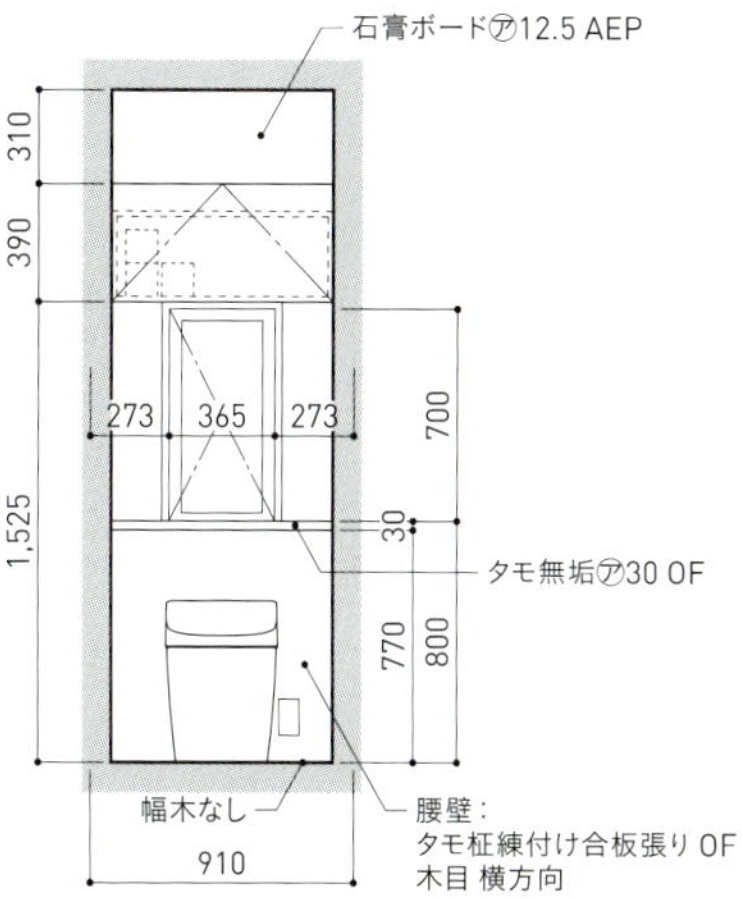

石膏ボード㋐12.5 AEP
310
390
273 365 273
700
1,525
30
タモ無垢㋐30 OF
770
800
幅木なし
腰壁：
タモ柾練付け合板張り OF
木目 横方向
910

展開図B[S=1:50]

壁は利用者と距離が近いことから、ほかの諸室などとは少し仕上げの雰囲気を変えて、柄ものや和紙クロス、また防汚染機能のあるクロスなどを選ぶこともある。筆者の定番は、水をはじく和紙(玉紙／丸和)などである

紙巻き器やタオル掛け、また便器のコントローラーはバランスを考えて配置したい。しかし、トイレには有効な壁面が意外と少なく、取り付ける位置は限定される。また、大人の感覚だけで位置を決めると、小さい子どもの手が届かなくなることもある。可能な限り現場で建築主立ち会いのもとで取り付け位置を決めるのがよいだろう

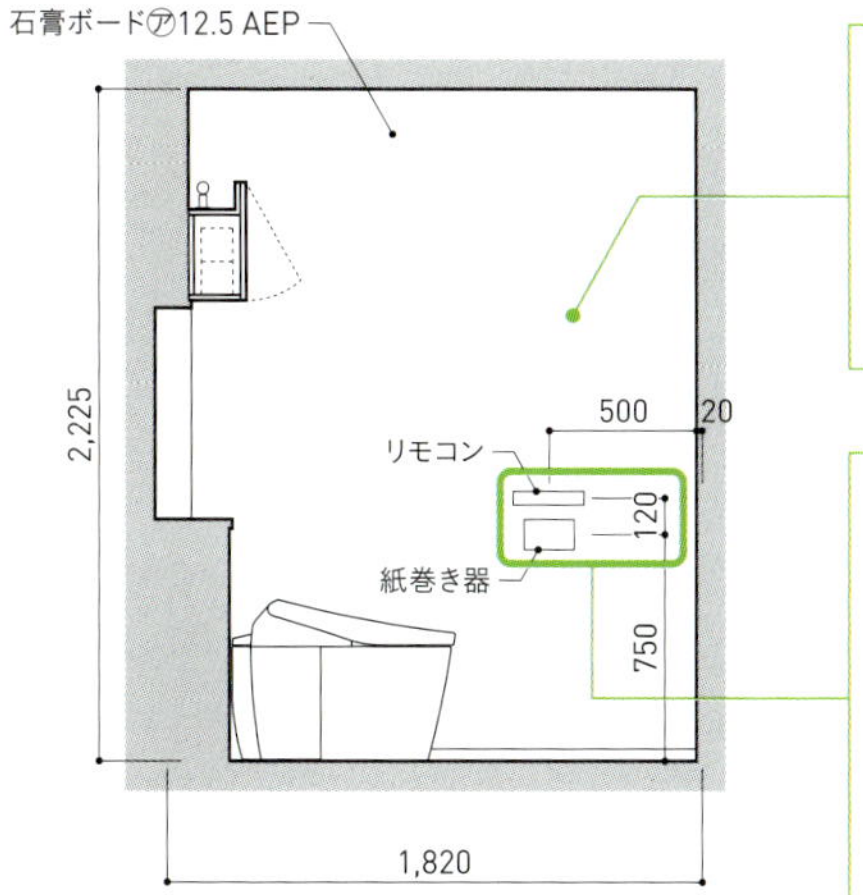

石膏ボード㋐12.5 AEP
2,225
500
20
リモコン
120
紙巻き器
750
1,820

展開図C[S=1:50]

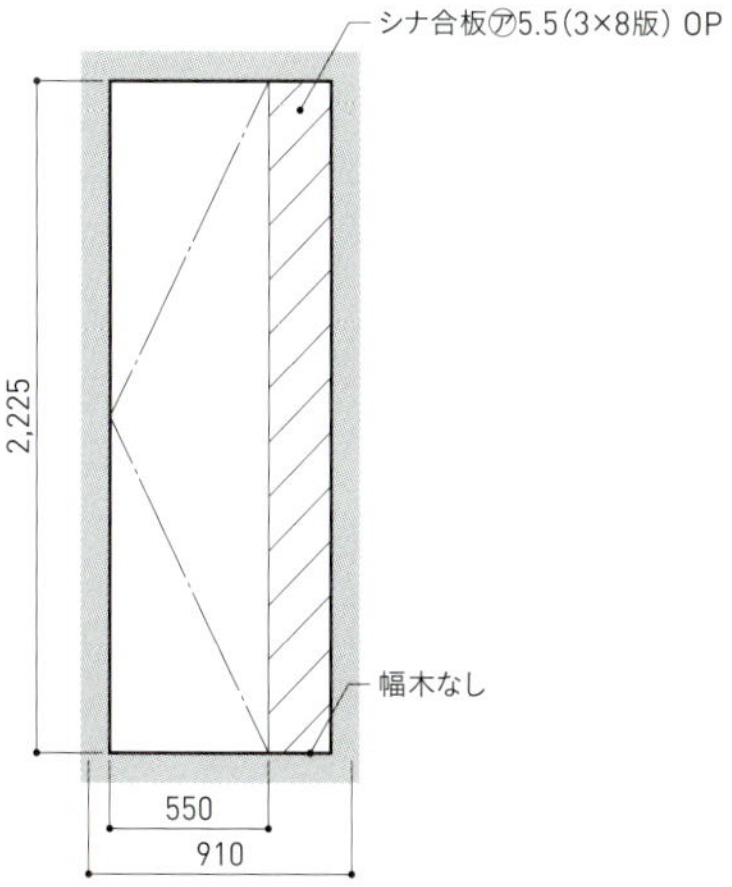

シナ合板㋐5.5(3×8版) OP
2,225
幅木なし
550
910

展開図D[S=1:50]

事例1 町屋の家「直進階段下トイレ」

予備のペーパー置場として吊り戸棚が設けられない場合は、壁の下部にニッチを設ける

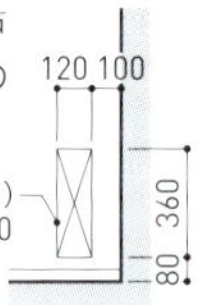

120 100
ニッチ(予備ペーパー置き)
D=120
360
80

展開図[S=1:50]

階段の下ほど、トイレにとって好都合な場所はないと思っている。便器の設置から、そこに座り、またその前に立つなど、トイレにとって必要最小限な寸法が階段下には確保できる。最も押さえるべきは便器背面の壁の高さで、最低でも1,350～1,400㎜程度は確保したい

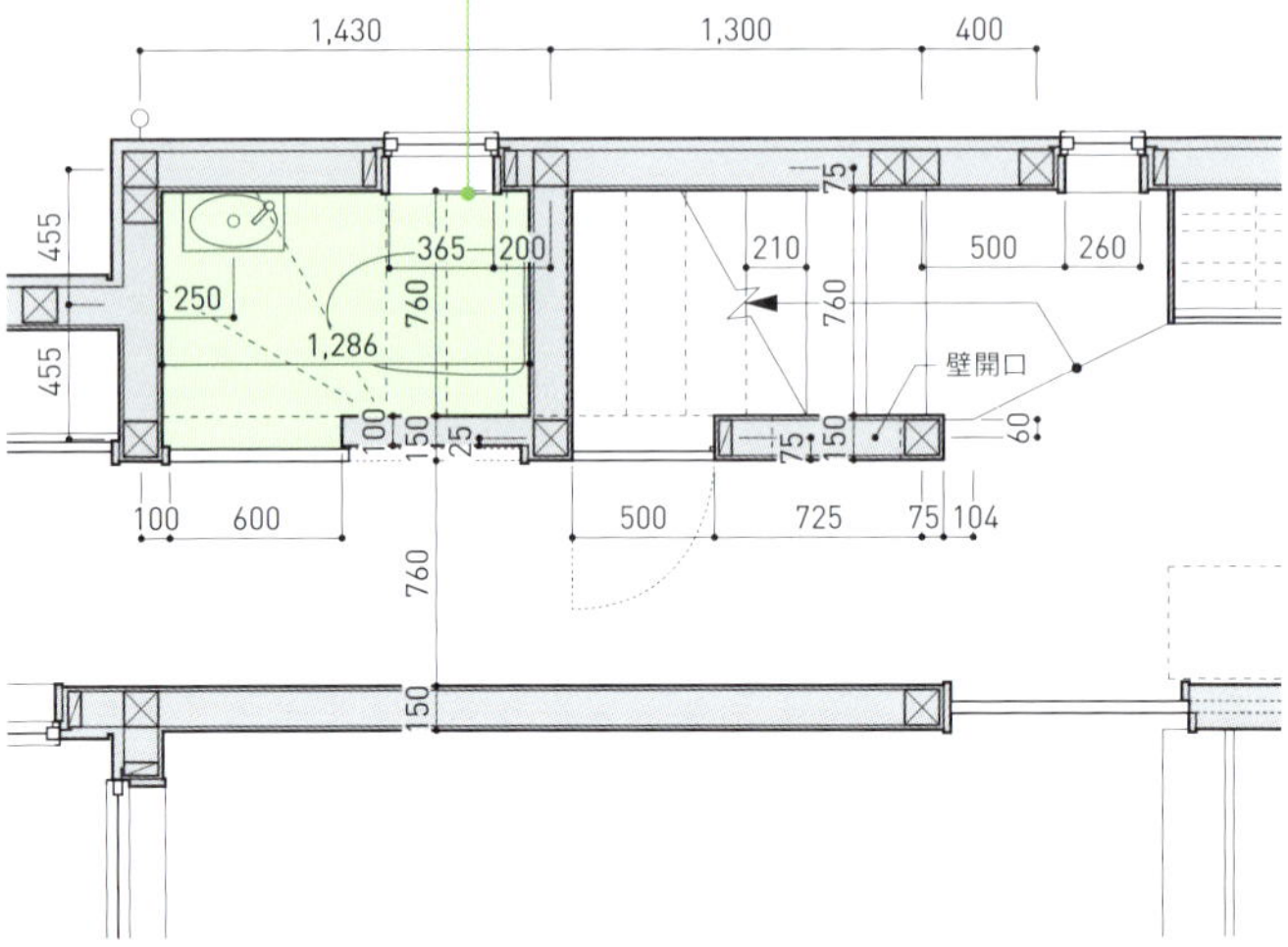

1,430
1,300
400
455
455
365
200
210
500
260
250
1,286
760
760
壁開口
100
600
500
725
75
104

トイレ平面図[S=1:50]

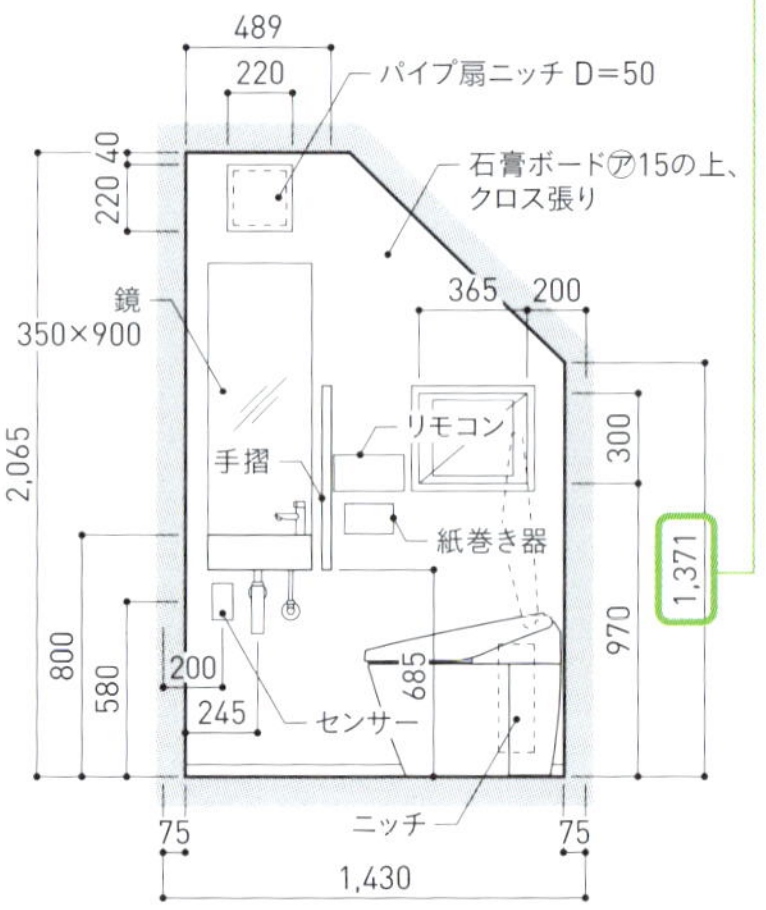

489
220
パイプ扇ニッチ D=50
石膏ボード㋐15の上、クロス張り
鏡
350×900
365
200
2,065
リモコン
手摺
紙巻き器
300
1,371
970
800
580
200
245
685
センサー
ニッチ
75
75
1,430

展開図[S=1:50]

事例2 窓の家「折返し階段下トイレ」

予備のペーパー置場

トイレの頭上にくる段ができるだけ高い位置になるよう、折返しよりも下階側(トイレ脇部分)になるべく多くの段を設け、トイレ空間の高さを確保する。ここで3段を確保し、なるべくトイレ側の天井高さを確保している

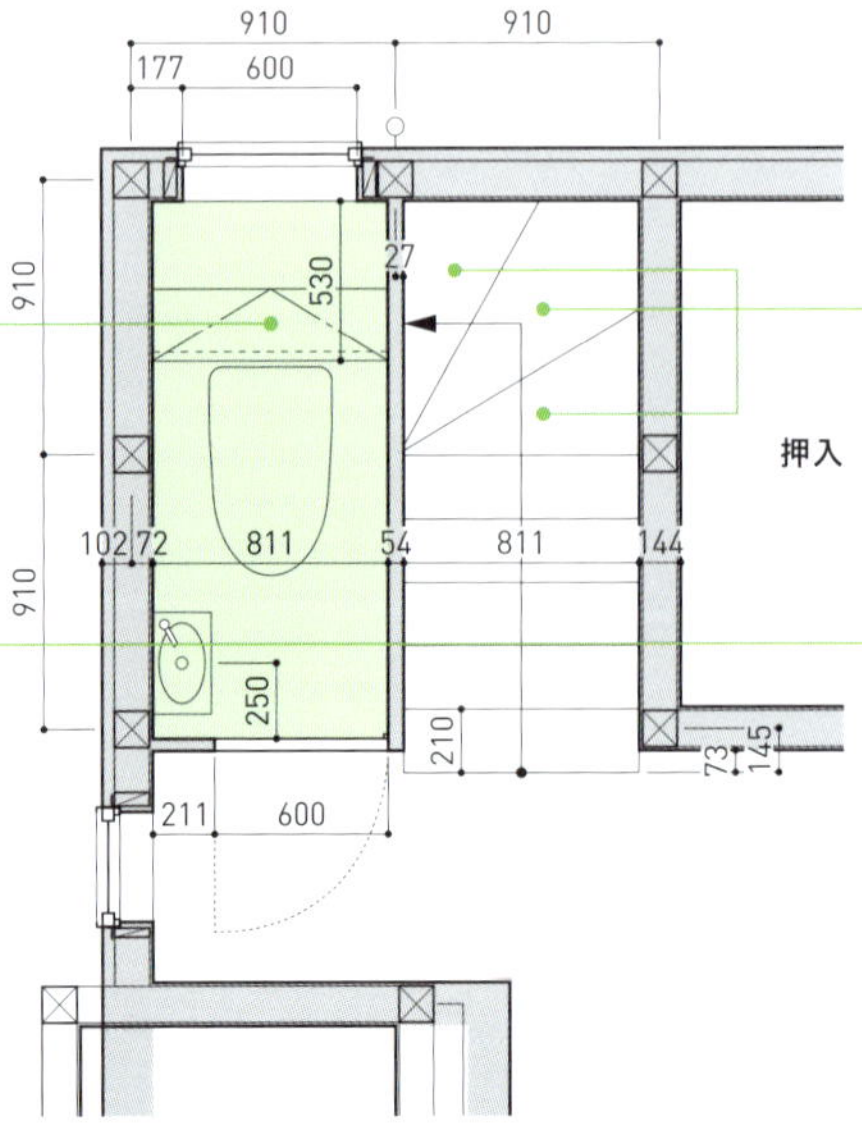

910
910
177
600
910
910
530
27
押入
102
72
811
54
811
144
250
210
211
600

トイレ平面図[S=1:50]

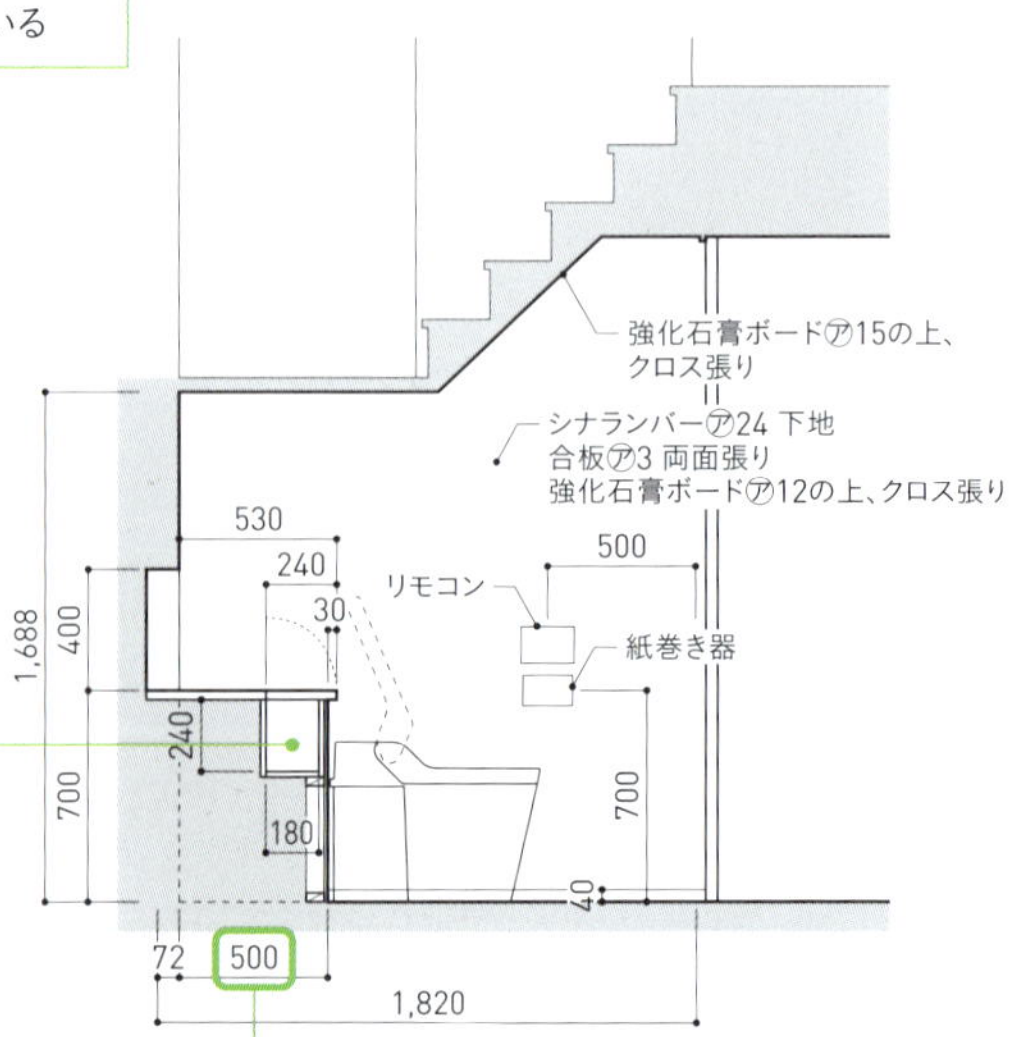

強化石膏ボード㋐15の上、クロス張り
シナランバー㋐24 下地
合板㋐3 両面張り
強化石膏ボード㋐12の上、クロス張り
530
240
30
リモコン
500
紙巻き器
1,688
400
700
240
180
700
40
72
500
1,820

便器を部屋奥に設けると、高さがショートしてしまう。トイレは手前に500㎜程度出し、奥にできた台部分を収納にするとよい

展開図[S=1:50]

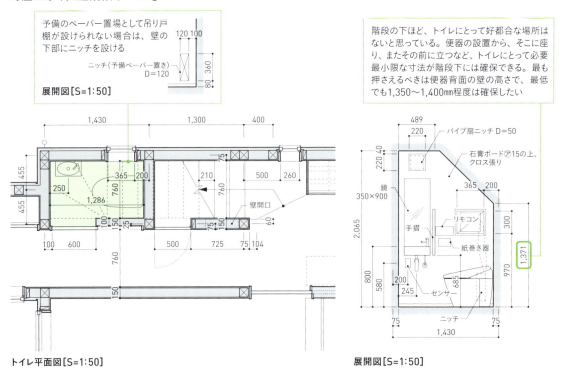

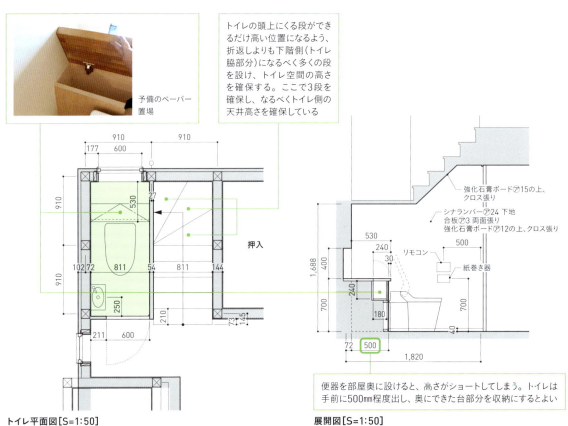

Part 2

最終手段は洗面室兼用トイレ

各階にトイレを設けてほしいと要望されても、プランニング上、それだけのスペースを確保できない場合もある。そんなときは、トイレの1つを洗面室と兼ねさせることが多い。狭小住宅や家族の人数が少ない場合にも、トイレ兼洗面室のプランは合理的だ。トイレという「室」を1つ減らすだけでプランニングの可能性は広がり、洗面空間に広がりをだせるという利点も生まれる。

ワンポイント!

トイレは最もプライベートな空間であり、できれば個室にしたいと多くの人が願うもの。そのため、洗面室兼用トイレにする場合は機能性や合理性だけではなかなか了承してもらえない。「空間がより広くなる」や「デザイン的にも美しくなる」という+αの提案が必要となる。さらに浴室とも視覚的につなげ、充実した水廻り空間としたい。

図2 洗面室・トイレの寸法

●洗面室空間のみの場合

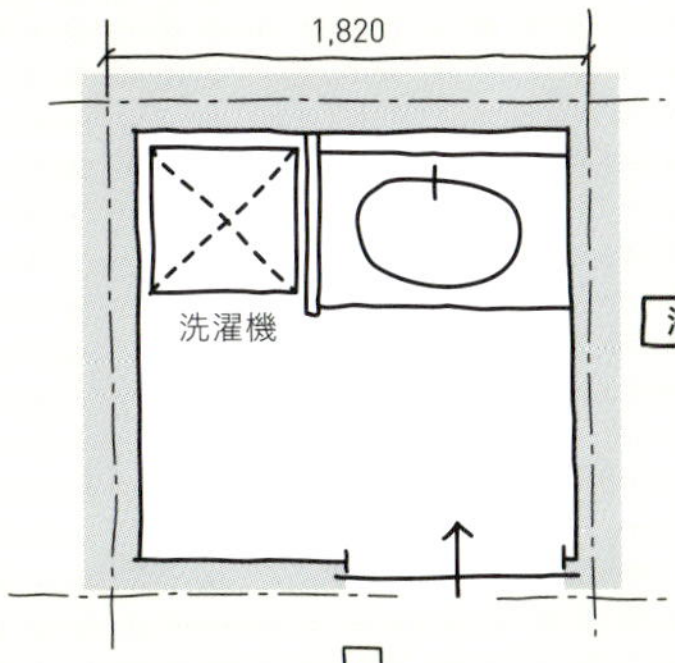

1,820
洗濯機
浴室

●洗面室兼用トイレの場合

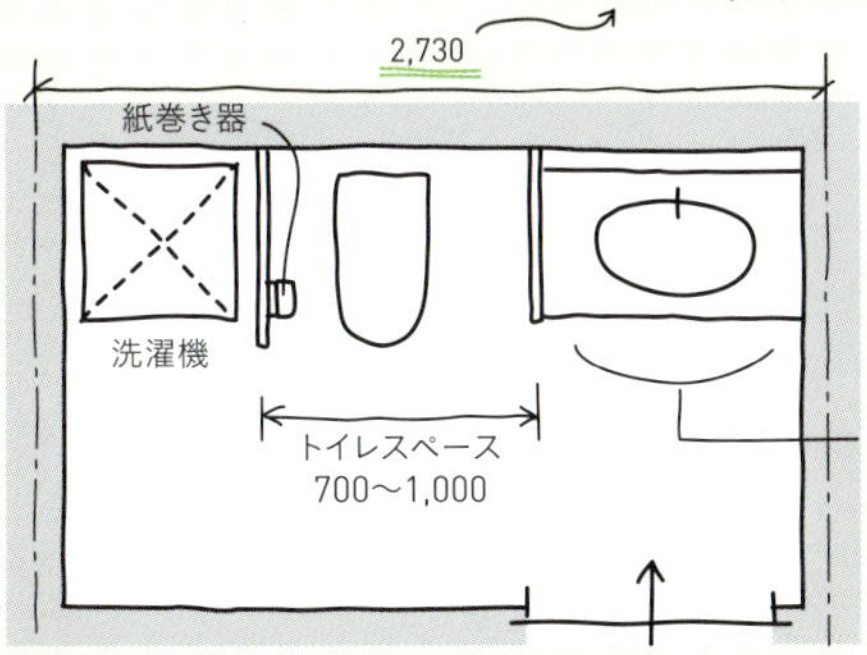

最小で2,200程度
2,730
紙巻き器
洗濯機
浴室
トイレスペース 700〜1,000
入口正面に洗面所を設える

○メリット
- 省スペースにできる
- トイレ、洗面空間ともに広がりがでる
- 建具や壁を減らせるので省コストにもなる

×デメリット
- 臭いの問題
- ほかの人の入浴中はトイレが使いにくい
- 来客がトイレを使用する際、浴室を覗かれる

❷ かたつむりハウス

中庭に面した洗面室兼用トイレと浴室はガラスの扉と窓で仕切ることで、開放的な一室空間としている。中庭を通じて自然光が入る、明るい水廻り空間となった

❶ 光井戸の家

トイレを可倒式のカウンターで隠すと、化粧台として洗面スペースを広々と使える。可倒式のカウンターにはダンパーを付けているので動きもスムーズだ

事例3 FP「洗面室兼用トイレ」

入浴後の水濡れ対策や、水廻りの清潔感と明るさが保たれるように、床面は白のタイル張りとしている

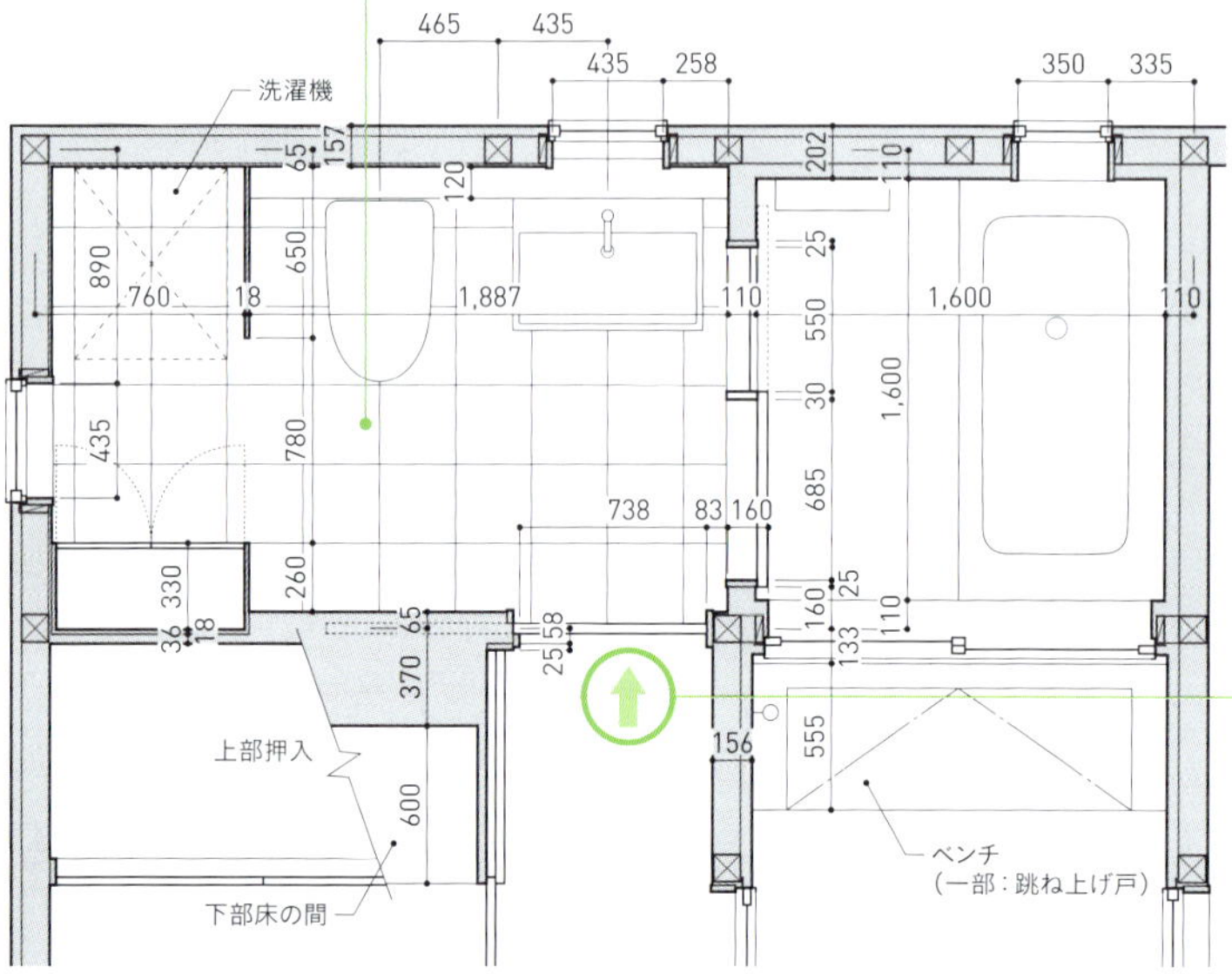

洗濯機
上部押入
下部床の間
ベンチ
（一部：跳ね上げ戸）

洗面室兼用トイレの場合に気をつけたいのは、入口の正面に便器を設けないということ。日中は扉が開け放たれていることを想定し、入口正面に洗面ボウルを配置している

洗面室兼用トイレ平面図［S=1：50］

狭小プランで家族の人数も少なく、建築主にも理解があったため、唯一のトイレを洗面室と兼ねて設けた事例。扉を開けた（開け放した）際の廊下からの見え方には配慮したい

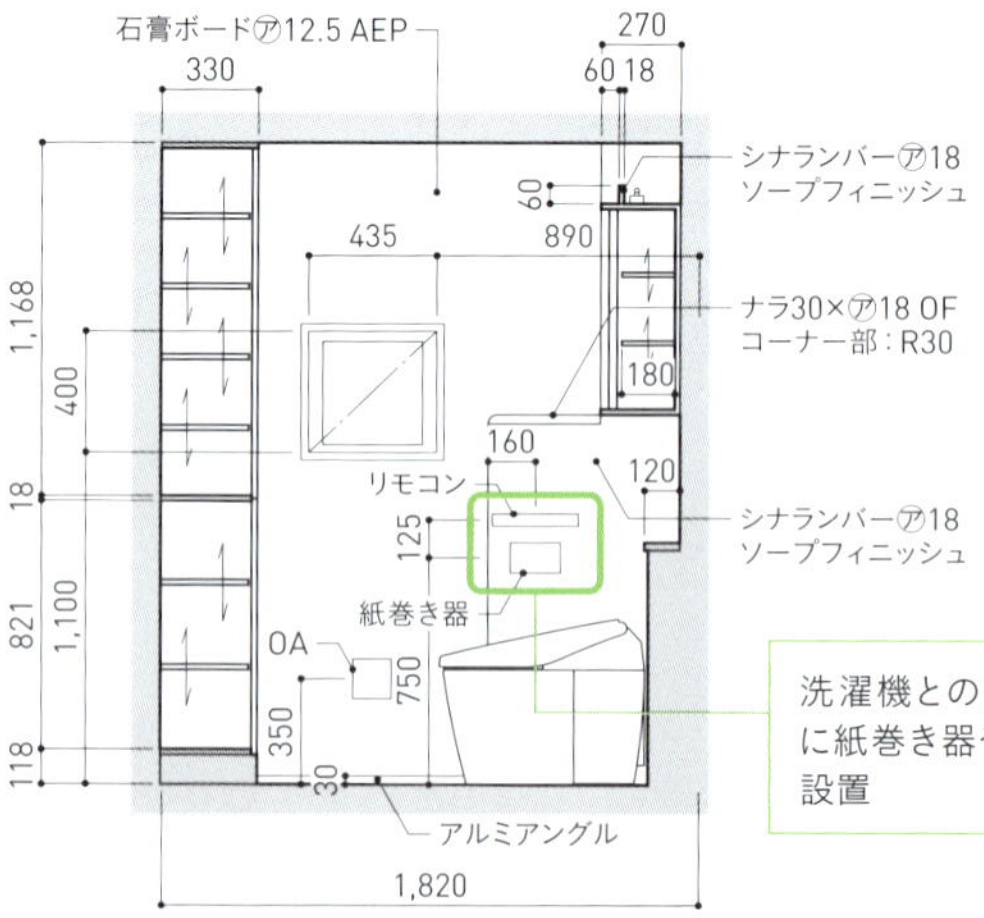

石膏ボード㋐12.5 AEP
シナランバー㋐18
ソープフィニッシュ
ナラ30×㋐18 OF
コーナー部：R30
リモコン
シナランバー㋐18
ソープフィニッシュ
紙巻き器
OA
アルミアングル

洗濯機との間仕切部分に紙巻き器やリモコンを設置

洗面室兼用トイレ展開図［S=1：50］

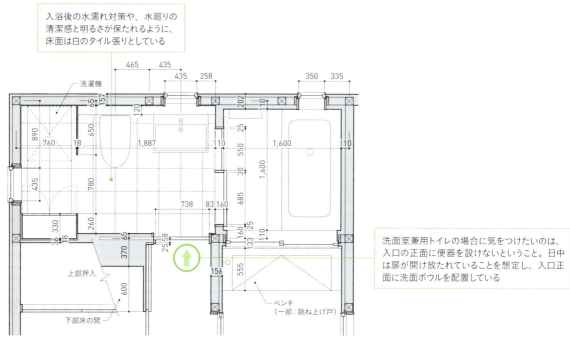

detail 11

浴室・洗面所は気配り力が試される

浴室・洗面所は、キッチンと比べても、利用する時間がある程度限られている。それゆえに、採光や眺望よりも、機能性やメンテナンスのしやすさなどがより優先される傾向もあるだろう。また、小さな領域に多くの要素が詰め込まれる空間でもあり、小住宅ではさらに面積が限られ、厳しい設計が求められる。水もかかり、住まい手の生活感も表れやすい、そんなタフな空間だけに、浴室・洗面所は設計者の気配り力が試される究極の空間なのである。ここでは、限られたスペースに必要な機能が過不足なく納まる方法について考えたい。

Part 1

ハーフユニットと在来工法の特徴

浴室・洗面所は、キッチンと比べても、利用する時間がある程度限られている。それゆえに、採光や眺望よりも、機能性やメンテナンスのしやすさなどがより優先される傾向もあるだろう。また、小さな領域に多くの要素が詰め込まれる空間でもあり、小住宅ではさらに面積が限られ、厳しい設計が求められる。

そんな設計密度の高くなる水廻り空間は、設計もユニット化しておくとよい[図参照]。在来工法では規格にとらわれず、オリジナルの浴室がつくれる。しかし、2階に浴室を配置する場合は防水性能を確保することを考えると、ハーフユニットを使わざるを得ないが、素材の組み合わせなどで十分に個性的な空間はつくれる。水もかかり、住まい手の生活感も表れやすい、そんなタフな空間だけに、浴室・洗面所は設計者の気配り力が試される究極の空間なのである。

図 ボリュームの考え方

基本寸法は1,820×1,820㎜(1坪)をベースに考えると最も破綻がなく、バランスのよいプランがつくれる

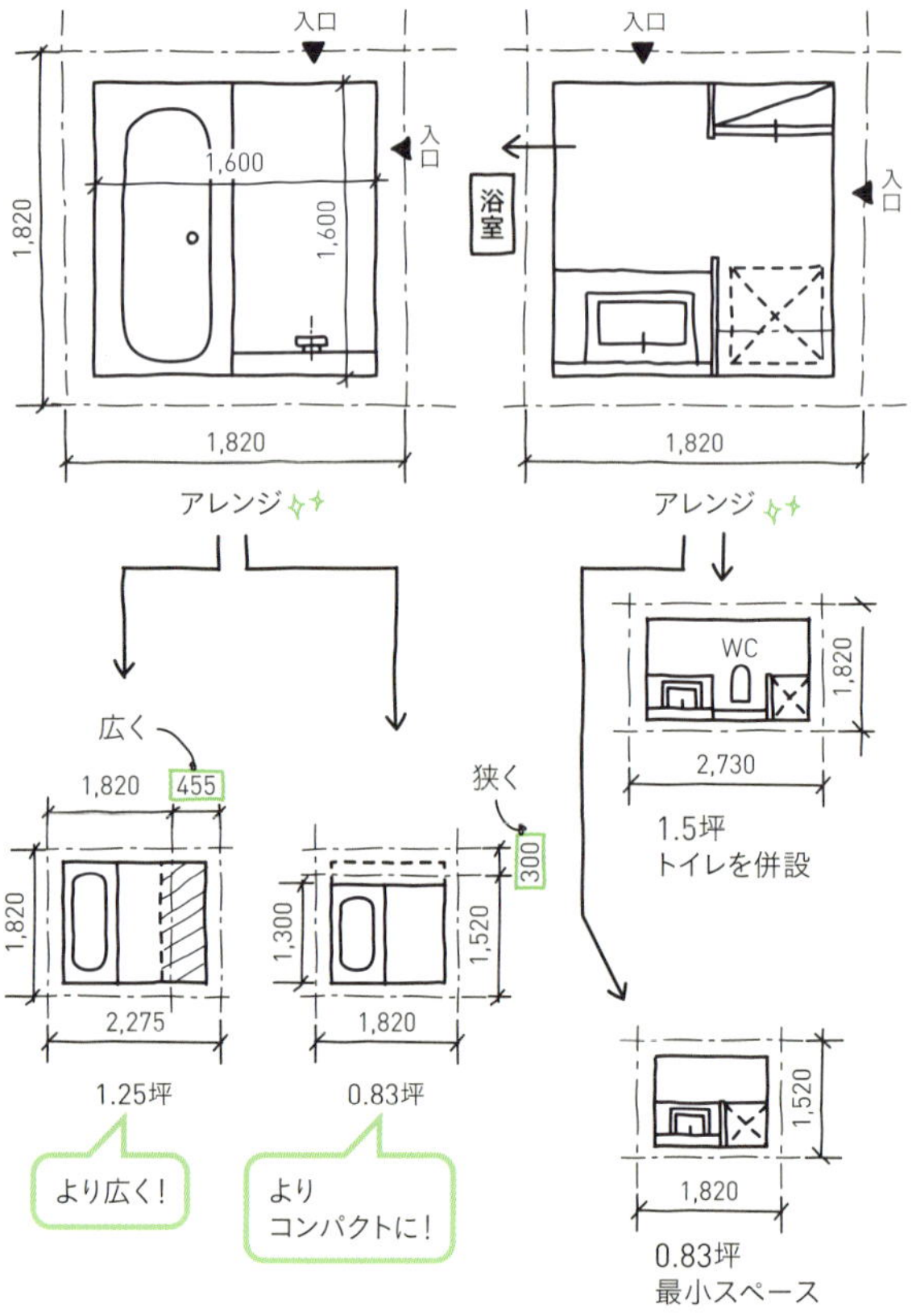

●浴室
●洗面室
入口
1,600
1,820
浴室
アレンジ
広く
455
狭く
300
1,300
1,520
2,275
1,25坪
0.83坪
より広く!
より
コンパクトに!
WC
2,730
1.5坪
トイレを併設
0.83坪
最小スペース

❶ **かたつむりハウス**
中庭を見ながら入浴できる浴室空間。壁には繊細なボーダータイルを採用し、床には水はけのよいノンスリップタイルを採用している［事例2参照］

❷ **西荻の家**
朝にジョギングをする建築主のために、明るいトップライトと大型シャワーを設けた。壁には鱗のような丸モザイクタイルを採用している（写真：繁田 諭）

❸ **緩斜面の家**
洗面側と強化ガラス扉で仕切ることにより、より開放的で一体感のある浴室・洗面空間としている
（写真：新澤一平）

事例1 FP「ハーフユニットバスを用いた浴室」

●ハーフユニットバス

ライニングなし

○メリット
- 施工合理性
- 掃除がしやすい
- 防水の安心

△デメリット
- オリジナリティに欠ける

メリットは、なんといっても在来工法とユニットバス両方のよさを兼ね備え、意匠の自由度と施工の合理性が同時に実現できる点だろう。一方、デメリットは、製品寸法が決まっているので設計の融通性が限られ、オリジナリティに欠ける点であろうか。ただ、それを設計の工夫によって補完すれば、美しく機能性の高い浴室は十分につくれる

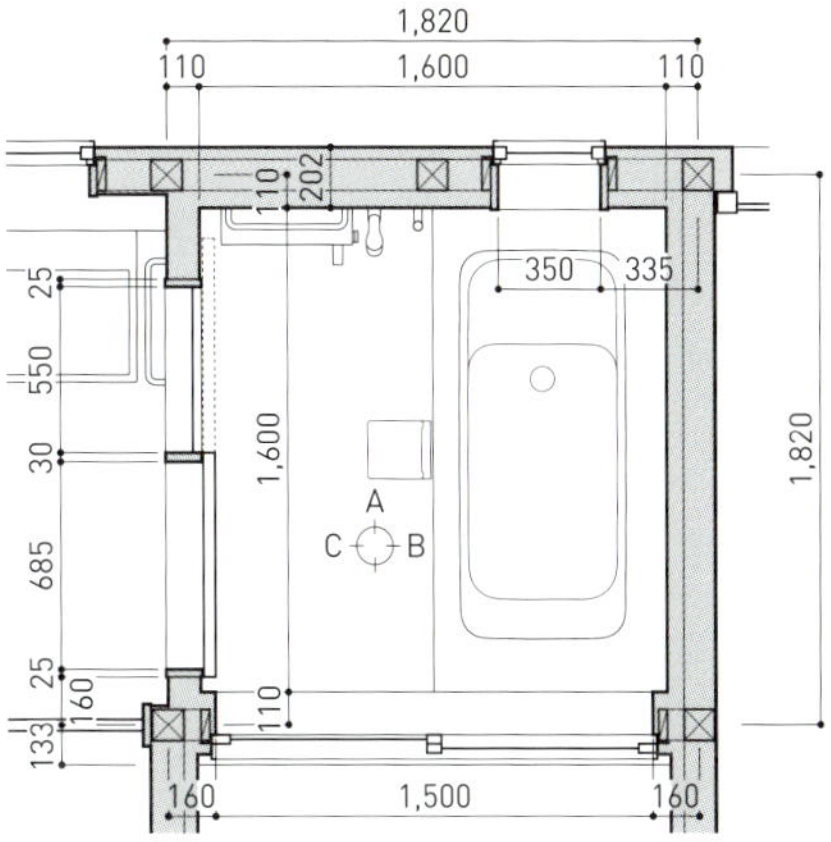
1,820
110
1,600
110
350
335
1,600
1,820
A
C
B
160
1,500
160

浴室平面図[S=1:50]

筆者定番の仕上げは、ユニット上の壁・天井ともに羽目板（ベイヒバまたはレッドシダー）を張る方法。羽目板が傷まないように、ユニット上にH＝150〜200mm程度のタイル張りを行う。全面タイル張りにするよりもコストが抑えられ、入浴時のリラックス効果も期待できる。もちろん壁を全面タイル張りにすることも可能だ

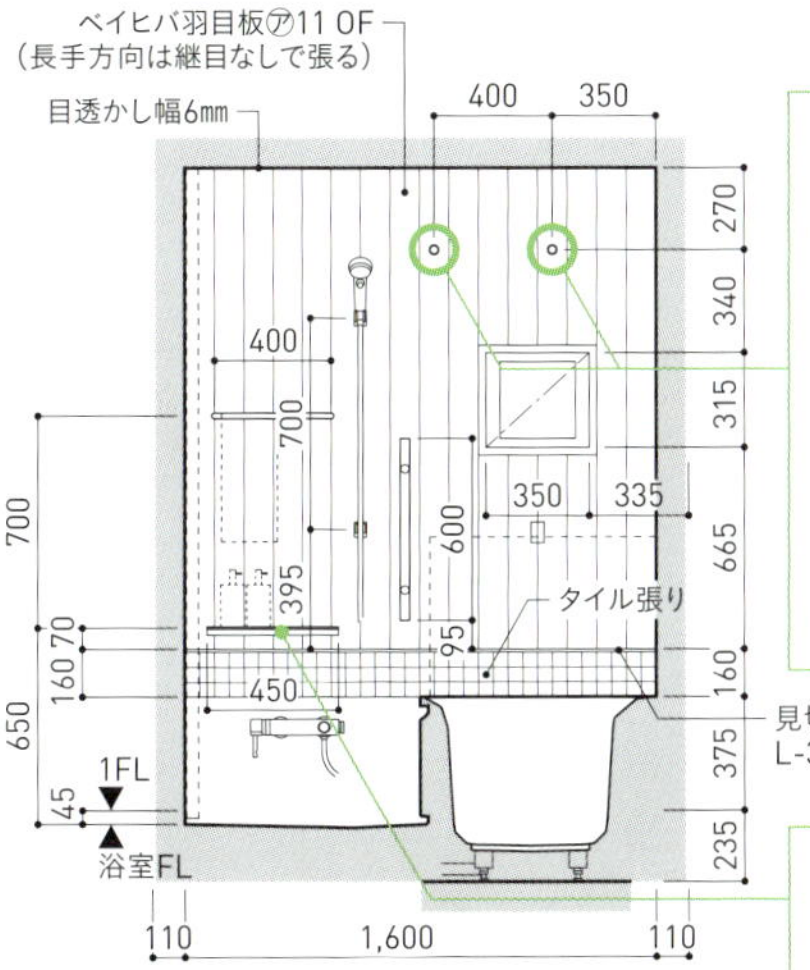
ベイヒバ羽目板⑦11 OF
（長手方向は継目なしで張る）
目透かし幅6mm
タイル張り
見切：アルミアングル
L-30×30×⑦1.0
1FL
浴室FL
110
1,600
110

展開図A[S=1:50]

ランドリーパイプ：壁を羽目板にした場合は、樹脂製の受けではなく、壁に丸孔をあけ伸縮式ポールを差すことで、外した際も目立たない

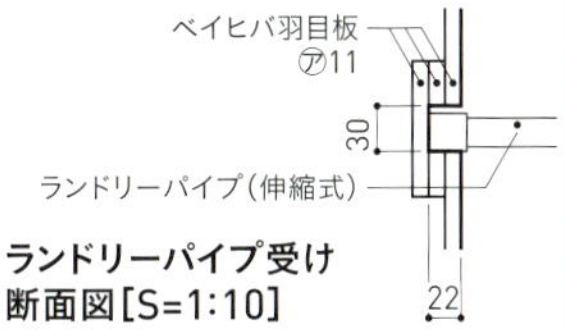
ベイヒバ羽目板
⑦11
ランドリーパイプ（伸縮式）
30
22

ランドリーパイプ受け断面図[S=1:10]

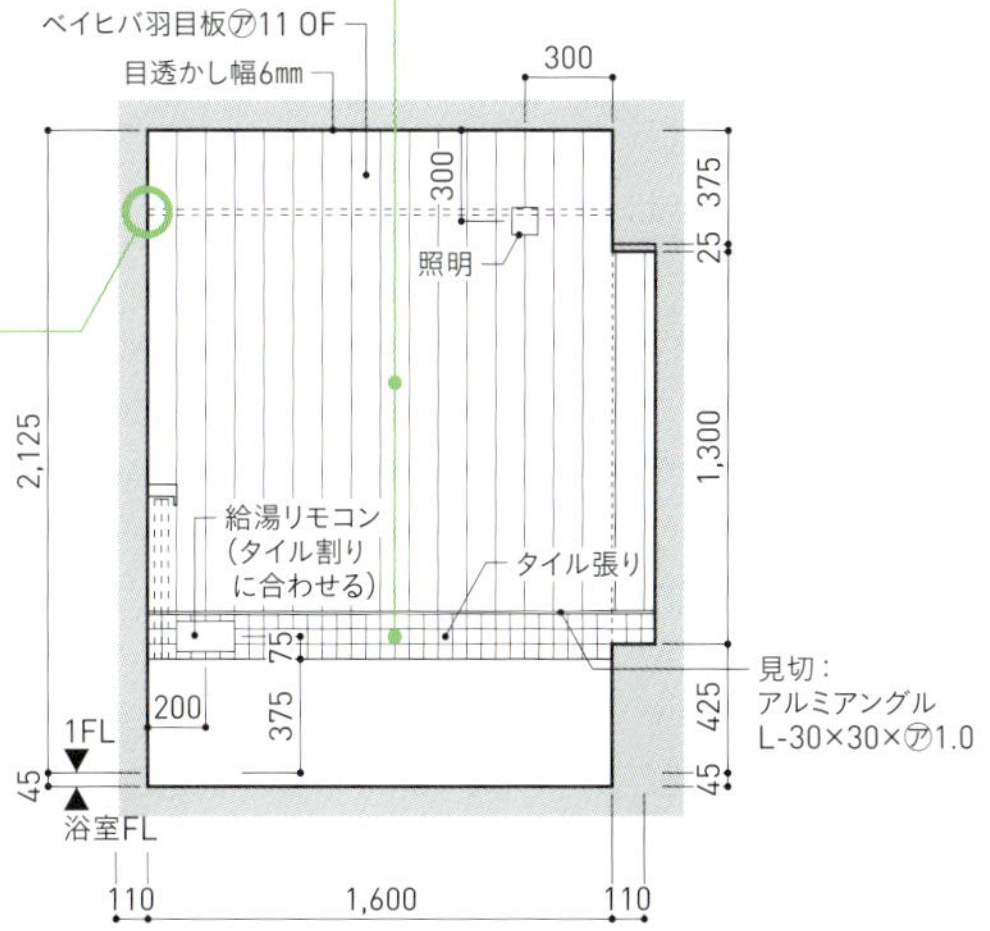
ベイヒバ羽目板⑦11 OF
目透かし幅6mm
照明
給湯リモコン
（タイル割りに合わせる）
タイル張り
見切：
アルミアングル
L-30×30×⑦1.0
1FL
浴室FL
110
1,600
110

展開図B[S=1:50]

小物棚：最近のハーフバスは水栓側にライニングがないので、別途小物棚が必要。水切れのよいものを選ぶ

通風小窓：浴槽の背もたれ側に設けると、入浴中、風が頬に当たり気持ちがよい。下枠は人工大理石にする

タオル棚：浴室内に設けると、洗面器などの置場にもなる

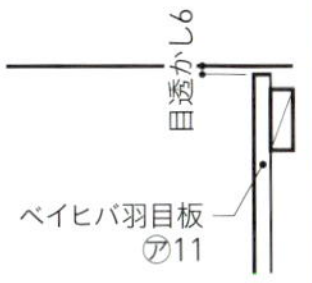
目透かし6
ベイヒバ羽目板
⑦11

壁−天井取合い[S=1:10]

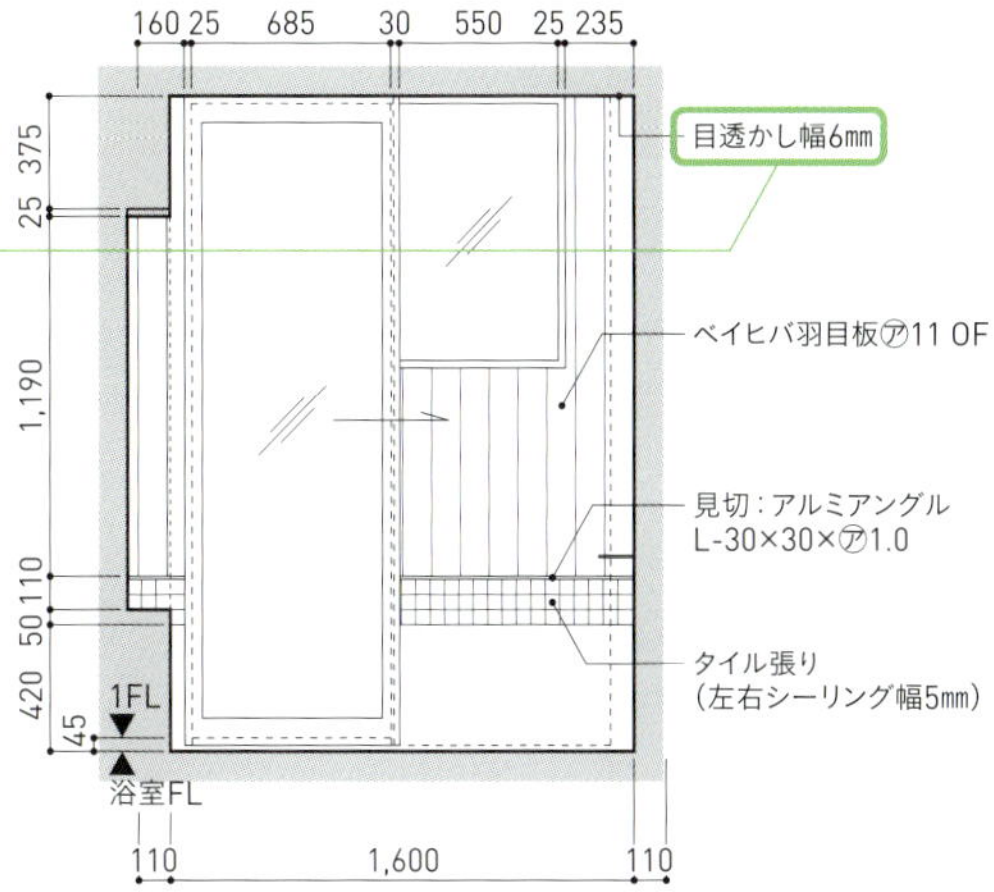
160 25 685 30 550 25 235
目透かし幅6mm
ベイヒバ羽目板⑦11 OF
見切：アルミアングル
L-30×30×⑦1.0
タイル張り
（左右シーリング幅5mm）
1FL
浴室FL
110
1,600
110

展開図C[S=1:50]

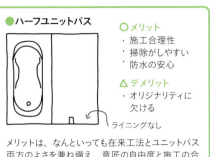

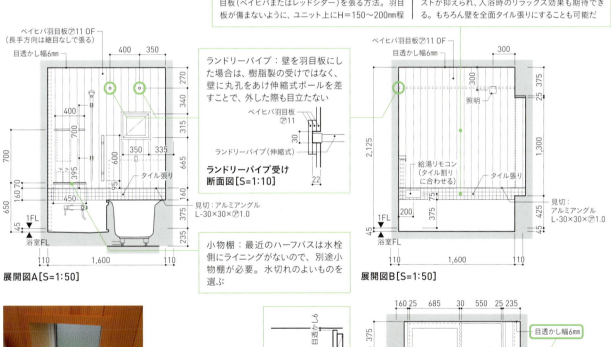

事例2 かたつむりハウス「在来工法の浴室」

●在来工法

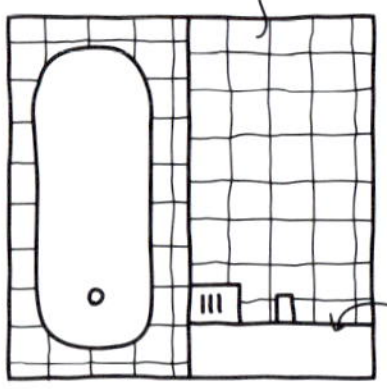

○メリット
・自由度、デザイン性

△デメリット
・階上の場合、防水性に不安

在来工法による浴室のよさは、規格にとらわれることなく、個性的な浴室を自由につくれる点にある。注意すべきは防水で、階上階下にかかわらず、FRP防水を天井まで施すなど十分な対策が必要だ。階上の場合は用心のために、FRPを2プライにする

筆者定番の在来浴室は、床を水切れのよいグリップフロアタイル(TOTO)などにし、壁をモザイクタイルやボーダータイルなどにすることが多い。設計によっては、ほかにもさまざまなバリエーションが考えられる

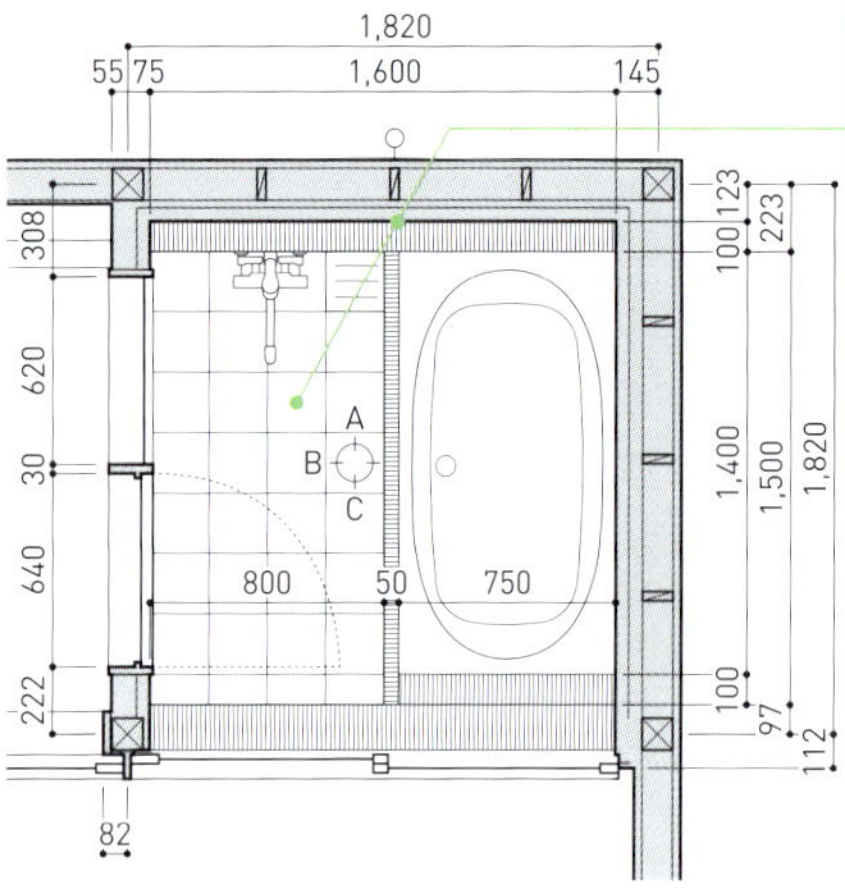

浴室平面図[S=1:50]

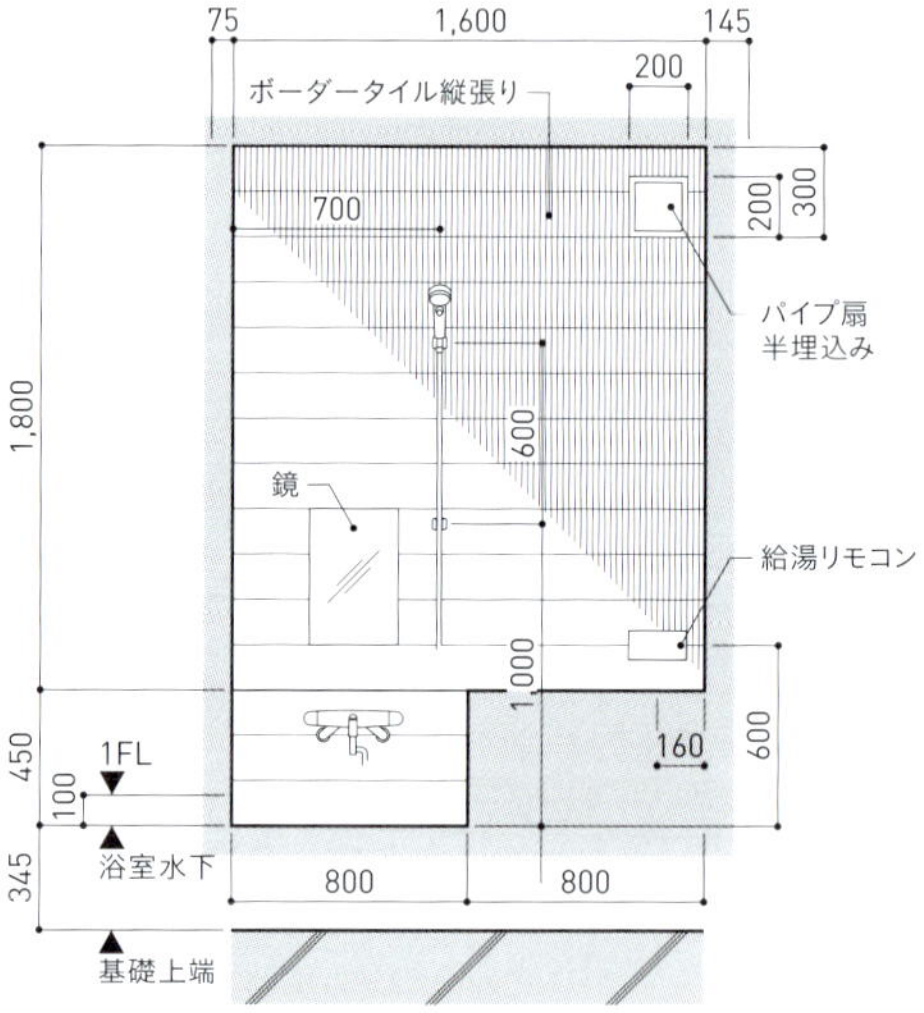

展開図A[S=1:50]

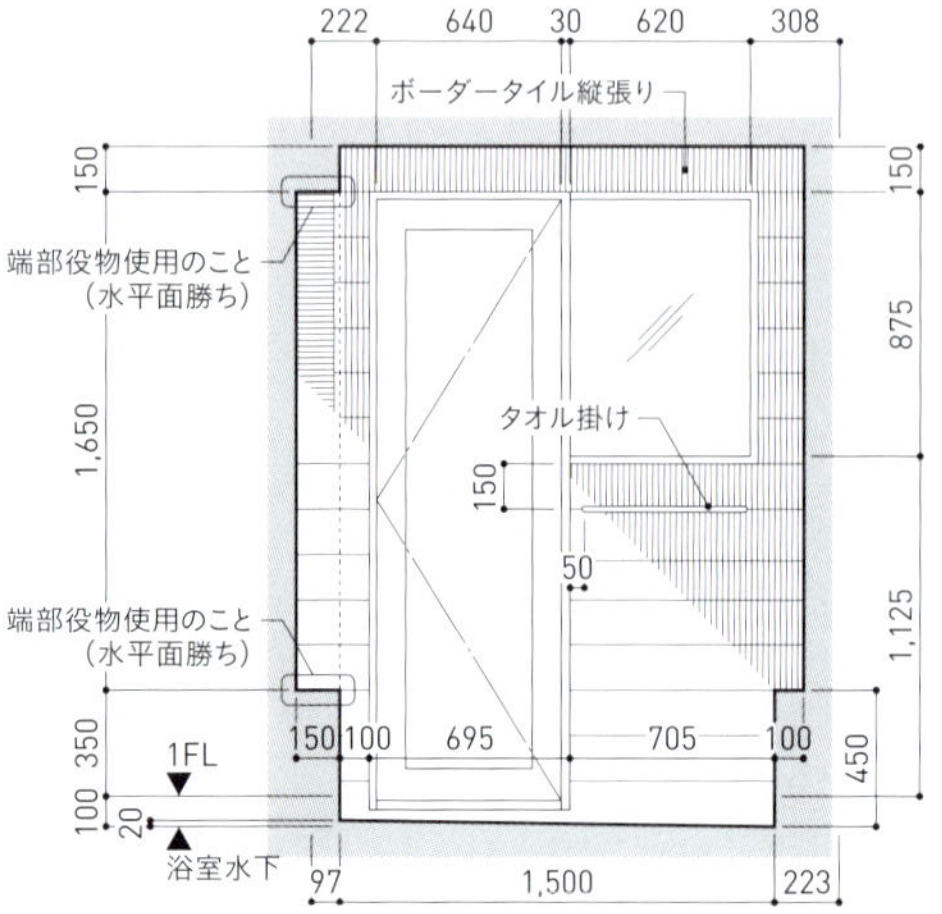

展開図B[S=1:50]

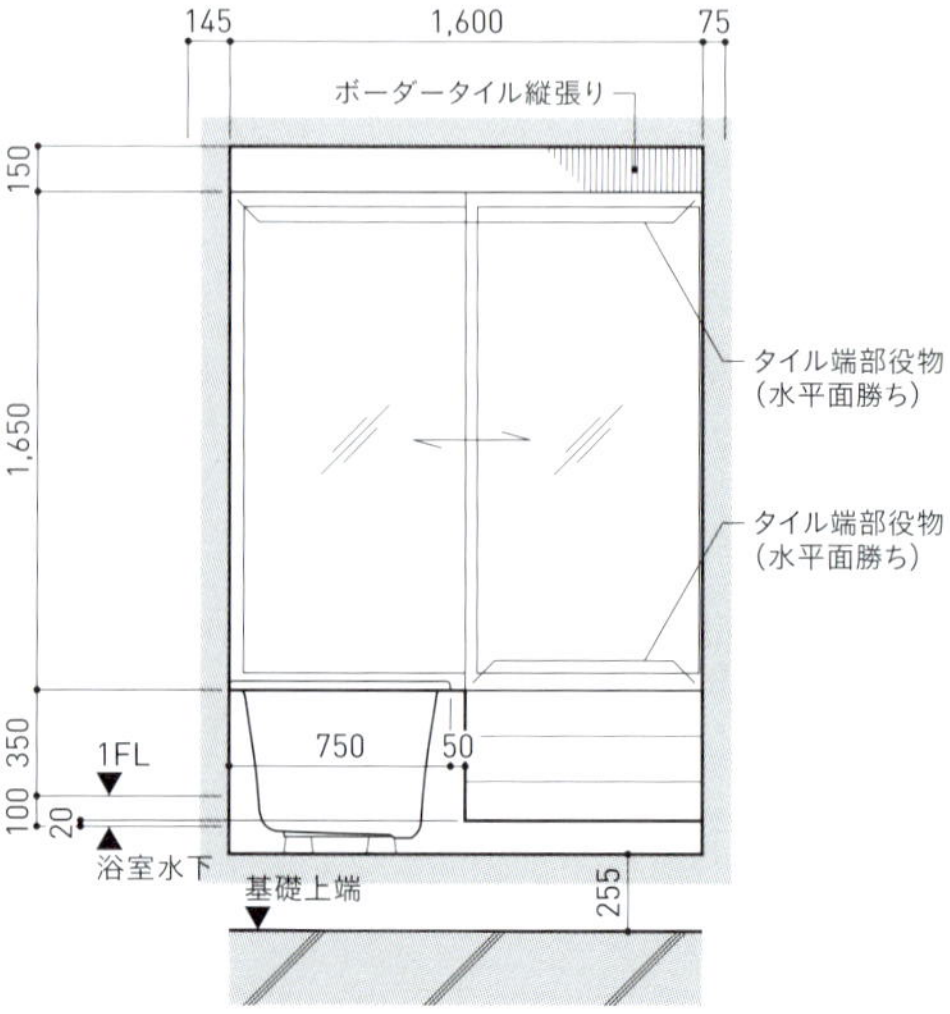

展開図C[S=1:50]

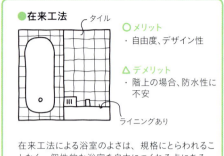

Part 2

造作洗面カウンターのつくり方

浴室空間がユニットバスなら、洗面所空間にも洗面ユニットなる便利な製品がある。しかし、注意深く設計すれば、コンパクトながらもかゆいところに手の届く機能的な洗面空間を造作でもつくれる。また、洗剤や石鹸の予備、タオルや脱衣かごなど、洗面所空間に必要な収納スペースは多岐にわたる。これらの要素を整理し、小さくとも整然とした美しい洗面空間となるよう心がけたい。

洗濯機を置く場合は、キッチンや洗濯物干しスペースなどと合わせて家事動線とのつながりも意識し、ストレスフリーな水廻りを計画したい。

さらにプランが工夫できれば、ウォークインクロゼットを洗面所の隣に設けたり［74ページ事例4参照］、下着やタオルなどを置けるコーナーなどがあるとさらに家事動線がコンパクトになり、便利である。

❶ 暁の家

一坪サイズの標準的な洗面所。この限られたスペースに洗濯機を備え、洗面カウンターには化粧品、タオル、ランドリーバスケット、洗剤などをぴったり納めている［事例3参照］　（写真：新澤一平）

❷ オープンテラスの家

女性が多い家庭の場合は、洗面器を2つ設けると喜ばれる。圧迫感をなくすため吊り戸棚は設けず、タオルや備品はカウンター下と背面側の収納などに分けて納めている　（写真：新澤一平）

●トイレ（ペット用）はトイレ（人間用）の側に

もともとペットを飼っていた建築主であれば、ヒアリングを行い、適材適所に必要なアイテムまたはその置き場を準備すればよいのだが、新築を機にペットを飼いたいという建築主も少なからずいる。その際、問題になるのがペットのトイレ問題だ。そんなときは、トイレ（ペット用）はトイレ（人間用）を広めに確保し、側に置けるようにしたい。そうすれば、排泄物を簡単にトイレに流すことができ、浴室で汚れたトイレトレーの清掃が簡単にできる。さらに換気扇で臭いも消臭できる。

猫用トイレを洗面所兼用トイレに設置した事例。設置スペースは猫トイレの大きさをあらかじめ確認（もしくは想定）し、さらに清掃しやすい大きさを確保する。「OPEN-d」では猫トイレ上部に収納を設け、猫砂などのトイレグッズを備蓄し、必要に応じてすぐ出すことができる　（写真左：新澤一平）

事例3 暁の家「造作洗面カウンター」

洗面空間に洗濯機を納める場合、洗面カウンターの幅は900〜1,000mm程度となる

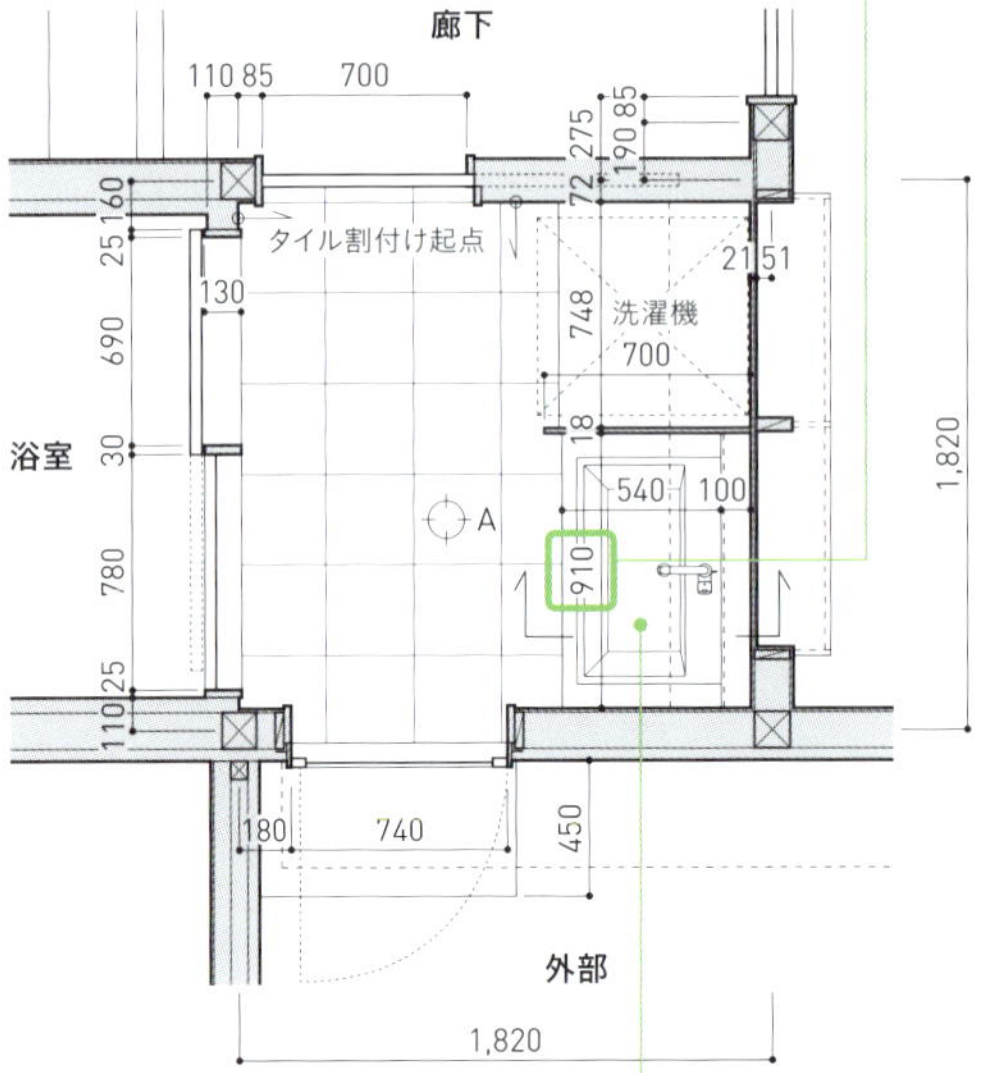

廊下
110 85
700
275
190 85
72
160
25
タイル割付け起点
21 51
130
748
洗濯機
700
690
浴室
30
18
540
100
A
1,820
780
910
25
110
180
740
450
外部
1,820

カウンターをなるべく簡素に設えるため、筆者は据え置き型の洗面ボウルを採用することが多い。定番はカタラーノゼロ(T-FORM)のシリーズで、やや割高だが幅広で水が飛び散らず木のカウンターを傷めない。また、バリエーションとして、天板に10㎜程度の薄い人工大理石を張ることもある

洗面室平面図[S=1:50]

建築主からの要望によってつくられたティッシュ収納。ティッシュを逆さに入れ、下から取り出す

吊り戸棚の扉は鏡張りとし、ドライヤーのためのコンセントやコード孔を設ける。要所をしっかり図面化しておけば、大工造作で十分つくれる

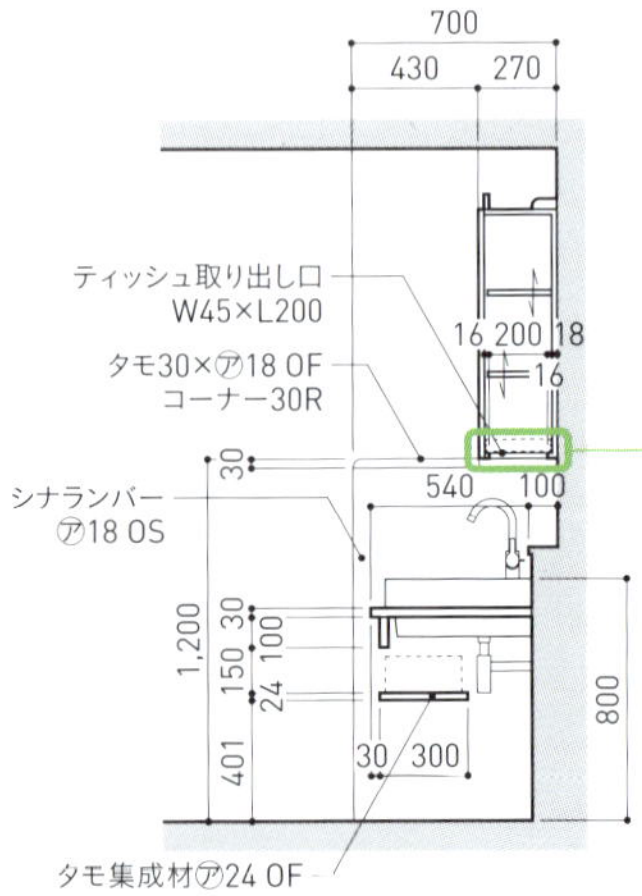

700
430
270
ティッシュ取り出し口
W45×L200
16 200 18
16
タモ30×㋐18 OF
コーナー30R
30
540
100
シナランバー
㋐18 OS
1,200
30
150
100
24
401
30
300
800
タモ集成材㋐24 OF

洗面カウンター部断面詳細図[S=1:50]

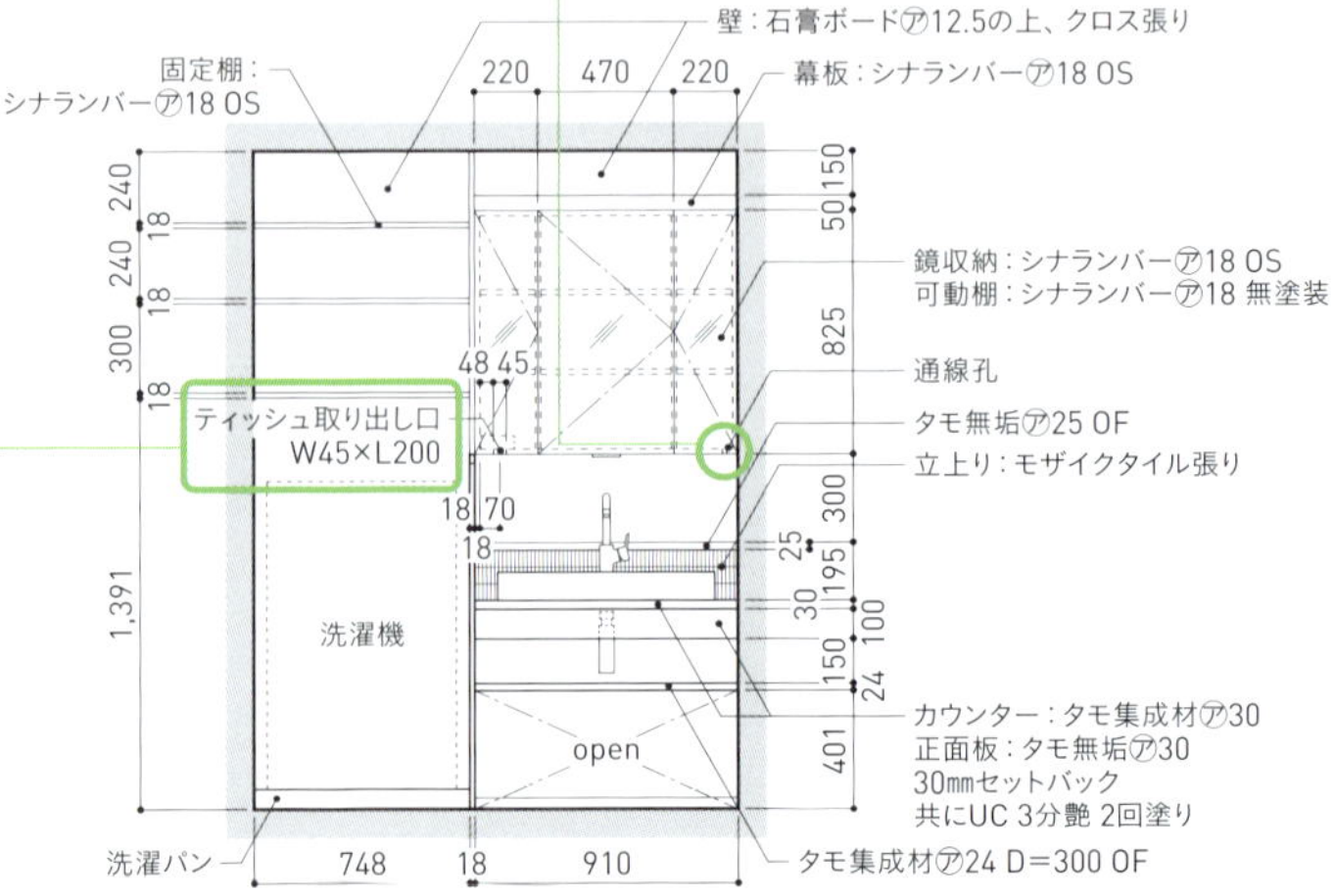

壁:石膏ボード㋐12.5の上、クロス張り
固定棚:
シナランバー㋐18 OS
220
470
220
幕板:シナランバー㋐18 OS
240
18
240
18
300
18
150
50
鏡収納:シナランバー㋐18 OS
可動棚:シナランバー㋐18 無塗装
825
48 45
通線孔
ティッシュ取り出し口
W45×L200
タモ無垢㋐25 OF
立上り:モザイクタイル張り
18 70
18
300
25
195
1,391
洗濯機
30
100
150
24
カウンター:タモ集成材㋐30
正面板:タモ無垢㋐30
30㎜セットバック
共にUC 3分艶 2回塗り
open
401
洗濯パン
748
18
910
タモ集成材㋐24 D=300 OF

展開図A[S=1:50]

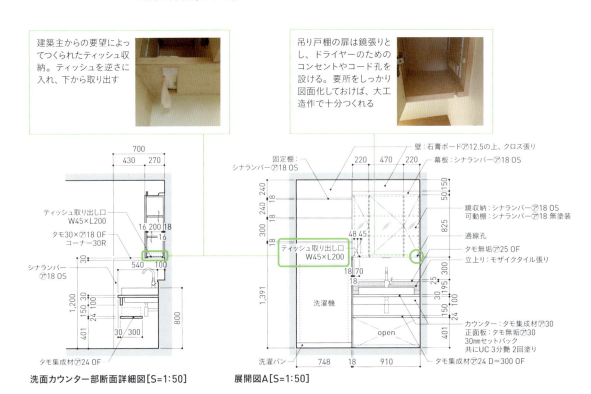

大和田の家

detail 12

板金外壁をすっきり納める

外壁は住宅のファサードにおいて重要な役割をもつが、「ローコスト」であることや「メンテナンスが容易」であることなどを求める建築主も多い。これらの観点から、ガルバリウム鋼板の右に出る素材はないだろう。ガルバリウム鋼板による外壁仕上げには、サイディング、スパンドレル、板金折りなどがある。そのなかでも板金折りは、設計者の工夫次第で美観や手づくり感をさらに高めることが可能な仕上げだ。その一方で、使い方を誤ると安っぽくなり、防水上のリスクも発生する。ここではそんな板金外壁仕上げのポイントを解説したい。

Part 1

板金外壁はコーナーで決まる

板金外壁で最も重要なのはコーナーの納まりである。ここさえ押さえておけば、見た目の8割は約束されたようなものだ。板金はもともと屋根葺き材であるため、外壁に板金を葺くことに慣れていない職人も多い。

そのため、屋根ではあり得ない直角のコーナーを板金で美しく納めるには、いかに部材を減らして手数を少なくするかが肝といえる。

横葺きの場合は、特に横のラインの連続性には気をつけたい［図1参照］。板金をきれいに納めるには、板金職人とのコミュニケーションは欠かせない。コミュニケーションの手段として、過去の板金納まり事例の写真などを職人に見せて打合せを行うようにしている。こうした具体的な指示を行うことで設計趣旨の8割は実現できる。残り2割は職人の腕次第だ。

図1 コーナーの納め方

●横葺きの場合

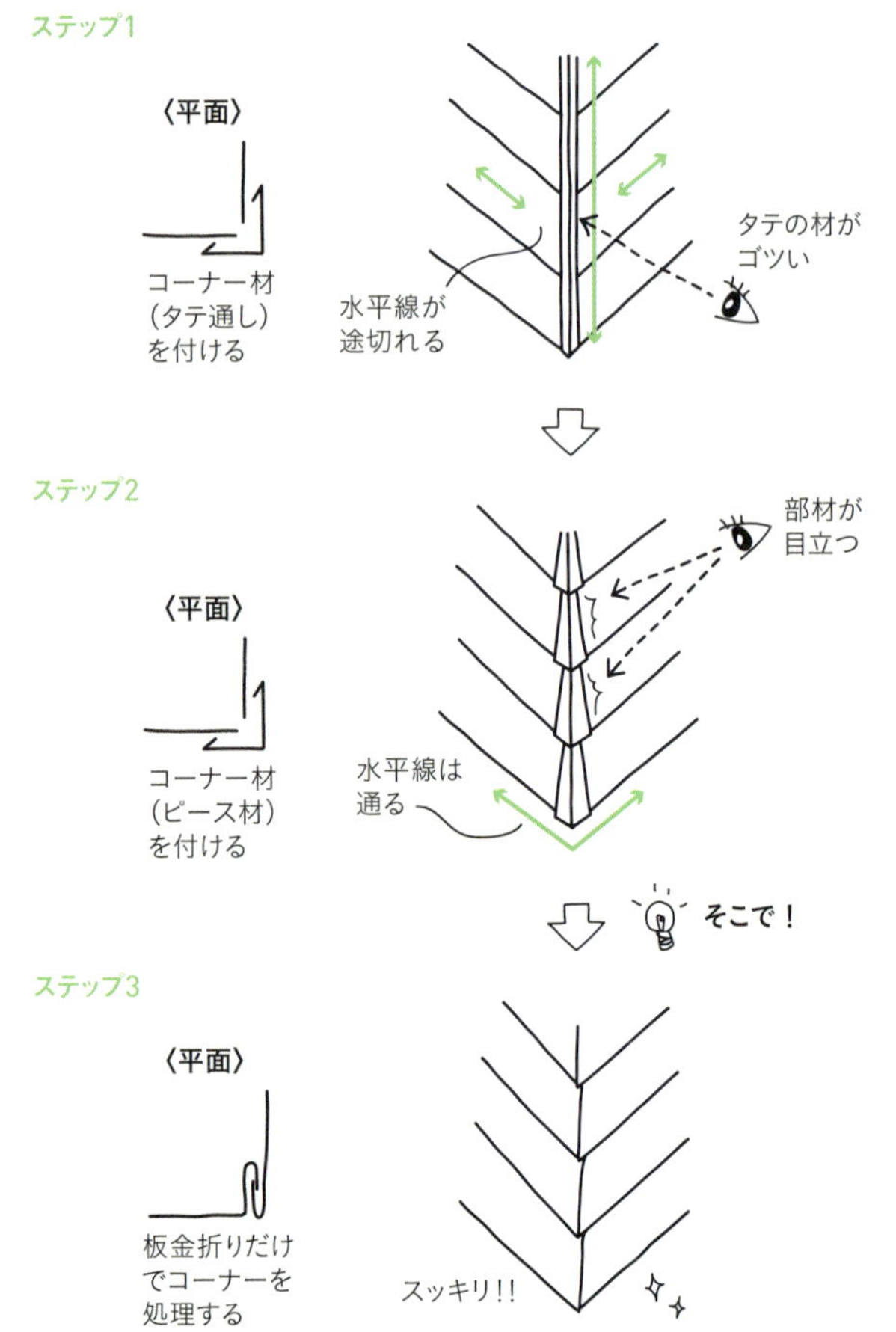

ステップ1
〈平面〉
コーナー材（タテ通し）を付ける
水平線が途切れる
タテの材がゴツい
ステップ2
〈平面〉
コーナー材（ピース材）を付ける
水平線は通る
部材が目立つ
そこで！
ステップ3
〈平面〉
板金折りだけでコーナーを処理する
スッキリ!!

❶ 川風の家
3階建て住宅の垂直性を強調するために立はぜ葺きを採用　（写真：新澤一平）

❷ 隅切りの家
屋根と外壁を一体で葺き、連続性を出すために横葺きを採用　（写真：新澤一平）

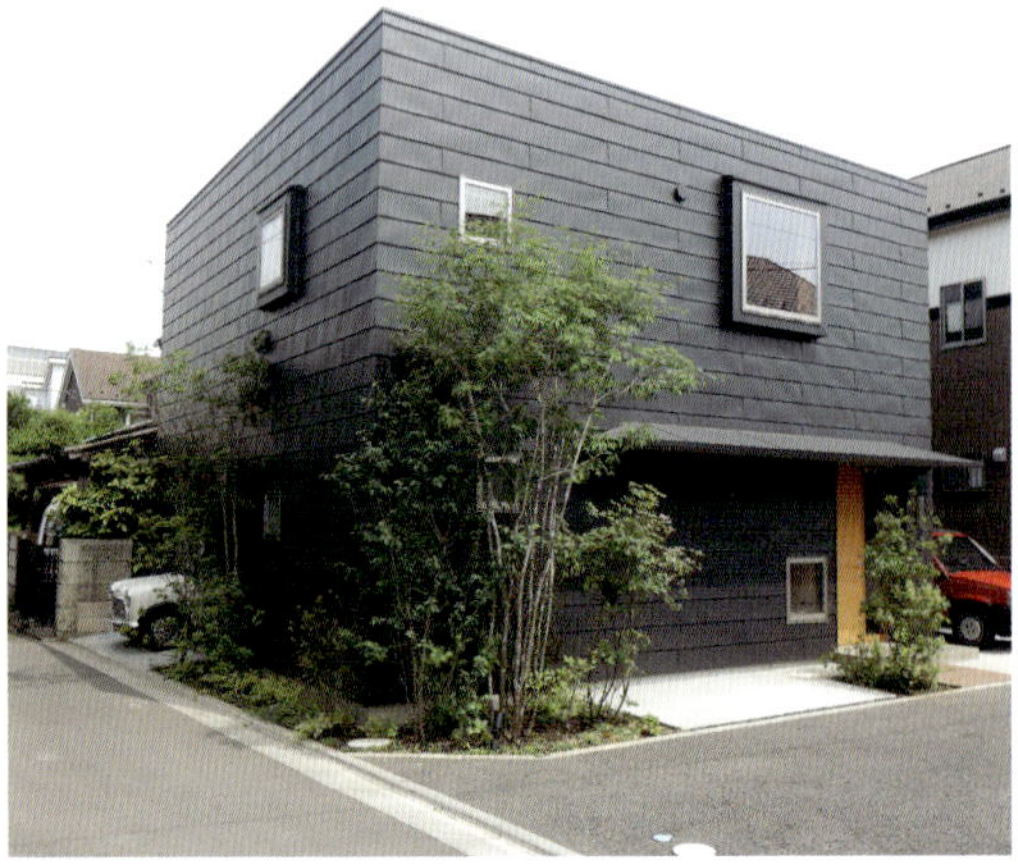

❸ FP
角地に建つ物件で、2つの通りに沿うように水平方向の連続性を強調するために横葺きを採用

事例 1　川風の家「立はぜ葺き外壁のコーナーを、90°折り返して納めたケース」

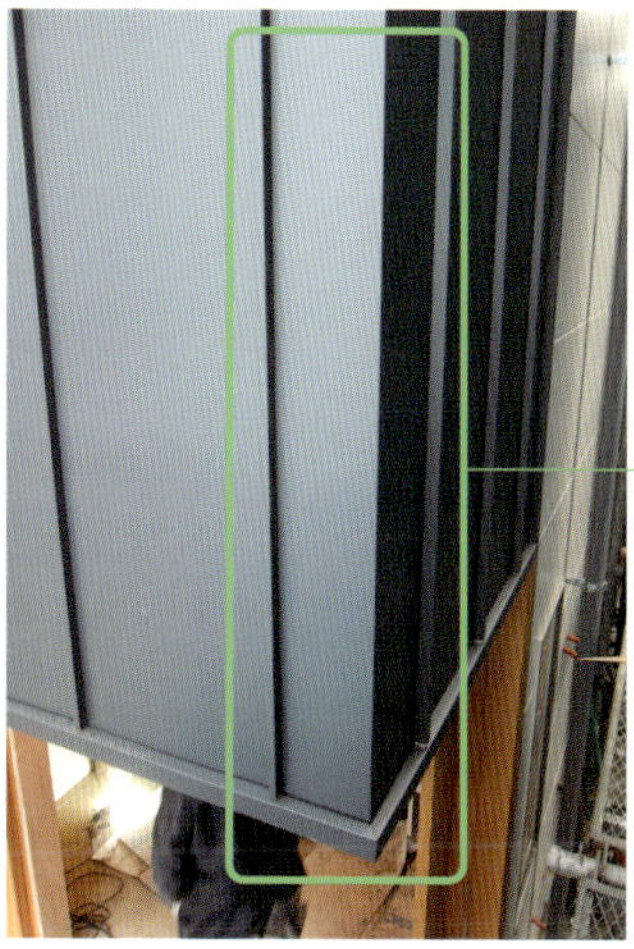
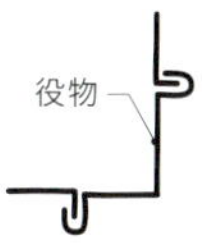

立はぜ葺きの場合はコーナー処理が容易である。90°に曲げた役物で対応する

事例 2　隅切りの家「横葺き外壁のコーナーを、コーナー部材をかぶせて納めたケース」

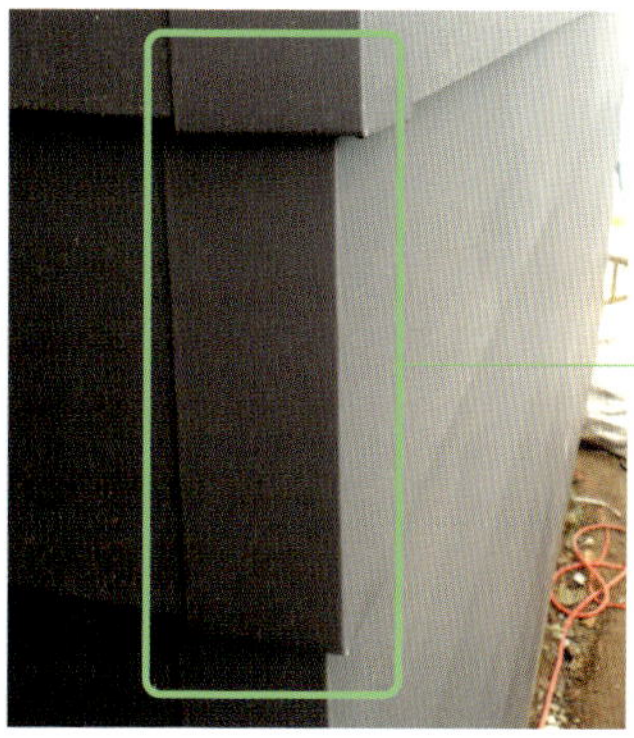

コーナー部材を最後に下から差し込んでかぶせる方法。職人の技量や状況判断により、事例3の方法ができない場合に用いる。遠目で見れば、これでも十分きれいに見える。その場合部材は上下通しにはせずにピース材とする

事例 3　FP「横葺き外壁のコーナーを、板金折りだけで納めたケース」

片側の板金を折り返し、お互いをつかみ込むようなかたちで突付けでジョイントする方法。手間がかかり作業効率も落ちるため、職人によっては嫌がることもあるが、最もきれいに納まる[118ページ参照]

ここに注意!

板金折りは職人の技量がそのまま現れる仕上げである。納まりについては、打ち合わせを通して職人の技量を見極めながら、過去の施工事例などを見せて、仕上がりのイメージを共有するとよい。経験上、図面よりも写真で説明したほうが伝わりやすい

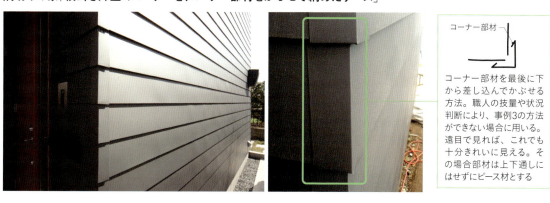

Part 2

窓廻りをすっきり納める

コーナーをすっきり納めたら、次に目が行くのは窓廻りである。窓廻りもコーナー同様、美しく納めるためにはなるべく手数を少なくし、パーツを減らすことが望ましい。ただし、窓廻りは常に漏水のリスクと隣り合わせの部位でもあり、施工者の意見を十分に聞く必要がある。定番としているのは図2の2つの納め方である。

最も典型的なやり方は窓廻りに役物を回す方法である。しかし、開口部上に隅間ができ、見た目が野暮ったくなるのが難点である。

窓廻りに役物を回さない場合は、水が入ることを前提に設計を考えなければならない。板金の裏側（下地）で二重三重の防水対策を行っておく必要がある。一見すると不安を覚えるが、部材の少ないシンプルなディテールほど問題の所在が分かりやすく、対処もしやすい。

図2 窓廻りの納まり

A 役物を回す場合

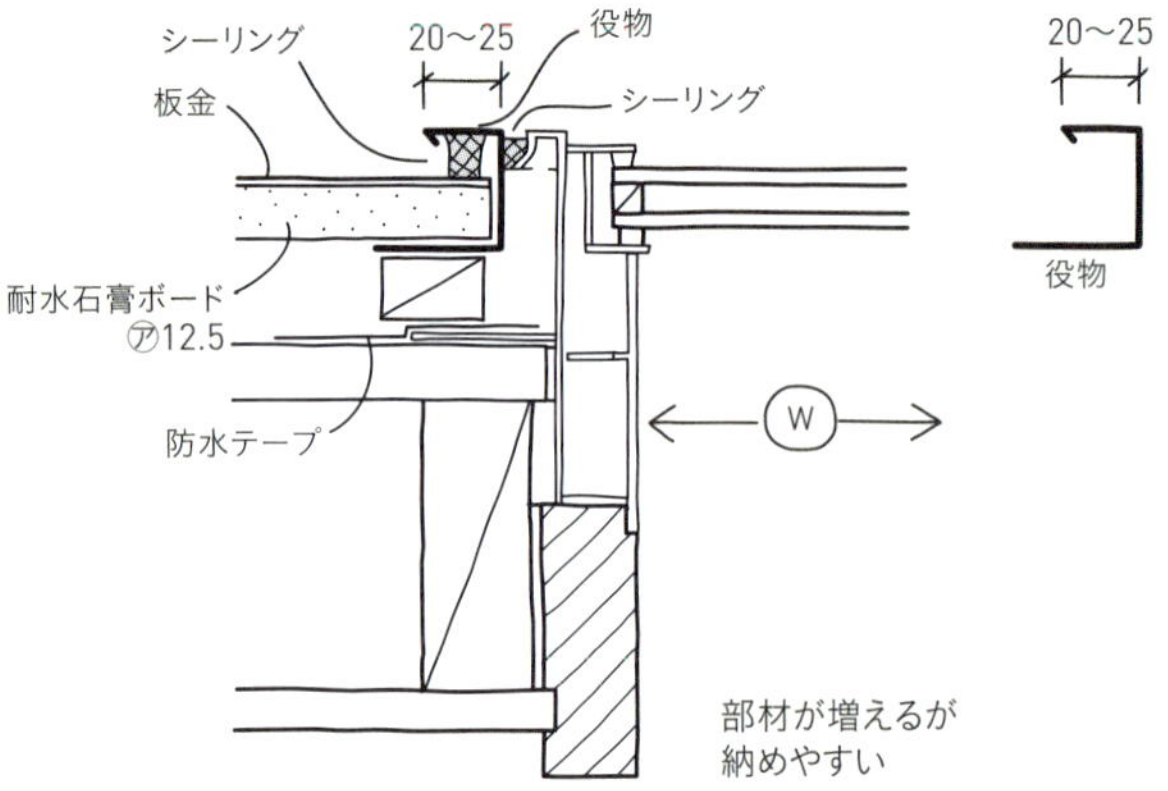
シーリング
20〜25
役物
シーリング
板金
20〜25
役物
耐水石膏ボード
㋐12.5
防水テープ
W
部材が増えるが
納めやすい

B 役物を回さない場合

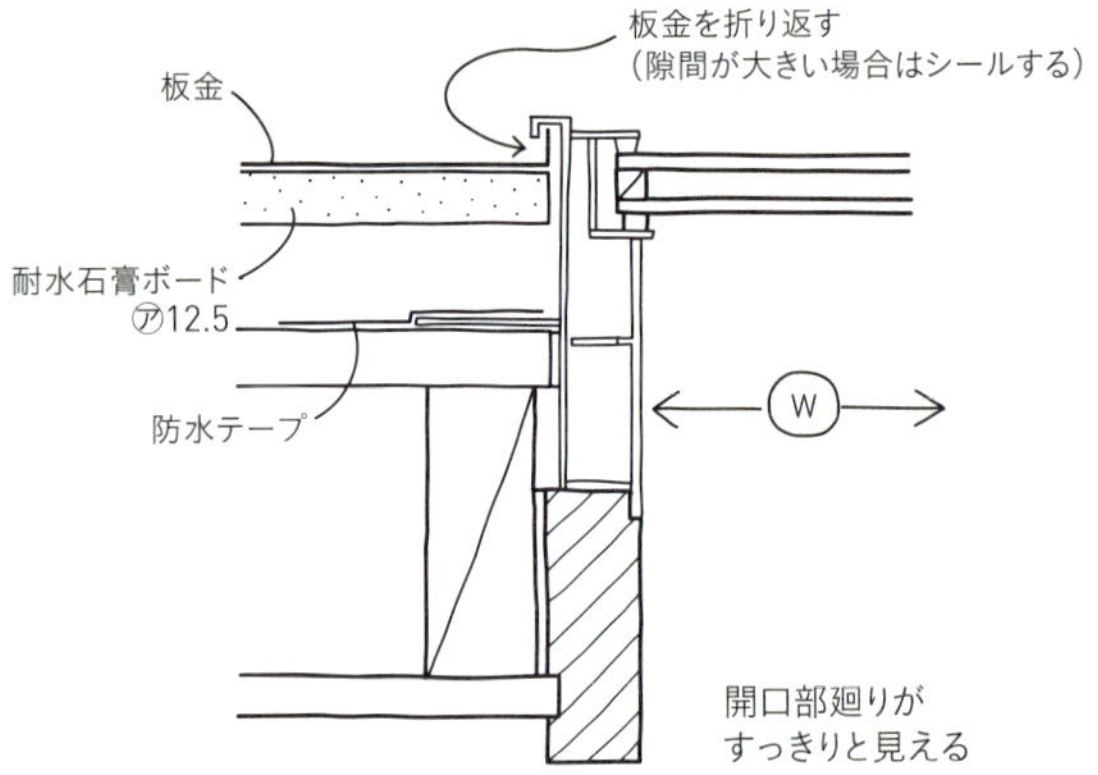
板金を折り返す
（隙間が大きい場合はシールする）
板金
耐水石膏ボード
㋐12.5
防水テープ
W
開口部廻りが
すっきりと見える

大和田の家
窓廻りは役物を回さない納まりの最新バージョン。事例5・6の方法とは異なり、水切をサッシのツバを折り込んで納めている

大和田の家
この事例で使われている横葺きの外壁には、屋根材ではなく板金屋さんが外壁材として特別に折ったもの使用。山が低く外壁がフラットに納まっている

事例4 町屋の家「役物を回す場合」

役物を先行して取り付ける。これが捨て板金の役割も果たす

サッシの周囲に役物を回し、板金の端部を差し込むようにして納めている[図2A参照]。部材は増えるが、取合いに遊びがあり納めやすいという利点がある

事例5 FP「役物を回さない場合①」

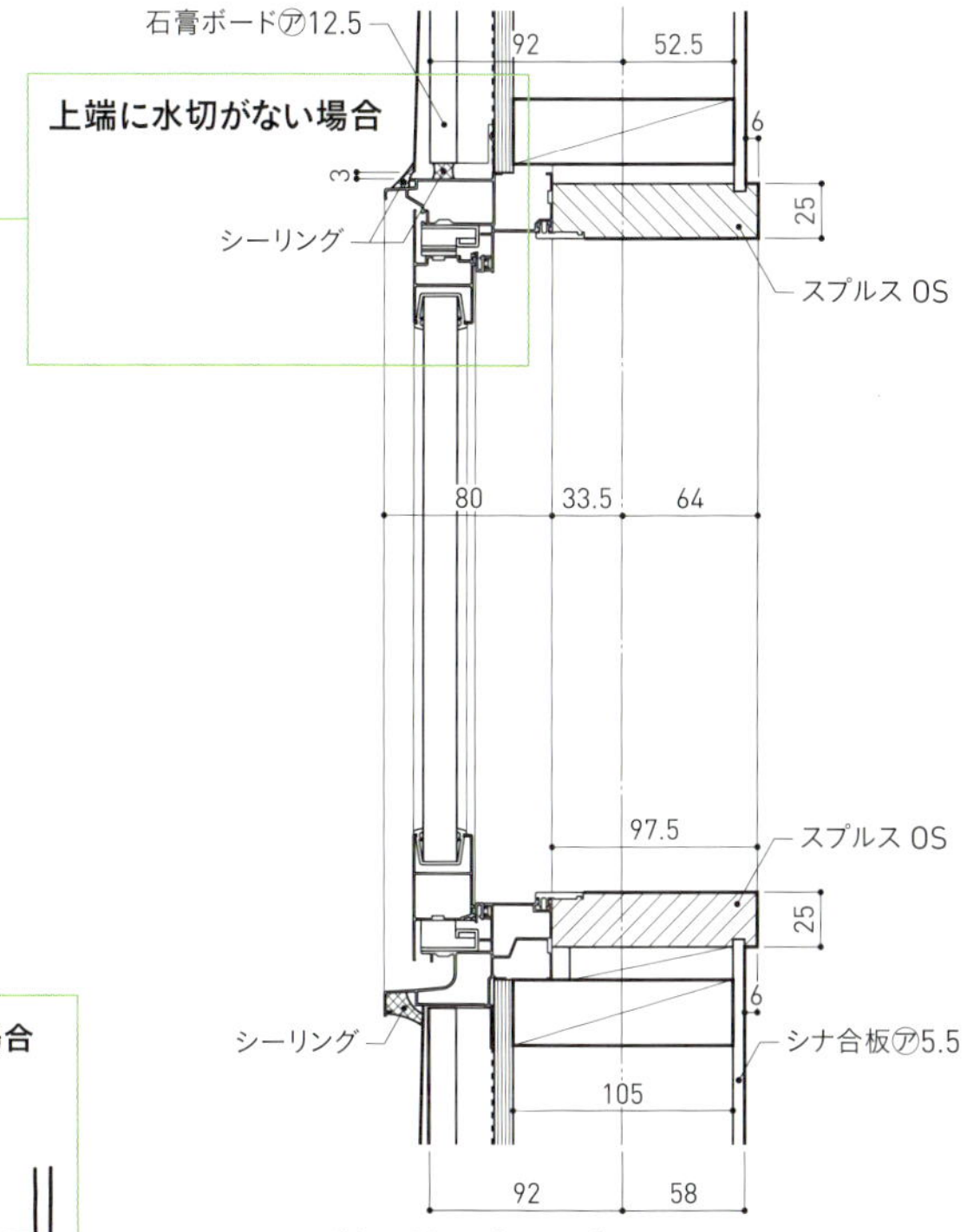
石膏ボード㋐12.5
上端に水切がない場合
92
52.5
6
3
25
シーリング
スプルス OS
80
33.5
64
97.5
スプルス OS
25
6
シーリング
シナ合板㋐5.5
105
92
58

サッシ断面詳細図[S=1:6]

事例6 暁の家「役物を回さない場合②」

板金をサッシの縁で折り返して、サッシ廻りをシャープなエッジで納めている[図2B参照]。ただし、折返し部の板金の処理は難しく、部位によっては隙間が空くこともある。足場が必要な高所の窓などはシーリングを併用することが望ましい

上端に水切を設けた場合

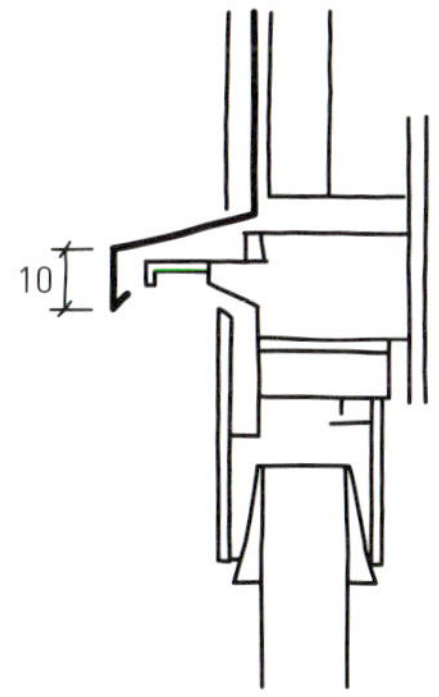
10

サッシの上部は止水が難しく、写真のように小さな水切を設けるのが望ましい

ここに注意!

窓廻りは止水処理が肝要である。手折り板金で納める場合は、部位ごとに仕上がりにムラが生じることも多い。足場を外す前のチェックが肝要で、シーリングなどの指示を的確に行う。またシーリングだけに頼らず、シーリングが切れることを想定し、捨て板金を廻すなどの配慮も行う

「立はぜ葺き」と「横葺き」

板金外壁の葺き方は、「立はぜ葺き」と「横葺き」に大別される［＊1］。どちらを選択するかは意匠上の意図によるが、いずれも「張り」のある凛とした表情をつくるためには、葺き方に工夫が必要である。

板金屋根の場合は、通常0・35㎜程度の板を使用するが、外壁の場合は〝べこつき〟を抑えるために0・4㎜程度の板を使用する。立はぜ葺き、横葺きそれぞれの注意点を挙げる。

▼立はぜ葺き

［115ページ 事例1「川風の家」］

通常の立はぜ葺きでは、つかみ込んだ板材をさらに曲げ込み、最終的には板金5枚分の厚みとなるはぜができあがる。しかし、このつかみの過程で面材に歪みが生じることがあるため、筆者の場合、外壁使いの場合は1次折りでとどめるようにしている［＊2］。

▼横葺き

［115ページ事例2「隅切りの家」、事例3「FP」］

最近では既製の横葺き材などを使用せざるを得ないことが多い［＊3］。外壁用に開発されたものは仕上がりはよいが高価なのが玉に瑕である。筆者は、屋根用の既製材のなかでもヤマが小さく、シンプルな嵌合部材を選んでいる。また働き幅によって外壁の割付けも異なるため、最初から働き幅を意識して設計を進める。

図3 はぜ部分納まり

●通常の立はぜ葺きの場合

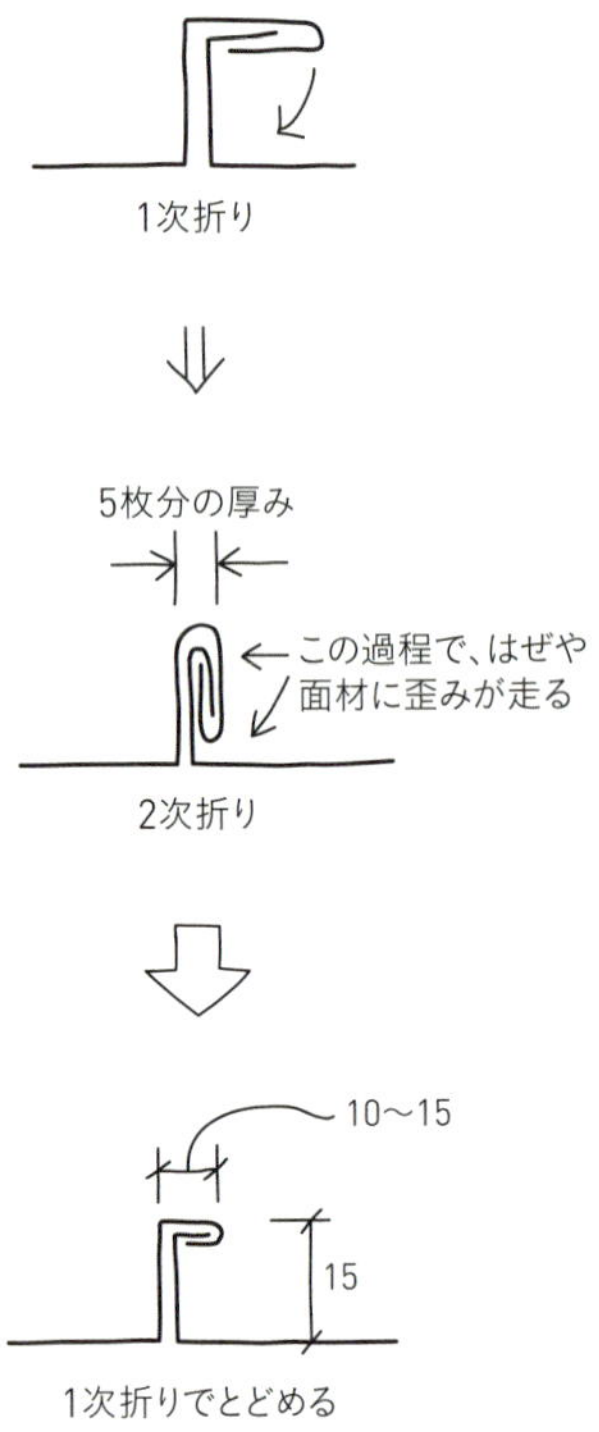
1次折り
5枚分の厚み
この過程で、はぜや面材に歪みが走る
2次折り
10〜15
15
1次折りでとどめる

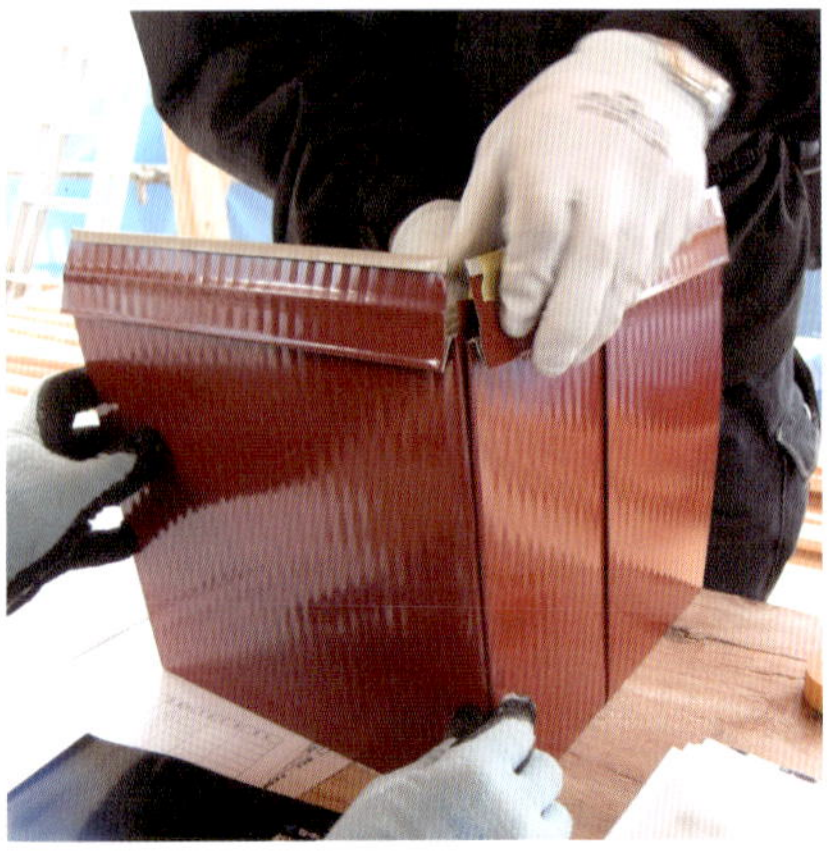

❶ 事例3で解説した「FP」横葺き外壁コーナーの現場モックアップの様子。外壁コーナーはお互いを掴み込んで納めている

❷ ❶の状態を裏から見たもの。実際には外壁コーナー部には捨て板金を先に取り付けておく

❸ ❶の状態から、板金の返しの部分に2枚目の板金を引っ掛けて張り上げてゆく。その際に2枚目は引っ掛けた位置よりも持ち上がって固定されるという点にも注意したい

＊1 「立はぜ葺き」「横葺き」のほか、「段葺き」「菱葺き」「瓦棒葺き」などがある（基本的には屋根葺きの葺きかたと同じ種類が使える）
＊2 外壁の場合、垂直に施工するため水切れがよく、防水テープなどを一緒に巻きこみ、毛細管現象による水の回り込みを防ぐ配慮をすることで、1次折りでの納まりを可能としている
＊3 以前は物件ごとに働き幅を変えたり、現場の要望に応じて板材を自前の加工機で加工をするのが普通だったが、最近は板材から折ってくれる職人が少ないことなどから、メーカーの規格品（あらかじめ折られた材）が主流となっている

紫陽花の家

detail 13

湿式ならではの外壁表現を考える

数ある住宅の外壁仕上げのなかでも、モルタル下地による湿式外壁は、ガルバリウムの板金外壁と並んで、筆者の定番外壁となっている。いずれも既製の工業製品とは異なり、設計者の創意工夫が反映しやすい点や、コストパフォーマンス、そして高い防火性能などから市街地でも採用しやすいことなどが長所として挙げられる。しかし、湿式外壁の魅力はそれだけにとどまらない。ここでは、湿式外壁仕上げの特性を理解し、トラブルを回避しながら、湿式ならではの特徴ある住宅の外観をつくるためのノウハウについて解説する。

湿式外壁を表現から考える

継目をつくらずシームレスに外壁を構成できる湿式外壁は、大きな塊から削り出したような彫刻的フォルムや、ミニマルな建築表現との相性がよい。この「かたまり感」とも呼ぶべきボリューム感覚を強く意識すると、湿式外壁は強いインパクトをもつ建築表現となる。ここでは実際に湿式外壁を採用した住宅について、その特性を生かした設計手法をほかの外壁素材と比較し、解説したい。

湿式外壁にするメリットはガルバリウム鋼板と異なり、イメージどおりの色で外観を仕上げられるところにある。特注色を使うとやや割高になるが、建築主が一生に一度、唯一無二の住宅をつくるためであればこだわりたいところだ。色決めにはサンプルを複数つくるなど、時間をかけて建築主とイメージを共有したい。また、汚れへの配慮も重要なポイントとなる。

図1 素材により表情が異なる

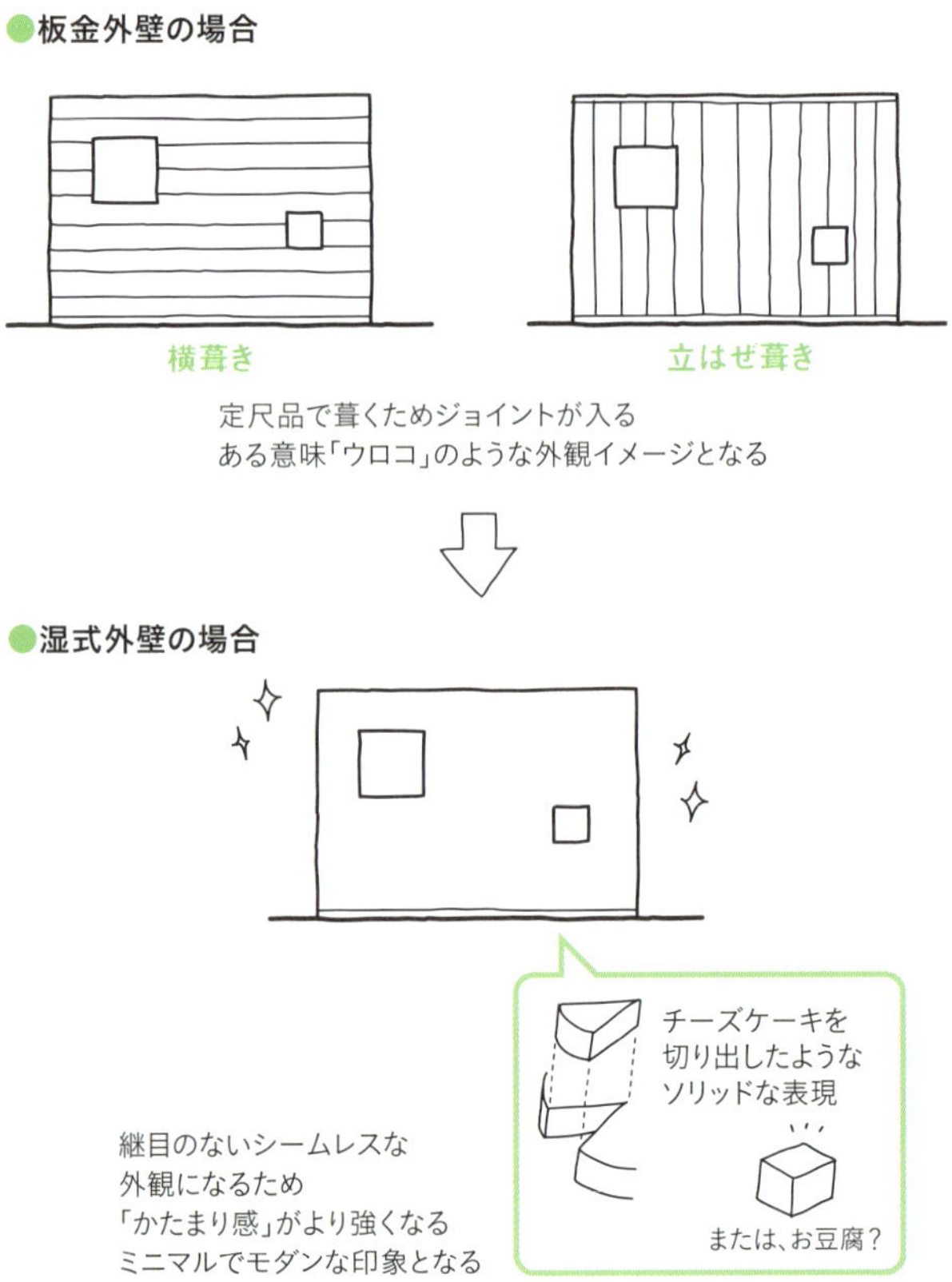
●板金外壁の場合
横葺き
立はぜ葺き
定尺品で葺くためジョイントが入る
ある意味「ウロコ」のような外観イメージとなる
●湿式外壁の場合
チーズケーキを
切り出したような
ソリッドな表現
または、お豆腐？
継目のないシームレスな
外観になるため
「かたまり感」がより強くなる
ミニマルでモダンな印象となる

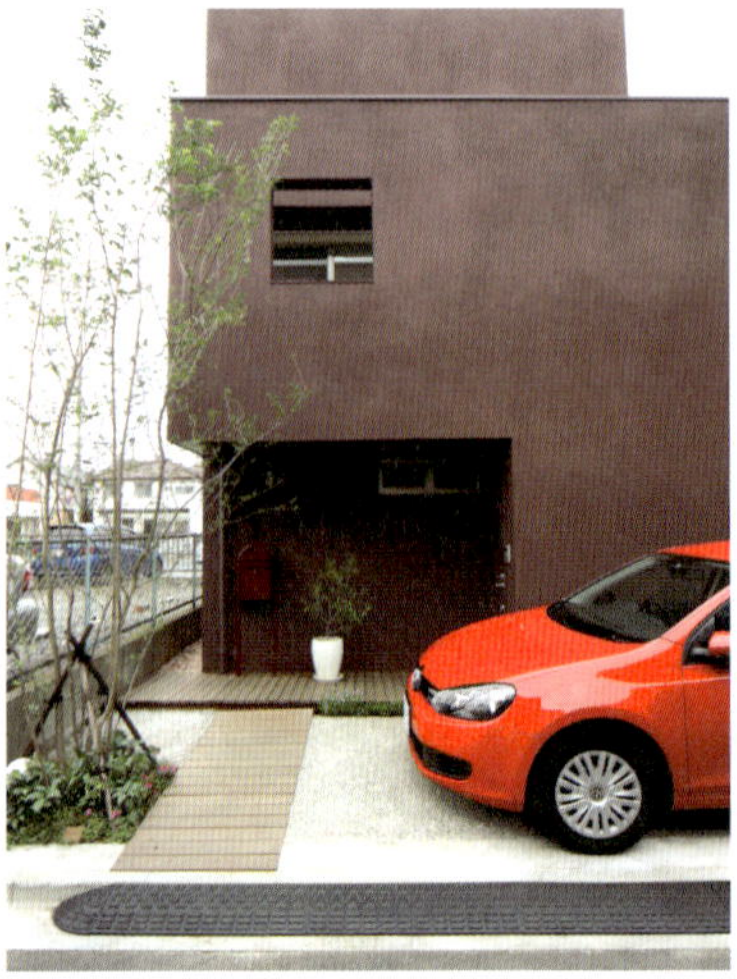

❶ **FILTER**
外壁は弾性リシン吹付けを使用（セラミソフトリシン／エスケー化研）。濃茶色で統一し、ブラウニーケーキを切り落としたような印象の住宅。濃い発色は吹付け材では難しいとされるが、限界色のサンプルを複数つくり決定した

❷ **かたつむりハウス**
ガレージの深い陰影を左官外壁で表現している。左官材にはアクリル樹脂左官塗りを使用（マジックコートHMS／フッコー）。左官塗りは道路側のみとし、隣家側は同色の吹付け材仕上げにすることでコスト調整をしている

❸ **暁の家**
ガルバリウム鋼板の外壁と湿式外壁とを組み合わせたハイブリッド仕上げの住宅。弾性リシン吹付けの色をグレートーンにすることで、ガルバリウム鋼板との調和を図っている

リオタ定番外壁 御三家

1. 湿式外壁

湿式外壁はさらに違う素材と組み合わせる［122ページ参照］と、より豊かな表情が生まれます。

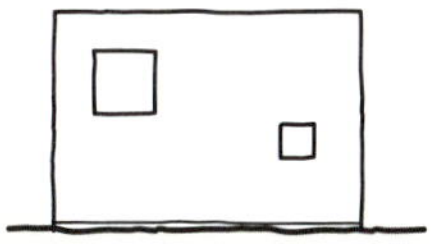

特徴

- 素材感を楽しむことができる
- 複雑な形状でも施工が容易で、広い面積も継ぎ目なしで仕上げが可能
- 施工に時間がかかりクラックが入りやすい［Part2参照］

湿式外壁特有のシームレスな表現が美しさを保って経年変化するには、汚れへの配慮も重要。また、素材の選択も重要なポイントである。筆者の定番は、「ソフトリシン吹付け」、「アクリル樹脂吹付け」、「アクリル樹脂左官塗り」の3種である［*］。
コストが厳しい場合は、左官は道路側のみとし、隣地側は同色の吹付け仕上げる方法もある。

アクリル樹脂吹付け——標準
ソフトリシン——ローコストが求められる場合に使用
アクリル樹脂左官塗り——左官の風合いを求める場合に使用。耐久性が高く、吹付けと左官双方の色合わせが容易

事例1 DONUT「アクリル樹脂吹付け」

写真：新澤一平

外壁はアクリル樹脂吹付け塗装とし、開口部を最小限に抑えたファサードだが、建物内部に入ると中庭を囲う大きな開口部により、開放的な空間が広がる

＊筆者は次の建材をよく使う。ソフトリシン：セラミソフトリシン／エスケー化研、アクリル樹脂（吹付け・左官）：マジックコート／フッコー

2. 板金外壁

板金外壁は、細心の注意によって葺かれれば、板金ならではの緻密で現代的な表情を外観に！

特徴

- 板金外壁は耐久性が高く、10年程度を経ても外観に変化は見られない
- 職人が手で葺いてゆくため手間がかかり、施工の良否もただちに表出する
- 外壁端部や開口部廻りの処理を誤ると漏水のリスクもあり、設計者・施工者双方に高いノウハウが要求される

事例2 FP「ガルバリウム鋼板㋐0.35横葺き」

写真：新澤一平

3. 木外壁

手入れの行き届いた木外壁は、ほかのどの仕上げにも勝る魅力をもつ外観に！

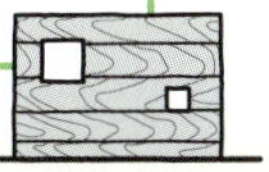

特徴

- 板金外壁とは対照的に、経年変化を楽しむ仕上げ
- 天然素材による表情をローコストでつくることが可能
- 保護塗料は5〜6年スパンで塗り替えを行うことが望ましく、建築主にも事前に十分な説明が必要
- 木の隙や反りなどに起因して漏水が起こることもあることから、外壁の貫通部分には十分な注意が必要

事例3 竹林の家「スギ本実板㋐12木材保護塗料」

写真：バウハウスネオ

下地とエッジを注意深く納める

湿式外壁において施工上最も重要なのはクラック対策である。下塗りの際に可能な限りクラックを誘発させるため、工期が押していても下地の乾燥期間を十分に確保したい。また最低限、グラスファイバーメッシュも併用すべきであろう。湿式外壁を美しく見せるには、エッジ（外壁端部）の納まりが非常に重要となる。余計な部材はなるべく排し、最小限の要素でシャープに納めたい。

さらに木素材をアクセントに使うと表情豊かなファサードとなる。湿式外壁はそのシンプルさゆえに、単一の仕上げで使用すると、単調で間延びしたような印象になるケースもあるからだ。無機質な湿式外壁と有機的な木素材の相性はすこぶるよい。特に、アプローチなどのアイレベルとなる地上から2m程度の高さに木素材を配置すると、建物にふんだんに木が使われているかのような印象となる。

図2 湿式外壁のポイント

1. 軒天井

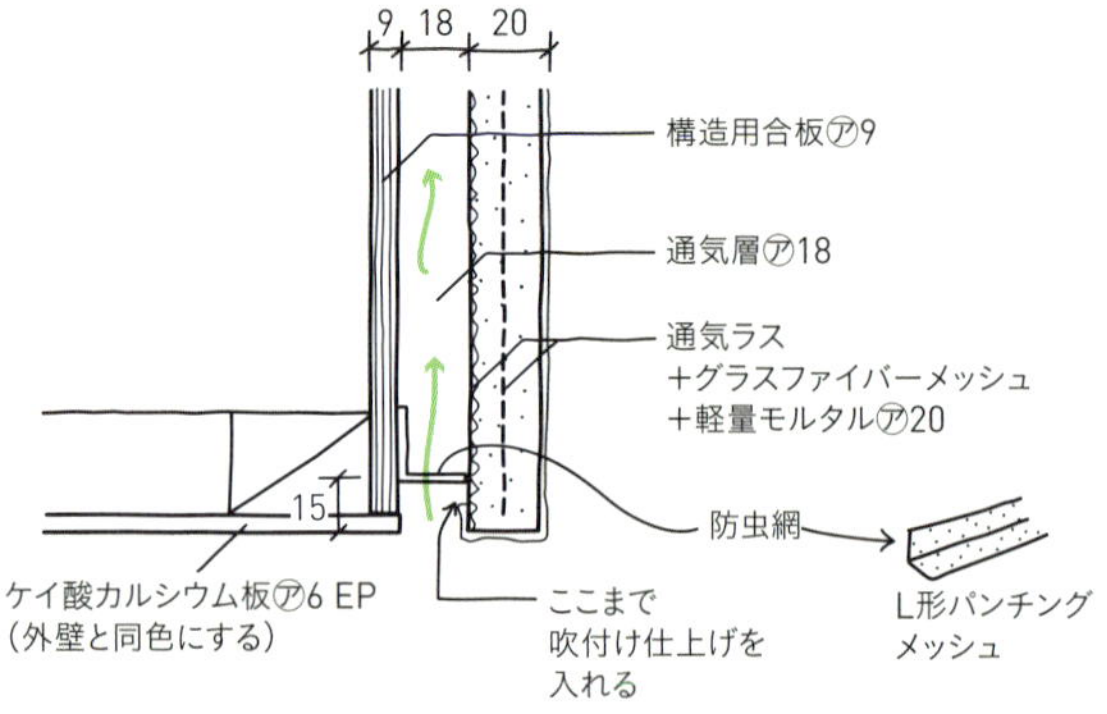
9
18
20
構造用合板㋐9
通気層㋐18
通気ラス
＋グラスファイバーメッシュ
＋軽量モルタル㋐20
15
防虫網
ケイ酸カルシウム板㋐6 EP
（外壁と同色にする）
ここまで
吹付け仕上げを
入れる
L形パンチング
メッシュ

2. 外壁下端

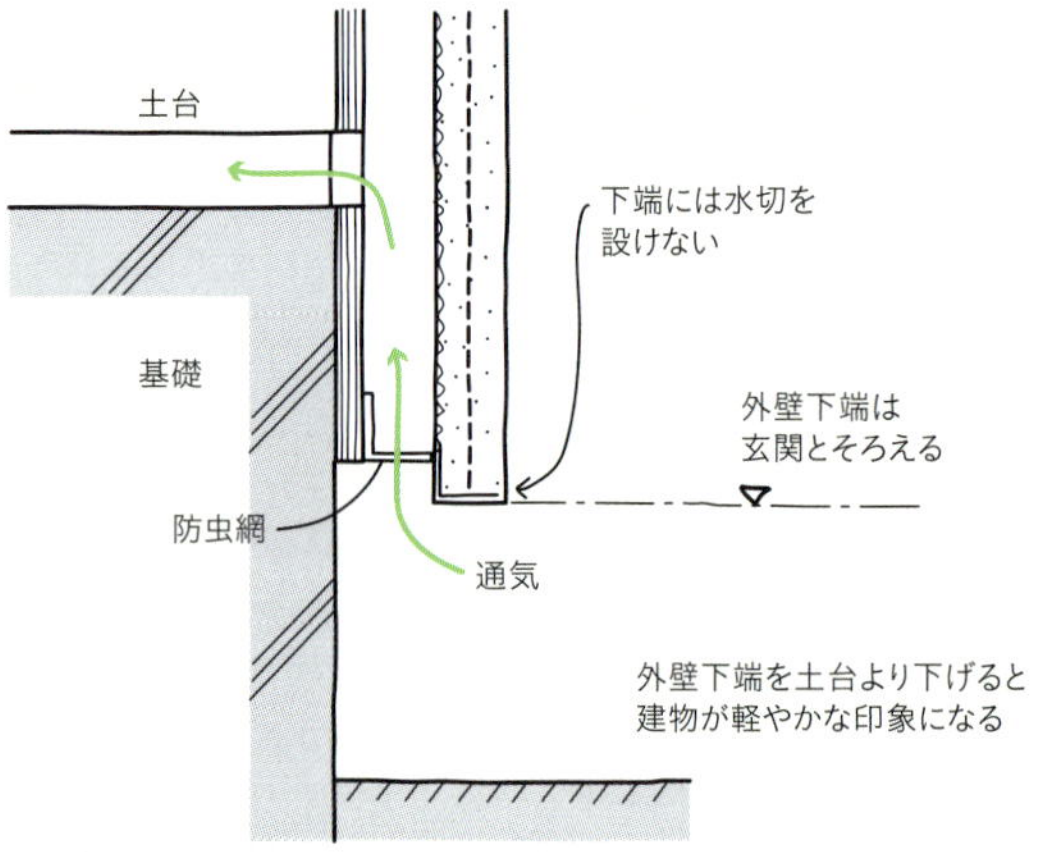
土台
下端には水切を
設けない
基礎
外壁下端は
玄関とそろえる
防虫網
通気
外壁下端を土台より下げると
建物が軽やかな印象になる

3. 湿式外壁と木外壁を組み合わせる

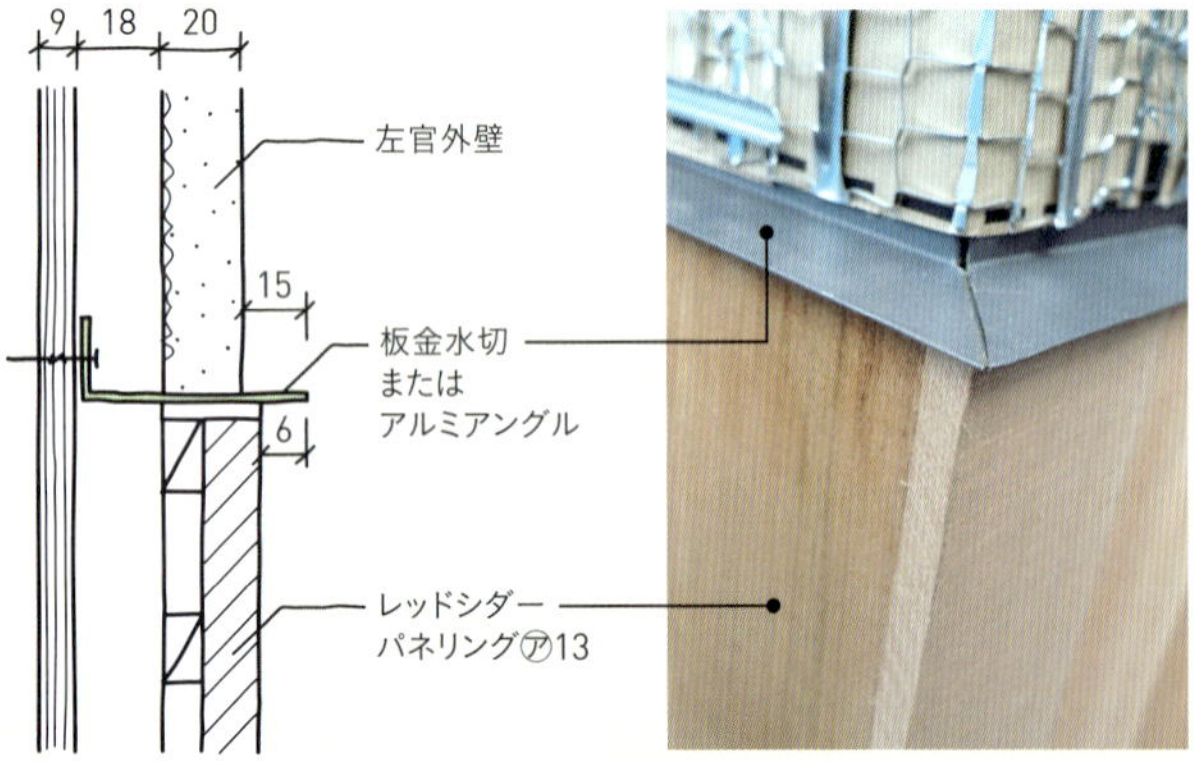
9
18
20
左官外壁
15
板金水切
または
アルミアングル
6
レッドシダー
パネリング㋐13

湿式外壁と木外壁を組み合わせるときは、なるべく薄い見付けの水切でシャープに見切るよう心がけたい

もう一工夫!

湿式外壁と木素材を効果的に組み合わせる方法として、事例1「DONUT」では外壁全体を湿式外壁で構成し、玄関扉やつながる枠廻りに木を用いることでアクセントをつけている。そのほかにも不ぞろいなサッシ枠廻りも木製パネリングでトリミングすることで、建築表現をよりすっきりまとめることも可能

❶ 紫陽花の家

木製パネリングと左官外壁を併用することで表情豊かなエントランスを演出している。納まりは図2③および事例4を参照

事例4 紫陽花の家「下地とエッジを注意深く納める」

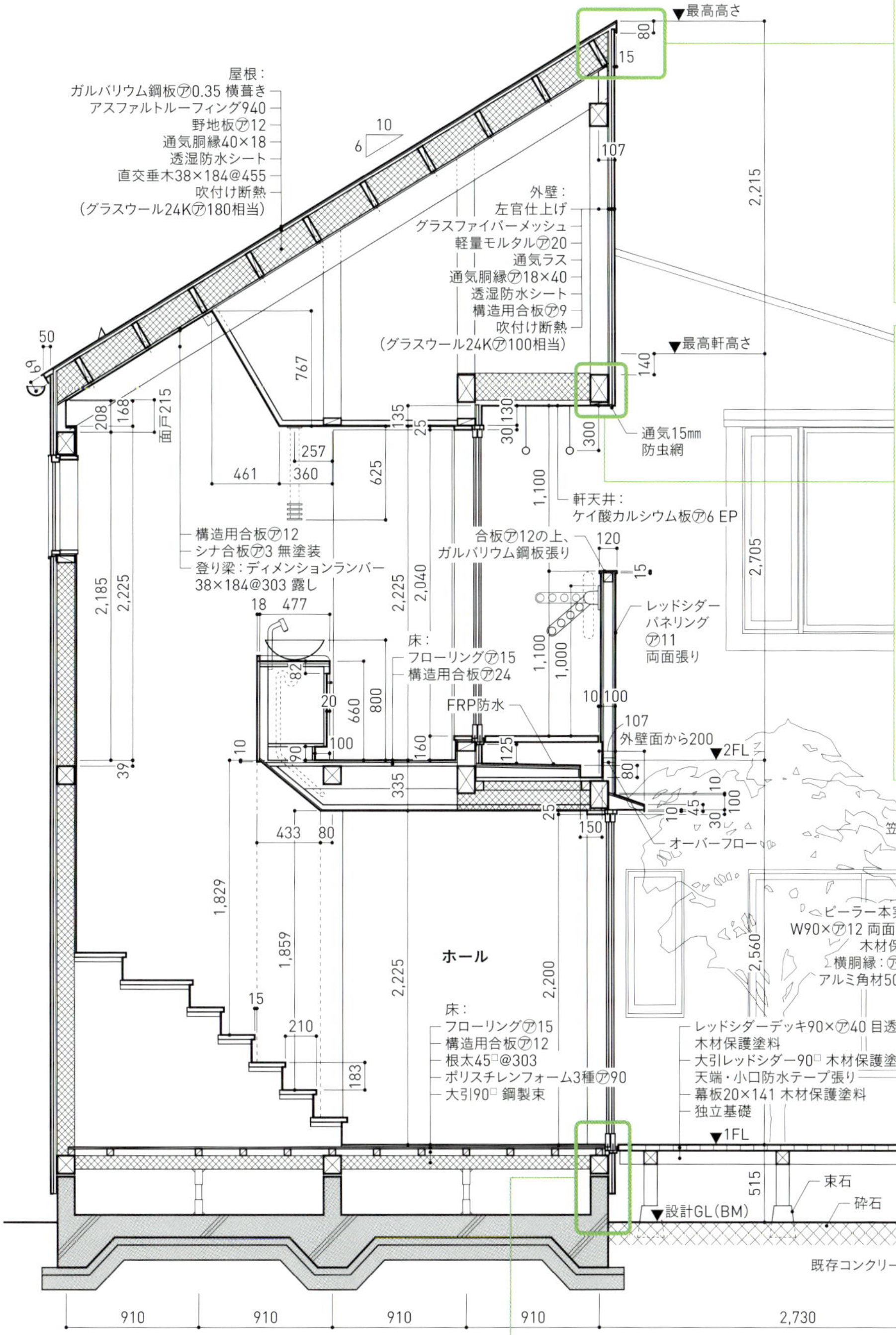
最高高さ
80
15
屋根：
ガルバリウム鋼板㋐0.35 横葺き
アスファルトルーフィング940
野地板㋐12
通気胴縁40×18
透湿防水シート
直交垂木38×184@455
吹付け断熱
（グラスウール24K㋐180相当）
10
6
107
2,215
外壁：
左官仕上げ
グラスファイバーメッシュ
軽量モルタル㋐20
通気ラス
通気胴縁㋐18×40
透湿防水シート
構造用合板㋐9
吹付け断熱
（グラスウール24K㋐100相当）
最高軒高さ
140
50
767
208
168
面戸215
257
461
360
625
135
25
30
130
300
通気15mm
防虫網
1,100
軒天井：
ケイ酸カルシウム板㋐6 EP
構造用合板㋐12
シナ合板㋐3 無塗装
登り梁：ディメンションランバー
38×184@303 露し
合板㋐12の上、
ガルバリウム鋼板張り
120
15
2,705
2,185
2,225
2,225
2,040
18
477
1,100
1,000
レッドシダー
パネリング
㋐11
両面張り
床：
フローリング㋐15
構造用合板㋐24
82
20
660
800
FRP防水
10
100
107
外壁面から200
100
160
125
2FL
10
90
39
335
80
10
100
45
30
25
10
150
オーバーフロー
433
80
笠木：ガルバリウム鋼板㋐0.35
（見付け15mm）
合板㋐12
15
1,829
ピーラー本実パネル
W90×㋐12 両面・縦張り
木材保護塗料
横胴縁：㋐15×45
アルミ角材50□@800
104
2,560
ホール
1,859
2,225
2,200
15
210
183
床：
フローリング㋐15
構造用合板㋐12
根太45□@303
ポリスチレンフォーム3種㋐90
大引90□ 鋼製束
レッドシダーデッキ90×㋐40 目透かし3mm
木材保護塗料
大引レッドシダー90□ 木材保護塗料
天端・小口防水テープ張り
幕板20×141 木材保護塗料
独立基礎
1,700
1,915
1FL
515
束石
砕石
300
設計GL（BM）
既存コンクリートブロック塀 2段積み
910
910
910
910
2,730

矩計図[S=1:50]

パラペット

フラットルーフの場合は、外壁側のパラペット見付けはなるべく小さくして、異素材が主張しすぎないように気をつける

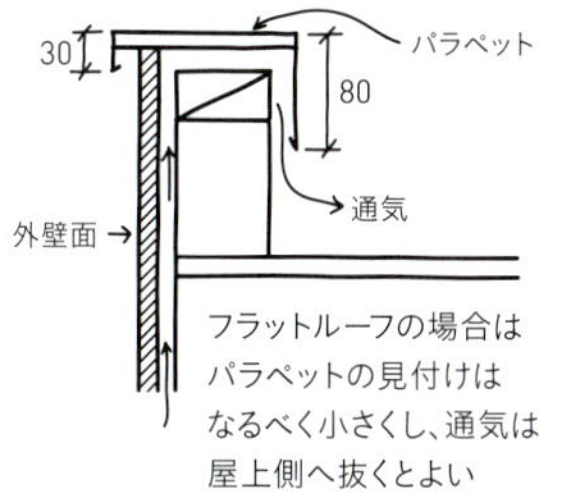
30
パラペット
80
通気
外壁面
フラットルーフの場合は
パラペットの見付けは
なるべく小さくし、通気は
屋上側へ抜くとよい

軒天井

地上からの見上げで最も目立つのは軒天井である。前述のように、湿式外壁を塊のようなシンプルなフォルムに見せるために、軒天井のエッジには水切を設けず、軒天井の色を外壁と共色に見せると、ソリッドでボリューム感のある外観となる[図2・1参照]

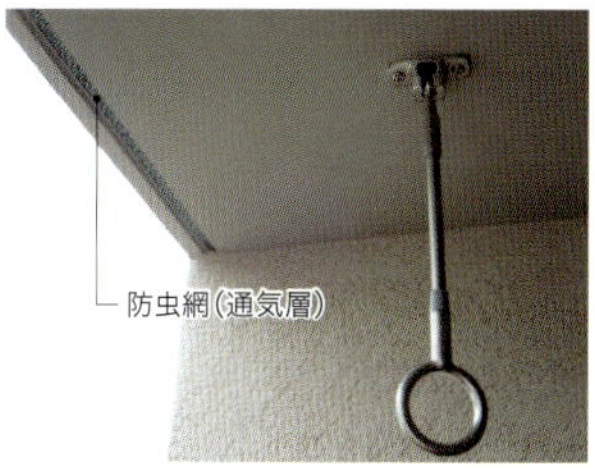
防虫網（通気層）

外壁下端

軒天井と同様に、外壁下端にも水切は設けないで納める。さらに、外壁下端ラインはなるべく基礎にかぶせて、GLに近いレベルまで下げると、重心が下がりプロポーションが落ち着く。目安として、玄関扉の下端ラインにそろえることが多い[図2・2参照]

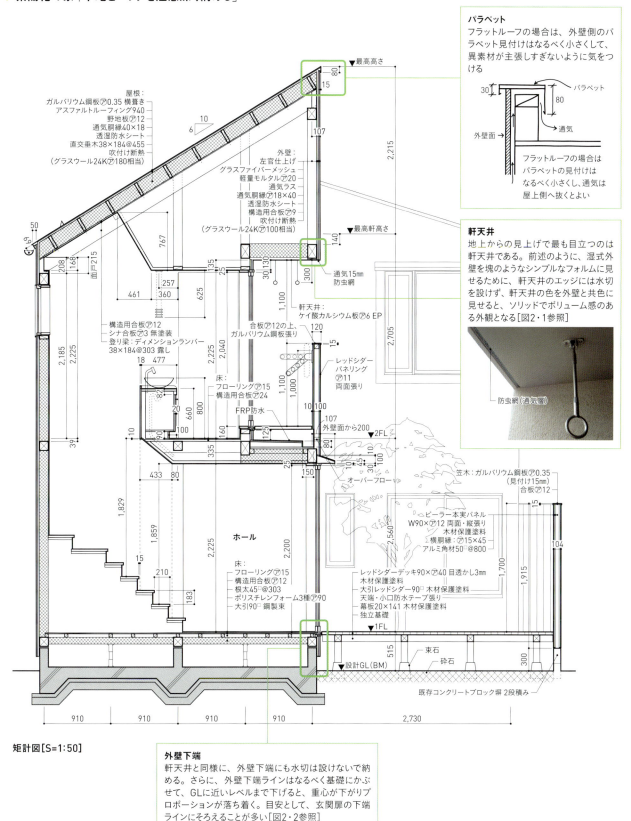

Column

no. 2

ホームページは事務所の顔である

リオタデザインのウェブサイトが現在のかたちになったのは2011年5月のこと。それ以前は、デザインから更新まで全て私が行ってきました。手前味噌と言われるかもしれませんが、以前のサイトもそれなりに評判はよく、自分でも気に入っていました。いまでもウェブサイトのどこかにフィンランド留学当時の記録を綴った『フィンランド建築案内・滞在日記』がひっそりと保存されているので、覗いてみてください。

しかしその当時、サイトに限らず竣工写真など、さまざまな状況において“自己プロデュースの限界”を感じ始めていました。従来の枠を破り、クオリティを高め、新たな可能性を引き出すにはどうすればよいのか。第三者、すなわち、外部のプロの力を借りる必要がある。そう考えた結果、以前からデザインに共感していたデザイナーの石曽根昭仁氏にウェブ制作を依頼することになりました。

こうして第三者のフィルターを通すことで、世界観や思想がより分かりやすく整理された現在のウェブサイトが完成しました。依頼から完成までにかかった時間は、約1年間。この期間の体験は、私たちに住宅設計を依頼してくださる建て主さんの体験そのままだなと感じる、貴重な時間となりました。はじめて連絡したときの緊張感やデザインを見る前のときめき、一緒に1つのものを創り上げる喜びなどを追体験したことで、建て主さんへの感謝や気遣いの気持ちもさらに増しました。

最初はウェブサイトを依頼するにあたってSEO対策（ウェブ検索の順位を上げるために必要な対策）なども考えていました。しかし石曽根氏との話の中で、自分に必要なのは「1,000人の無関心な人よりも、本当に必要としてくれる1人に届くサイトに」ということにも気づいたのです。

ほかにも、正方形のサムネイルが整然と並んでいる事例紹介ページは、私がグリットプランやスクエアのデザインモチーフを設計に好んで取り入れていることを石曽根氏が汲み取りウェブサイトに反映したもので、リオタデザインらしいデザインとは何か、第三者の目線を通して再確認できたのです。

事例紹介ページやランダムに変化するトップページの写真は“少し謎めいた”写真を選んでいます。「なんだろう？　どんな設計事務所なのかな？」と、ウェブサイトの中身に興味をもたせるための手法の1つと考えています。

単にサイトをプロにつくってもらえば、建て主さんが増えるということではありません。15年以上も前からブログに近い形態のコンテンツを発信してきた経験から、“頻繁な更新”が読者をつかむ最大のコツだと思っています。更新が滞っているホームページは、見る人に「この人はマメではなさそうだから、質問の返事も遅そうだな」などの懸念を抱かせる可能性もあります。そのため、信頼維持のためにも頻繁な更新を心がけています。

設計を依頼してきた建て主さんの多くはホームページをじっくり読まれてきます。中には過去のブログまでさかのぼって、すべて読み込まれてくる方もいるほどです。事前に日々の仕事や自分自身のことをさらけ出していると、打ち合わせの際もスムーズに意思疎通をとることができます。設計をはじめて依頼する人にとってホームページは窓口であり、設計事務所の重要な顔なのです。

リオタデザインHP：
http://www.riotadesign.com/

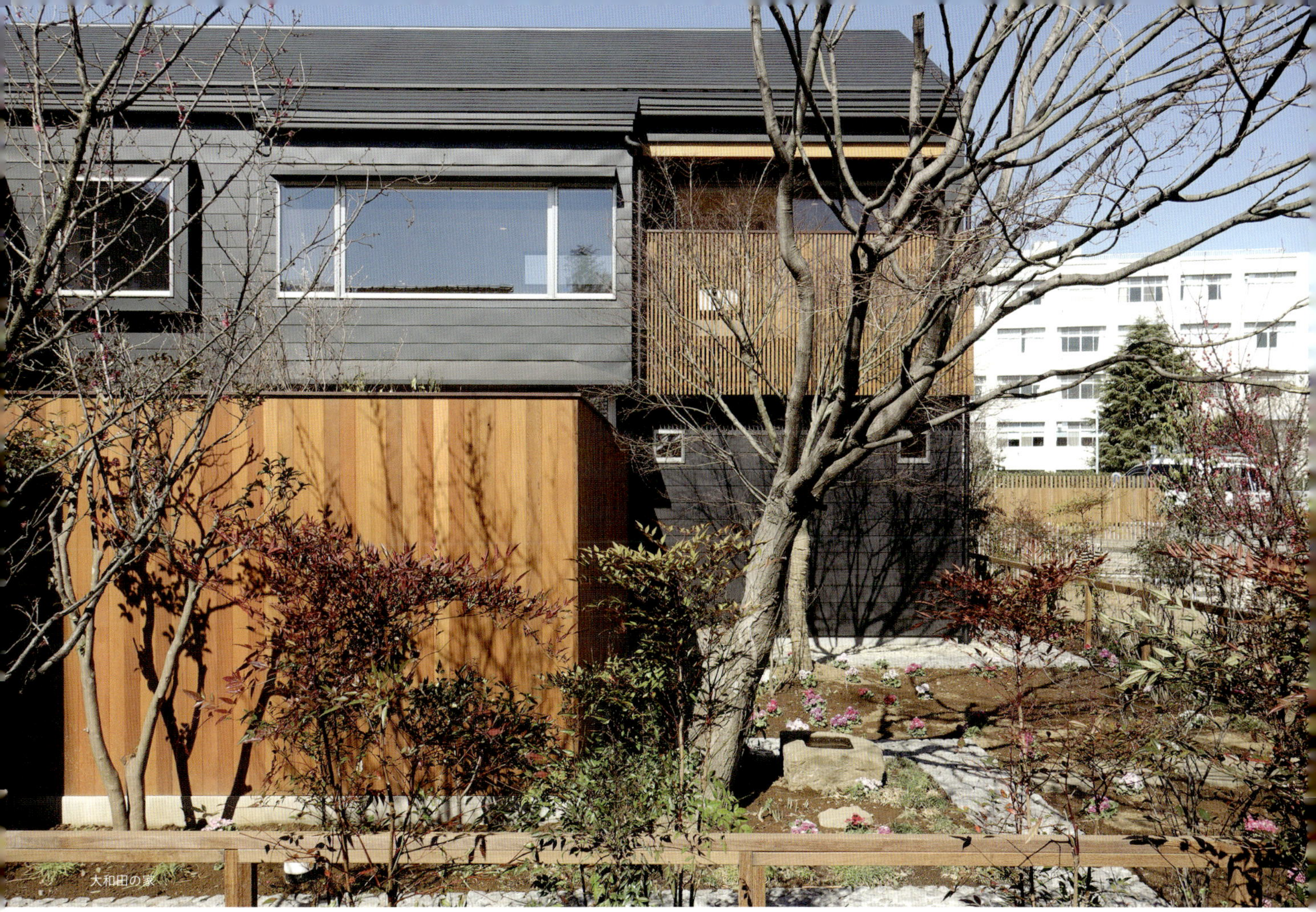

detail 14

板金屋根の基本知識を押さえる

屋根の納まりは、住宅設計において肝と言える部位の1つである。なぜならば、納まりや素材の選択を誤ると、美観を損ねるばかりか、悪くすれば漏水が発生し大問題に発展するからである。屋根素材には瓦やスレートなど数々の種類があるが、板金ほど汎用性が高く使いやすい素材はないかもしれない。軽量にして安価なうえ、施工を正しく行えば止水性や耐久性も高く、板金外壁と同様に設計者の工夫によってさまざまな見せ方が可能となる。ここではそんな板金屋根について、押さえるべき納まりのポイントを解説したい。

Part 1

立はぜ葺きと横葺きを使い分ける

板金外壁のページ［113～118ページ参照］でも述べたが、数ある板金屋根仕上げのなかでも代表格は「立はぜ葺き」と「横葺き」であろう（ここでは一文字葺き、平葺きも横葺きの一種として紹介する）。板金葺きの基本の葺き方であるこの2つを押さえていれば、ほぼすべての状況に対応できる。ここでは、筆者がどういう場面で、どのようにこの2つを使い分けているか、解説したい。

ワンポイント！

板金屋根の場合、葺き方の使い分けにはデザイン上の理由もあるが、屋根勾配によって決まることも多い。筆者は横葺きを好んで使うが、2寸を切るような緩勾配屋根には使えない（住宅保証機構の基準では横葺きは3寸勾配以上とする）。また、葺き方によって端部の納め方も異なり、さらに見え方も変わってくるので検討の際は注意したい。

図 立はぜ葺きと横葺きの特徴

●立はぜ葺きの場合

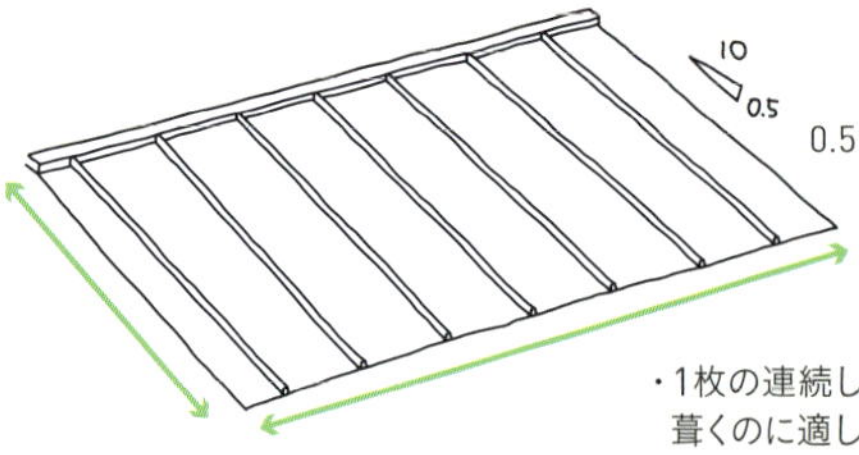

・1枚の連続した大きな屋根を葺くのに適している
・屋根勾配を緩く抑えることができる

●横葺きの場合

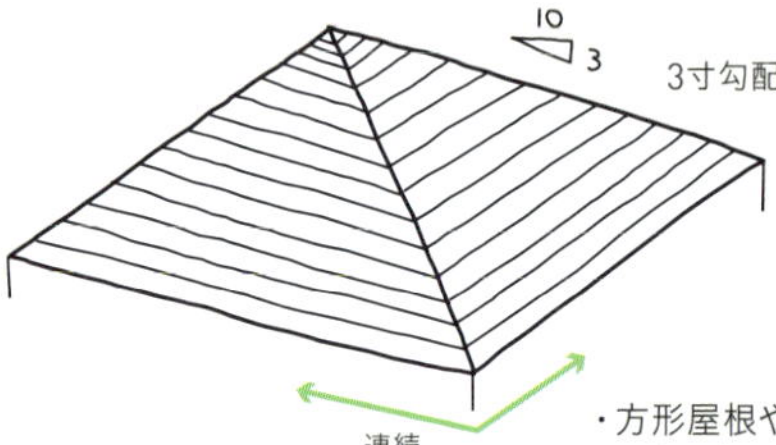

・方形屋根やL字形に連続する屋根、または屋根と外壁が板金で連続するような仕上がりとする場合に処理しやすい

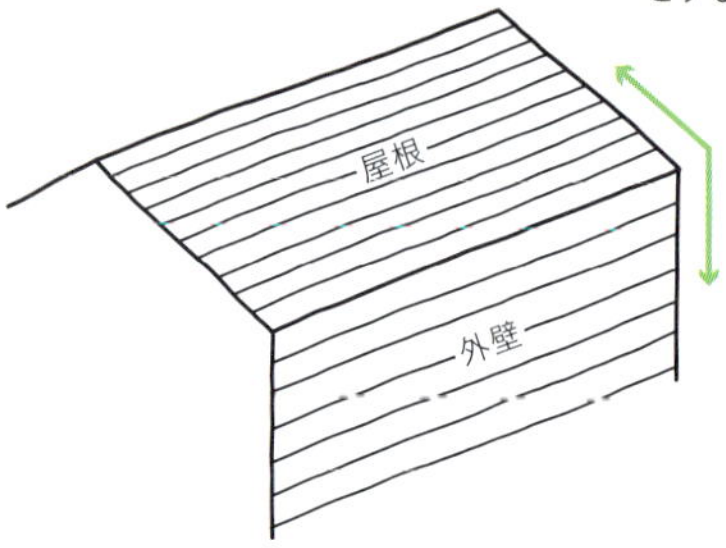

*住宅保証機構の基準

❷ **トンガリの家**
変形地に建つ家で、屋根も複雑な勾配を持つ。この住宅では外壁も板金のため、軒を出さずそのまま雨を外壁に伝えている
（写真：新澤一平）

❶ **緩斜面の家**
手前の大屋根を3寸勾配で架け、裏側に流した小屋根は1.5寸勾配で納めている。全体の統一感を図って、立はぜ葺きを採用した
（写真：新澤一平）

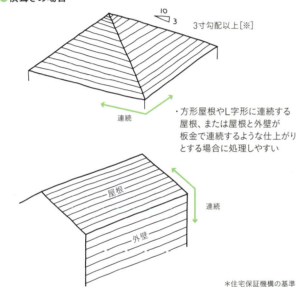

事例1 緩斜面の家「立はぜ葺きで納めたケース」

水平に広がる大きな1枚屋根を立はぜ葺きで納めている。立はぜ葺きは施工性がよく止水性も高いため、オールラウンダーで使える汎用性の高い屋根である。事例のように勾配を抑えたいときや、大きな面を葺きたいときなどによく用いている

事例2 トンガリの家「横葺きで納めたケース①」

屋根から連続して外壁までを板金で葺きたいときは、横葺きは仕上げの縁を切りやすく納めやすい。事例のような、屈折しながら連続する複雑な屋根形状にも対応しやすい利点がある

事例3 OPEN-d「横葺きで納めたケース②」

中庭住宅のように、屋根が出隅ではなく入隅で連続するような場合にも、横葺きは有効である。入隅部は平葺きで谷をつくる。横葺きにすると下から見上げても突起がなく水平性が強調され、美しく見える

ここに注意！
上記のような意匠上の判断基準のほかに、屋根の葺き方によって必要な最低勾配が異なるので注意が必要だ。立はぜ葺きの場合は0.5寸勾配以上、横葺きの場合は3寸勾配以上を目安とする（住宅保障機構の基準を参照）

Part 2

屋根は頂部と端部で決まる

立はぜ葺きと横葺きでは屋根端部の納まりも異なるため、意匠上の見え方にも影響を及ぼすことがある。その違いを理解していないと、現場に入ってから意匠上の変更を迫られたり、吹き上げた雨により漏水を起こすこともある。

たとえば、立はぜ葺きの場合は屋根の頂部、雨押さえがポイントとなる。一方、横葺きの場合はけらば部分の見付けを大きくし、雨の吹上げを考慮したい。

Part1では意匠上の表現や納まりなどから屋根の葺き方を考えたが、ここでは止水上の勘所を押さえたうえで、その違いと注意点について検証してみたい。

●立はぜ葺きと横葺きの端部の納まり

立はぜ葺きの場合

頂部
雨押さえ部の施工写真。立はぜ葺き頂部には折り返しを設ける。外壁と屋根の通気は雨押さえ部より外壁側に抜いている

谷部
軒先部の先端を45°に折ることで、地上部からはぜを目立ちにくくしている

横葺きの場合

頂部
雨の吹き上げを考慮して、けらば部分の見付けは大きめに最低70㎜は設ける

谷部
横葺きの場合は谷をつくりやすく、屋根入り隅部の仕舞いもすっきり納まる

事例 4 緩斜面の家「立はぜ葺きの場合の標準的納まり」

ここに注意!

立はぜ葺きの場合留意するのは、その屋根頂部の納まりである。はぜの頂部を包む必要があるため、雨押さえが必要となる。これを横から見ると、屋根頂部に突起のような出っぱりが出てしまう。一方で、この雨押さえを取ることで屋根通気がしやすくなり、横葺きと比べ、けらばの見付け寸法を小さくできるという利点もある

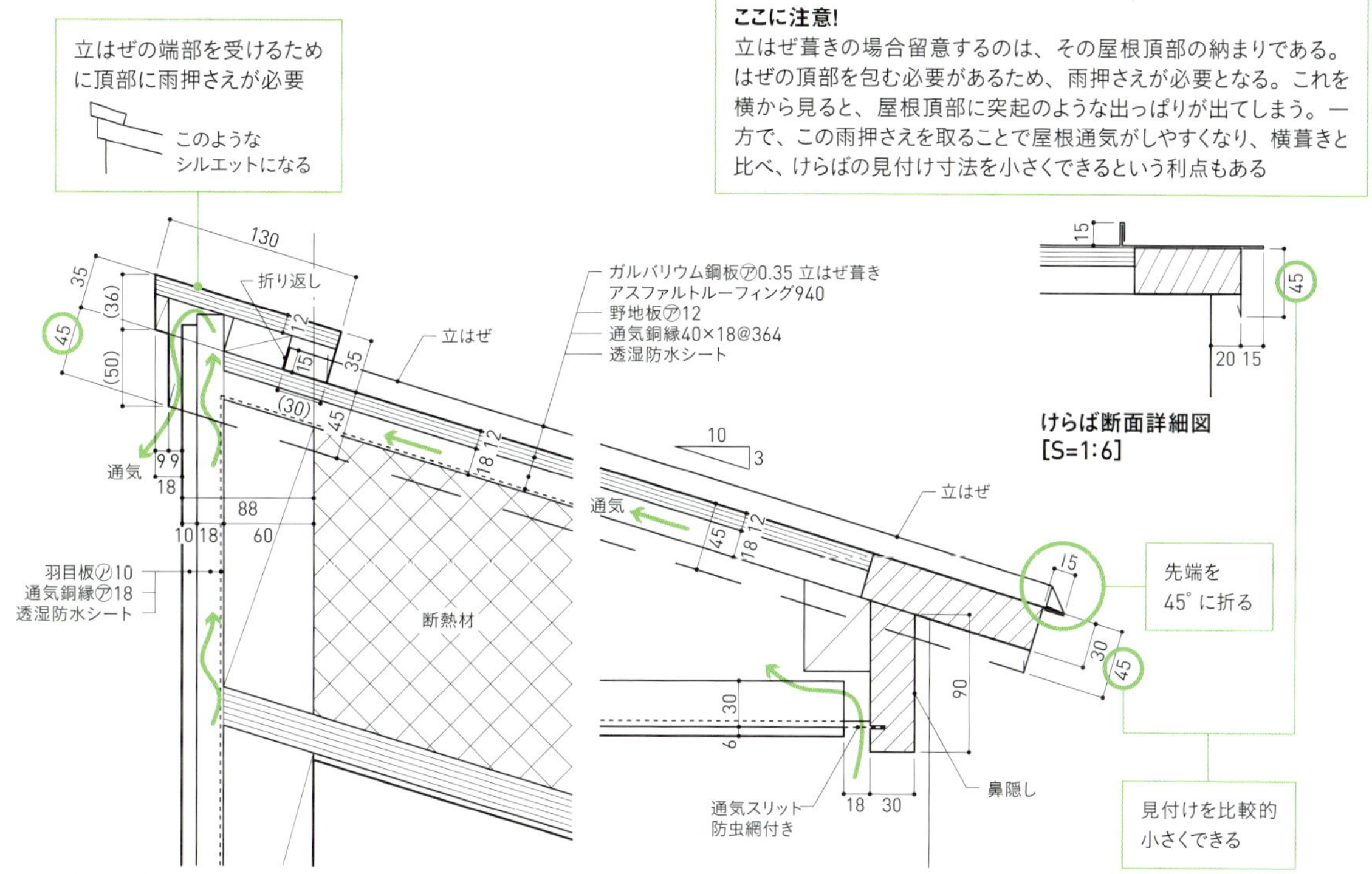
立はぜの端部を受けるために頂部に雨押さえが必要
このようなシルエットになる
130
折り返し
立はぜ
ガルバリウム鋼板㋐0.35 立はぜ葺き
アスファルトルーフィング940
野地板㋐12
通気銅縁40×18@364
透湿防水シート
通気
羽目板㋐10
通気銅縁㋐18
透湿防水シート
断熱材
10
3
立はぜ
先端を45°に折る
通気スリット
防虫網付き
鼻隠し
見付けを比較的小さくできる
けらば断面詳細図[S=1:6]

断面詳細図[S=1:6]

事例 5 紫陽花の家「横葺きの場合の標準的納まり」

ここに注意!

横葺きの利点は、立はぜ葺きとは対照的に、頂部をすっきり納められることである。特に妻側(屋根勾配が見える側)がメインファサードになるようなケースの場合、屋根稜線をシャープなエッジとして印象づけることができる

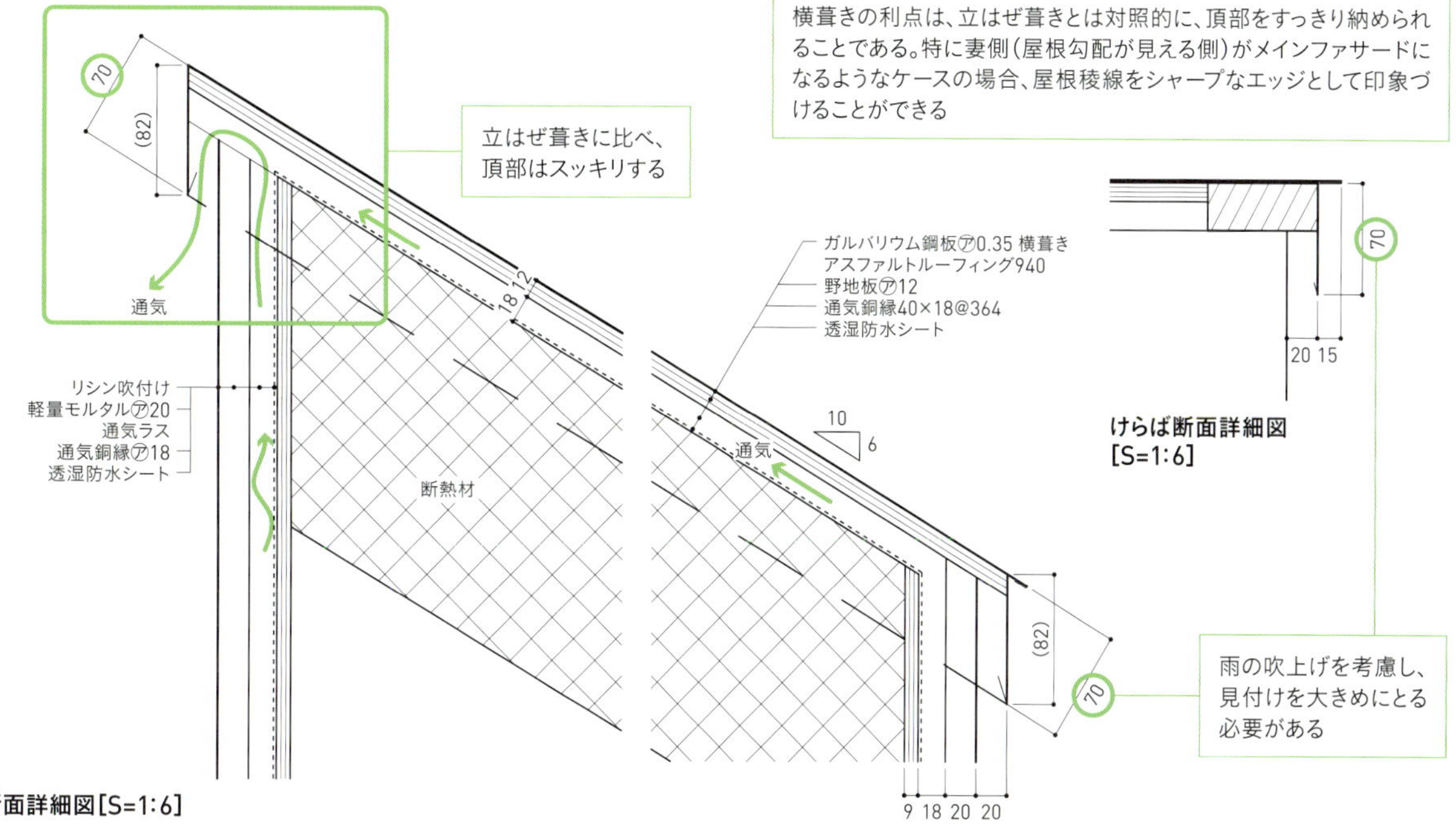
立はぜ葺きに比べ、頂部はスッキリする
通気
ガルバリウム鋼板㋐0.35 横葺き
アスファルトルーフィング940
野地板㋐12
通気銅縁40×18@364
透湿防水シート
リシン吹付け
軽量モルタル㋐20
通気ラス
通気銅縁㋐18
透湿防水シート
断熱材
10
6
通気
けらば断面詳細図[S=1:6]
雨の吹上げを考慮し、見付けを大きめにとる必要がある
9 18 20 20

断面詳細図[S=1:6]

庇はシンプルに納めたい

建具の保護や日除けのために、あるいは小雨時にも通風が取れるようにといった目的から、住宅には小庇がよく用いられ、一般的には唐草（軒先やけらば先端部分に用いる部材）を使った納まりにすることが多い。ただその場合、線が多くやや和っぽくなる嫌いもあり、なるべくシンプルで、線の少ない庇にするために写真❶～❹のような手法を用いている。

唐草を使わないと、釘を使えなかったり、折り方にも工夫が必要で逃げのない納まりとなるため、より高度で繊細な施工が要求される。しかし、こういう一手間をかけた逃げのない納まりがきれいに施工されていると、建物がとても丁寧につくられている印象となる。

❶ **板金庇納まり1**
筆者の最も標準的な板金庇の納まり。見付け寸法は約50mm。釘は打たず板金を折り込んでつくる

❷ **板金庇納まり2**
深めの庇の場合は端部を一枚板で45°に折り、薄い見付けを回す。山折り部には薄く折線を入れる

❸ **板金庇納まり3**
庇が外壁に接する場合は、庇を伝った水が外壁を汚さぬよう、外壁に接する部分を少し折り返す

❹ **板金庇納まり4**
こちらは庇先端に「関止め」状の返しを取り付けたケース。後付けでも対応しやすい

detail 15

開かれたデッキテラス

屋外でありながら屋内の延長のように使えるデッキテラスは、住まい手にとって憧れのアイテムといえるだろう。だが、せっかくのデッキテラスが単なる物干し場にされているケースも多く、それではもったいない。開かれたデッキテラスは室内空間に広がりをもたらしてくれる。また、手摺の構造を工夫すればプライバシーを保護し、外壁から跳ね出せば敷地の有効利用にもつながる。素材の使い方を工夫すれば建物の顔にもなる。ここではそんな機能的で美しいデッキテラス＝中間領域のあり方を考えてみたい。

Part 1

定番のデッキテラスとルーバー手摺

2階などに設けるデッキテラスは手摺の構造がデザインの要となる。ルーバー手摺は筆者が木造住宅で最も多く採用する手摺構造の1つであるが、その繊細な見た目とは裏腹に、意外と加工は簡単なうえ、驚くほど堅牢なつくりとなる。何よりルーバーを通じて室内に風を運び、洗濯物を隠しつつも乾きは早い。ファサードのアクセントにもなり、ほどよくプライバシーを保つことができる。

ワンポイント！

ルーバー手摺は部材のサイズとピッチがファサードデザインの生命線といえる。部材の幅と同じ幅の隙間を空けることを等ピッチというが、筆者はそれよりややピッチを狭めて使用している。ピッチを狭めることで繊細な印象となり、頑丈な手摺になる。あまり狭めると重たい印象の手摺となるので、設計者の感覚や建物のイメージによって調整したい。

図 2階のデッキテラスは手摺で決まる

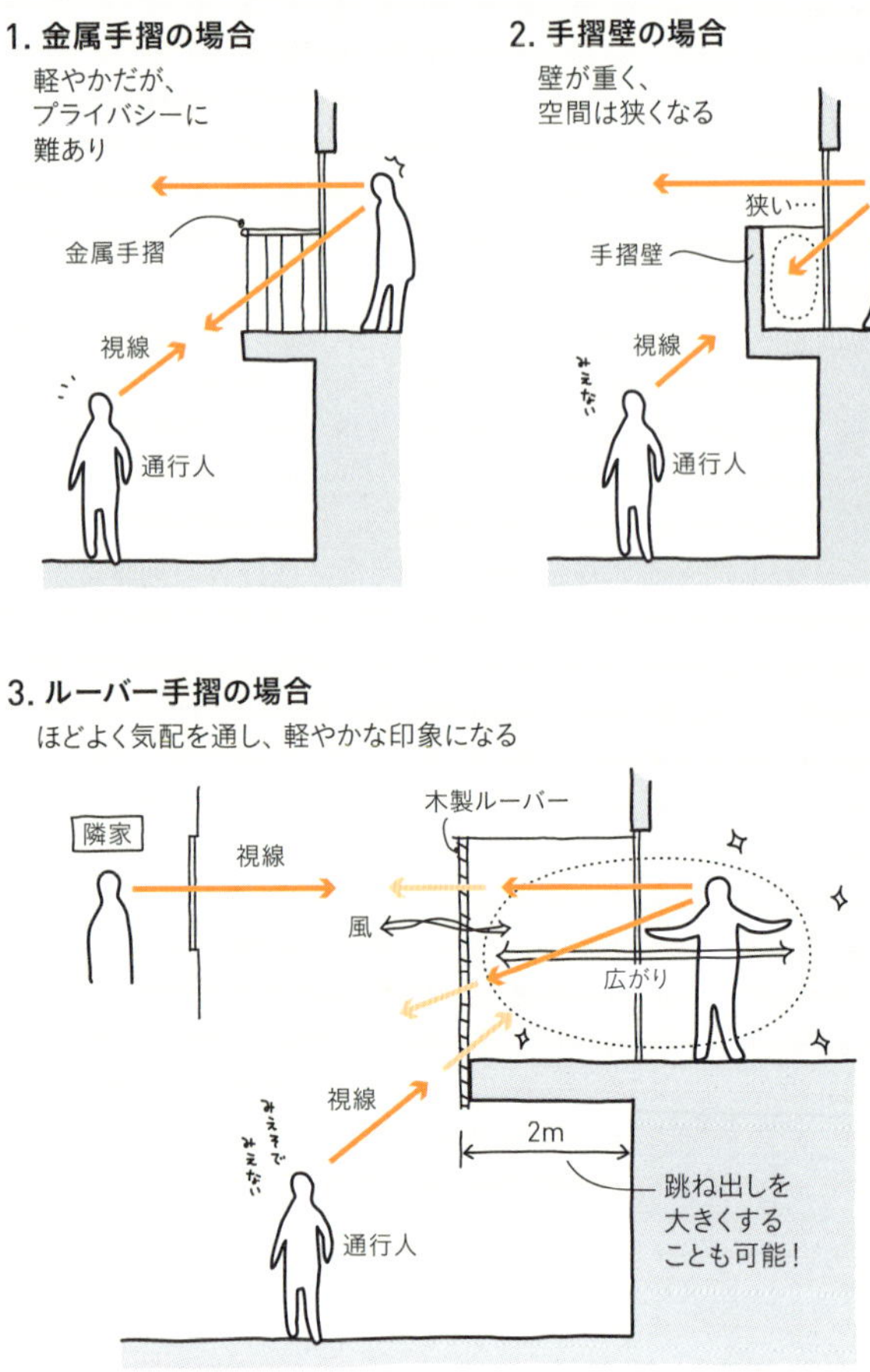

1. 金属手摺の場合
軽やかだが、プライバシーに難あり
金属手摺
視線
通行人
2. 手摺壁の場合
壁が重く、空間は狭くなる
狭い…
手摺壁
視線
みえない
通行人
3. ルーバー手摺の場合
ほどよく気配を通し、軽やかな印象になる
隣家
視線
木製ルーバー
風
広がり
視線
みえそでみえない
2m
跳ね出しを大きくすることも可能！
通行人

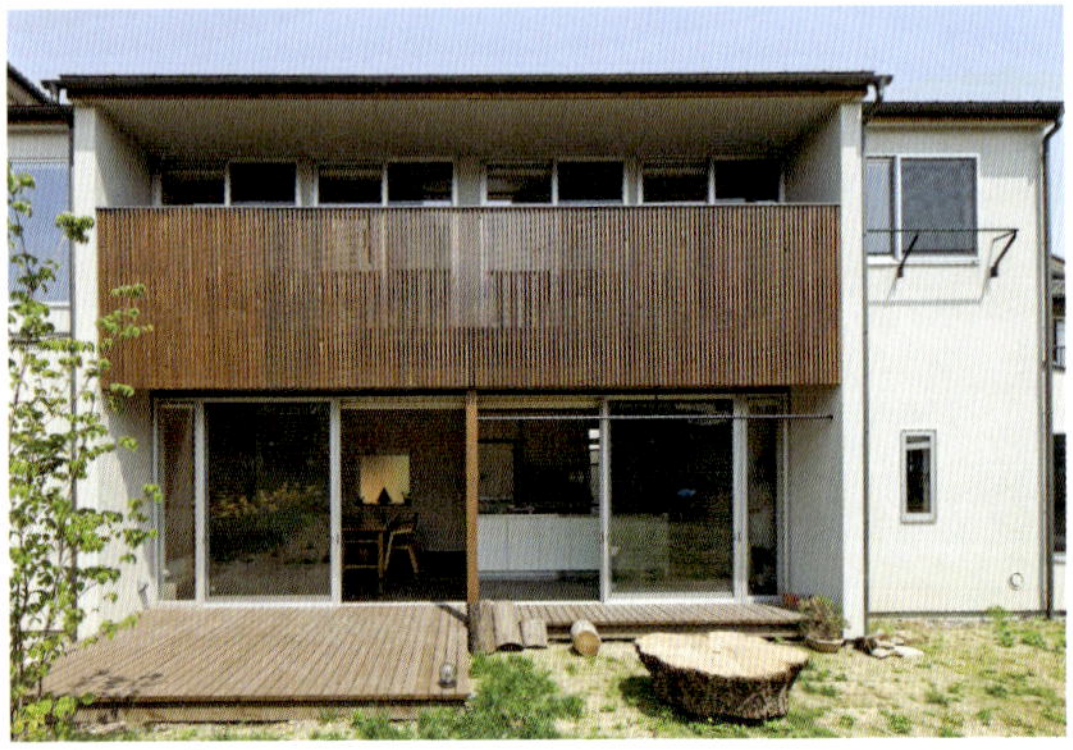

❷ 白岡の家

2階のデッキテラス床は非防水（すのこ床）として納めている。しかし、屋根の軒を深く出しているので、デッキテラス下の縁側は雨に濡れることはない［事例2参照］
（写真：バウハウスネオ）

❶ 百日紅の家

2階の防水バルコニーがその下にある縁側の庇となっている。ガルバリウム鋼板を用いた硬質な外壁を、レッドシダーの手摺りで中和し、繊細な印象に仕上げている［事例1参照］（写真：バウハウスネオ）

事例 1 百日紅の家「防水バルコニー」

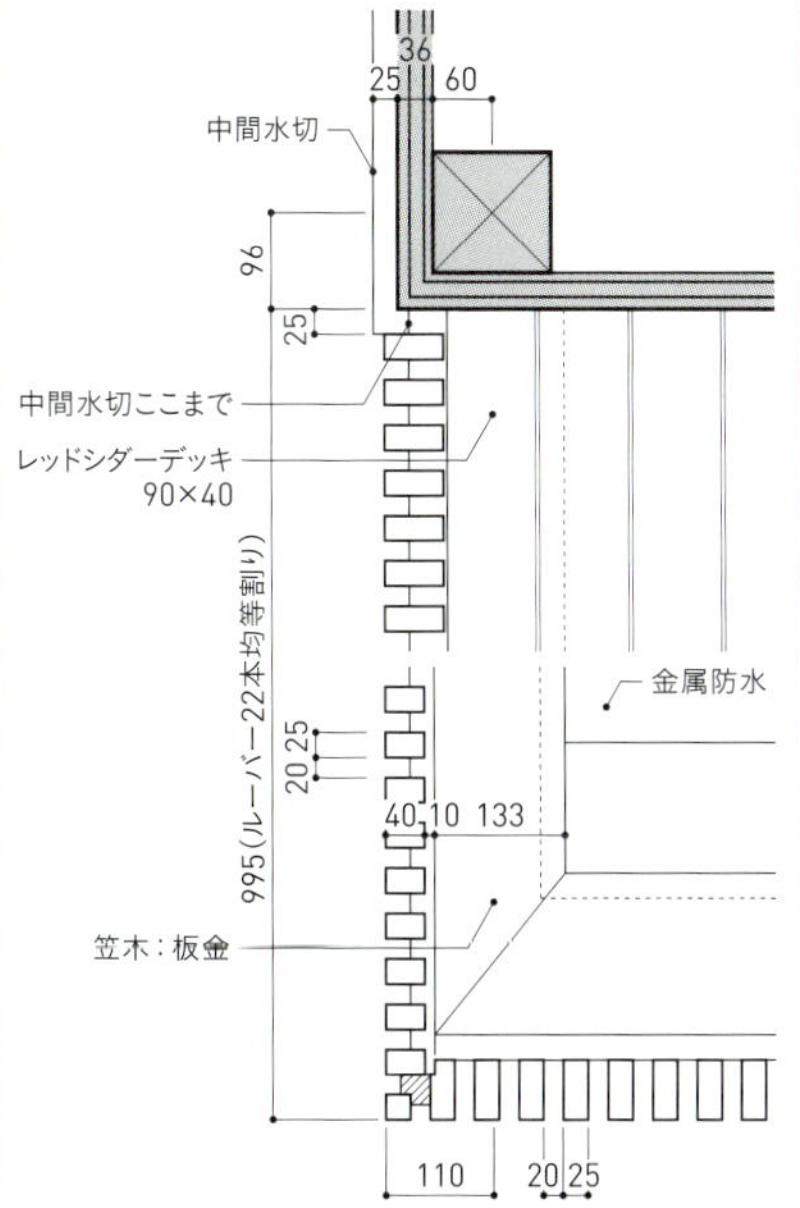
36
25 60
中間水切
96
25
中間水切ここまで
レッドシダーデッキ 90×40
995(ルーバー22本均等割り)
金属防水
20 25
40 10 133
笠木:板金
110
20 25
手摺コーナー部平面詳細図[S=1:15]

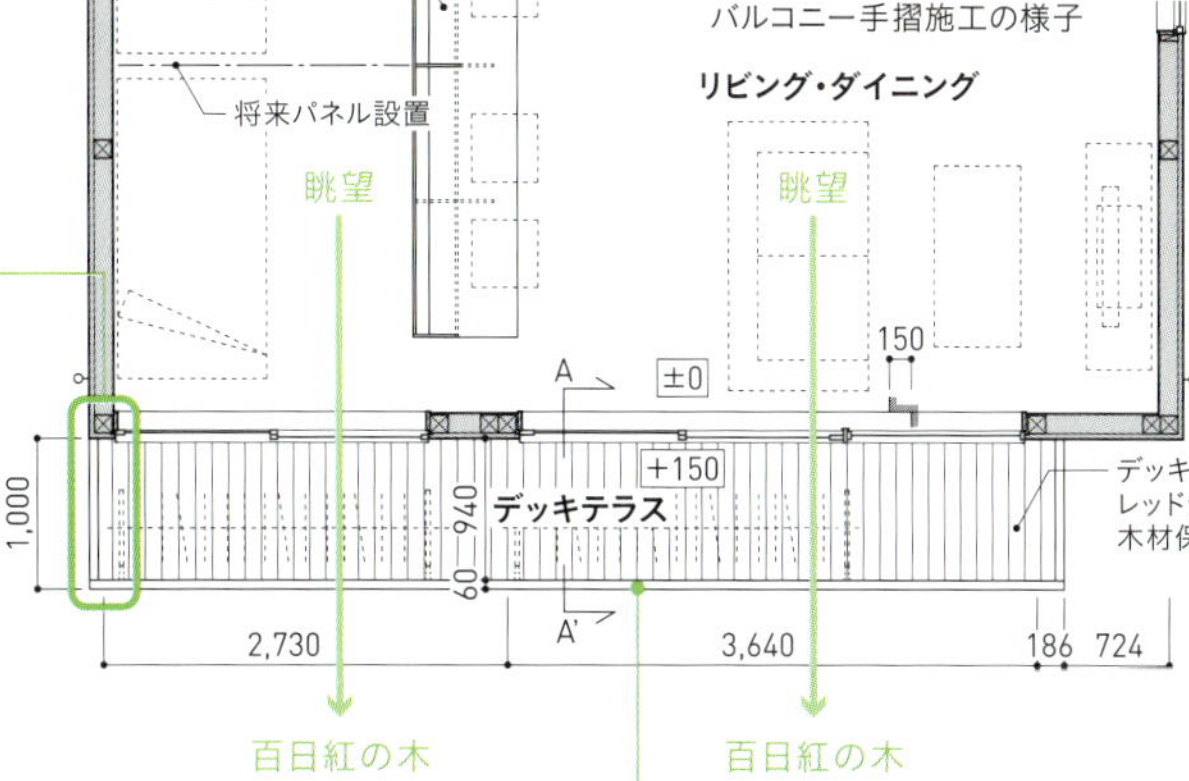
デスクユニット
子ども室
将来パネル設置
眺望
リビング・ダイニング
眺望
150
A
±0
+150
デッキテラス
940
60
1,000
A'
デッキテラス床:
レッドシダーデッキ90×40
木材保護塗料
2,730
3,640
186 724
百日紅の木
百日紅の木

バルコニー手摺施工の様子

手摺には水に強いレッドシダーを採用。60×25mmの断面のものを45mmピッチで使用している

2階平面図[S=1:100]

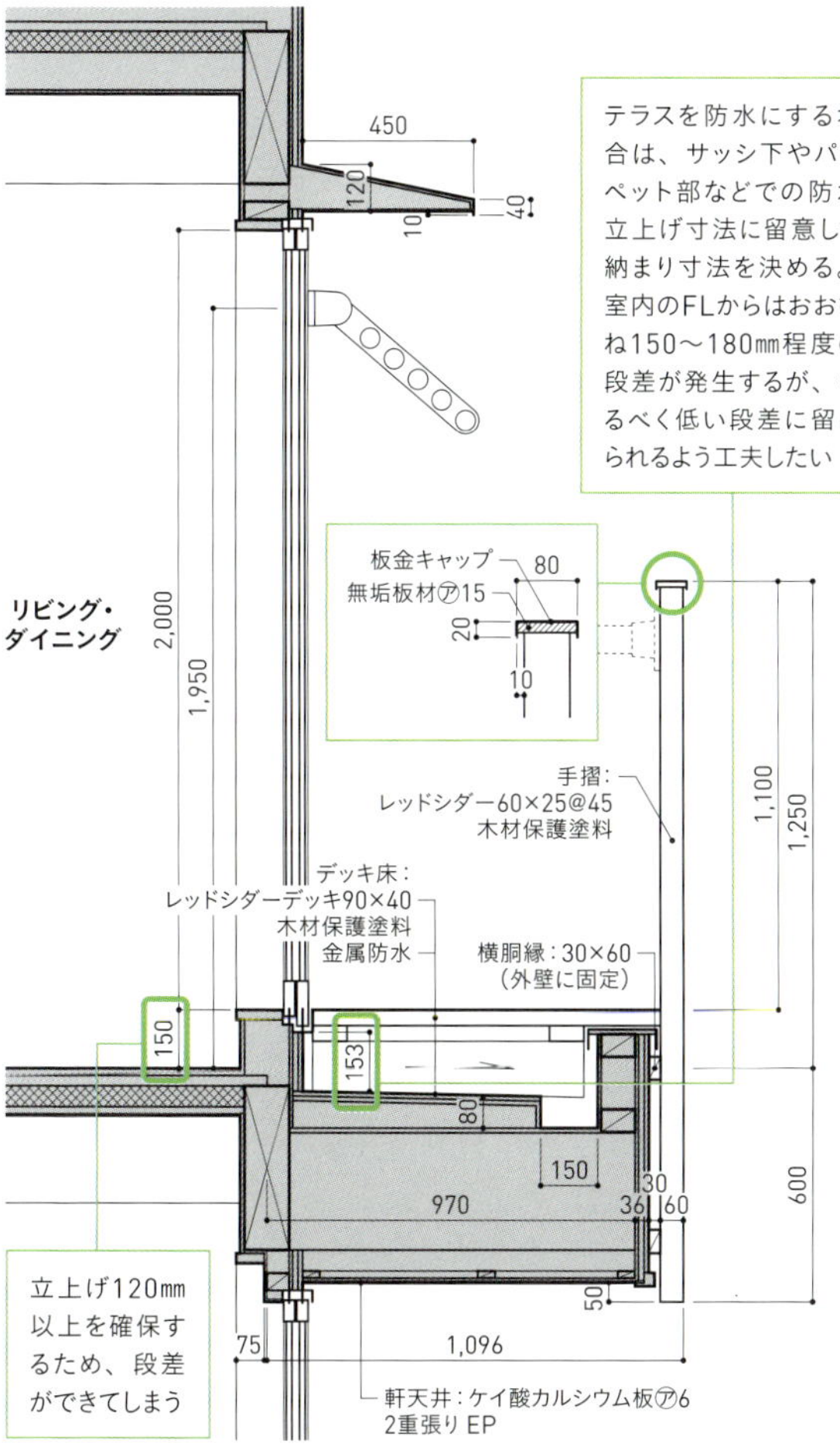
450
120
40
10
リビング・ダイニング
2,000
1,950
板金キャップ
無垢板材⑦15
80
20
10
手摺:
レッドシダー60×25@45
木材保護塗料
1,100
1,250
デッキ床:
レッドシダーデッキ90×40
木材保護塗料
金属防水
横胴縁:30×60
(外壁に固定)
150
153
80
150
970
30
36 60
600
50
75
1,096
軒天井:ケイ酸カルシウム板⑦6
2重張り EP

テラスを防水にする場合は、サッシ下やパラペット部などでの防水立上げ寸法に留意して納まり寸法を決める。室内のFLからはおおむね150〜180mm程度の段差が発生するが、なるべく低い段差に留められるよう工夫したい

立上げ120mm以上を確保するため、段差ができてしまう

デッキA–A'断面図[S=1:30]

事例 2 白岡の家「デッキをフラットに納める」

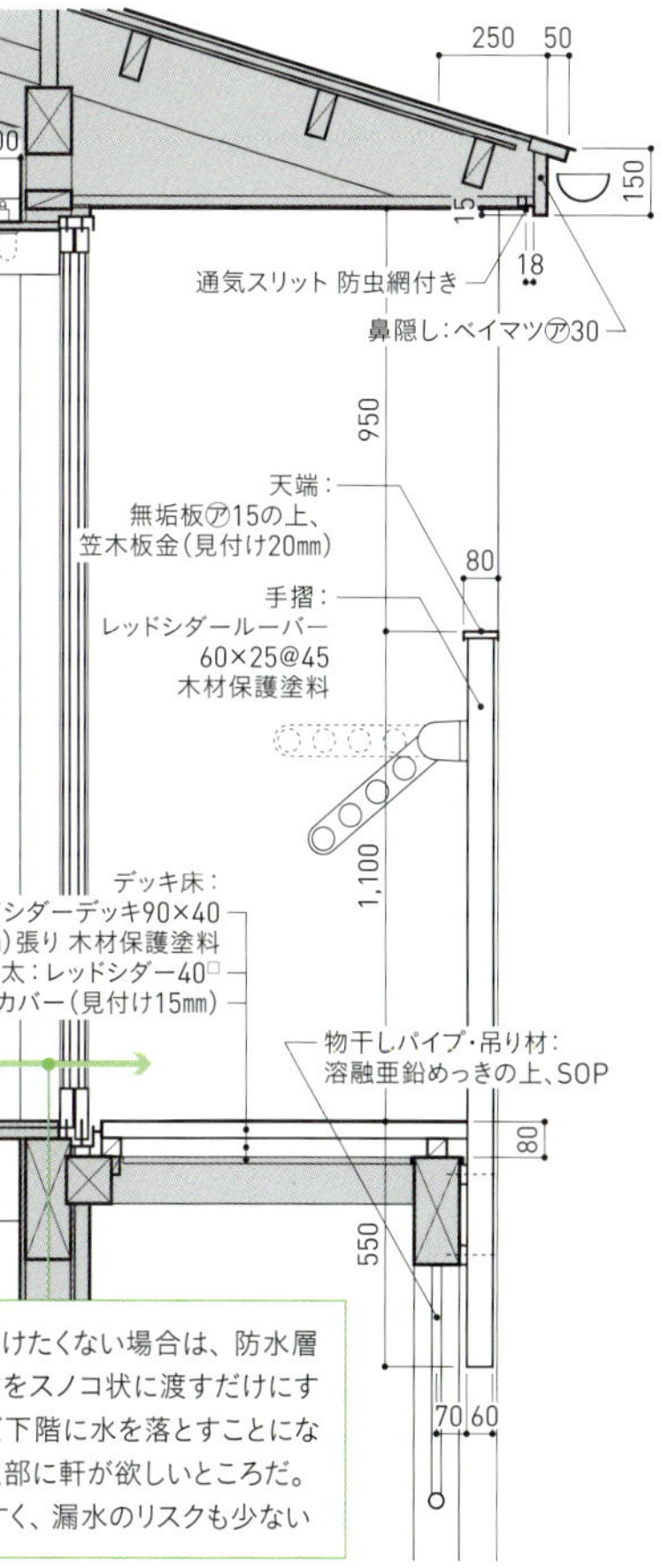
250 50
100
150
15
170
18
幕板:
シナランバー
通気スリット 防虫網付き
鼻隠し:ベイマツ⑦30
950
天端:
無垢板⑦15の上、
笠木板金(見付け20mm)
80
手摺:
レッドシダールーバー
60×25@45
木材保護塗料
1,100
デッキ床:
レッドシダーデッキ90×40
目透かし(3mm)張り 木材保護塗料
根太:レッドシダー40□
梁天端:板金カバー(見付け15mm)
物干しパイプ・吊り材:
溶融亜鉛めっきの上、SOP
80
550
70 60

スノコ状のデッキ

デッキ面と段差を設けたくない場合は、防水層を設けずにデッキ材をスノコ状に渡すだけにする方法もある。ただ下階に水を落とすことになるため、できれば上部に軒が欲しいところだ。メンテナンスもしやすく、漏水のリスクも少ない

デッキ断面図[S=1:30]

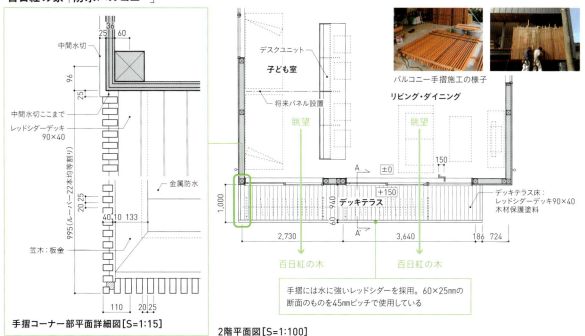

Part 2

跳ね出しテラスは狭小地の切り札

建ぺい率についても一定の緩和措置が受けられる跳ね出し構造のデッキテラス。狭小敷地では建物の有効建築面積を稼ぐ意味でも活用したい。また、狭小敷地では日照に難があるケースも多いが、2階に広いデッキテラスを設ければ、採光の確保とともに部屋にも広がりを与えられる。目隠しの高さを調整すれば隣家からの視線をカットでき、日中はカーテンを使わずに生活できる。

ワンポイント！

デッキテラス（バルコニー）といえば、通常は外壁から1m程度の跳ね出しだが、構造を工夫することで2mを越えることも可能である。はねだしテラスの家［写真❶・事例3参照］では建物本体より丸鋼を用いてデッキテラスを吊っているが、一方、TOPWATER［写真❷参照］は建物本体から跳ね出して大梁によってデッキテラスを支えている。

❶ **はねだしテラスの家**
ダイニングとつながる、約2mの跳ね出しテラス。開口部の上部に設けたオーニングによって雨も日差しも防ぎ、天候に左右されずデッキスペースを活用できる［事例3参照］（写真：バウハウスネオ）

❷ **TOPWATER**
物干し場としても利用するため、2.2m跳ね出した広々としたデッキテラス。先端から1mの範囲は建ぺい率から除外し、限られた敷地を有効活用している
（写真：新澤一平）

跳ね出しテラスにはオーニングが必須アイテム

高さのあるルーバー手摺によって、隣家の目を気にせず洗濯物を干すことができる

跳ね出しテラスの下は駐車場だけでなくカヤック置き場にもなっている

TOPWATER外観。狭小敷地で建築制限も厳しい地域であったため、跳ね出しテラスを設け、限られた面積を有効活用している

跳ね出しテラスは下も有効活用

跳ね出しテラスは駐車場上空も余すことなく使い切り、室内空間を広げるための常套手段である。ただ、跳ね出しテラスも設けるのでなく、日常生活に進んで使われるよう工夫を施したい。

事例3 はねだしテラスの家「跳ね出しテラスは狭小地の切り札」

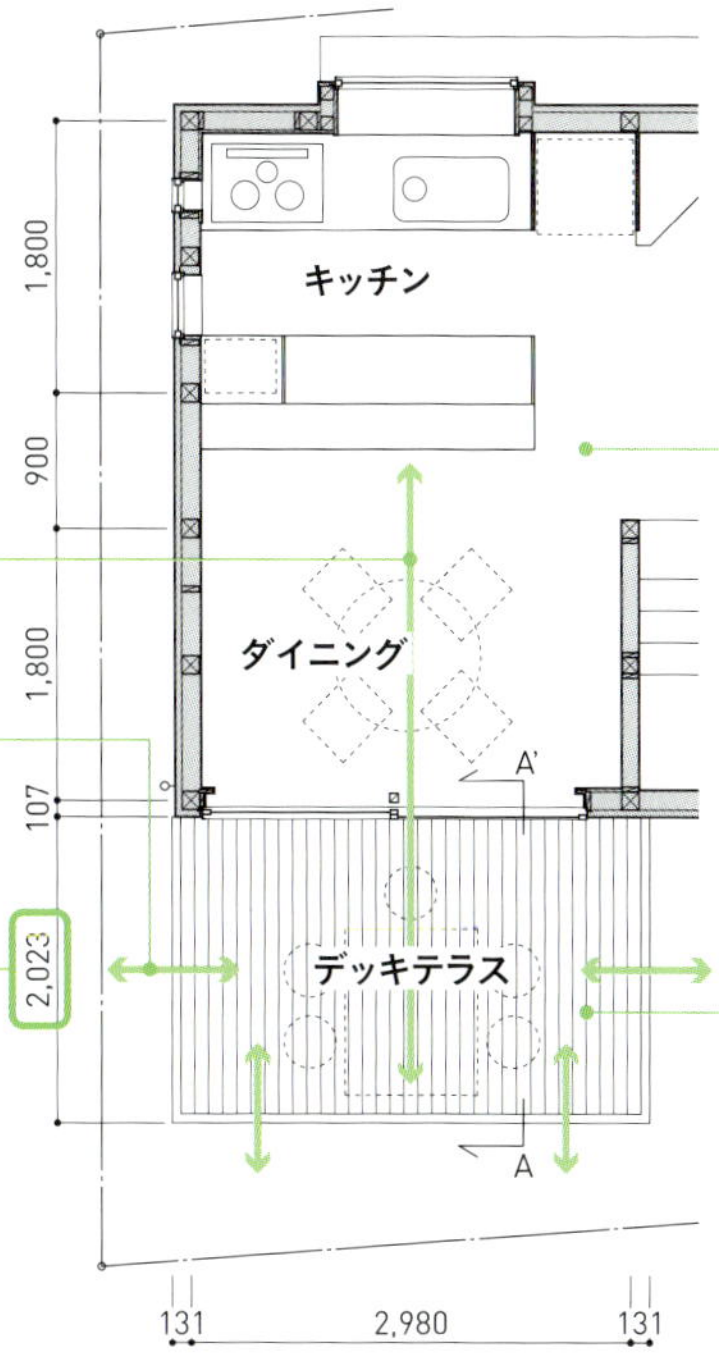

ダイニングから見たテラスの様子

ダイニングを視覚的に拡張できる

緩やかに気配を伝えてくれる

狭小地では、建ぺい率緩和が使える空中をうまく使ってテラスを跳ね出すと、室内使いできる面積を実質的に広げることが可能となる。本事例では、テラスの先端より1mを建ぺい率より除外している

狭小地の場合、建ぺい率いっぱいに建物を建て、その余白に駐車場を設けるケースが多い。本事例ではその駐車場の上空を活用すべく、めいっぱいに跳ね出したテラスを設けている

2階平面図[S=1:100]

設計当初はH=1,600㎜程度を想定していたが、上棟後の現地確認で向かいの家の窓が隠れる高さとしてH=1,900㎜程度に変更した。また、隣の窓が近い場合は、窓位置に合わせてルーバーの隙間に目隠し材を挟み込む方法などもある。いずれにしても市街地の住宅では思わぬ角度から内部が丸見えになることがあるので、現地での確認を徹底したい

本事例では建物本体より丸鋼を用いて構造を吊り、床は非防水(スノコ張り)とすることで、室内とフラットに連続させている

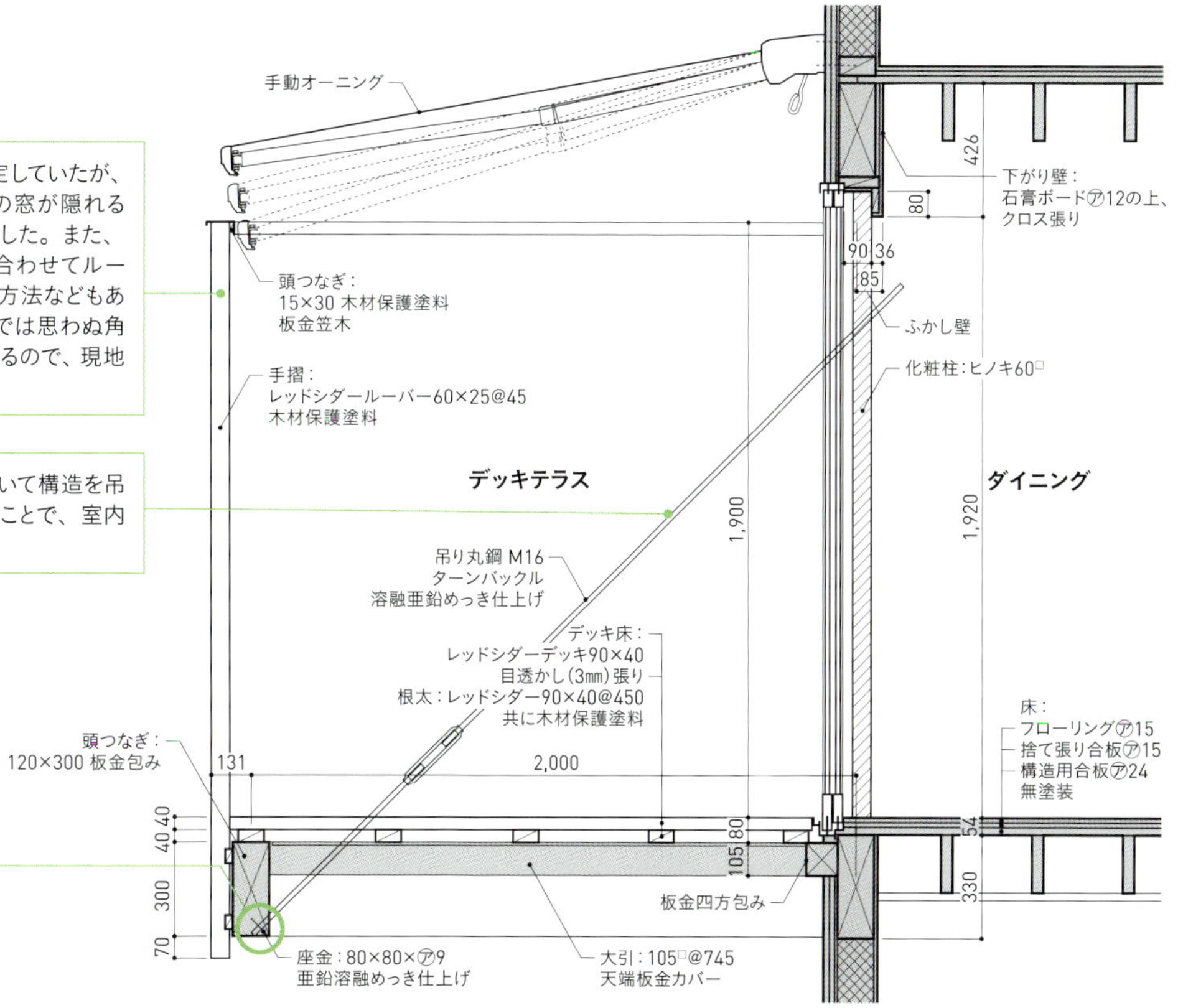

吊り丸鋼固定部分。丸鋼は梁に貫通させてボルト固定としているほか、ターンバックルを設けて、万一のクリープ(下がり)にも対応できるようにしている

A–A'断面図[S=1:30]

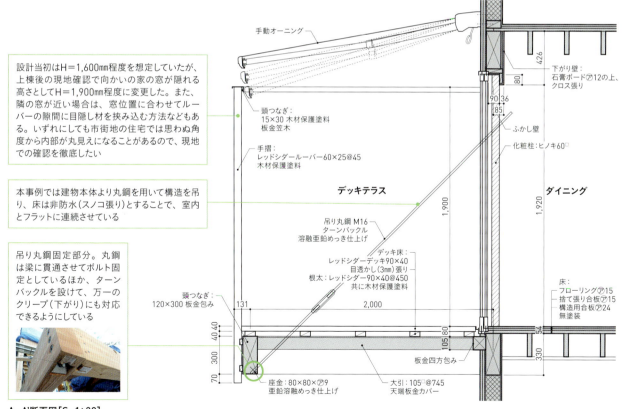

外部に開かれたデッキテラス

郊外などで敷地に余裕のあるケースでは、むしろデッキテラスを開くことで積極的に周辺環境を味方につけたい。外に開かれた開放的な設えは、プライバシーなどの問題さえクリアできれば、住まい手の心を大らかにし、リラックスさせてくれる。そうなれば欲しいのは広いデッキテラスである。その際も単にリビング・ダイニングにつながるデッキ空間をつくるのではなく、住まい手に十分活用してもらえるよう、さまざまな生活シーンを想定し、随所に居場所をつくりたい。

事例4 ひなたハウス｜外部に開かれたデッキテラス｣

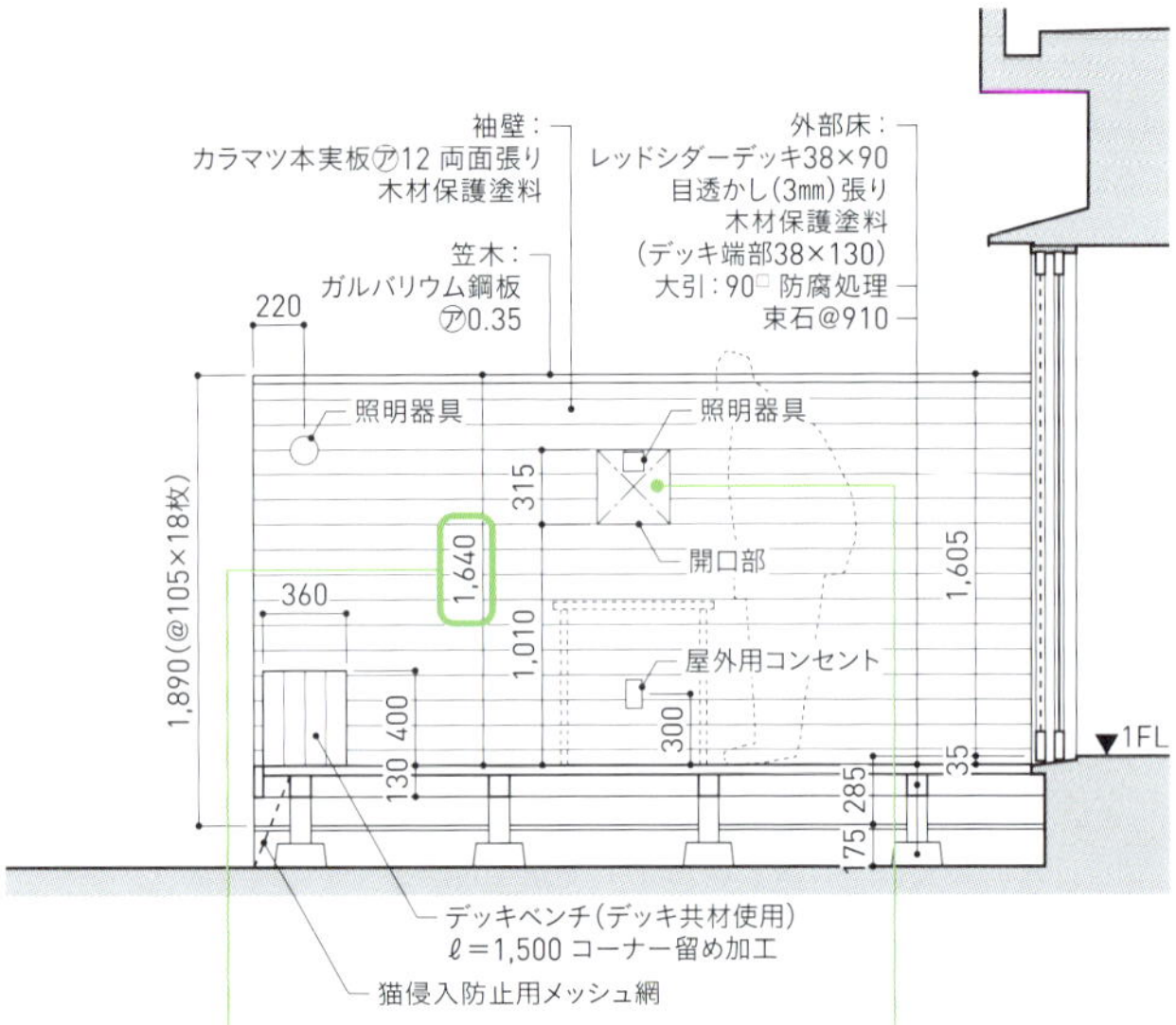

袖壁：
カラマツ本実板㋐12 両面張り
木材保護塗料
笠木：
ガルバリウム鋼板
㋐0.35
外部床：
レッドシダーデッキ38×90
目透かし(3㎜)張り
木材保護塗料
(デッキ端部38×130)
大引：90□ 防腐処理
束石@910
220
照明器具
照明器具
315
開口部
1,640
360
1,010
1,605
屋外用コンセント
1,890(@105×18枚)
400
300
130
35
▼1FL
285
175
デッキベンチ(デッキ共材使用)
ℓ=1,500 コーナー留め加工
猫侵入防止用メッシュ網

アプローチ方向からテラス内の様子が分からないように、目隠しの木塀を設けている

木塀にはテーブル位置に開口を設けたり、高さも目線が切れるぎりぎりの高さにしたりするなど、外部とも緩やかにつながる設えとしている

A–A'断面図[S=1：60]

ただ広いだけでは使われるデッキにはならない。生活のシーンを想定し、ほどよいスケールの居場所を随所につくったデッキテラス

夕涼みをしたり、花火を楽しんだりできるよう、一定以上の広さのデッキテラスには照明設備も設けたいところだ。本事例では、ビアガーデンのように夏の夕暮れを楽しんでもらうために、テーブル位置にも家族の顔を照らす照明を設け、屋外用コンセントなども用意した

建具をすべて引き込むとダイニングとデッキテラスが一体となる

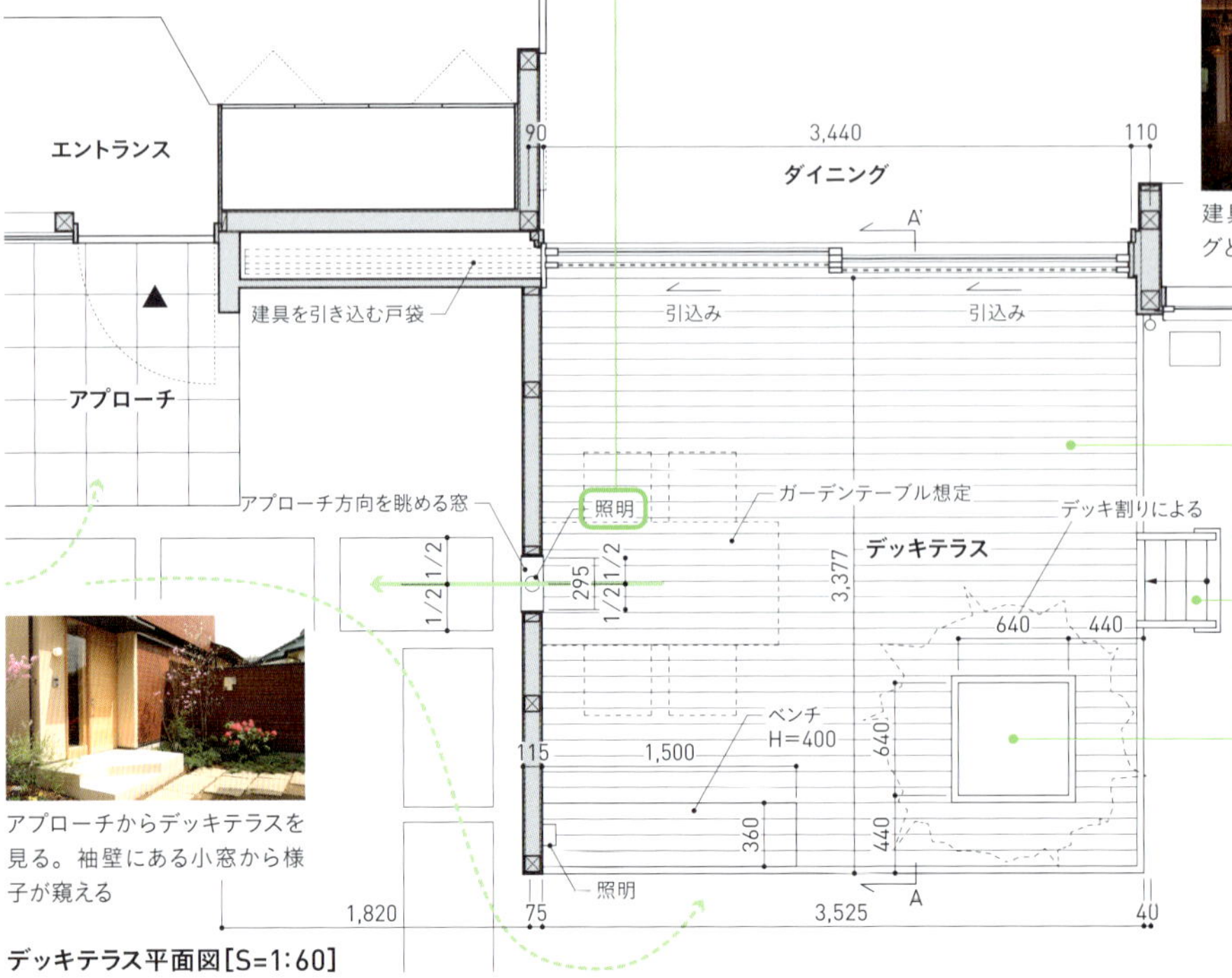

エントランス
90
3,440
110
ダイニング
A'
建具を引き込む戸袋
引込み
引込み
アプローチ
アプローチ方向を眺める窓
照明
ガーデンテーブル想定
デッキ割りによる
デッキテラス
1/2
1/2
295
1/2
1/2
3,377
640
440
ベンチ
H=400
640
115
1,500
360
440
照明
1,820
75
3,525
A
40

アプローチからデッキテラスを見る。袖壁にある小窓から様子が窺える

デッキは腰かけて庭を眺める高さ(425㎜)を想定

子どもにも昇り降りしやすいようにステップを設ける

季節感のあるシンボルツリーを植える

デッキテラス平面図[S=1：60]

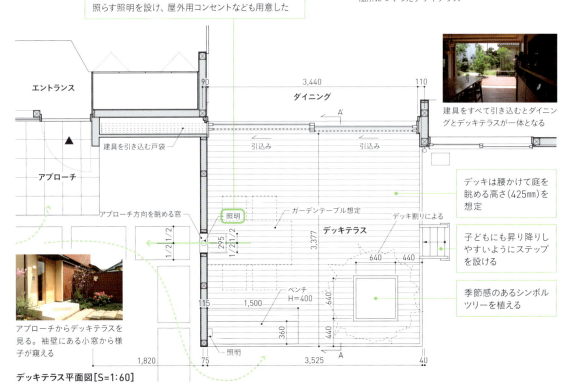

駐車場も住宅の顔の一部です

detail 16

都市部に住む人の間では車を手放す動きも出てきている。しかし、多くの家庭では依然として車は生活必需品であり、車に強い思い入れがある人も多い。駐車スペースを設けるとなると、1台当たり約4坪（13・22㎡）も必要となり、ともすると家族の居場所より大きな面積が取られることになる。限りある敷地に家族の生活と車とを共存させ、なおかつ車を停めても佇まいが美しく見えるような駐車場のあり方を探るのは思いのほか難易度の高い作業である。ここではそんな住宅と駐車場との良好な関係を探ってみたい。

Part 1

狭小地にスマートに納めたい

敷地間口が7・0〜7・5m以上あれば縦列で駐めることもできるが、それ以下ならば道路に対し直交に駐車せざる得ない。さらに狭小敷地ともなれば、駐車場の上に居室を重ねることになるだろう。その際に問題となるのは構造の考え方であり、また車廻りのタイトな寸法の押さえ方であろうか。そんな都市住宅における駐車場プラン敷地面積や道路に対し、図のように想定される。

さらに雨が降っても濡れずに荷物を積み卸しできるビルトインガレージは実に便利で、建築主にも喜ばれる。しかし、建ぺい率や予算の制約などから、最初は屋根なしとし、後からカーポートなどが設置されるケースも少なくない。

建物と屋根をつなげて一体で駐車場を設ける方法は計画上ハードルが高いが、諸条件をクリアできるようなら駐車場はファサードと一体のデザインで考えたい。

図 敷地面積と駐車方式のバリエーション

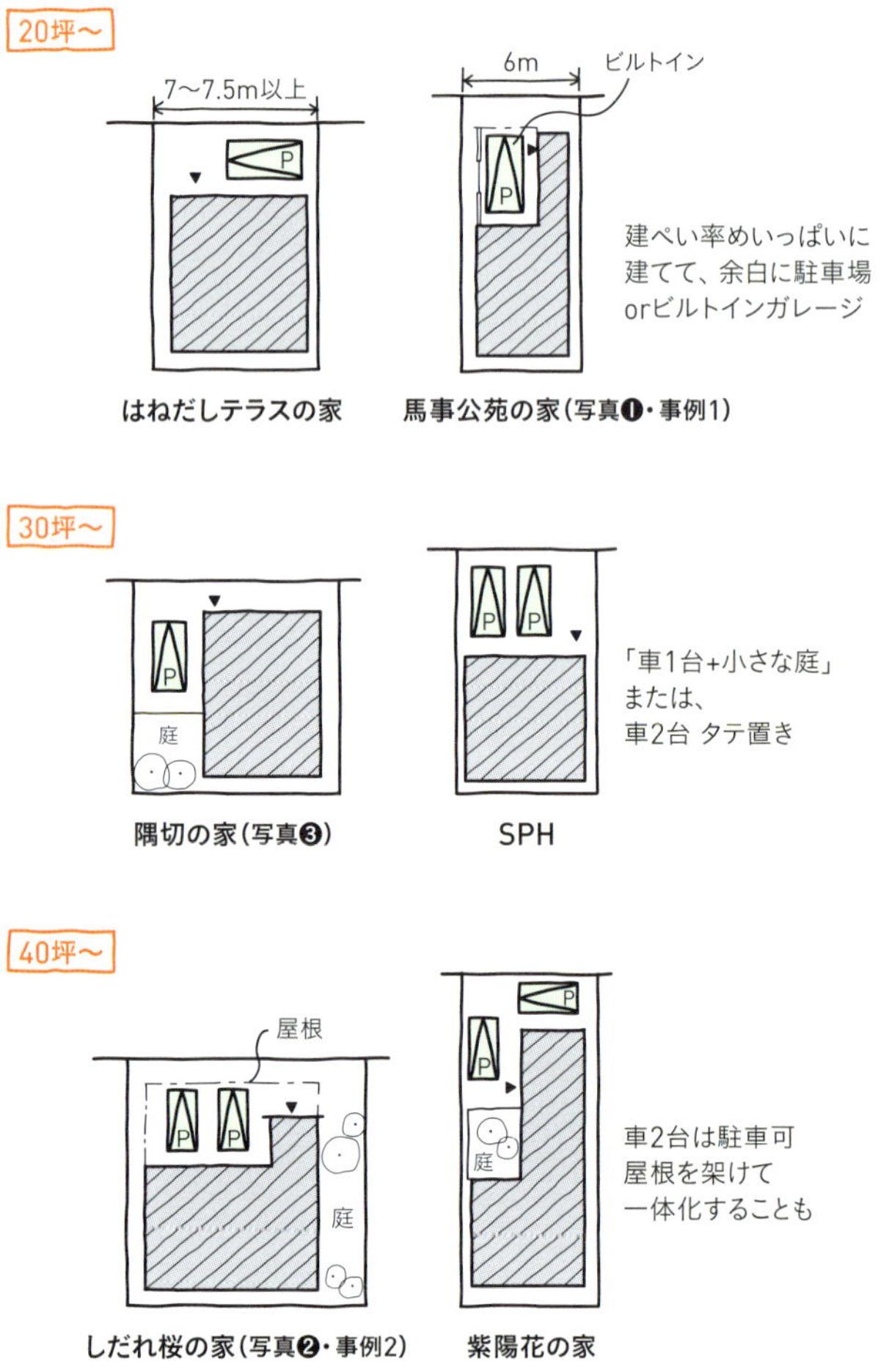
20坪〜
7〜7.5m以上
6m
ビルトイン
P
建ぺい率めいっぱいに
建てて、余白に駐車場
orビルトインガレージ
はねだしテラスの家
馬事公苑の家(写真❶・事例1)
30坪〜
庭
「車1台+小さな庭」
または、
車2台 タテ置き
隅切の家(写真❸)
SPH
40坪〜
屋根
車2台は駐車可
屋根を架けて
一体化することも
しだれ桜の家(写真❷・事例2)
紫陽花の家

❸ 隅切りの家
潔く建物の外に駐車場を設けた事例。こうすることで住宅プランの自由度は広がるが、雨天時のことも念頭に置き、駐車場と玄関の位置関係は考えておきたい　(写真：新澤一平)

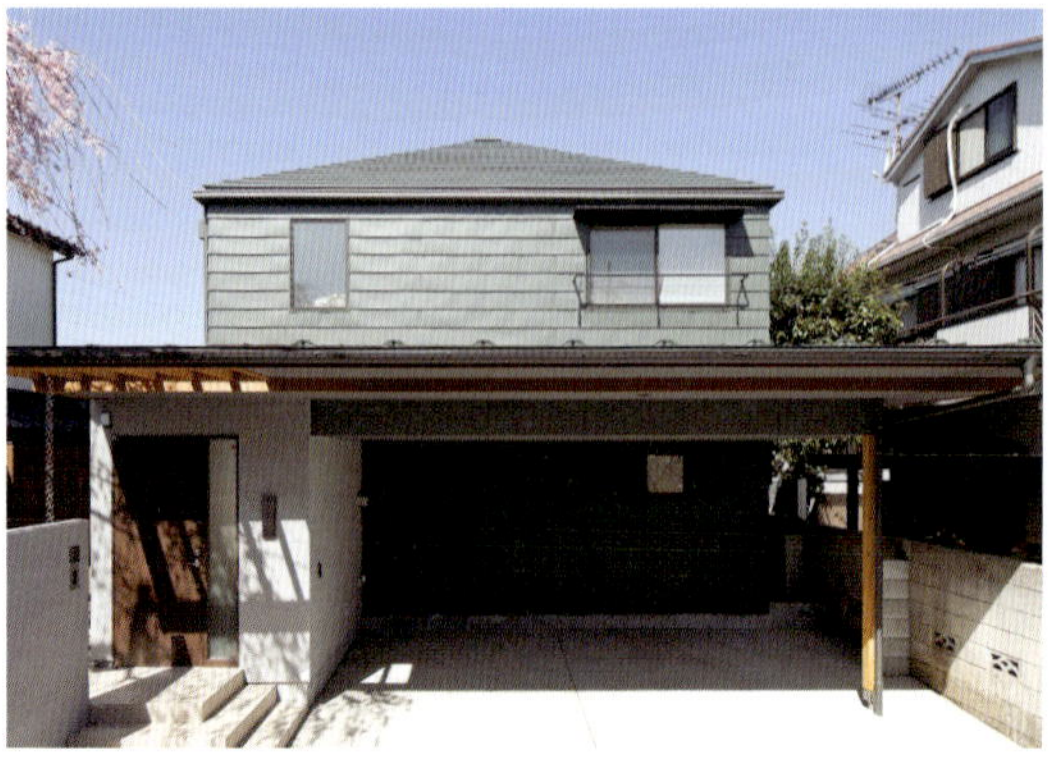

❷ しだれ桜の家
車2台が置けるビルトインガレージとした事例。駐車台数が多ければ敷地間口がある程度必要となり、ファサードに対する影響も大きいので注意したい[事例2参照]　(写真：バウハウスネオ)

❶ 馬事公苑の家
限られた敷地間口にビルトインガレージを設けた典型的な都市型住宅の事例。1階間口いっぱいに開口を設ける場合、耐力壁の取り方などに工夫が必要だ[事例1参照]　(写真：バウハウスネオ)

事例1 馬事公苑の家「ビルトインガレージ①」

車から出入りするため、壁面から400㎜ほどのスペースは確保したい。また後部スペースは、本事例では350㎜ほどで納めているが、荷下ろしのため、できれば500〜600㎜ほどあると望ましい

玄関への動線を確保するため、通路幅は800㎜以上確保する

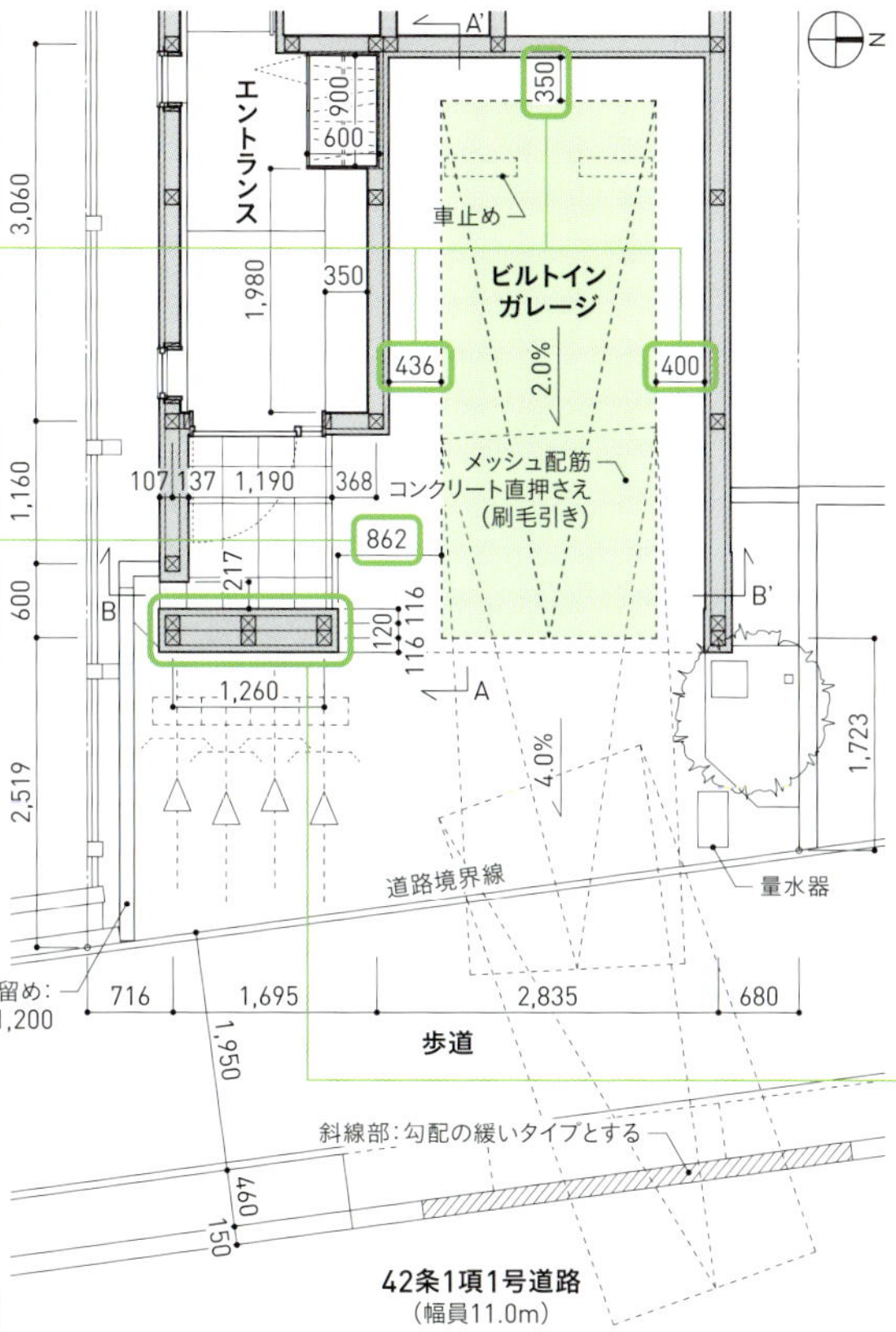

エントランス
900
600
350
3,060
1,980
350
車止め
ビルトイン
ガレージ
436
2.0%
400
メッシュ配筋
コンクリート直押さえ
(刷毛引き)
107 137 1,190 368
1,160
862
217
600
B
120
116
116
B'
1,260
A
A'
4.0%
1,723
2,519
道路境界線
量水器
土留め:
鉄筋コンクリートH=1,200
716 1,695 2,835 680
歩道
1,950
斜線部:勾配の緩いタイプとする
460
150
42条1項1号道路
(幅員11.0m)

1階平面図[S=1:100]

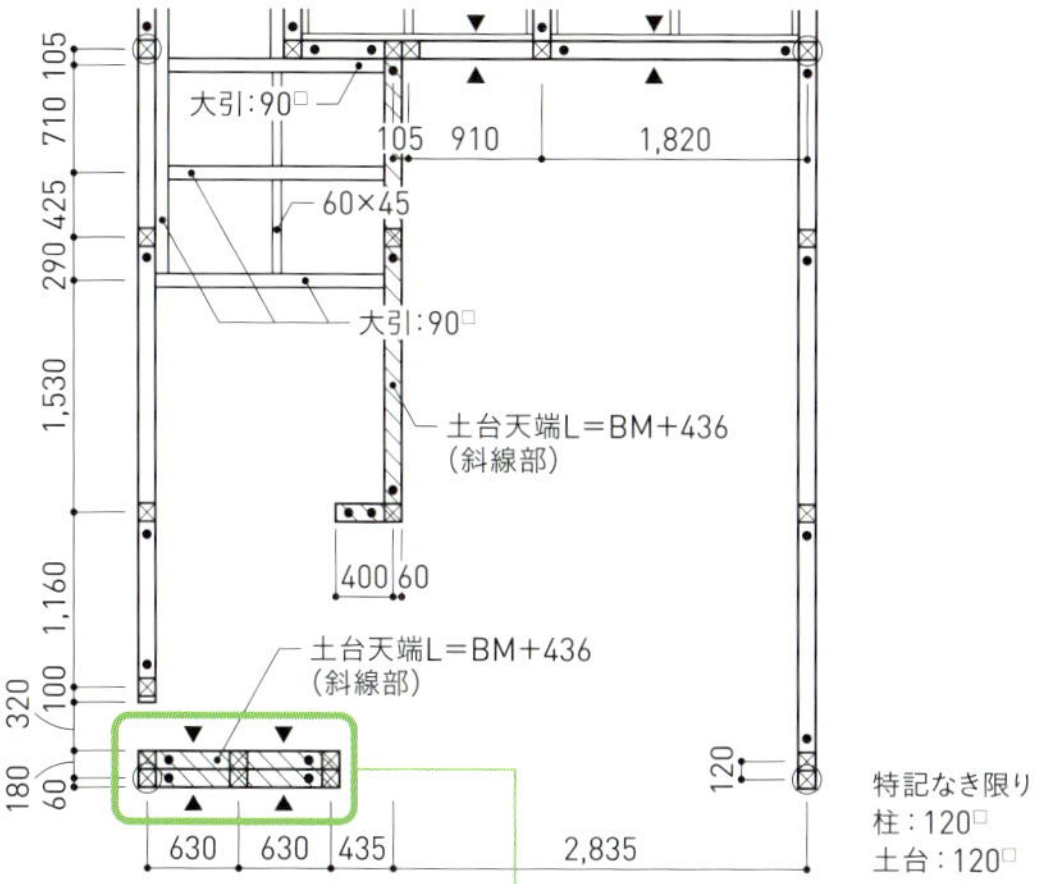

105
710
425
290
1,530
1,160
100
320
180
60
大引:90□
105 910 1,820
60×45
大引:90□
土台天端L=BM+436
(斜線部)
400 60
土台天端L=BM+436
(斜線部)
120
630 630 435 2,835
特記なき限り
柱:120□
土台:120□

1階床伏図[S=1:100]

狭小間口でビルトインガレージにすると、壁量計算上、残された壁面を強力な耐力壁にする必要がある。構造用合板による耐力壁は壁倍率が2.5であるが、両面張りにすると5.0まで確保できる。ここではこの壁をさらに2枚重ねて10.0相当の壁倍率を確保している。施工順序が特殊になるため注意したい

①内側の合板1枚と受け材を釘で留め付け、パネル化しておく。このとき上下の受け材にはHD位置に孔をあけておく
②パネル化した合板と受け材を柱間に上から落とし込む
③桁を載せる
④受け材を柱、土台および桁に釘で留め付ける。また、HD金物を取り付けボルトを締める
⑤外側の合板を受け材に釘で留め付ける

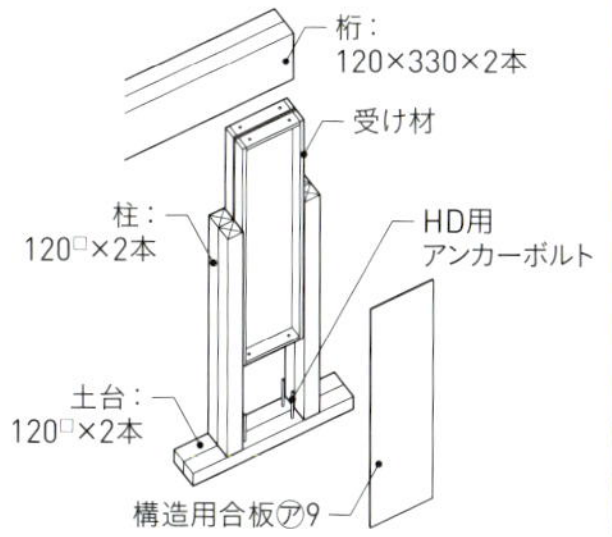

桁:
120×330×2本
受け材
柱:
120□×2本
HD用
アンカーボルト
土台:
120□×2本
構造用合板⑦9

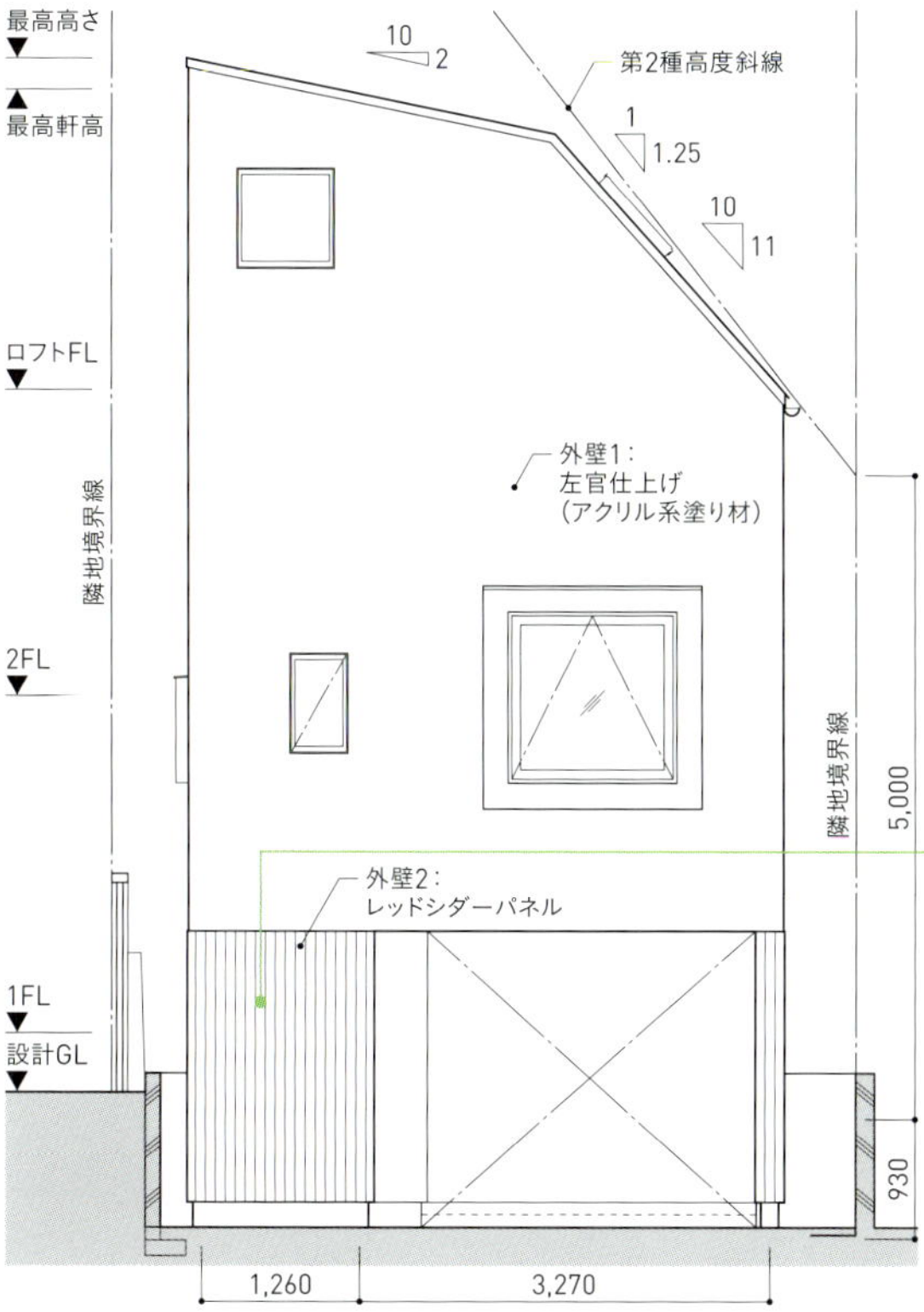

最高高さ
最高軒高
10
2
第2種高度斜線
1
1.25
10
11
ロフトFL
外壁1:
左官仕上げ
(アクリル系塗り材)
隣地境界線
2FL
隣地境界線
5,000
外壁2:
レッドシダーパネル
1FL
設計GL
930
1,260 3,270

東側立面図[S=1:100]

ガレージ内部壁は外壁と同じ仕上げにしている。駐車場内は内装制限がかかることに加え、シャッターを設けない場合は風雨が吹き込むことも想定しておく

前面に大きな開口部(駐車場)を設けるため、この部分を強力な耐震壁にする必要がある

本住宅は準防火地域内にあるが、防火袖壁で囲うことによって非防火仕様の木製建具としている

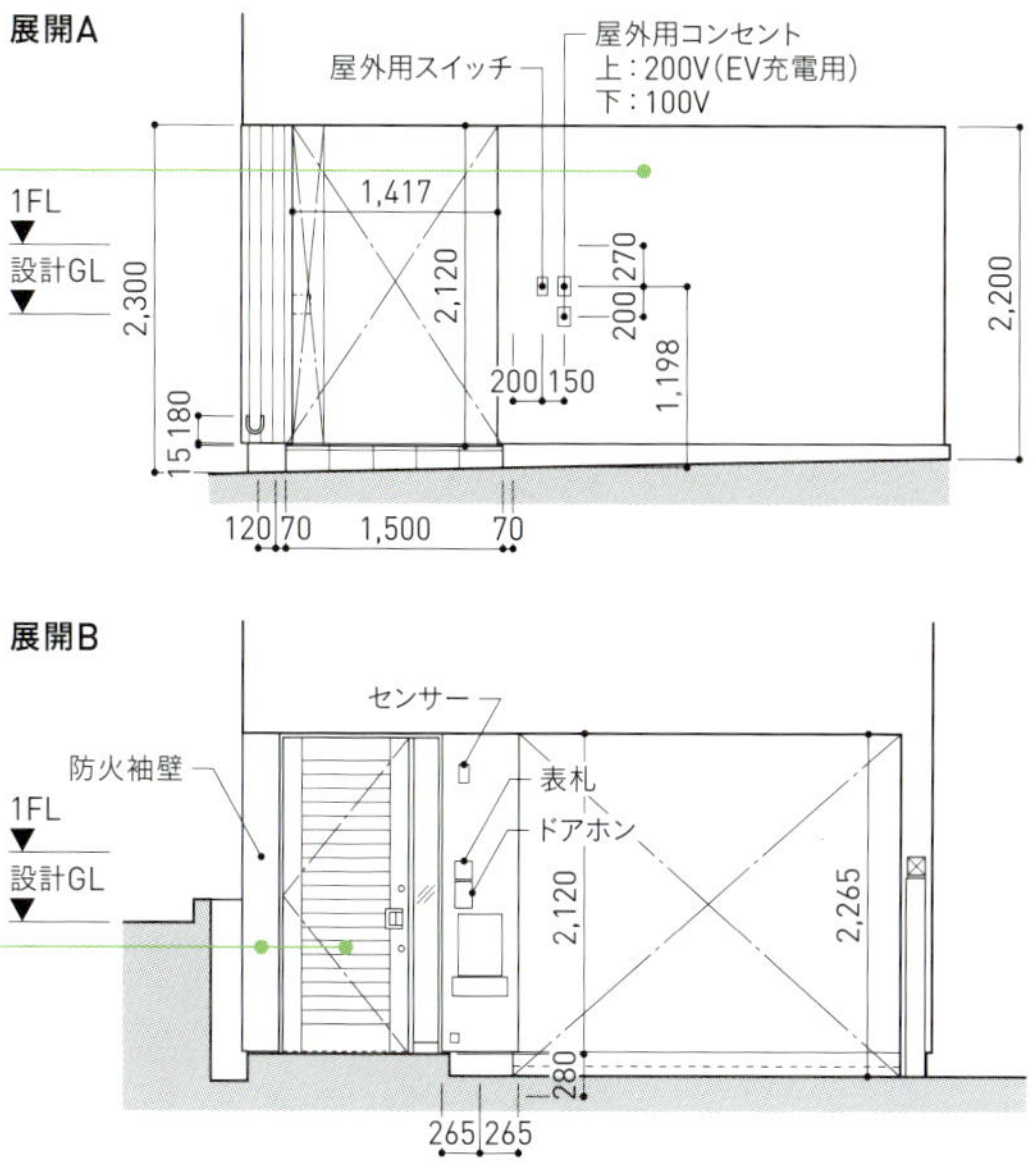

展開A
屋外用スイッチ
屋外用コンセント
上:200V(EV充電用)
下:100V
1FL
設計GL
1,417
2,120
270
200
200 150
1,198
2,300
2,200
180
15
120 70 1,500 70
展開B
センサー
防火袖壁
表札
ドアホン
1FL
設計GL
2,120
2,265
280
265 265

ビルトインガレージ内展開図[S=1:100]

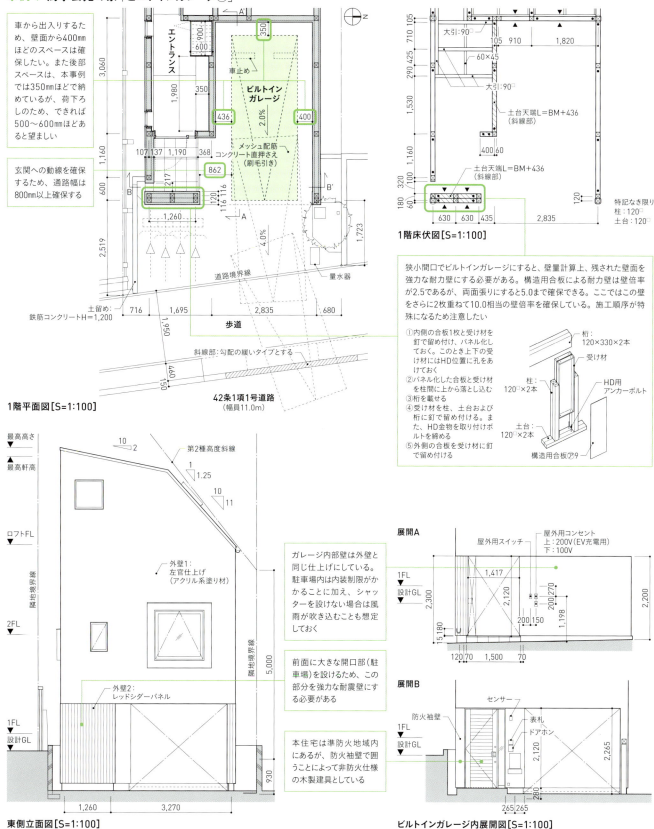

事例 2 しだれ桜の家「ビルトインガレージ②」

屋根の一部にパーゴラ状の開口を設けることで玄関廻りに採光を確保し、建ぺい率を調整している

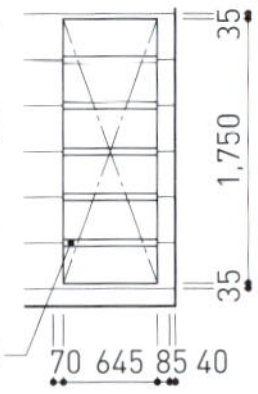

35
1,750
35
梁上端：板金笠木
70 645 85 40

車2台分のスペースを確保するため、一般的な木造の最大スパンである5,460mmで梁を架け、その上にツーバイ材（ディメンションランバー）を細かく渡して軒をつくっている

軒先は1,800mm持ち出しとしている

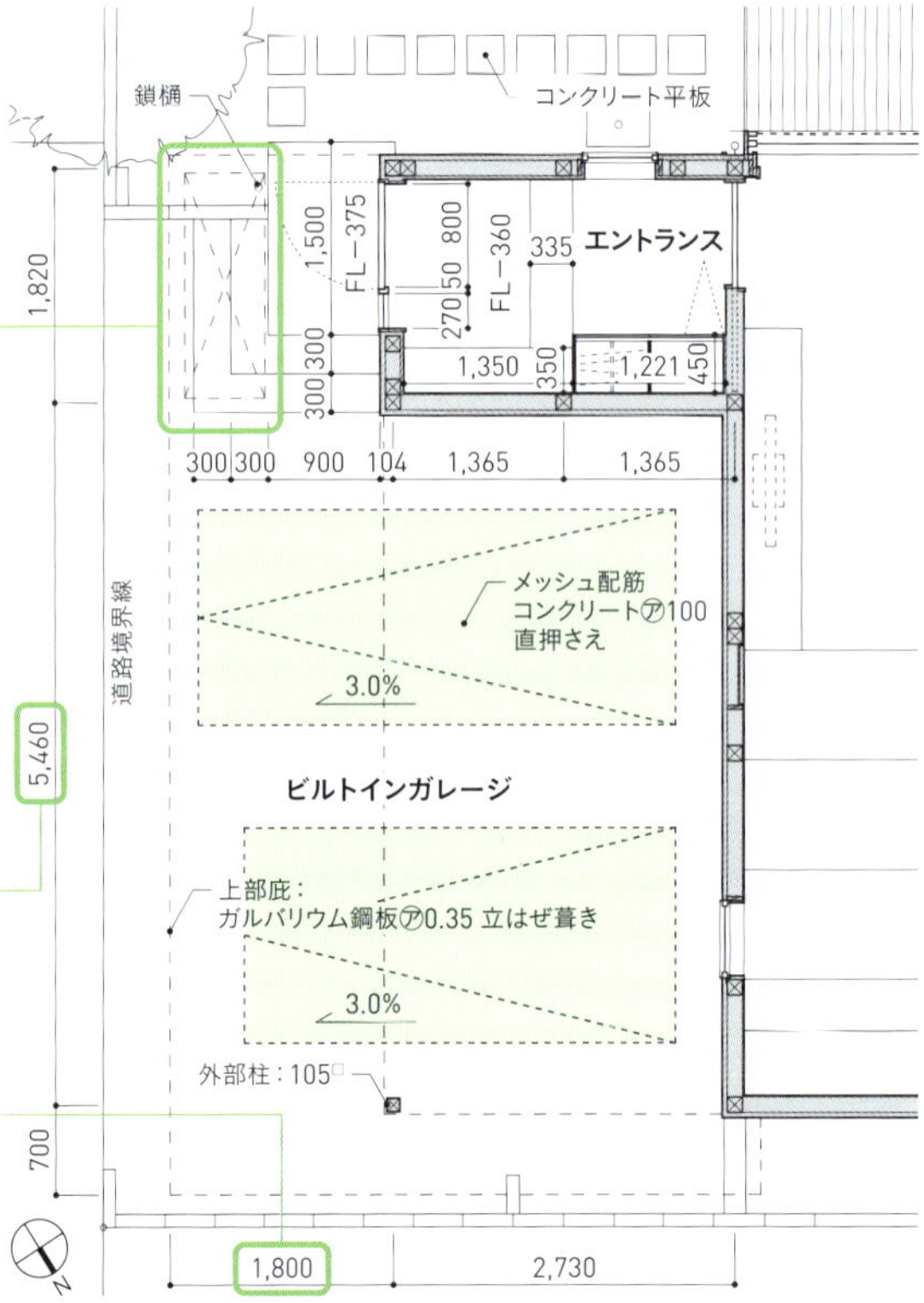

鎖樋
コンクリート平板
エントランス
FL−375
FL−360
1,820
1,500
800
335
270 50
300
300
1,350
350
1,221
450
300 300 900 104 1,365 1,365
道路境界線
メッシュ配筋
コンクリート㋐100
直押さえ
3.0%
5,460
ビルトインガレージ
上部庇：
ガルバリウム鋼板㋐0.35 立はぜ葺き
3.0%
外部柱：105□
700
1,800
2,730

ビルトインガレージ平面図［S=1:100］

雨水は鎖樋で流している

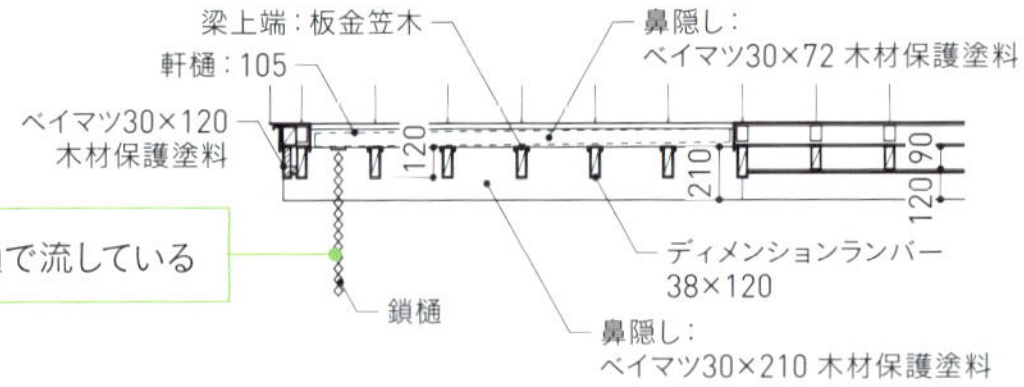

梁上端：板金笠木
軒樋：105
ベイマツ30×120
木材保護塗料
鼻隠し：
ベイマツ30×72 木材保護塗料
120
210
120 90
ディメンションランバー
38×120
鎖樋
鼻隠し：
ベイマツ30×210 木材保護塗料

C断面図［S=1:60］

車2台分の開口を確保するために跳ね出しの梁成も大きくなる。道路側から見たときに屋根が薄くフラットに見えるようにするため、軒を段階的に絞りながら、先端にいくに従って薄くし、屋根勾配を立はぜ葺きにして1寸の緩勾配で納めている

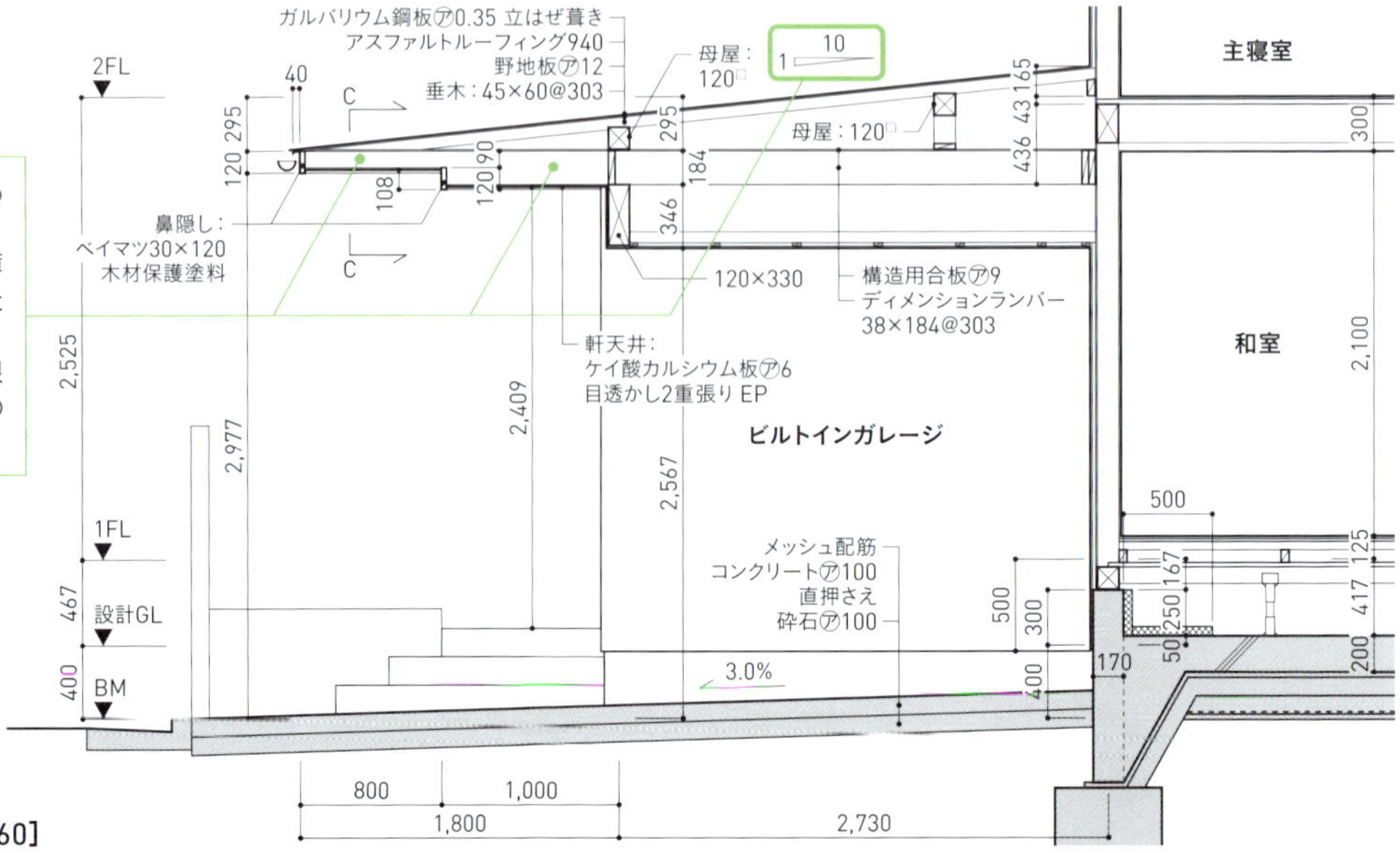

ガルバリウム鋼板㋐0.35 立はぜ葺き
アスファルトルーフィング940
野地板㋐12
垂木：45×60@303
母屋：
120□
1 10
主寝室
2FL
40
C
295
120
108
120 90
295
184
346
母屋：120□
165
43
436
300
鼻隠し：
ベイマツ30×120
木材保護塗料
C
120×330
構造用合板㋐9
ディメンションランバー
38×184@303
軒天井：
ケイ酸カルシウム板㋐6
目透かし2重張り EP
和室
2,100
2,525
2,977
2,409
2,567
ビルトインガレージ
500
1FL
467
設計GL
メッシュ配筋
コンクリート㋐100
直押さえ
砕石㋐100
500
300
125
167
417
250
50
200
170
400
BM
3.0%
400
800
1,000
1,800
2,730

ビルトインガレージ断面図［S=1:60］

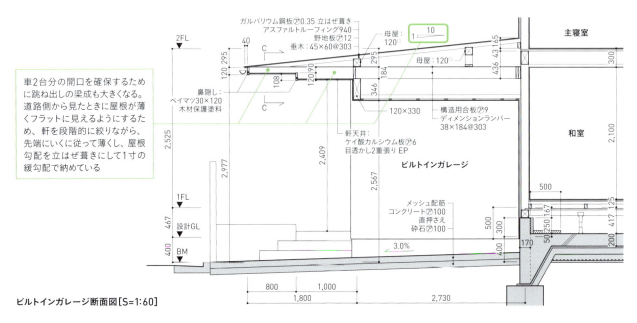

Part 2

愛車家のためのこだわり駐車スペース

車をこよなく愛する愛車家にとって、車は家族の一員であり、暗いガレージに閉じ込めて置くものではないようだ。雨風の浸入やいたずらを防ぐのはもちろんのこと、家中のどこにいても眺められるような配置としたい。さらに、スタイリッシュに車を見せる工夫や、かゆいところに手が届く設えの数々も、愛車家のための駐車スペースにとっては欠かせない要素となる。

ワンポイント!

愛する車を守るためにも、シャッターの設置は必須である。しかし、完全に閉じてしまうビルトインガレージのタイプでは、排気ガスの換気を考慮しなければならない。また、強雨時にシャッターのすき間からの浸水などにも注意したい。ほかにも内装制限により、内部の仕上げには木が使えないなど、ビルトインガレージはなかなか一筋縄ではいかないのだ。

❶ FP
小さな中庭に面してガレージを設け、中庭越しに愛車をいつでも、どこからでも眺められる。さらに、愛車家の建築主のために、仕事場はガレージに面した位置とした[事例3参照]　(写真：新澤一平)

❷ OPEN-d
この事例も中庭に面してビルトインガレージを設けた愛車家のための住宅であり、中庭越しに車が眺められる設えとしている。また、排気ガスが壁面を汚すとの懸念から、チェッカープレートを使った排気ガスガードも設けている
(写真：新澤一平)

事例3 FP「愛車家のためのこだわり駐車スペース」

無機質なシャッターは外観を損ねやすい。そのため、シャッター高さは可能な限り低く(H＝1,700～1,800㎜)納めると、住宅も車も美しく見える

シャッターの弱点は台風時などのシャッター下の水密性にある。本住宅では床をフラットに納めているが、できればシャッター下には20～30㎜程度の段差を設けるのが望ましい

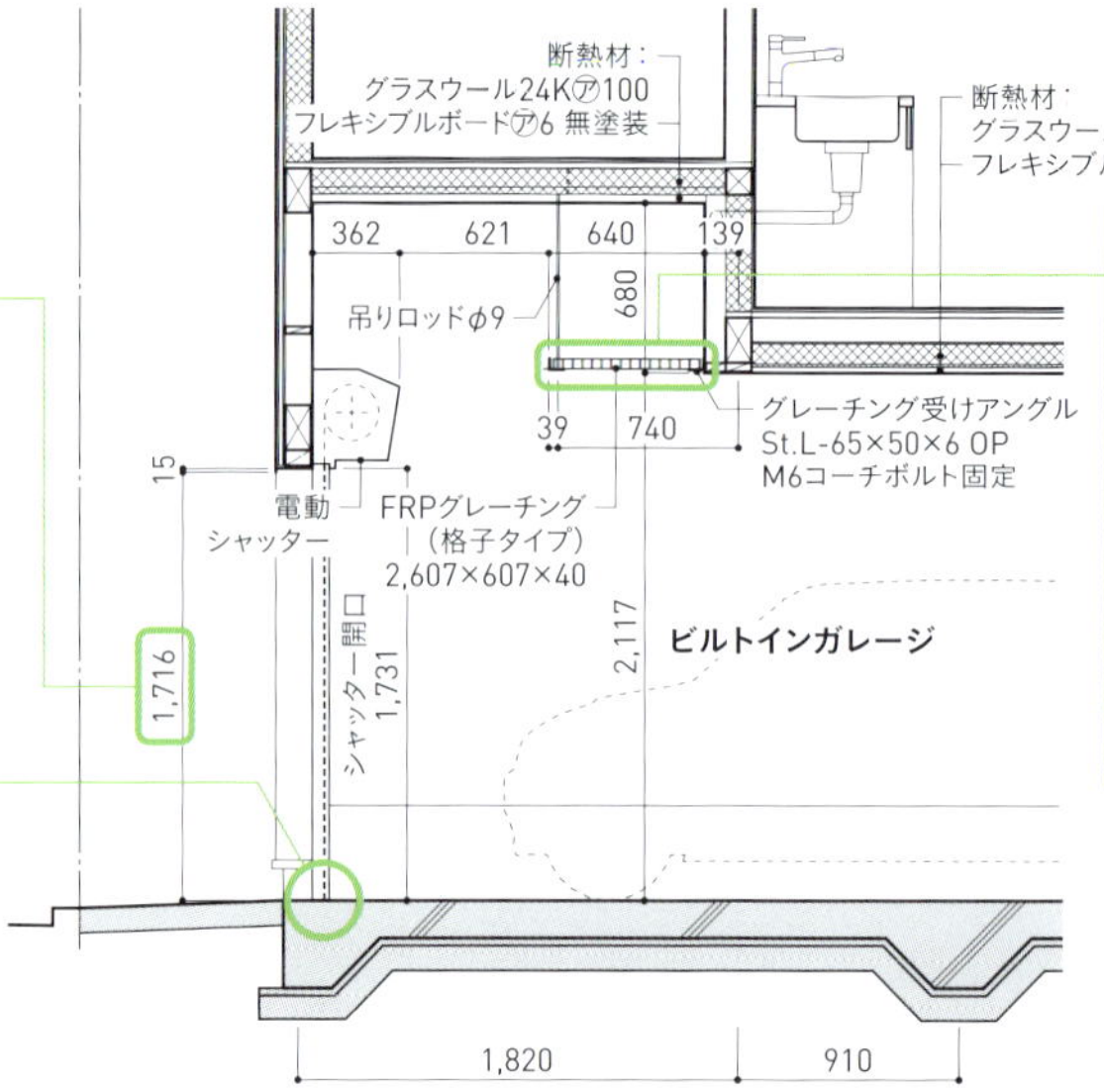

断熱材：
グラスウール24K㋐100
フレキシブルボード㋐6 無塗装
362
621
640
139
680
吊りロッドφ9
39
740
グレーチング受けアングル
St.L-65×50×6 OP
M6コーチボルト固定
15
電動シャッター
FRPグレーチング
(格子タイプ)
2,607×607×40
1,716
シャッター開口 1,731
2,117
ビルトインガレージ
1,820
910

平面では収納を確保できないため、車のパーツや工具などを置くためのグレーチング棚を天井から吊って設けている

ビルトインガレージ断面図[S=1:60]

乗降時の安全のため、駐車場内部にはセンサー連動の照明などもあると望ましい

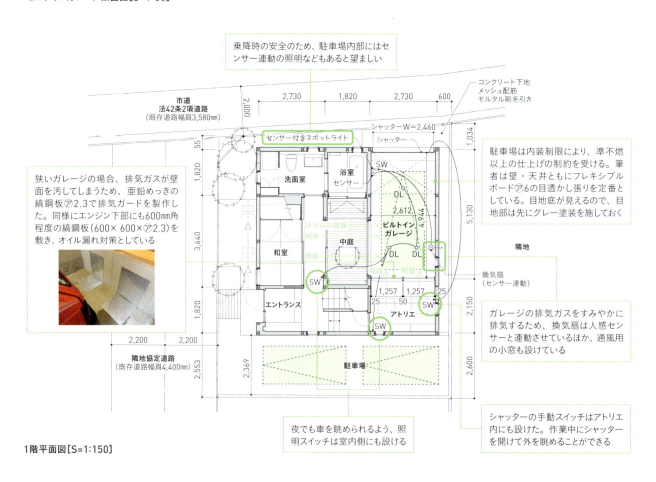

狭いガレージの場合、排気ガスが壁面を汚してしまうため、亜鉛めっきの縞鋼板㋐2.3で排気ガードを製作した。同様にエンジン下部にも600㎜角程度の縞鋼板(600×600×㋐2.3)を敷き、オイル漏れ対策としている

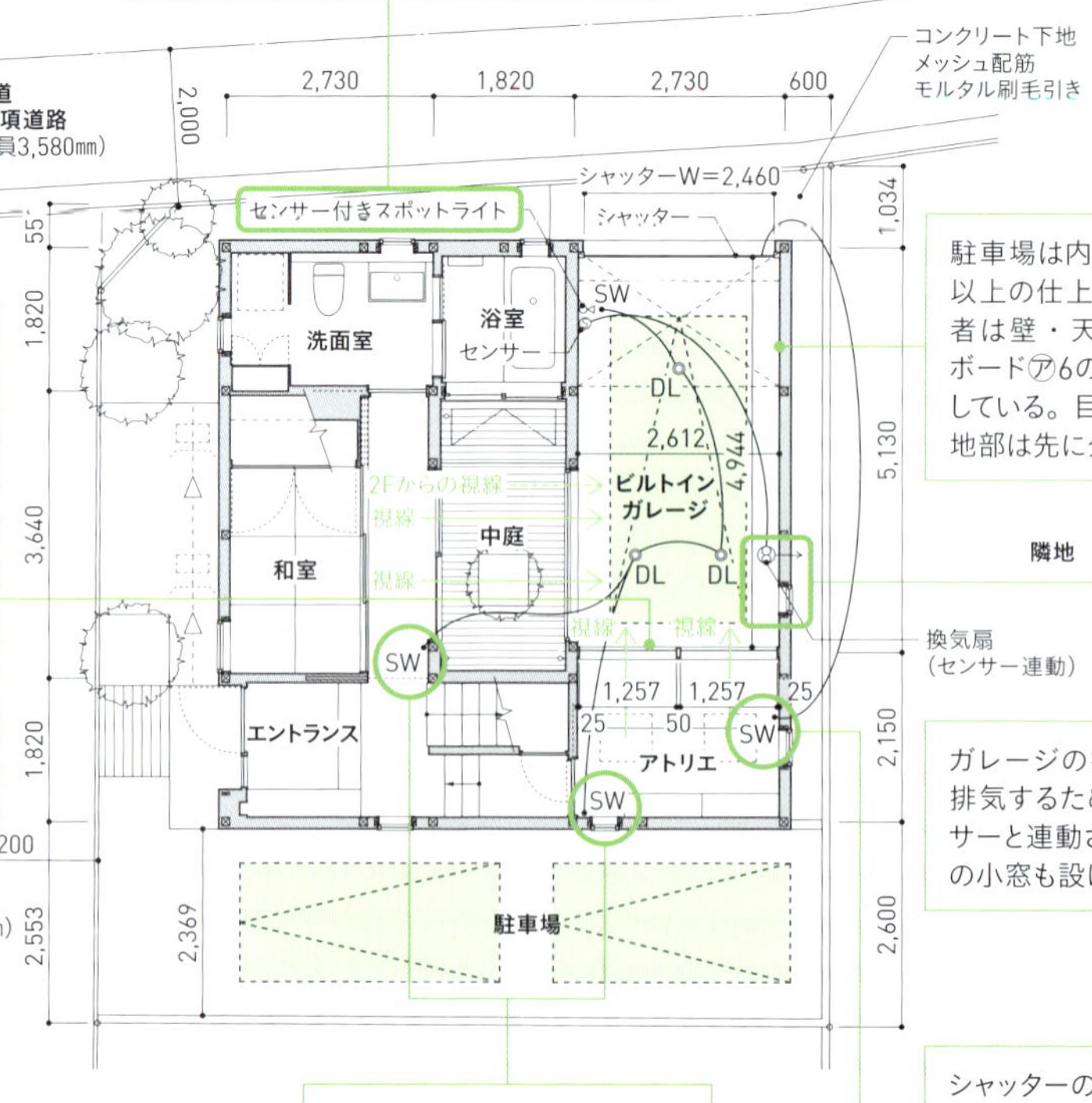

市道
法42条2項道路
(既存道路幅員3,580㎜)
2,000
2,730
1,820
2,730
600
コンクリート下地
メッシュ配筋
モルタル刷毛引き
センサー付きスポットライト
シャッターW＝2,460
シャッター
1,034
55
1,820
3,640
1,820
洗面室
浴室
センサー
SW
DL
2,612
4,944
ビルトインガレージ
2Fからの視線
視線
中庭
和室
DL
DL
5,130
隣地
換気扇
(センサー連動)
SW
エントランス
1,257
1,257
25
25
50
SW
アトリエ
SW
2,150
2,200
2,200
隣地協定道路
(既存道路幅員4,400㎜)
2,553
2,369
駐車場
2,600

駐車場は内装制限により、準不燃以上の仕上げの制約を受ける。筆者は壁・天井ともにフレキシブルボード㋐6の目透かし張りを定番としている。目地底が見えるので、目地部は先にグレー塗装を施しておく

ガレージの排気ガスをすみやかに排気するため、換気扇は人感センサーと連動させているほか、通風用の小窓も設けている

夜でも車を眺められるよう、照明スイッチは室内側にも設ける

シャッターの手動スイッチはアトリエ内にも設けた。作業中にシャッターを開けて外を眺めることができる

1階平面図[S=1:150]

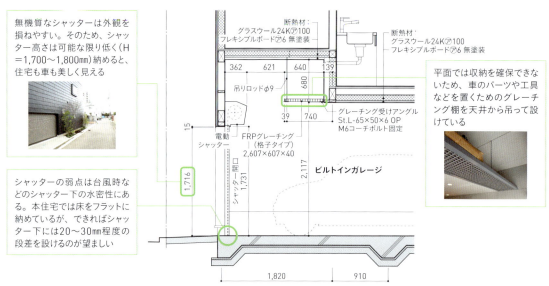

隅切りの家

設備にも居場所をつくる

detail 17

生活にとって必要不可欠なものであるにもかかわらず、設備は意匠的に疎まれがちな存在だ。できれば設備を一切見せないように計画したいものだが、なかなかそういうわけにもいかない。また、設備機器は竣工間際になって取り付けられることが多いので、配置や配管経路などは事前に十分検討しておかないと、それまでの繊細な仕上げや現場造作が台無しになってしまうこともある。ときに無粋に振る舞おうとする設備機器には、据わりのよい居場所を与えたい。それは気持ちよく住宅を引き渡すための、設計者として最低限のエチケットでもある。

Part 1

エアコンをすっきり納める

エアコンのいらない家を設計できれば設備は不要であろうが、日本の夏の酷暑や湿度を考えると、一般的にはエアコンをつけないで夏を過ごせる住宅はごく少数であろう。また、費用対効果や手軽さを考えると、壁掛けエアコンは日本の夏の救世主といえる。なくすことができないならせめて美しく納めたい。また、壁掛けエアコンに比べて高価な天井カセット型エアコンであるが、なんといっても目立つ壁面にエアコンを設けなくて済むという美観上のメリットは大きい。だが一方で、事前の調整を念入りに行っておかないと、梁との干渉によって納められないことや、ドレンや冷媒ルートが確保できないことがしばしば起こる。

　ここでは壁掛けエアコンをすっきり納める方法、後からエアコンを取り付ける場合や天井カセットを納めるにあたっての注意点について記したい。

図 エアコンをすっきりと納める方法

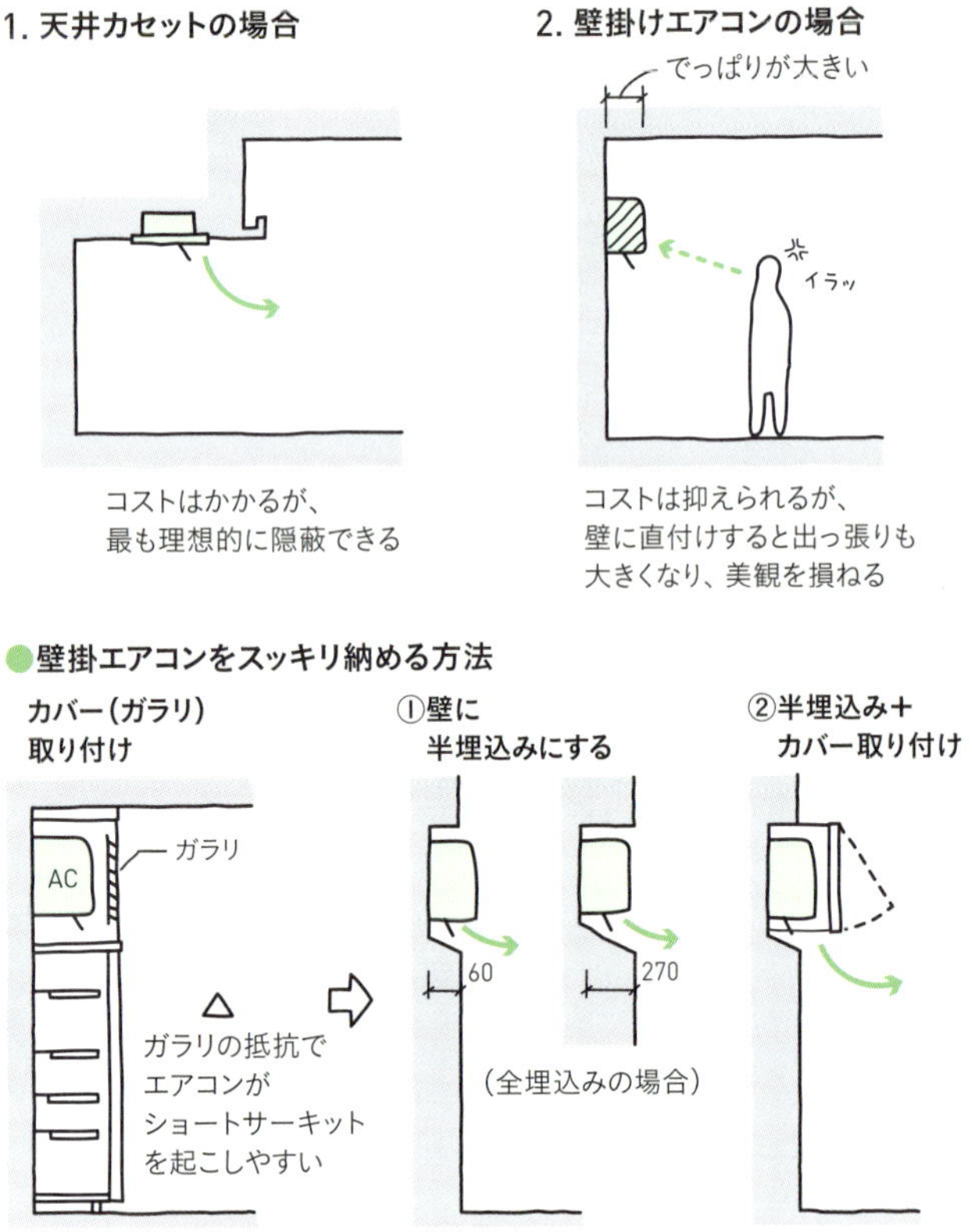
1. 天井カセットの場合
コストはかかるが、
最も理想的に隠蔽できる
2. 壁掛けエアコンの場合
でっぱりが大きい
イラッ
コストは抑えられるが、
壁に直付けすると出っ張りも
大きくなり、美観を損ねる
●壁掛エアコンをスッキリ納める方法
カバー(ガラリ)
取り付け
ガラリ
AC
△
ガラリの抵抗で
エアコンが
ショートサーキット
を起こしやすい
①壁に
半埋込みにする
60
270
(全埋込みの場合)
②半埋込み＋
カバー取り付け

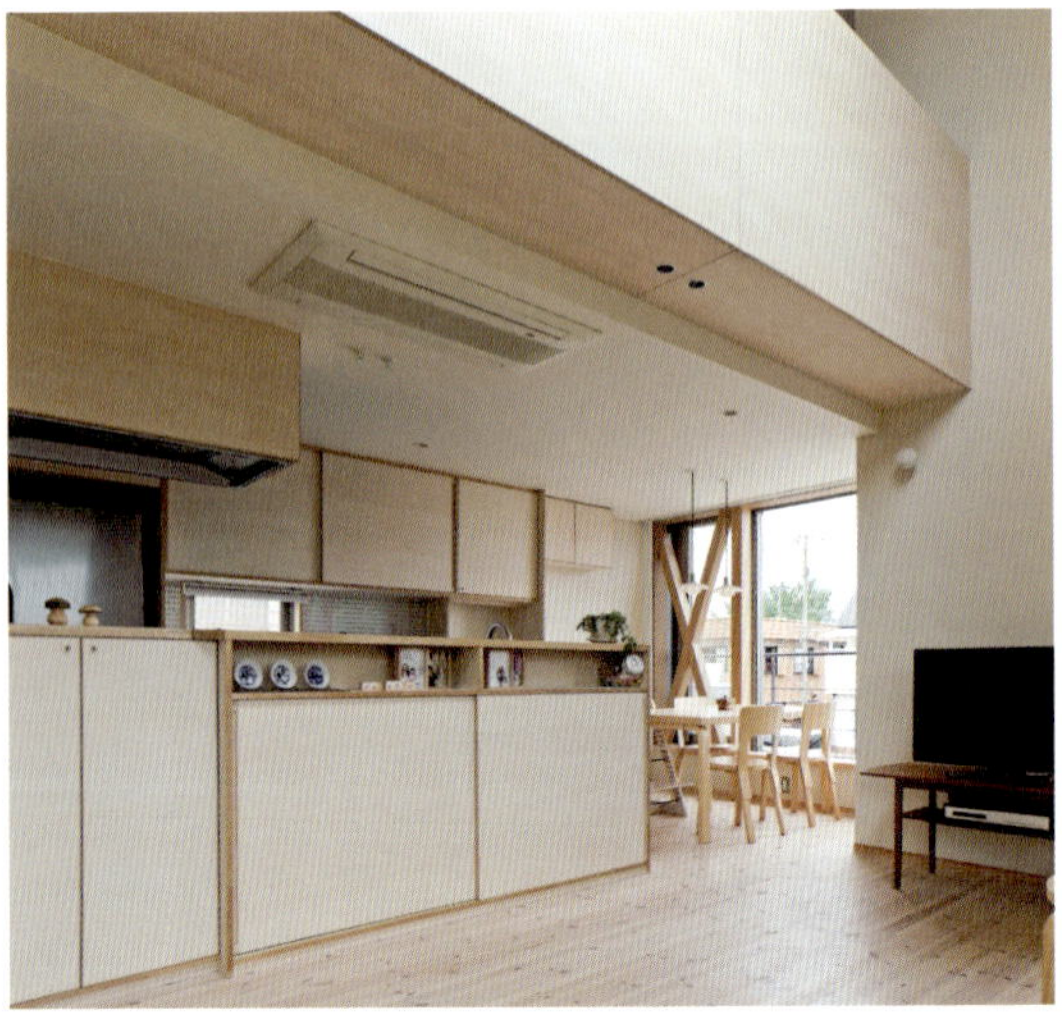

❶ RIVERHOUSE
天井カセット型エアコンを採用した納め方が最も美しいと思うが、高価なうえに、天井懐を十分に確保する必要がある　　　（写真：バウハウスネオ）

❷ FILTER
プランニングにより壁をふかした部分を使って、壁掛けエアコンをほぼ全埋込みさせて納めた事例。エアコンが出っ張らず、最もスッキリ納まる

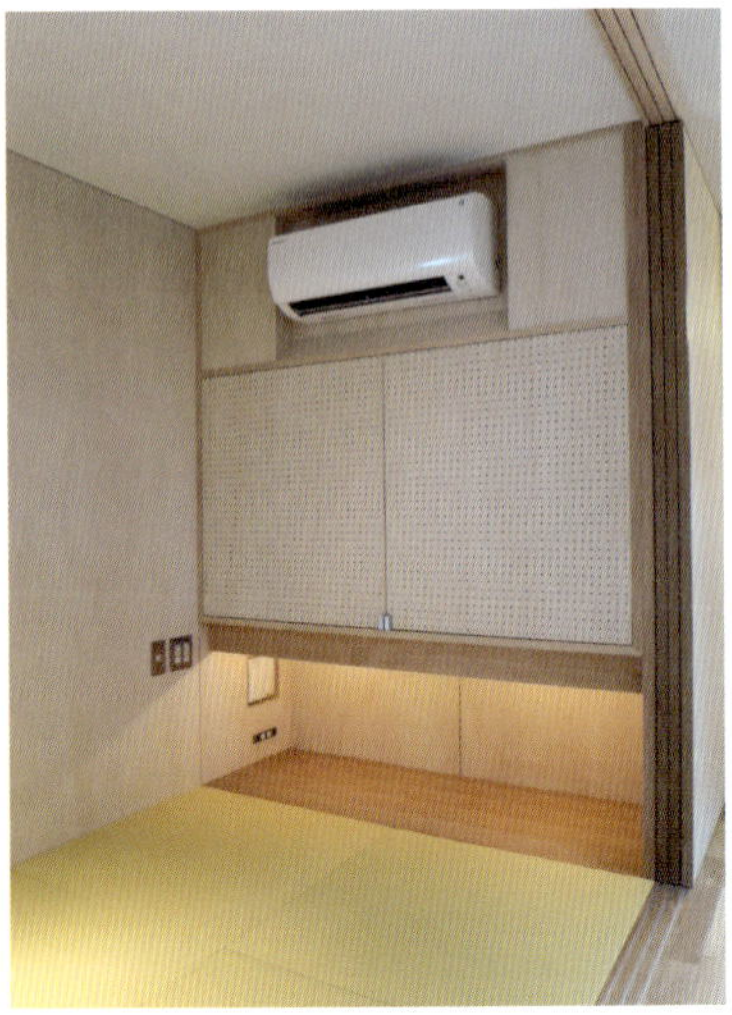

❸ FP
壁掛けエアコンを和室の壁（収納）に半埋込みにした事例。特に部屋が小さい場合、設備による圧迫感は少しでも軽減するよう配慮したい

●半埋込み設置の場合

壁から大きく出っ張るエアコンの出を少しでも少なくし、エアコンに居場所を与える。市販のおおよその機種は幅900㎜の中で納まる。ほこりが溜まるのを防ぎ、空気の流れがスムーズになるようニッチ下端断面は斜めにする。埋込み深さは、壁内隠蔽配管にする場合は60㎜程度が目安。壁ふかしが大きく取れる場合は全埋込みも可能になる

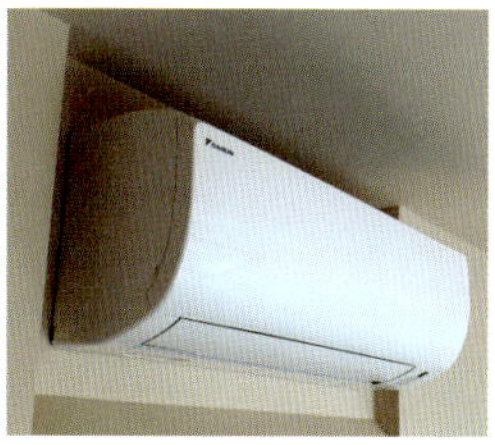

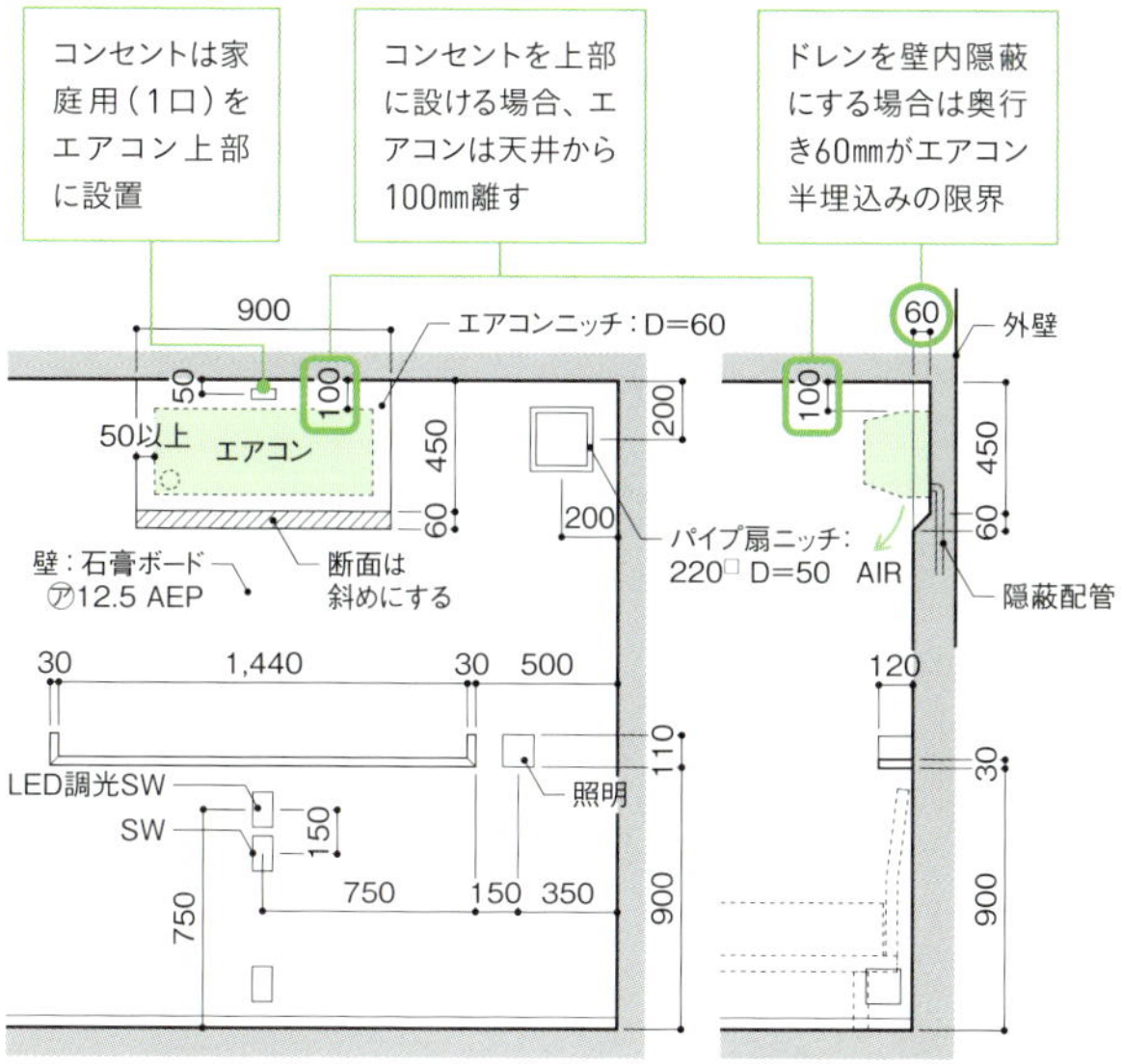

コンセントは家庭用（1口）をエアコン上部に設置
コンセントを上部に設ける場合、エアコンは天井から100㎜離す
ドレンを壁内隠蔽にする場合は奥行き60㎜がエアコン半埋込みの限界
900
エアコンニッチ：D=60
50
100
50以上
エアコン
450
60
200
壁：石膏ボード㋐12.5 AEP
断面は斜めにする
パイプ扇ニッチ：220□ D=50
AIR
60
外壁
隠蔽配管
30
1,440
30
500
120
110
30
照明
LED調光SW
SW
150
750
150
350
900
750

展開図［S=1:50］　断面図［S=1:50］

●半埋込み+カバー設置の場合

エアコン本体も見せたくない場合は、半埋込み設置にしたうえでカバーを設ける。その場合も空気の循環を妨げないよう上部と下部は開放し、フィルター掃除が行えるように前面は開閉式にする。この場合、ドレンはむしろ外壁露出配管として、埋込み深さを深く取るとカバーの出寸法を抑えられる

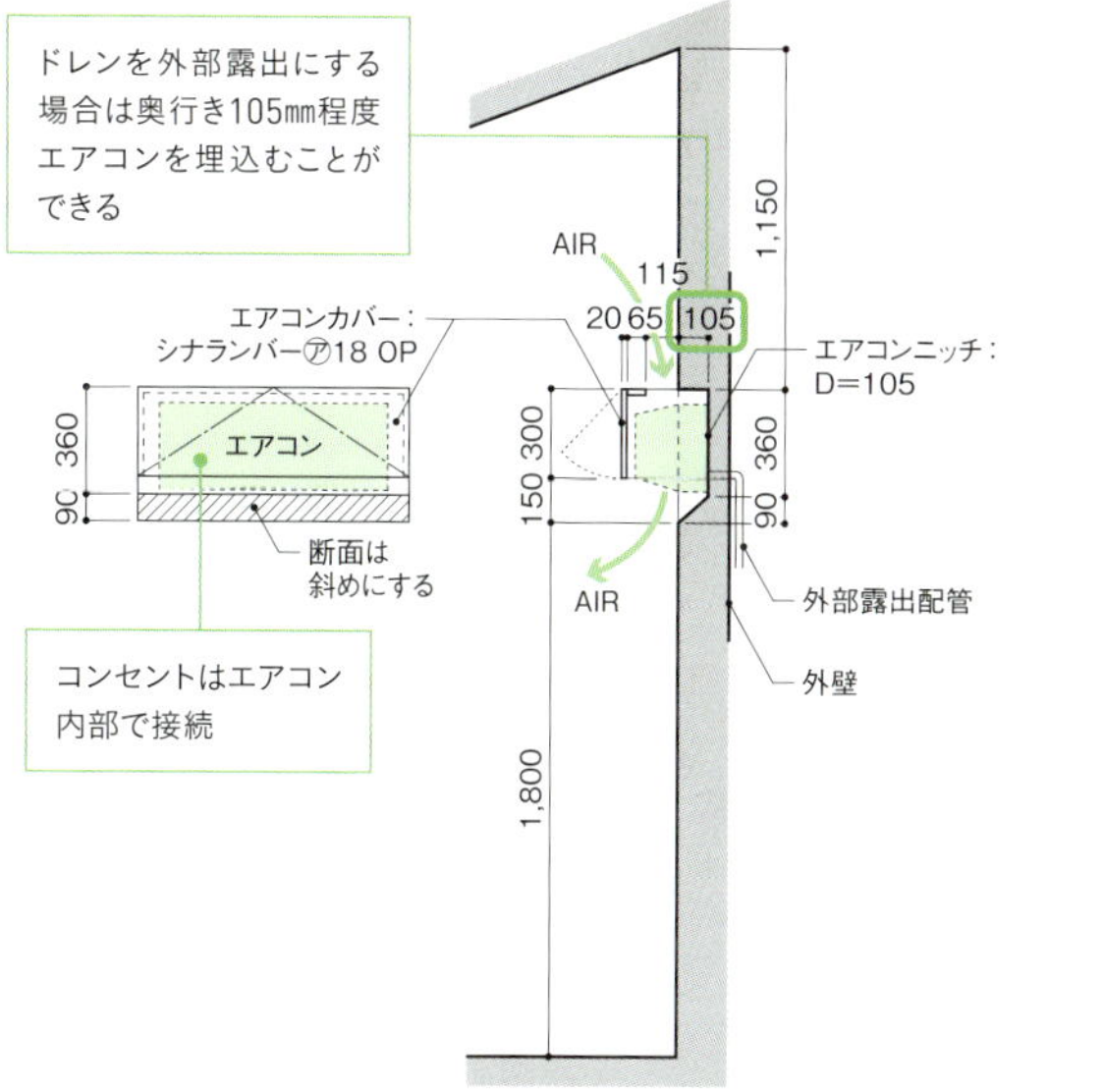

ドレンを外部露出にする場合は奥行き105㎜程度エアコンを埋込むことができる
AIR
115
20
65
105
1,150
エアコンカバー：シナランバー㋐18 OP
エアコンニッチ：D=105
360
90
エアコン
断面は斜めにする
300
150
360
90
AIR
外部露出配管
外壁
コンセントはエアコン内部で接続
1,800

展開図［S=1:50］　断面図［S=1:50］

●壁掛けエアコン共通事項

エアコン位置を事前に指定したとしても、スリーブ位置がずれているとエアコンの取り付け位置もずれてしまう。図面には当該機種のスリーブ位置も明記しておくとよいだろう。また、電源は目立たないよう、筆者はエアコン上部に家具用コンセントを設けている。エアコン内部でコンセントにつなぐという裏ワザもあるが、直結線でプラグを切ってしまうとメーカー補償が利かなくなってしまうので注意する。取り付け高さはメンテナンスを考え、手の届く高さに設置したい

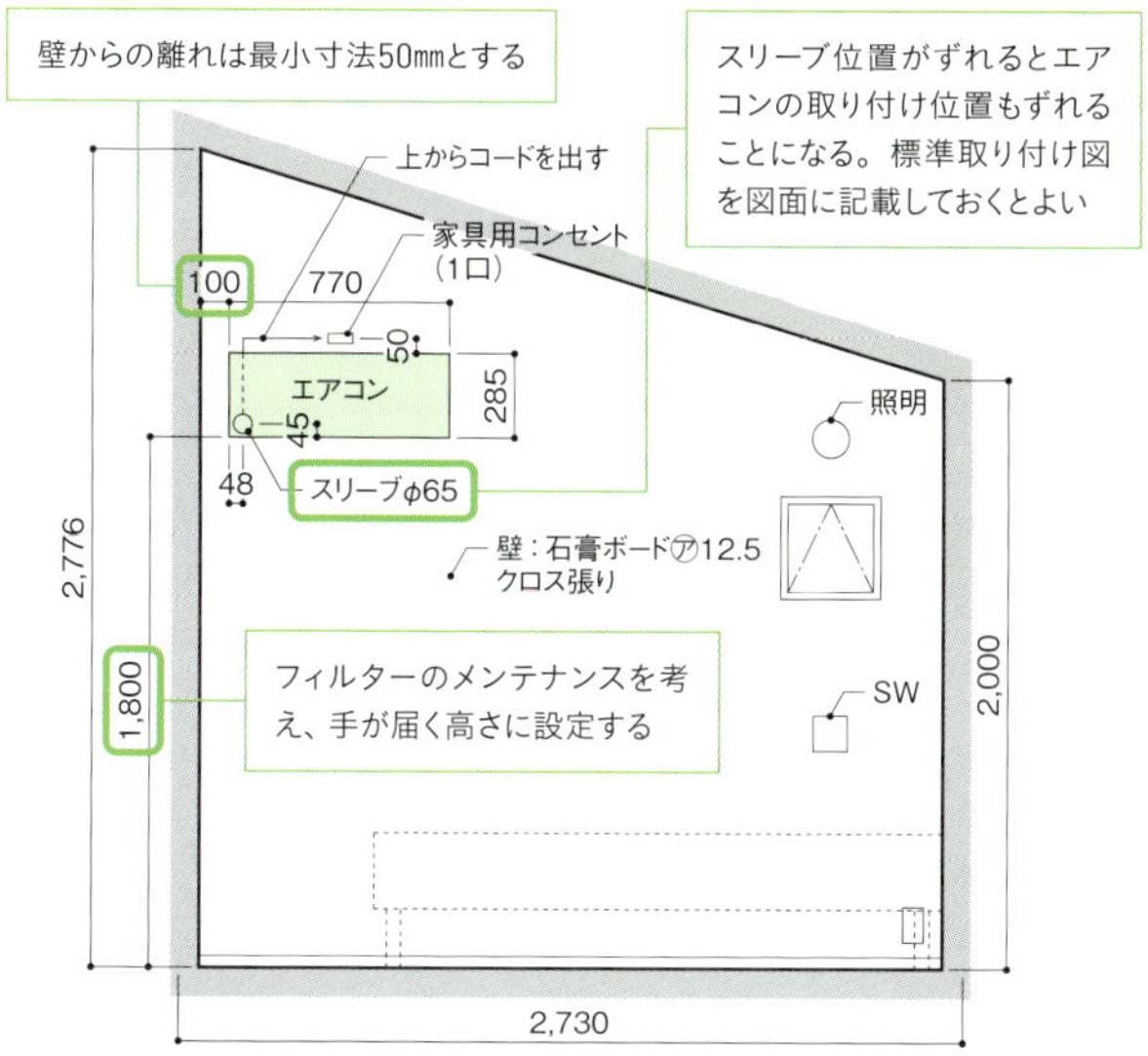

壁からの離れは最小寸法50㎜とする
スリーブ位置がずれるとエアコンの取り付け位置もずれることになる。標準取り付け図を図面に記載しておくとよい
上からコードを出す
家具用コンセント（1口）
100
770
50
エアコン
285
45
48
スリーブφ65
照明
壁：石膏ボード㋐12.5 クロス張り
2,776
1,800
フィルターのメンテナンスを考え、手が届く高さに設定する
SW
2,000
2,730

展開図［S=1:50］

●後からエアコンを取り付ける際の注意点

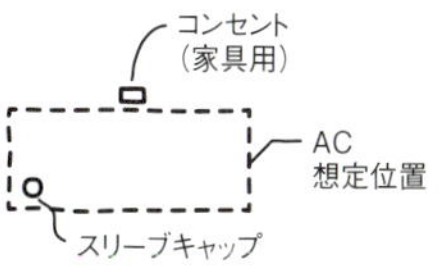

コンセント（家具用）
AC想定位置
スリーブキャップ

一般的には、エアコンを後付けする場合、コンセントと予備スリーブを設ける。しかし美観の問題からスリーブキャップなどを見せたくないこともあり、その場合は以下の図のような方法を採用している。また、衛生設備と異なり、予備配管を事前に入れておくということがしにくいエアコン配管であるが、図のような方法で予備配管を入れておく方法もある。事前に現場とよく相談して進めたい

●室内にスリーブキャップを設けない方法

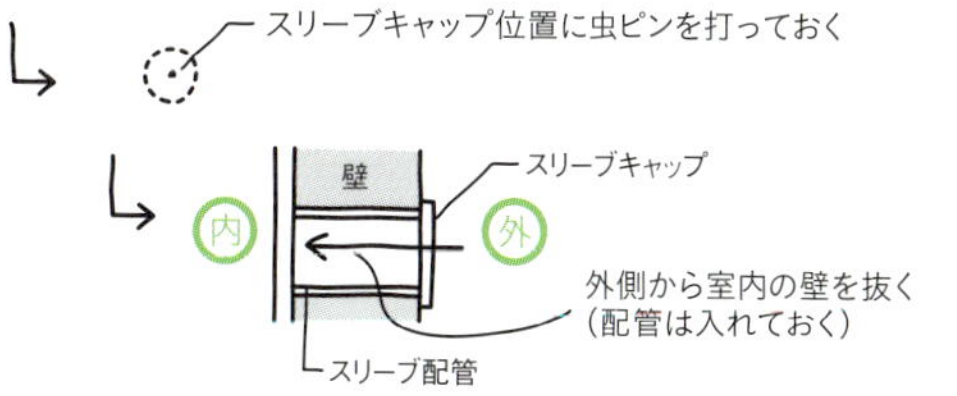

スリーブキャップ位置に虫ピンを打っておく
壁
スリーブキャップ
内
外
外側から室内の壁を抜く（配管は入れておく）
スリーブ配管

●事前に予備配管を壁内に入れておく方法

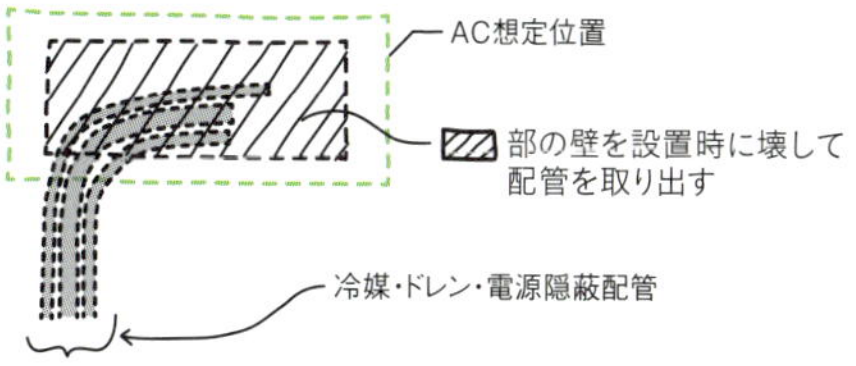

AC想定位置
部の壁を設置時に壊して配管を取り出す
冷媒・ドレン・電源隠蔽配管

●天井カセットの場合

天井カセット型エアコンの配置は、天井伏図上で照明の配灯などを考慮したうえで決定するが、その際に気をつけなくてはいけないのは構造との干渉である。構造伏図との整合性を常に考慮し、同時にドレンルートの確保に努めたい

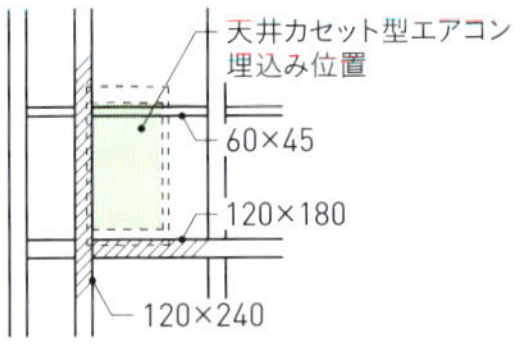
天井カセット型エアコン
埋込み位置
60×45
120×180
120×240

天井カセットは下方吹出しとなるため、弱点は冷房運転時に吹抜け上部までを冷やしにくいことである。かといって高天井部に設置するとメンテナンスが難しくなってしまう。そのため、吹抜けや高天井で計画する場合は、保険として上部にも補助的な壁掛けエアコンを併設することを検討したい。その際はフィルター自動清掃機能が付いているものを選ぶとよいだろう

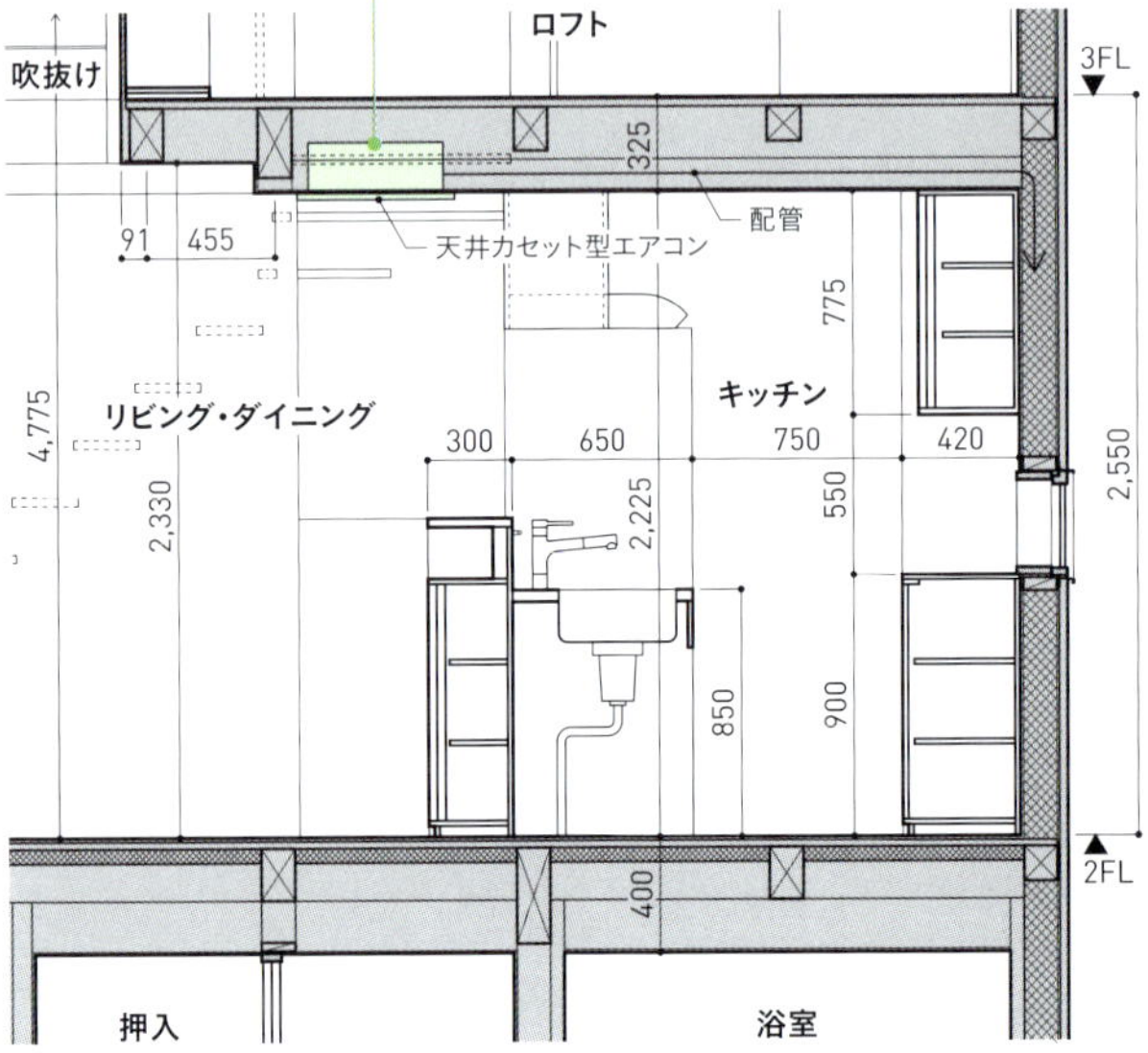
吹抜け
ロフト
3FL
325
91
455
配管
天井カセット型エアコン
775
リビング・ダイニング
キッチン
4,775
300
650
750
420
2,330
2,225
550
2,550
850
900
400
2FL
押入
浴室

LDK断面図[S=1:50]

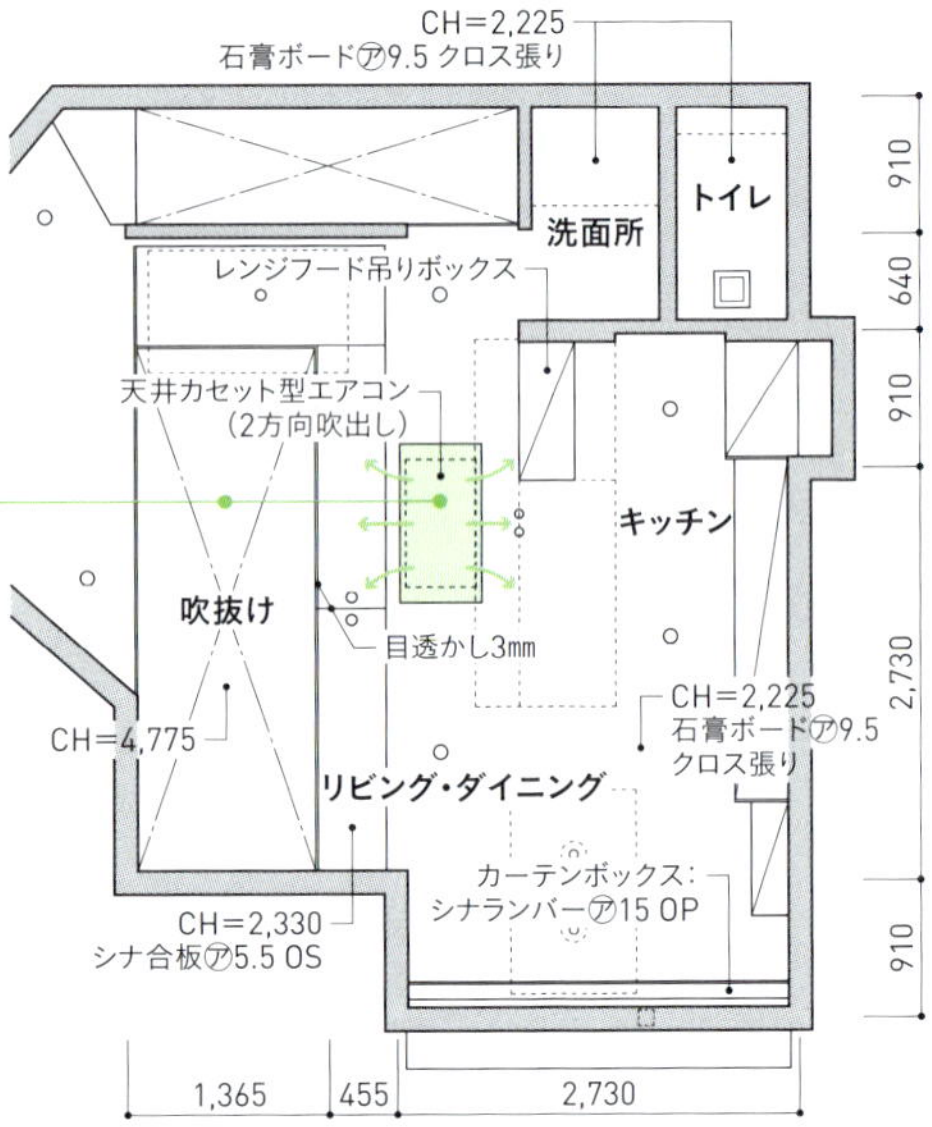
CH=2,225
石膏ボード㋐9.5 クロス張り
トイレ
洗面所
レンジフード吊りボックス
天井カセット型エアコン
(2方向吹出し)
キッチン
吹抜け
目透かし3mm
CH=2,225
石膏ボード㋐9.5
クロス張り
CH=4,775
リビング・ダイニング
カーテンボックス:
シナランバー㋐15 OP
CH=2,330
シナ合板㋐5.5 OS
910
640
910
2,730
910
1,365
455
2,730

天井伏図[S=1:100]

●室外機について

毎回頭を悩ませるのは空調室外機の設置位置である。通常は通りから見えない隣地との隙間に設けることが多いと思うが、住宅密集地では隣地塀との間に十分なスペースが取れず空調効率を落とす原因にもなる。できれば、プランニングの初期から室外機置き場について考慮しておきたい。さらに、平面で解決できないときは立体で解決する。たとえば勝手口の上部に設ける方法ならば、上を見上げない限り視界に入ることはない。

隣家側に吹く際は必ず風向板を設け、台数が多い場合は上下２段設置にすると省スペース化が図れる

Part 2

設備力はホスピタリティ

エアコン以外にも住宅には無数の設備機器が取り付くことになる。設計者にとってはともすれば些末なものであっても、生活者にとっては毎日のように操作し、また視界に入るものであるならば、やはり手を抜くことはできない。また、単に設備を配置するだけにとどまらず、暮らしを楽に、より豊かにしてくれる設備は積極的に取り入れたい。住宅の設備力とはホスピタリティであると考える。

ワンポイント！

われわれが「ニッチ」と呼ぶ、壁に設けられたその小さな「へこみ」は、その数が多くなれば当然手間も増えるし、職人によっては露骨に嫌がる人もいる。しかし、人の居場所を設計すれば、おのずと「設備が落ち着くスペース」も決まってくるものだ。設計も施工も手間も増えるが、そういう所にこそ、つくり手の心は宿ると考える。

●テレビ配線の注意点

最近ではテレビを壁掛けにしたいという要望をよく頂くようになった。家電メーカーも専用の架台などを出しているが、設備配線のことを何も考えていないことにいつも愕然とする。テレビを壁に何事もなく美しく納めるというのは意外と奥が深く難しい。

FPの事例では、ダイニングの造作キャビネットにテレビを美しく納めるために、裏側から配線を通すことはもちろんのこと、テレビ背面にニッチをつくり、そこに配線の"たまり"を設けることで、配線の余長もここに納められるよう考えた。こんな些末なことでも、真面目に考えておかないと仕上がったときに頭を抱えてしまうので気が抜けない。

（写真：新澤一平）

テレビを配置する前の状態

配線のためのニッチ

●換気設備

納め方はいろいろあるがメンテナンスを考慮して、なるべくシンプルに納めることを心がけたい

基本的に浴室の天井扇はニッチ納まりとし[写真左]、居室の天井扇はインテリアタイプを半埋込み［写真右]にして使うとすっきりする

壁付けのパイプ扇には隙間風を防ぐシャッターが付いていないものが多いため、筆者は「とじピタ」(三菱電機のパイプ用ファン)を選ぶことが多いが、出っ張りが大きいので奥行き50㎜程度のニッチ納めを標準としている。いずれも手間がかかるので、部屋の優先順位を考えて部位によっては直付けも考慮したい

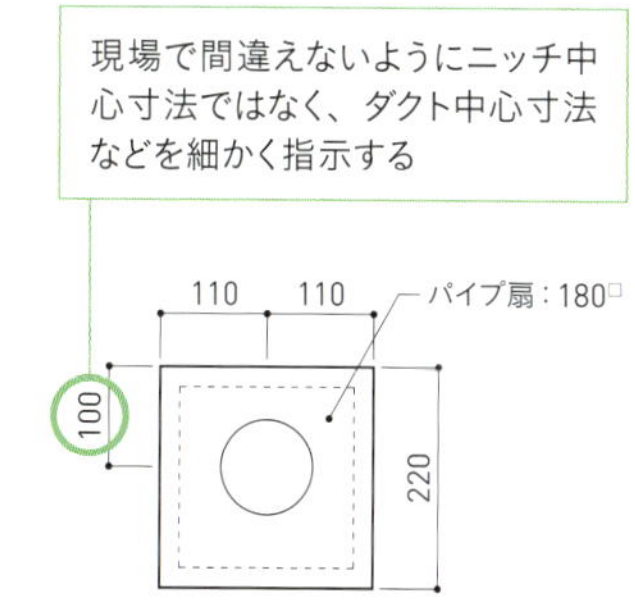
現場で間違えないようにニッチ中心寸法ではなく、ダクト中心寸法などを細かく指示する
110
110
パイプ扇：180□
100
220

正面図[S=1：15]

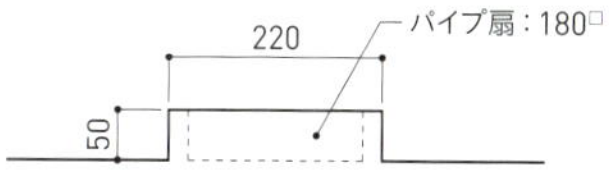
220
パイプ扇：180□
50

平面図[S=1：15]

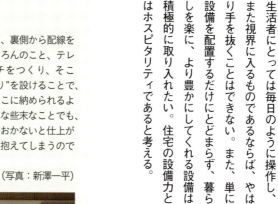

電気設備

リビングなどには、照明のスイッチ以外にもドアホンや床暖房、給湯器などのコントローラーが集まりやすい。ニッチ（奥行き15mm程度）を設け、そこに集約させると使い勝手もよく、見た目もすっきりする。また、どうしてもスイッチを隠したい場合は美観を優先し扉を付けることもある。使い勝手は損なわれるので、機能と美観のバランスは建築主と相談して進める

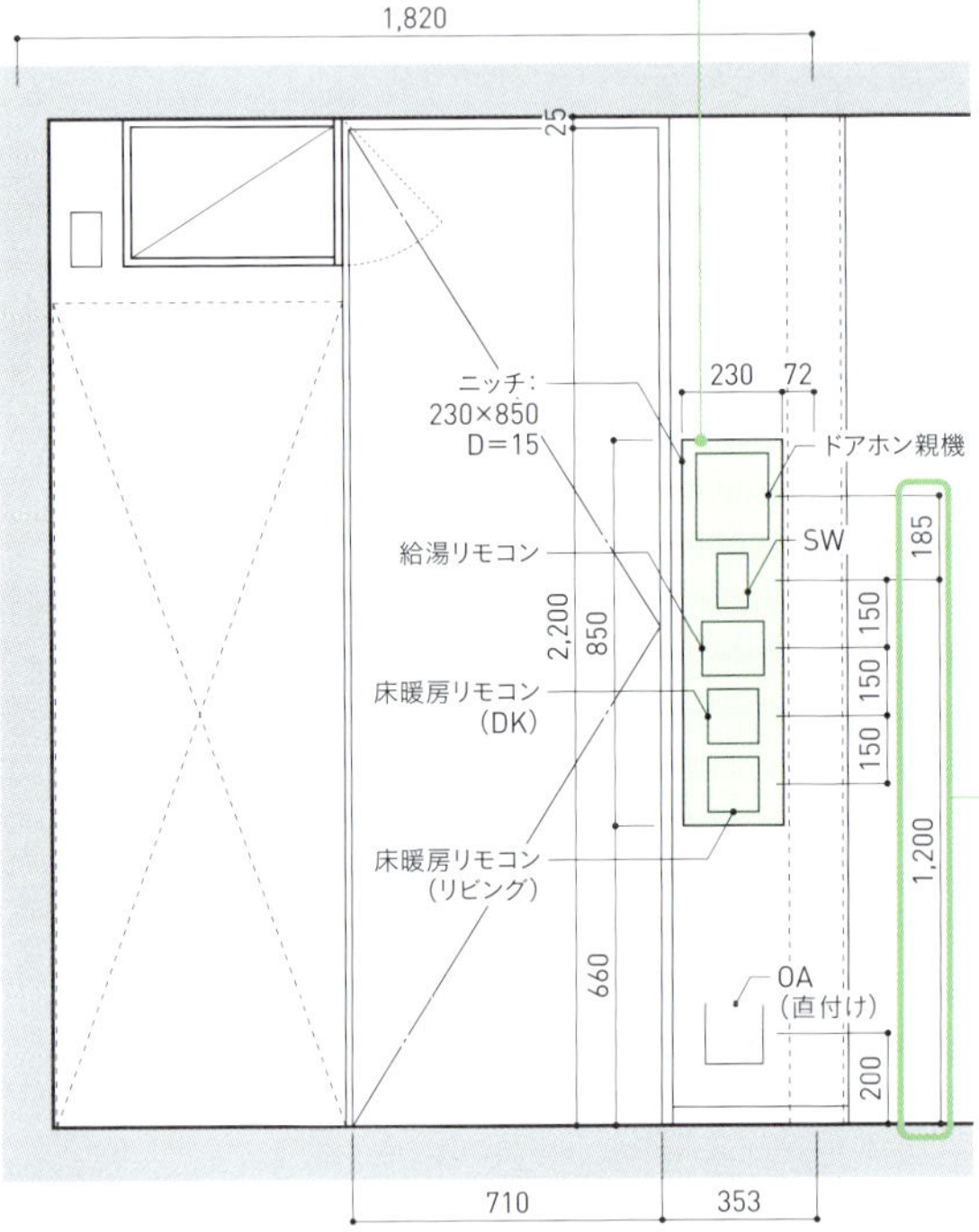

1,820
25
230
72
ニッチ：
230×850
D=15
ドアホン親機
SW
185
給湯リモコン
2,200
850
150
150
150
床暖房リモコン
（DK）
床暖房リモコン
（リビング）
1,200
660
OA
（直付け）
200
710
353

展開図［S=1:30］

配置の原則は、目線の高さにドアホン、スイッチは標準高さ（H=1,200mm）、給湯や床暖房など優先順位や使用頻度が低いものほど下に設ける

玄関廻りに一工夫

写真左のように、玄関のポーチ照明には人感センサーを連動させるとよい。筆者の定番は出迎え点灯センサー［＊1］などで、毎晩一定の時間に点灯し、消灯後も帰宅時に感知して点灯してくれる。長期不在時も点灯を行うので防犯効果もある。また、ドアホン子機は直付けタイプが多いのだが、金物メーカーの埋込み金物［＊2］を使用すると、プレートを特注製作しなくても大手メーカーのドアホンを埋込み設置にすることができる。写真右の表札も、このプレートサイズに合わせて毎回ステンレスで特注製作をしている

＊1 WTK34314S（LED対応センサ）／パナソニック
＊2 GP-092／KAWAJUN

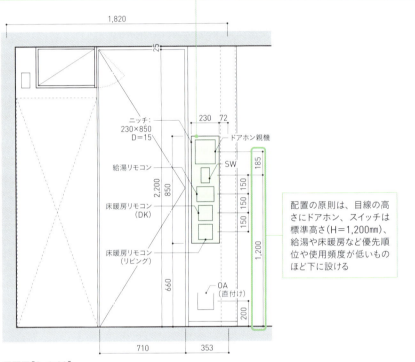

トンガリの家

detail 18

照明は明るすぎず暗すぎず

昼間は燦々と自然光が差し込んでいたリビングも、夜になれば明かりが灯る。

住宅の照明は生活に寄り添い、家族が集うリビングから寝室に至るまで心からリラックスした時間を過ごせるよう注意深く計画しなくてはならない。照明計画は、ただ数字上の照度が確保されていればよいというものではない。暗闇に灯るキャンドルにもほっと安堵することがあるのが人の暮らしであり、照らされる面が床なのか天井なのかによっても心理的効果は異なる。明るすぎず暗すぎず、生活を美しく照らす照明計画について考えてみたい。

Part 1

間接照明と直接照明の使い分け方法

照明計画の基本はメリハリである。照明は空間の長所を伸ばし短所を補ってくれる。強調したい空間要素があれば、そこを照らすことで空間の魅力がより引き立つ。天井が高い空間なら天井を、低い空間なら床を間接光で照らすことで空間の高さや重心の低さを強調できる。照明の照らし方を変えるだけで、空間は昼間とは異なるさまざまな表情を見せてくれる。

ワンポイント！

照明はなるべく光源を見せず、どこが光っているのか分からないようにするというのが理想である。そのため、必然とリビングのような天井が高く広い空間などは間接照明を多用することになる。間接照明とダウンライトを併用する場合は配光に気を配り、散漫な配置で天井を穴だらけにするような事態は避けたい。照明にもメリハリが大事である。

図1 照明計画はメリハリが重要！

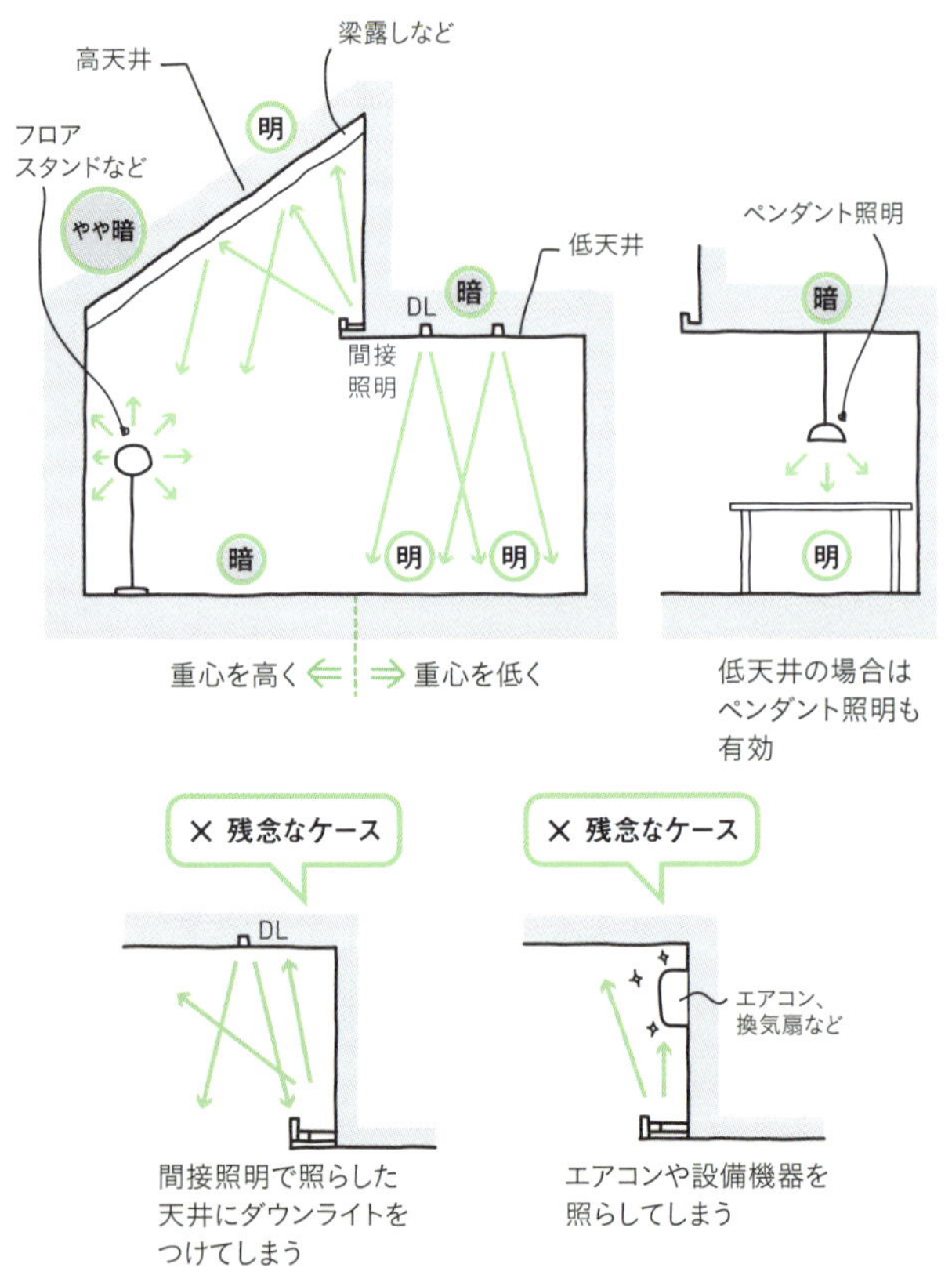

高天井
梁露しなど
フロア
スタンドなど
明
やや暗
暗
DL
低天井
間接
照明
暗
明
明
重心を高く
重心を低く
ペンダント照明
暗
明
低天井の場合は
ペンダント照明も
有効
× 残念なケース
DL
間接照明で照らした
天井にダウンライトを
つけてしまう
× 残念なケース
エアコン、
換気扇など
エアコンや設備機器を
照らしてしまう

❶ 紫陽花の家

低く落ち着いたダイニングと高い開放的なリビングはそれぞれ、配光の基本である「低いはより低く」「高いはより高く」を間接照明とダウンライトとで演出している［事例1参照］　（写真：新澤一平）

❷ 西荻の家

「見せたいところを照らす」も基本の一つ。そこで、手前の木張り天井と奥の梁あらわし天井、そしてダイニングをピンポイントで照らして照明計画を完結させている　（写真：繁田 諭）

事例1 紫陽花の家「間接照明と直接照明の使い分け方法」

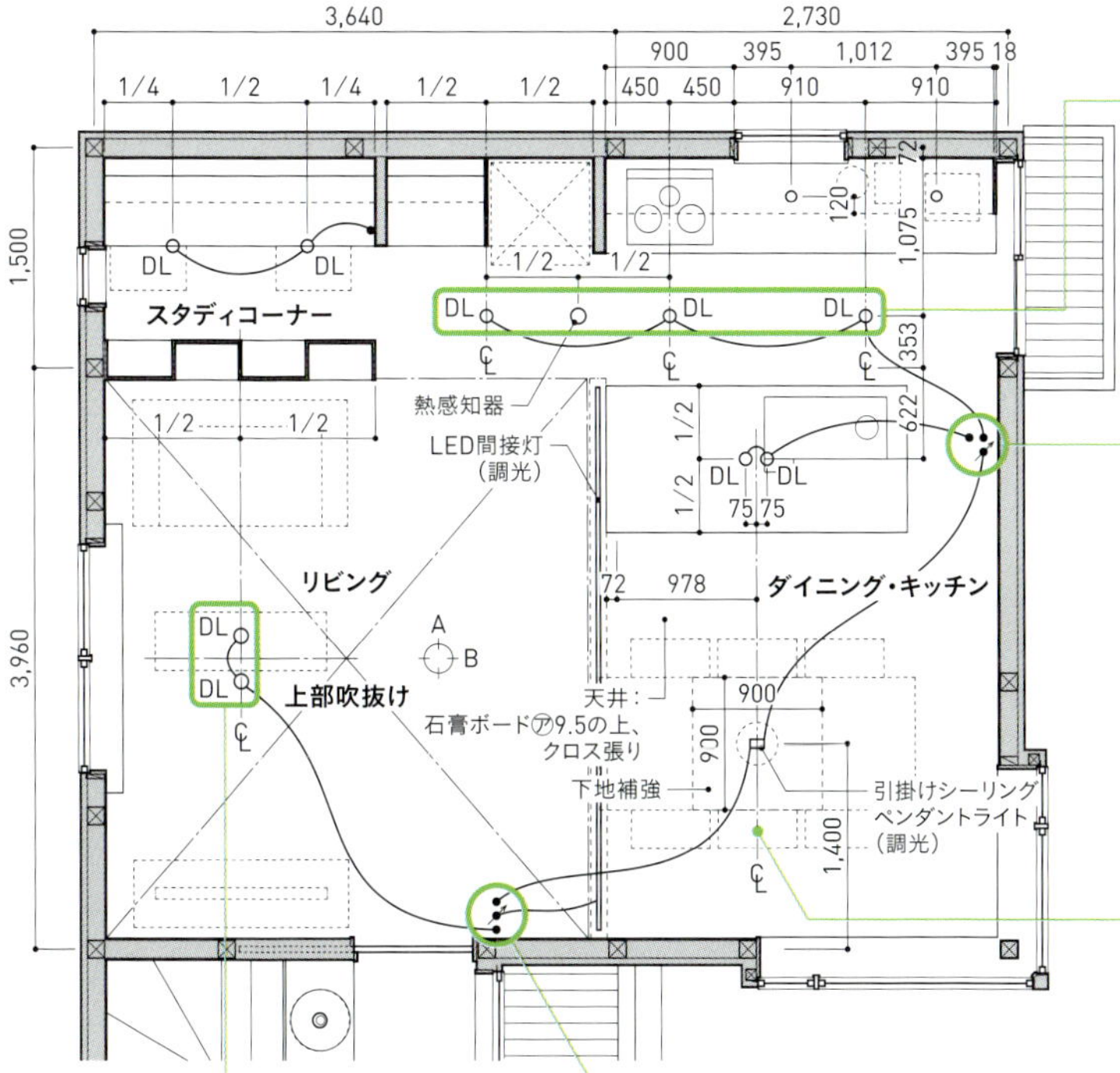
3,640
2,730
900 395 1,012 395 18
1/4 1/2 1/4 1/2 1/2 450 450 910 910
1,500
3,960
120
1,075
72
353
622
DL
スタディコーナー
熱感知器
LED間接灯（調光）
リビング
ダイニング・キッチン
上部吹抜け
A
B
天井：石膏ボード㋐9.5の上、クロス張り
下地補強
900
930
1,400
引掛けシーリングペンダントライト（調光）
72 978
75 75

LEDダウンライトの場合、筆者は照度60W相当品を標準とし、1,200㎜ピッチ程度を目安として配灯している。均等配置を守るよりも、より重要なのは家具や建具などとの関係性。それぞれのセンターなどを意識すると見た目がそろってきれいに見える

キッチンの照明スイッチはキッチンの近くに設ける。本事例では各コントローラーの納まりを考え、奥行き20㎜のニッチに納めている

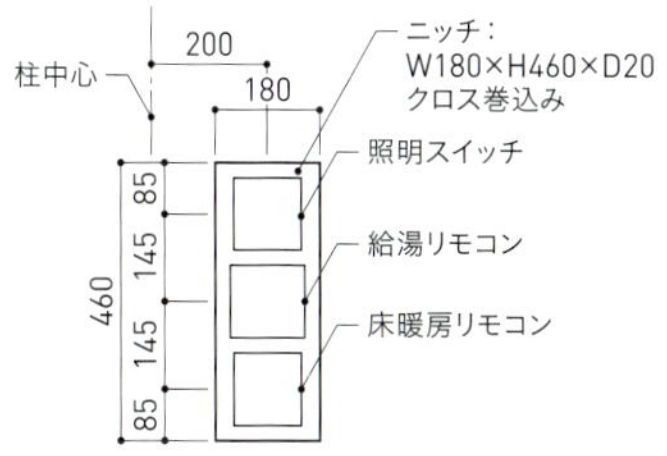
柱中心
200
180
ニッチ：W180×H460×D20 クロス巻込み
照明スイッチ
給湯リモコン
床暖房リモコン
460
85
145
145
85

彫込みニッチ拡大図[S=1:25]

ダイニングテーブル上に設けるペンダントライトはキッチンと軸をそろえる

スイッチはいつどのような状況で点灯するかを想定し、入口に入ってすぐの場所など、直感的に操作できる場所に設けたい。また、構造との干渉やほかのコントローラーの配置も併せて考慮し、設計段階から注意深く展開図に落としておく

間接光だけでは暗いため、ソファ前など明かりが必要な場所には傾斜天井用ダウンライトを設けている（ほかにフロアスタンドを設ける方法もある）

2階平面図[S=1:80]

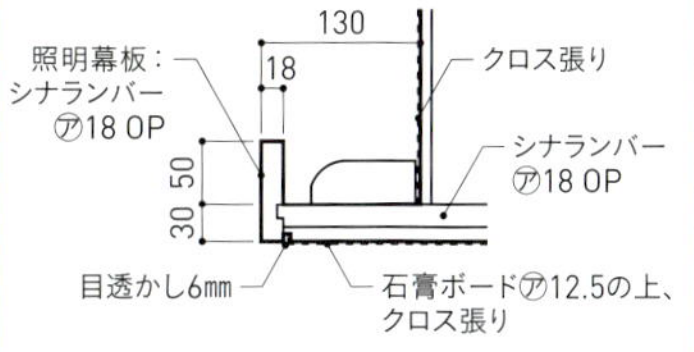
130
18
照明幕板：シナランバー㋐18 OP
クロス張り
シナランバー㋐18 OP
50
30
目透かし6㎜
石膏ボード㋐12.5の上、クロス張り

間接照明幕板形状[S=1:12]

高天井部分の梁露し部分は間接照明で照らしているため、ダウンライトは設けない。間接照明を使う場合、反射光がより明るくなる白い天井面が理想。構造面などを反射面にする場合は、照度の低減を考慮に入れ、全体の照度を高めに計画しておく

天井が高い部分は間接照明で照らし、重心を高くする

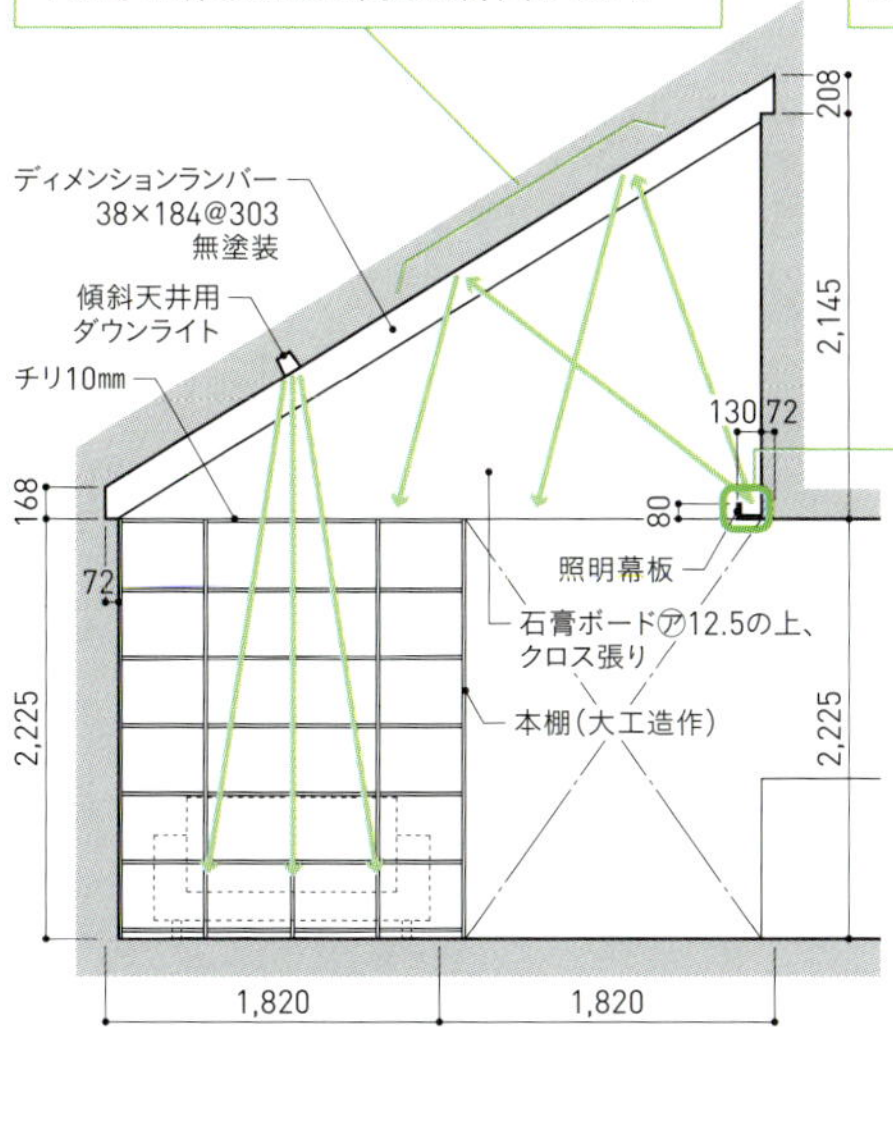
ディメンションランバー38×184@303 無塗装
傾斜天井用ダウンライト
チリ10㎜
208
2,145
130 72
168
80
72
照明幕板
石膏ボード㋐12.5の上、クロス張り
本棚（大工造作）
2,225
2,225
1,820
1,820

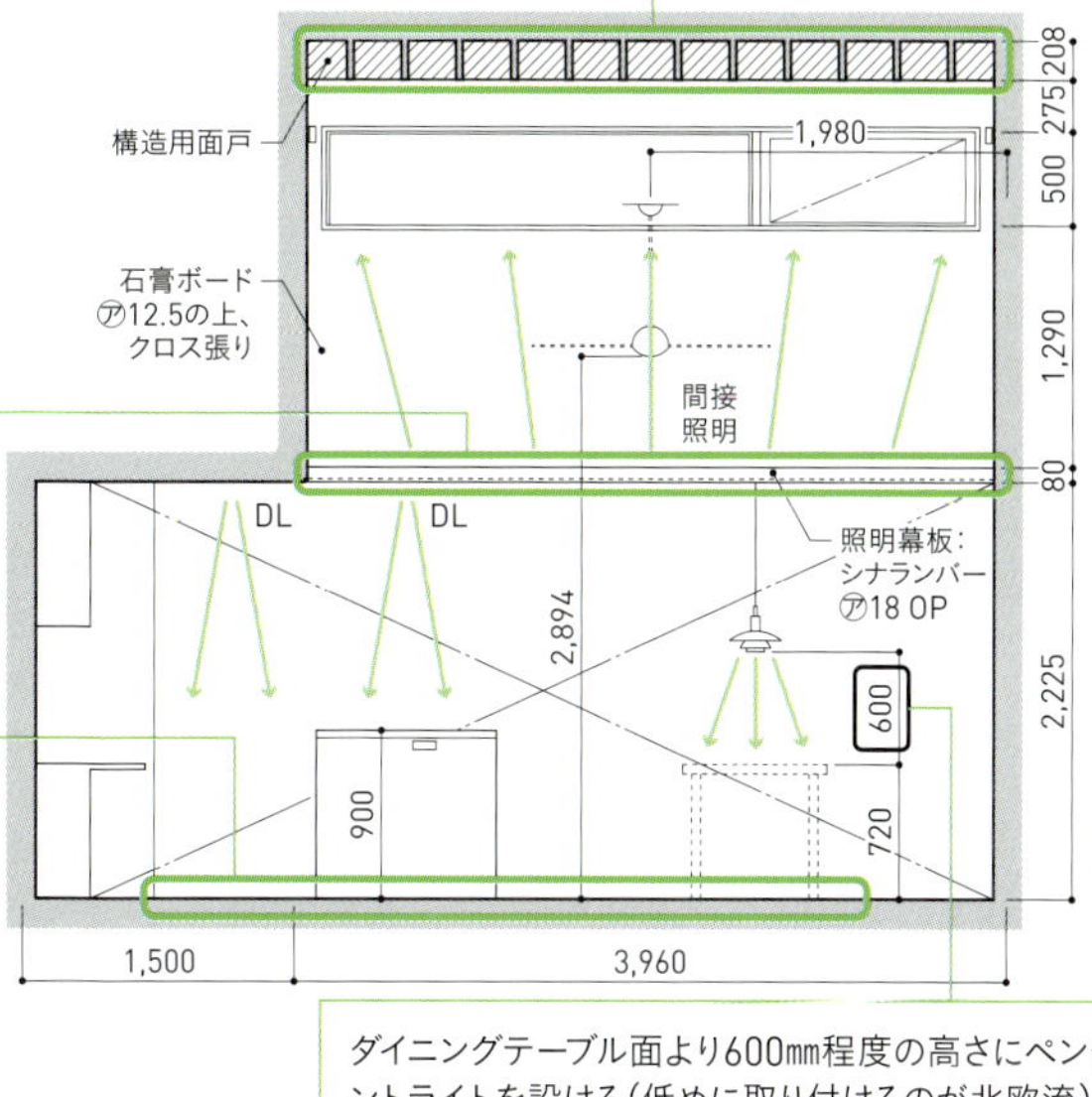
208
構造用面戸
1,980
275
500
石膏ボード㋐12.5の上、クロス張り
1,290
間接照明
80
DL
DL
照明幕板：シナランバー㋐18 OP
2,894
600
2,225
900
720
1,500
3,960

天井が低い部分はダウンライトで床面を照らし、重心を低くする

ダイニングテーブル面より600㎜程度の高さにペンダントライトを設ける（低めに取り付けるのが北欧流）

展開図A[S=1:80]

展開図B[S=1:80]

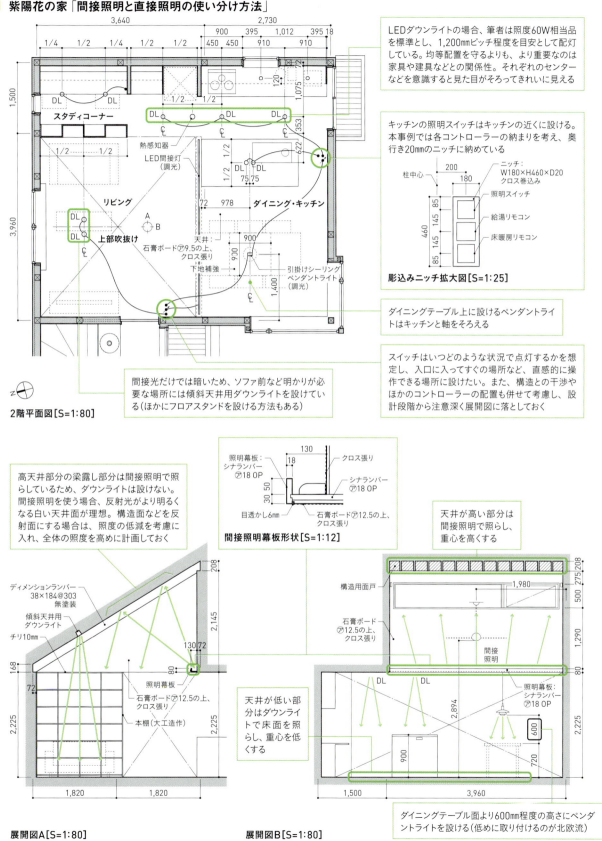

Part 2

リオタ流ペンダント照明の計画方法

ダイニングテーブルの上に北欧などの名作ペンダント照明を下げる設えは、筆者の設計では定番となっている。北欧の照明は配光などがよく考えられており、ひとつ下げるだけでもその美しいデザインが空間を引き締めてくれる。ただし、せっかくの名作照明も、選定や吊り方が悪ければ空間は台無しとなってしまう。ここでは筆者定番の照明器具と、吊り方のノウハウを解説したい。

ワンポイント！

家族が向き合って仲よく談笑しながら食事を共にするという行為は、住まいの原型であると思う。だからこそ、ダイニングテーブルの中心に据わる照明は大切にしたい。しかし、どんなに素敵なペンダント照明を下げても、そのシーンに合った光でないと台無しである。ペンダント照明は光源（ランプ）にもこだわって採用したい。

図2 ペンダント照明は光源を見せない

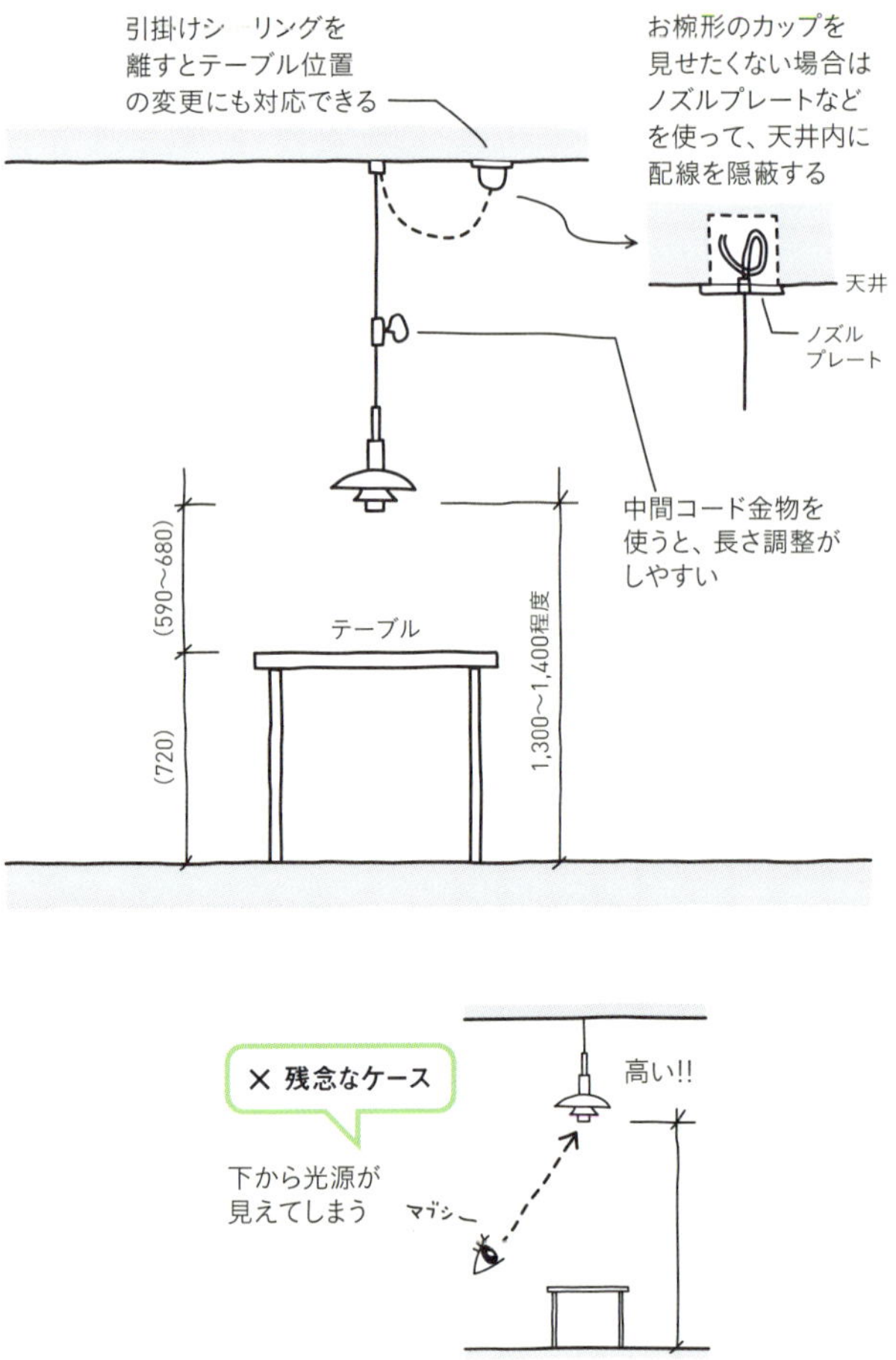
引掛けシーリングを離すとテーブル位置の変更にも対応できる
お椀形のカップを見せたくない場合はノズルプレートなどを使って、天井内に配線を隠蔽する
天井
ノズルプレート
中間コード金物を使うと、長さ調整がしやすい
テーブル
(590～680)
(720)
1,300～1,400程度
× 残念なケース
下から光源が見えてしまう
マブシ〜
高い!!

❷ TOPWATER
4mを越える高い天井から一筋にペンダント照明を下げている。このような高天井で威力を発揮するペンダント照明はフィンランドで買付けたレイヴィスカランプ
（写真：新澤一平）

❶ 緩斜面の家
奥のダイニングと手前のリビングにそれぞれペンダント照明を下げることで場が据わり、居場所の中心ができる［事例2参照］
（写真：新澤一平）

事例2 緩斜面の家「リオタ流ペンダント照明の計画方法」

「PH3/2 Pendant」
国内代理店：ルイスポールセン・ジャパン／重なるセードが美しい。乳白ガラスのため部屋全体を明るくしてくれる

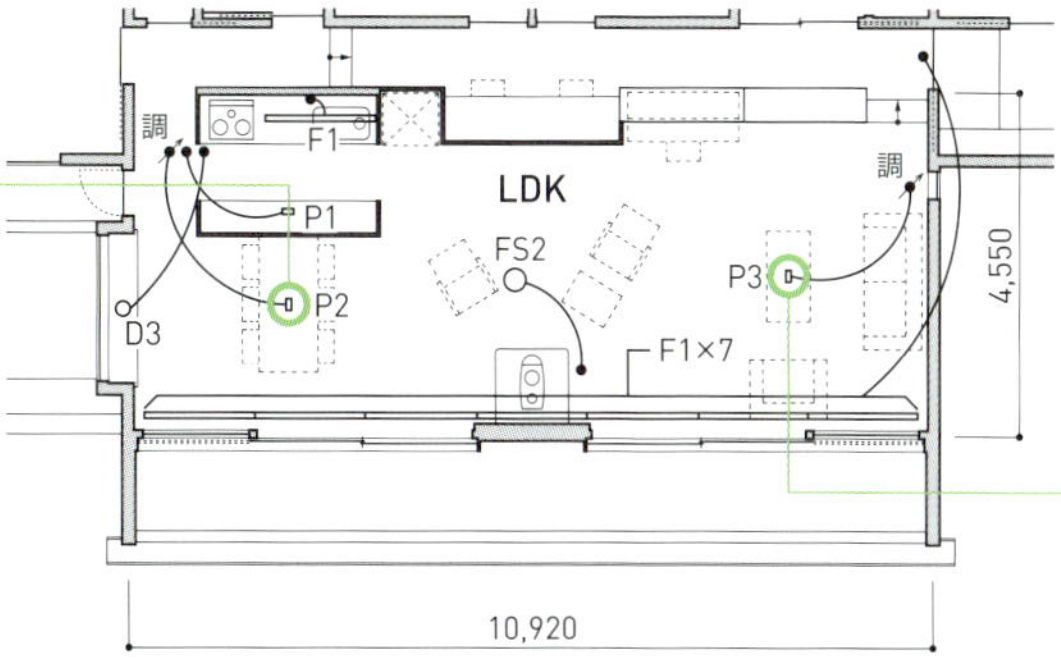

1階平面図[S=1:200]

「LE KLINT」
国内代理店：スキャンデックス／ユニークなかたちは空間に個性を与えてくれる。軽やかで陰影も美しい

ワンポイント「調光について」
今やLEDが全盛であるが、ペンダント照明の光源は白熱灯にこだわりたい。微調光や色温度の変化など、暮らしを豊かに彩る光の演出は白熱灯ならではのもの。また、その場合は調光スイッチを併用することも忘れてはならない。白熱灯は調光を併用すると非常に長持ちする。筆者の経験上でもうまく使えば、10年くらいもつこともある

●ペンダント照明は空間のバランスを考えて

「Toldbod 155」
(国内代理店：ルイスポールセン・ジャパン)
シンプルなかたちは空間のテイストを選ばない。和モダンの空間にもよく合う　(川風の家／写真上：新澤一平)

「AJ ROYAL」

(国内代理店：ルイスポールセン・ジャパン)

アルネ・ヤコブセンのデザイン。頂部のスリットから天井にも光をこぼしてくれる (湘南台の家／写真上：バウハウスネオ)

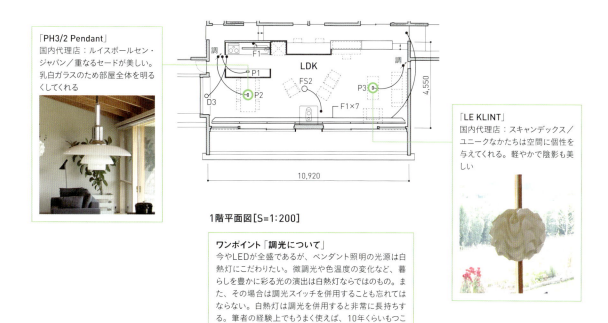

効果的なニッチ照明のつくり方

住宅の一部にニッチをつくり、そこに小型の照明などを仕込むと、ちょっと洒落た演出ができる。せっかく手間をかけてニッチ照明を設えるのだから、単なる飾りではなく、そこを灯すことに必然性をもたせ、思わず点けたくなってしまう、そんな生きた設えとしたい。また最近はLED化が進んでいる。球交換がなく、発熱も少ないというLEDの特徴を生かせば、これまでできなかったようなデザインも可能になる。

事例 3-1 トンガリの家「廊下照明を兼ねる光ニッチ」

廊下にダウンライトを設ける代わりに、ニッチ照明を設けたケース。明るくはないが、夜間であればこれだけでも十分な明かりになる。廊下を通るたびに必ず点灯させることになる

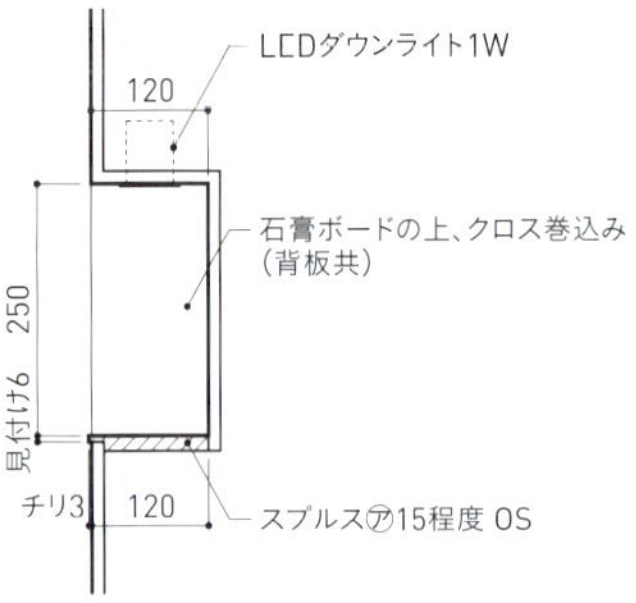

LEDダウンライト1W
120
石膏ボードの上、クロス巻込み（背板共）
250
見付け6
チリ3
120
スプルス⑦15程度 OS

光ニッチ断面図[S=1:15]

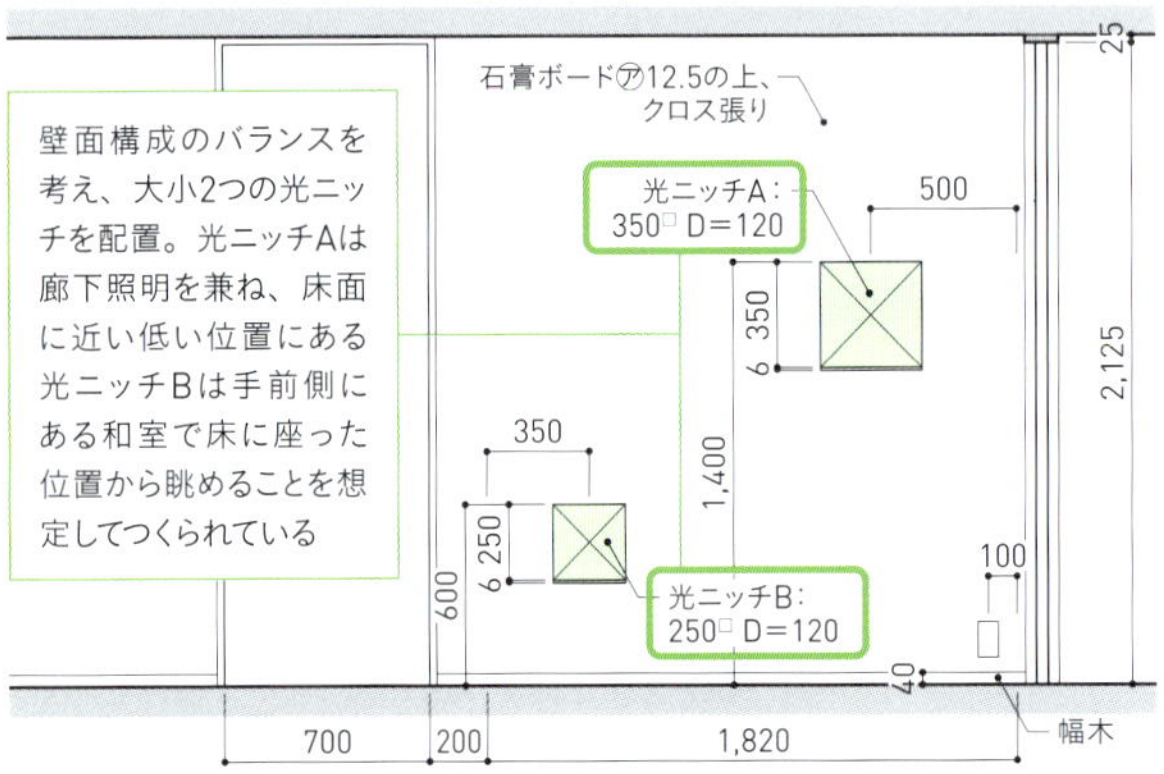

壁面構成のバランスを考え、大小2つの光ニッチを配置。光ニッチAは廊下照明を兼ね、床面に近い低い位置にある光ニッチBは手前側にある和室で床に座った位置から眺めることを想定してつくられている
石膏ボード⑦12.5の上、クロス張り
光ニッチA：350□ D=120
500
350
6
1,400
2,125
25
350
250
6
600
光ニッチB：250□ D=120
100
40
幅木
700
200
1,820

廊下展開図[S=1:50]

ワンポイント「LED使用時の注意点」
LEDは配光が特殊なため、器具によって光の拡散具合に差があり、照度も実際のニッチ使いにした際に適切な明るさかどうか、カタログだけでは判断がつきにくいことがある。本事例では、現場で実際の器具を使ったモックアップをつくり、照明効果を確かめたうえで使用している[*]

事例 3-3 同「アートワークの展示を兼ねた光ニッチ」

アクリル製のアートワークを壁に埋め込み、ニッチ照明として設置した。外壁側にはFIX窓が付いているので、作品を通して外を眺めることもできる

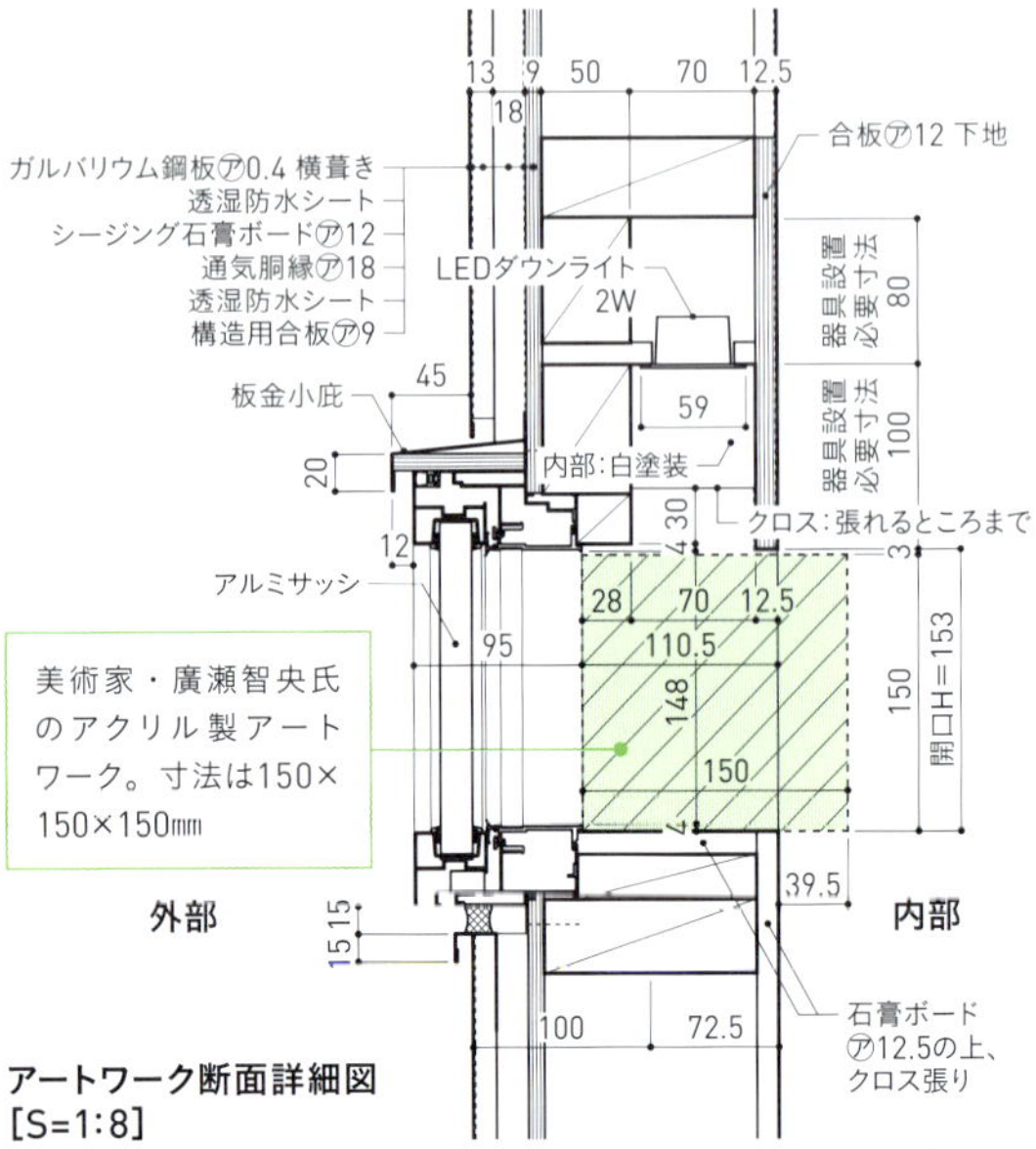

13 9 50 70 12.5
18
合板⑦12 下地
ガルバリウム鋼板⑦0.4 横葺き
透湿防水シート
シージング石膏ボード⑦12
通気胴縁⑦18
透湿防水シート
構造用合板⑦9
LEDダウンライト2W
器具設置必要寸法 80
45
板金小庇
59
器具設置必要寸法 100
20
内部：白塗装
30
クロス：張れるところまで
4
12
3
アルミサッシ
28 70 12.5
110.5
開口H=153
95
148
150
150
美術家・廣瀬智央氏のアクリル製アートワーク。寸法は150×150×150㎜
4
外部
39.5
内部
15 15
100
72.5
石膏ボード⑦12.5の上、クロス張り

アートワーク断面詳細図[S=1:8]

事例 3-2 同「足元灯を兼ねた光ニッチ」

遊び心で壁の下部にねずみの穴のようなニッチ照明を設けた事例。足元灯として使用できるうえ、来客へのちょっとしたアピールにもなる

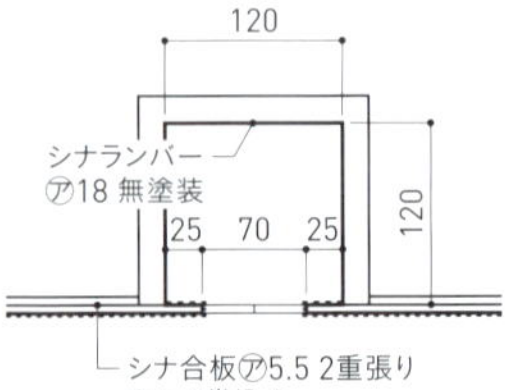

120
シナランバー⑦18 無塗装
25 70 25
120
シナ合板⑦5.5 2重張りクロス巻込み

光ニッチ平面図[S=1:10]

交換の頻度や発熱量が少ないLED照明を光源に使うことで、安全でコンパクトなニッチ照明が実現できる

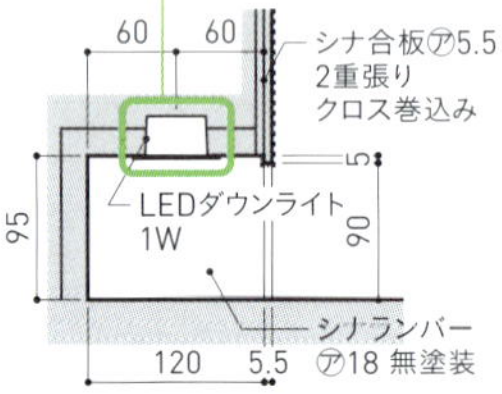

60 60
シナ合板⑦5.5 2重張り クロス巻込み
5
LEDダウンライト1W
95
90
シナランバー⑦18 無塗装
120 5.5

光ニッチ断面図[S=1:10]

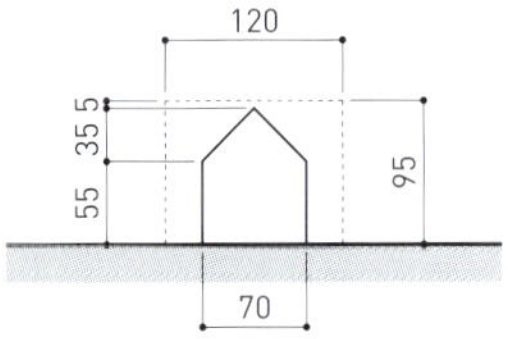

120
5
35
55
95
70

光ニッチ正面図[S=1:10]

＊LEDであっても光源の近くに可燃物があると火災などのおそれもある。長時間の点灯は避け、使用上の注意は建築主とも十分に共有したい

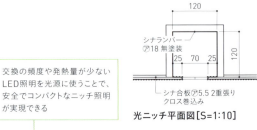

Column

no. 3

第二の故郷フィンランド～自分らしく生きるヒント

家族団らんの中心である、ダイニングテーブルの上に北欧の名作ペンダント照明を下げる設えは152ページ以外にも、本書では数多く紹介しています。私は自分のアイデンティティを語るうえで北欧の国々を、なかでもフィンランドという国を外すことができません。というのも、20代後半にフィンランドに建築留学をしていたからです。

私はいつかは独立して、自分の設計事務所をもちたいと思いつつも、20代の頃はなかなか自分に自信をもてずにいました。自分に自信がもてないうちは独立もできないと思っていましたので、当時の私はまさに"お先真っ暗"とも言える状態でした。

そんな折りに北欧の国々を訪れる機会を得ました。最初から北欧に興味があったわけではなかったのですが、もともと家具が好きだったこともあり、北欧家具を見てみたい、そして巨匠アールトの建築を見てみたいという気持ちを以前からもっていました。

実際に北欧に行ってみると、北欧家具もアールトも共に素晴らしく、それ以上にフィンランドという国のもつ素朴な国民性と、そこから生み出される素晴らしい"フィンランドデザイン"に心底惚れ込んでしまいました。

私が好きなフィンランドデザインに、アラビア（現在はイッタラ）のTeema（ティーマ）というコーヒーカップがあります。デザインは"フィンランドデザインの良心"とも言われるカイ・フランクですが、このデザインには何も足すものも引くものもありません。悪く言えば何のひねりもないデザインですが、この直球勝負の潔さこそがフィンランドデザインの真骨頂と言えるものです。

それまで私は、建築をどう"ひねるか"ばかりを考えていたように思います。ひねらなくてはダメなんだとも思っていました。ところが、何もひねらなくても美しいものは美しいし、人を感動させることはできるのだということをフィンランドで学びました。

それはデザインをしないということではなく、生活というものに真摯《しんし》に向き合ったときに導かれるものがデザインになる、ということに気づかされた瞬間だったように思います。

普通とはなんでしょうか？　私は大学の非常勤講師として学生に設計を教えていますが、彼らにとって「普通」とは死刑宣告を意味します。それは「個性がない」ということになり、彼らの存在意義すらも脅かしてしまうのです。しかし誤解してほしくないのは、本来個性とは自分らしく、自分の思う常識（＝普通）を貫くことだと思うのです。

フィンランドは私に普通であることの大切さを教えてくれました。普通とは日常であり、人との共感の中にあるものです。住宅を設計するということは、人々の日常をデザインするということですから、普通が分からない人には住宅を設計することはできません。ダイニングで交わされる何気ない家族の会話や、窓から差し込む光や風といったささやかな生活の喜びにこそ人の幸せは宿るものではないでしょうか。

不安を抱えお先真っ暗だった私は、フィンランドで自分らしく生きることの大切さを学びました。変わらなくてはいけないのではなく、変わらず自分自身であり続けるということが大切なのです。フィンランドから帰国するとき、私の胸には自信と希望がありました。それをもち続けて今に至ります。それはフィンランドが私にかけてくれた魔法だと思っています。

1

光井戸の家
[2017]

所在地：東京都
敷地・建築・延べ床面積：
70.40m²・42.43m²・74.99m²
構造：木造(在来工法)、2階建て
掲載頁：105

2

大和田の家
[2017]

所在地：埼玉県
敷地・建築・延べ床面積：
7,712.84m²・120.72m²・200.49m²
構造：木造(在来工法)、2階建て
掲載頁：87、113、116、125

3

TOPWATER
[2017]

所在地：東京都
敷地・建築・延べ床面積：
76.04m²・36.24m²・60.69m²[*1]
構造：木造(在来工法)、2階建て
掲載頁：58、92、95、99、107、134、152

4

馬事公苑の家
[2016]

所在地：東京都
敷地・建築・延べ床面積：
75.67m²・45.34m²・72.62m²[*1]
構造：木造(在来工法)、2階建て＋ロフト
掲載頁：138、139

5

VALO
[2016]

所在地：埼玉県
敷地・建築・延べ床面積：
165.12m²・76.52m²・118.56m²[*2]
構造：木造(在来工法)、2階建て
掲載頁：17、19

6

OPEN-d
[2015]

所在地：千葉県
敷地・建築・延べ床面積：
322.89m²・102.27m²・83.92m²
構造：木造(在来工法)、平屋建て
掲載頁：72、75、111、127、141

7

暁の家
[2015]

所在地：千葉県
敷地・建築・延べ床面積：
245.82m²・54.79m²・101.67m²[*1]
構造：木造(在来工法)、2階建て＋ロフト
掲載頁：41、42、57、58、74、111、112、117、120

8

はねだしテラスの家
[2015]

所在地：埼玉県
敷地・建築・延べ床面積：
61.44m²・31.24m²・70.05m²
構造：木造(在来工法)、3階建て
掲載頁：70、87、88、102、134、135、138

9

紫陽花の家
[2015]

所在地：埼玉県
敷地・建築・延べ床面積：
127.20m²・58.07m²・110.13m²
構造：木造(在来工法)、2階建て＋ロフト
掲載頁：25、27、54、56、65〜67、73、75、76、119、122、123、129、138、150、151

10

FP
[2015]

所在地：埼玉県
敷地・建築・延べ床面積：
100.45m²・48.02m²・78.41m²[*2]
構造：木造(在来工法)、2階建て
掲載頁：9、11、48、49、83〜86、106、109、114、115、117、121、137、141、142、144、147

11

西荻の家
[2015]

所在地：東京都
敷地・建築・延べ床面積：
100.63m²・51.84m²・95.90m²
構造：木造(在来工法)、2階建て＋ロフト
掲載頁：21、23、48、53〜55、57、73、100、108、150

12

トンガリの家
[2014]

所在地：東京都
敷地・建築・延べ床面積：
120.50m²・50.50m²・94.81m²
構造：木造(在来工法)、2階建て＋ロフト
掲載頁：33、34、68、96、97、126、127、149、154

13

竹林の家
[2014]

所在地：茨城県
敷地・建築・延べ床面積：
237.69m²・63.30m²・91.06m²
構造：木造(在来工法)、2階建て
掲載頁：62、63、74、121

14

DIVE
[2014]

所在地：千葉県
敷地・建築・延べ床面積：
196.53m²・92.16m²・143.03m²
構造：木造(在来工法)、2階建て
掲載頁：13、14

15

町屋の家
[2014]

所在地：東京都
敷地・建築・延べ床面積：
126.18m²・68.46m²・146.30m²
構造：木造(SE構法)、3階建て
掲載頁：72、102、104、117

16

湘南台の家
[2014]

所在地：神奈川県
敷地・建築・延べ床面積：
322.79m^2・91.12m^2・164.43m^2
構造：木造(在来工法)、2階建て
掲載頁：153

17

TREEHOUSE
[2013]

所在地：埼玉県
敷地・建築・延べ床面積：
102.01m^2・49.68m^2・79.48m^2
構造：木造(在来工法)、2階建て
掲載頁：25、26、96、98

18

隅切りの家
[2013]

所在地：埼玉県
敷地・建築・延べ床面積：
100.25m^2・48.44m^2・82.88m^2
構造：木造(在来工法)、2階建て
掲載頁：13、15、66、67、69、70、114、115、138、143

19

窓の家
[2013]

所在地：埼玉県
敷地・建築・延べ床面積：
47.56m^2・35.85m^2・89.84m^2
構造：木造(在来工法)、3階建て
掲載頁：33、35、99、104

20

緩斜面の家
[2013]

所在地：埼玉県
敷地・建築・延べ床面積：
491.35m^2・166.13m^2・118.52m^2
構造：木造(在来工法)、平屋建て
掲載頁：37、38、66〜69、89〜94、108、126、127、129、152、153

21

しだれ桜の家
[2013]

所在地：東京都
敷地・建築・延べ床面積：
154.66m^2・77.24m^2・102.36m^2
構造：木造(SE構法)、2階建て＋ロフト
掲載頁：29、30、60、138、140

22

DONUT
[2012]

所在地：埼玉県
敷地・建築・延べ床面積：
198.23m^2・93.57m^2・93.02m^2
構造：木造(在来工法)、平屋建て
掲載頁：9、10、50、51、77〜80、121

23

白岡の家
[2012]

所在地：埼玉県
敷地・建築・延べ床面積：
405.16m^2・93.67m^2・136.11m^2
構造：木造(在来工法)、2階建て
掲載頁：29、31、132、133

24

SPH
[2012]

所在地：埼玉県
敷地・建築・延べ床面積：
102.48m^2・45.54m^2・85.55m^2
構造：木造(在来工法)、2階建て
掲載頁：17、18、138

25

川風の家
[2012]

所在地：埼玉県
敷地・建築・延べ床面積：
66.30m^2・35.30m^2・84.51m^2
構造：木造(在来工法)、3階建て
掲載頁：41、43、46、47、50、52、59、62、64、114、115、153

26

オープンテラスの家
[2011]

所在地：埼玉県
敷地・建築・延べ床面積：
505.93m^2・146.16m^2・214.38m^2
構造：木造(改修)
掲載頁：111

27

RIVER HOUSE
[2010]

所在地：千葉県
敷地・建築・延べ床面積：
59.89m^2・31.30m^2・83.91m^2
構造：木造(在来工法)、3階建て
掲載頁：144

28

FILTER
[2010]

所在地：東京都
敷地・建築・延べ床面積：
73.81m^2・43.20m^2・76.16m^2
構造：木造(在来工法)、2階建て
掲載頁：120、144

29

百日紅の家
[2010]

所在地：東京都
敷地・建築・延べ床面積：
174.04m^2・85.85m^2・167.38m^2
構造：木造(SE構法)、2階建て＋ロフト
掲載頁：132、133

30

ひなたハウス
[2010]

所在地：埼玉県
敷地・建築・延べ床面積：
-m^2・55.89m^2・90.67m^2
構造：木造(改修)
掲載頁：37、39、71、131、136

31

かたつむりハウス
[2009]

所在地：埼玉県
敷地・建築・延べ床面積：
165.59m^2・80.97m^2・117.40m^2
構造：木造(在来工法)、2階建て
掲載頁：21、22、78、101、105、108、110、120

32

OPENFLAT
[2007]

所在地：埼玉県
敷地・建築・延べ床面積：
150.40m^2・89.90m^2・222.70m^2
構造：RC造、3階建て
掲載頁：81、82

33

ひかりハウス
[2006]

所在地：東京都
敷地・建築・延べ床面積：
116.41m^2・60.87m^2・98.24m^2
構造：木造(在来工法)、2階建て
掲載頁：60、61

*1 ロフト含まず　*2 駐車場含まず

おわりに

本書は私にとってはじめての単著となります。文章を書くことが好きな私にとって、自らの執筆による本を出すことは夢でした。出版に至るまでの道筋には、大変多くの方々のご協力とご尽力がありました。関係者の皆さまには、この場をお借りして心より御礼申し上げます。

本書の元となった『建築知識』での連載のお話は、私のブログにも「N山さん」として登場するエクスナレッジの西山和敏さんが持ってきてくださったものです。西山さんにはそれまでも、『建築知識』でずいぶんお世話になっていました。西山さんがいなかったらこの本の企画もなかったかもしれません。

担当編集者の上野香織さんには、1年以上にもわたる私の連載とその後の書籍化に根気強くお付き合いいただきました。私は原稿が早いので、そういう意味で上野さんを困らせることはなかったと思いますが、一方で私の住宅の設計密度そのままに、毎回あれもこれもと内容を詰め込み、この狭い誌面にどうレイアウトすれば……と上野さんをいつも困らせていました。でも最後には何事もなかったように誌面をまとめてくださり、言うまでもないことですが、上野さんとの二人三脚なくしてはこの本はできなかったと思います。

また、第1章のイラストを描いてくださったのは、大先輩ともいえる建築家の中山繁信さんです。イラストは自分で描くのではなく第三者の視点で描いていただきたい、とのリクエストを出したのは私でしたが、まさか同業の中山さんが描いてくださるとは思いませんでした。さぞやりにくかったのではないかと思っていたのですが、ユーモア溢れる素敵なイラストにしていただき大変感謝しています。

そして、われわれに設計をご依頼くださり、事例紹介にも惜しげなくご協力くださいました建て主の皆さま。われわれの住宅はすべてご依頼くださった建て主さんに喜んでいただくために設計したものですが、結果的にそれが人々の共感を呼び、魅力的な建て主さんを呼び寄せてくれるという連鎖が続いています。私は建て主さんに恵まれているとつくづく思います。

そしてスタッフ。連載中、過去に計画に携わってくれたOBを含めたスタッフたちの描き上げた詳細図面に何度助けられたことか。今やリオタデザインはどこに出しても恥ずかしくない図面を描き上げる住宅設計の職人集団となりました。巣立ったスタッフの各地での活躍の報せが届くたびに、私は誇らしい気持ちになります。

そんな私に建築実務を教えてくださったのは、修業時代を過ごしたエーディーネットワーク建築研究所の棚橋廣夫先生です。現場での納まりについて分からないことがあると、終電まで何時間でもディテール講義は続きました。当時は事務所に同僚がいませんでしたので、何を聞くにも師から直々に、そもそもの部分から徹底して建築のロジックを教えていただけたことは、今の私にとってかけがえのない財産になっています。

そして、最後に。

仕事人間の私が毎日心おきなく仕事に専念できているのは家族のおかげです。私にとってわが家は最も心安まる居場所であり、住まいにとって何が一番大切かという私の住宅設計観は、わが家とこの家族のおかげで育まれました。

皆さま本当にありがとうございます。

本書が多くの方の手に渡りますことを心より願っております。

関本竜太

Ryota Sekimoto

経歴

1971　埼玉県生まれ
1994　日本大学理工学部建築学科 卒業
1994-99　エーディーネットワーク建築研究所
2000-01　フィンランド・ヘルシンキ工科大学 (現アールト大学) 留学
2002.02　リオタデザイン 設立

受賞歴

2008　OZONE P1 グランプリ グランプリ受賞
2007・09　TEPCO 快適住宅コンテスト作品部門 入選
2014　住まいの環境デザインアワード 優秀賞

日本大学理工学部非常勤講師
日本建築家協会 (JIA) 会員
北欧建築・デザイン協会 (SADI) 理事

株式会社リオタデザイン

〒353-0004
埼玉県志木市本町 6-21-40-1F
Tel　048-471-0260
Fax　048-203-6101
email　riota@riotadesign.com

写真家 ―――― 新澤一平
1、2、9、13 (下)、25、33 (上)、37 (上)、41、46、47、59、65、77、83、89、95、107、119、137、143、149、カバー写真

バウハウスネオ　後関勝也
17 (上)、21 (上)、29、33 (下)

繁田 諭
13 (上)、17 (下)、21 (下)、53

永禮 賢
そのほかは写真にクレジットを表記
(そのほかクレジットのないものは関本竜太 撮影)

1章イラスト ―― 中山繁信／T.E.S.S.計画研究所
2章イラスト ―― 堀野千恵子
カバーイラスト ― オオノマサフミ

ブックデザイン ― 細山田デザイン事務所
DTP・トレース ―― 長谷川智大
印刷・製本 ――― シナノ書籍印刷

上質に暮らす
おもてなし住宅のつくり方

2017年 9月27日　初版第1刷発行
2017年11月10日　　　第2刷発行

著者　関本竜太

発行者　澤井聖一

発行所　株式会社エクスナレッジ
〒106-0032 東京都港区六本木7-2-26
http://www.xknowledge.co.jp/

問合せ先　**編集**　Tel 03-3403-1381 ／ Fax 03-3403-1345
info@xknowledge.co.jp
販売　Tel 03-3403-1321 ／ Fax 03-3403-1829